KB117408

일본은 어디로 향하는가

일본은 어디로 향하는가

헤이세이 30년의 기록

사토 마사루·가타야마 모리히데 지음　송태욱 옮김

HEISEI-SHI
by Masaru SATO, Morihide KATAYAMA

© 2018, 2019 Masaru SATO, Morihide KATAYAMA
All rights reserved.
Original Japanese edition published by SHOGAKUKAN.
Korean translation rights in Korea arranged with SHOGAKUKAN
through THE SAKAI AGENCY and BC AGENCY.

일러두기
1. 이 책은 2018년 4월 단행본으로 처음 발행되었고, 이후 헤이세이의 마지막을 지
   켜본 다음 다시 한번 저자들이 새롭게 대담을 나누고 글을 추가한 2019년 5월 개
   정판 문고본을 옮긴 것이다.
2. 책에 나오는 인물의 소속이나 직함은 대담 당시의 것을 사용했다. 큰 변화가 있었
   던 경우 괄호나 주석에서 설명을 덧붙였다. 대담은 제1장부터 제7장까지가 2018년
   4월 이전, 문고본의 새로운 장인 제8장은 2019년 4월 이전에 각각 여러 번에 걸
   쳐 이루어졌다.

이 책은 실로 꿰매어 제본하는 정통적인 사철 방식으로 만들어졌습니다.
사철 방식으로 제본된 책은 오랫동안 보관해도 손상되지 않습니다.

문고판 머리말

어느 시대나 그 시대를 상징하는 숫자를 여러 개 찾아낼 수 있을
것입니다. 헤이세이(平成)¹ 시대를 표현하기에 어울리는 숫자도
여럿 있겠지요. 그런데 그 숫자는 역시 ⟨31⟩이 아닐는지요. 헤이
세이 시대가 31년까지인 것도 한 이유입니다. 하지만 살짝 앞으
로 이동하여 그것에 포개지는 또 다른 ⟨31⟩이 있습니다.

2018년(헤이세이 30년) 7월 6일과 7월 26일, 이틀에 걸쳐 옴
진리교(オウム真理教)² 사건의 사형 확정자 총 13명의 형이 집행
되었습니다. ⟨13⟩은 ⟨31⟩을 뒤집은 것이긴 한데 이는 우연이겠지
요. 교주인 아사하라 쇼코(麻原彰晃), 즉 마쓰모토 지즈오(松本智
津夫)가 교수형을 당한 것은 첫날인 6일입니다.

옴 진리교 사건으로 총칭되는 사건에는 갖가지 일이 포함되어

---

1   일본 아키히토 천황 시대의 연호(1989~2019). 일본은 2019년 4월 30일 아키히토
천황이 퇴위하고, 나루히토 황태자가 제126대 천황으로 즉위한 2019년 5월 1일부터 새로
운 연호인 ⟨레이와(令和)⟩를 사용하고 있다. 이하 모든 주는 옮긴이의 주.
2   교주는 아사하라 쇼코(본명은 마쓰모토 지즈오). 1984년에 ⟨옴 신선회⟩로서 발족하
고 3년 후에 옴 진리교로 개칭했다. 아사하라는 구제라는 명목으로 일본을 지배하고자 세
계 각지에서 군사 훈련을 하고 헬리콥터와 자동 소총을 조달하였으며 화학 무기를 생산하
였다. 교단과 적대하는 인물을 대상으로 한 살해나 무차별 테러를 실행했으며, 일련의 사건
희생자는 29명에 이른다.

있습니다. 그 첫 사건으로 세상에 알려져 있는 것은 수행 중인 한 신자의 사망 사고라고 할까요, 일종의 호된 훈련 끝에 당한 죽음을 철저히 은폐한 일입니다. 이 사건이 일어난 것은 1988년 9월 22일입니다. 즉 아직 쇼와(昭和)[3] 시대인 쇼와 63년이었지요.

이 날짜가 아주 흥미롭습니다. 사건의 계기는 수행 중인 신자가 난폭하게 날뛴 일이었다고 합니다. 아사하라의 명령으로 신자들은 난폭하게 구는, 문제의 그 신자를 냉수로 채운 욕조에 담갔습니다. 얌전하게 하려고 한 것이었겠지요. 하지만 얌전해지는 차원에서 끝나지 않았습니다. 문제의 신자는 의식 불명에 빠져 끝내 죽음에 이르렀다고 합니다.

그날 신자가 난폭하게 굴었던 것은 우발적 사건이었는지 모릅니다. 하지만 여기서 9월 22일이라는 날짜가 일본이 이상한 긴장에 휩싸여 있던 시기였다는 사실을 떠올려 봐도 좋겠지요. 그 사흘 전인 9월 19일, 쇼와 천황이 한때 중태에 빠졌다는 뉴스가 보도되었습니다. 마침 서울 올림픽 대회가 개최되는 중이었는데 TV에서는 올림픽 중계를 중단하고 특별 프로그램을 편성하여 방영하기도 했습니다. 용태가 회복되지 않으면 즉각 대가 바뀌고 개원(改元)할 가능성이 있었기 때문입니다.

드디어 쇼와가 끝나려 하고 있었습니다. 초읽기가 시작되었지요. 언제 개원하게 될지는 신만이 아는 일입니다. 하루하루 긴장된 날이 이어졌지요. 쇼와 시대가 끝난다는 것은 쇼와 천황의 육

3　히로히토 천황 시대의 연호(1926~1989).

체적인 죽음 외에는 있을 수 없습니다. 황실 전범의 규정입니다. 소멸과 신생, 그 드라마를 국민적으로 체험하는 나날이 9월 19일에 시작되었다고도 말할 수 있겠지요. 쇼와 천황의 몸 상태가 매일 계속해서 보도되었습니다. 일본이 그런 모드에 들어간 지 사흘 후에 일련의 옴 진리교 사건이, 아직 은밀하기는 하지만 확실히 시작되었던 것입니다.

거기에는 역시 〈왕의 죽음〉이라는 이미지가 관련되어 있습니다. 아사하라가 자신의 건강에 대한 불안을 주위에 말하고, 여생이 얼마 남아 있지 않으니 빨리 교단의 앞날과 인류의 미래에 대해 생각하지 않으면 안 된다고 적극적으로 말하기 시작한 것은 1988년 10월경이라고 합니다. 최초의 사건이 발생한 직후지요. 쇼와 천황의 생명이 사라지려고 하는 그 중압이 온통 일본을 에워싼 시기와 완전히 일치합니다. 건강에 자신감을 잃고 있던 아사하라 쇼코라는 한 신흥 종교 교주는 일본의 오칸누시(大神主)로 불리는 천황이 쇠약해져 가는 것에 자신을 겹쳐 놓은 점이 있었겠지요.

신자의 죽음을 은폐하고 비밀리에 처분하라고 지시한 9월 22일, 아사하라는 매일 살얼음판을 걸으며 살아가지 않으면 안 되는 범죄자가 되었습니다. 그런 의미에서 그는 비상시를 사는 사람이 되었지요. 극단적으로 말하면 국가에 체포되거나 국가를 무너뜨리거나 그 양자택일을 해야 하는 처지가 되었던 것입니다. 멸망하느냐 멸망시키느냐 하는 것이지요. 게다가 아사하라의 육체도 그의 자기 이미지로는 소멸해 가고 있었습니다. 마침 쇼와 시대도 끝나고 다음 연호의 시대가 시작되려 하지요. 일본이 천황의 죽음과 신생(대가 바뀌는 것)에 의해 형식적으로 다시 태어난다면, 옴 진리교는 그것에 맞춰 일본을 실질적으로 싹 달라지게 하지 않으면 안 됩니다. 기성 국가와 법 체계가 지속되고 있는 가운데 어느 종교 단체가 신자의 시신을 비밀리에 처분했다는 사실이 발각되면, 아사하라를 포함하여 그 아랫사람들이 처벌을 받고 옴 진리교의 권위는 땅에 떨어질 것입니다. 망하고 말겠죠. 그렇게 되지 않기 위해서는 옴 진리교의 범죄가 추궁당하지 않는 일본으로 국가를 개조할 수밖에 없어요. 되풀이하자면 아사하라 본인의 육체도 쇠약해지고 있습니다. 아사하라가 죽어도 옴 진리교가 계속되고, 일본과 세계를 지배해 나가면 됩니다. 난폭하게 구는 신자가 교단의 논리로 처분되어도 국가가 그것을 불문에 부친다면 그 국가는 곧 옴 진리교가 지배하는 나라이겠지요. 망하느냐 멸망시키느냐는 그런 것입니다.

그렇다면 아사하라의 건강 상태는 왜 쇼와 천황의 노쇠에 맞춰 가기라도 한 것처럼 악화되었을까요? 아사하라는 그 이유를 외부에서 찾았습니다. 공격당하고 있다는 것이지요. 아사하라만이 아니라 교단 전체가 독가스 등으로 공격당해서 아사하라의 여명은 점점 짧아지고 있으며, 그래서 자위를 위해 일어서지 않으면 안 된다는 것입니다. 그렇다면 대체 누가 옴 진리교를 공격한다는 걸까요? 미군이라고 합니다!

그렇게 되면 쇼와 천황이 노령이고 생명이 다하고 있다는 것에 아사하라가 자신을 겹쳐 놓았다는 이야기로 끝나지 않게 됩니다. 오히려 쇼와사(昭和史) 전체와 옴 진리교 역사의 망상적 중첩이 일어났다고 해야겠지요. 미국의 중압에 대항하는 자존과 자위의 전쟁, 이는 바로 〈대동아 전쟁〉[4]의 논리입니다.

교주의 수명과 세계의 수명이 겹쳐져 교주의 죽음 이미지가 세계의 끝과 결합되고, 거기에 전쟁이나 재해나 테러가 동시에 작용합니다. 종교를 둘러싼 상상력의 한 정석이지요. 옴 진리교도 그랬습니다. 그러나 그 연상 작용과 쇼와가 겹쳐지는 점에 옴 진리교의 시대성이 있었다고 생각합니다.

쇼와의 새 천황 즉위 → 대외적 위기의식 고양 → 군사적 모험주의 → 패배 → 긴 전후(미국의 점령과 평화 국가로의 시행착오) → 쇼와 천황 붕어. 쇼와사를 이런 단계로 구분한다면 옴 진리교의 역사는 다음과 같이 되겠지요. 옴 진리교 탄생 → 대외적 위기의식 고양(미군이나 그 앞잡이로서 일본 국가의 교단에 대한 공격이라는 망상) → 군사적 모험주의(교단의 무장과 테러 실행) → 패전(적발) → 긴 전후(국가의 감시하에서 후계 교단의 평화적 생존으로의 시행착오) → 아사하라 등의 사형 집행. 그렇게 생각해 보면 옴 진리교의 역사는 쇼와 시대의 끝에서 헤이세이 시대에 걸쳐 쇼와사를 상당히 잘 모방하는 형태로 헤이세이사(平成史)에 참여했던 것이 아닐는지요. 그런 이해 방식도 있을 겁니다.

아무튼 헤이세이가 시작되자 옴 진리교는 파멸적인 진군을 가속화합니다. 사카모토 쓰쓰미(坂本堤) 변호사 일가를 살해한 것

---

4 〈태평양 전쟁〉을 당시 일본에서 이르던 말.

이 1989년(헤이세이 원년) 11월. 무기 제조를 위한 공작 기계를 획득하기 위해 오카무라 철공을 빼앗은 것이 1992년(헤이세이 4년) 9월. 사린 제조를 위한 공장을 건설하기 시작한 것이 1993년(헤이세이 5년) 11월. 그 제조물의 효과를 실험한 마쓰모토 사린 사건이 1994년(헤이세이 6년) 6월. 공증인 사무소의 사무장 납치 감금 치사 사건이 1995년(헤이세이 7년) 2월. 그리고 지하철 사린 사건이 같은 해 3월 20일. 아사하라 체포는 같은 해 5월. 이 최종 국면에는 같은 해 1월의 한신·아와지 대지진이 그림자를 떨어뜨리고 있기도 하겠지요. 천황과 미국과 재해. 옴 진리교의 종말 환상은 헤이세이사만이 아니라 일본 근현대사의 주성분으로 충분히 배양되고 있는 것입니다.

그런데 〈31〉은 어떻게 된 걸까요. 실은 옴 진리교가 전신인 옴 신선회(オウム神仙の会)에서 진리교로 개칭한 것이 1987년(쇼와 62년)이었습니다. 그로부터 지하철 사린 사건까지 8년. 그리고 아사하라 등 13인의 사형까지는 23년. 그러니까 〈31년〉이 지났습니다. 물론 헤이세이의 31년은 순서를 나타내는 서수이기 때문에 사형당한 해는 〈옴 진리교력〉이라는 것이 있다면 32년이겠지만, 신자 사망 사건이 일어난 해부터 헤아리면 서수라도 31년이 됩니다.

헤이세이와 옴 진리교가 같은 〈31〉. 어떤 의미에서는 당연합니다. 쇼와의 끝과 〈왕의 죽음〉을 점점 더 의식하는 데에서부터 옴 진리교의 파멸적 성격이 겉으로 분명히 드러났다고 생각할 수 있기에, 개원 시기가 옴 진리교의 과격화와 겹치는 것은 당연한 것이지요. 헤이세이가 끝나기 전에 새로운 천황 즉위에 따르는 사면이 있다고 해도, 거기에 옴 진리교의 사형수 문제를 관련시키고 싶지 않으므로 개원 전에 조금 일찍 사형을 집행해 버리는 것이 국가의 논리로서는 당연합니다. 쇼와의 끝에 태어나 헤이세이의 끝에 죽은 것. 헤이세이사는 이처럼 〈옴사〉라고도 말할 수 있습니다.

하지만 그것만이 아닙니다. 특히 제2차 아베 내각 이후의 헤이세이사인 헤이세이 이후사에는, 이제 〈옴사〉의 모방으로 말할 수 있는 부분이 있지 않을까, 그렇게도 생각합니다. 옴 진리교는 위기를 망상하며 교단 내의 결속을 강화해 나갔습니다. 히틀러에게 유대인은, 아사하라에게는 예컨대 미군이 되고 창가학회(創価学会)[5]가 되고 일본 정부가 되었습니다. 그러나 위기는 일상적이지 아니므로 좀처럼 길게 지속될 수 없지요. 히틀러 정권은 12년. 옴 진리교가 그 이름을 갖게 되고 나서 테러로 자멸하기까지 8년. 위기를 부추겨 내부를 결속시켜도 수명은 대체로 그 정도입니다.

그러나 헤이세이 20년대 또는 2010년대 일본에는 다른 타입의 위기가 찾아온 것 같습니다. 먼저 지진입니다. 학자들은 일본 열도 주변의 지각이 활동기에 들어가 대지진이 빈발해도 이상하지 않다고 입을 모아요. 그 담론에 진실성이 있다면 여기 살고 있는 우리는 생각하지 않을 수 없겠지요. 원자력 발전소의 사고가

5 일본의 니치렌종 신도들이 1930년에 조직한 종교 단체. 창가학회는 가치의 중심에 〈생명의 존엄〉 확립을 두고, 신앙에 의한 생활 혁신을 목적으로 하고 있다. 1964년 일본 최초의 종교 정당인 공명당을 결성하였다가, 1970년에 창가학회와 공명당을 분리하였다. 회원은 일본 국민의 약 3퍼센트인 380만 명 정도다.

얽히면 경우에 따라서는 망국입니다. 놀랄 만한 위기적 시대이지요. 게다가 인재가 아니라 천재지변이므로 위기의 폭을 수십 년이나 백 년으로 생각하지 않으면 안 됩니다. 이를테면 만성적 위기인 셈이지요. 거기다가 북한이나 중국의 위협론, 미일 동맹의 지속성 논의 그리고 경제 파탄의 공포까지 얽혀 듭니다. 어느 것이나 위기로서는 상당히 지루하게 질질 끌며 계속될 타입이지요.

다시 말해 오늘날 일본에는 위기의식을 지렛대로 삼은 국민의 파시즘적 연대가 지향되고 있는 경향이 없지 않습니다. 그것은 신흥 종교적으로 말하면 국민의 컬트화와 결부될 가능성도 있겠지만, 쇼와의 전쟁 시대나 옴 진리교의 말로처럼 단계적으로 확대되어 가는 것과는 성격이 다릅니다. 위기가 높아져 단숨에 파국으로 치달을 가능성은 다양한 차원에서 존재하지만, 어떠한 위기도 한없이 지루하게 계속될 공산도 큽니다. 끝없는 비일상이며 한없는 위기입니다. 미국이 2001년(헤이세이 13년)에 말하기 시작한 〈테러와의 전쟁〉이라는 것이 애초에 그런 성격의 것입니다. 끝없고 한없는 위기. 그것이 시대를 특징짓고 있어요.

죽음이나 종말이 확실히 보이지는 않지만 계속해서 위기다, 국난이다, 하고 말하는 것도 이제 당연해졌습니다. 상당히 이상한 시대라고 할 수 있을지 모릅니다. 그렇습니다. 헤이세이의 끝에도 〈죽음〉이 없습니다. 〈생전 퇴위〉이기 때문이죠. 아사하라 쇼코가 부추김을 당했음이 틀림없는, 단계적으로 확대되어 운명의 갈림길까지 내몰리는 쇼와 끝의 죽음에 대한 중압이 헤이세이의 끝에는 없습니다.

12

진정한 죽음이 있다면 그대로 멸망이냐 아니면 신생이나 재생이냐, 양자택일에 내몰립니다. 무서운 이야기지만 거기까지 가버릴 때는 나치 독일이나 대일본 제국이나 옴 진리교처럼 질주합니다. 레밍과도 같은 죽음의 도약이 있습니다.[6] 죽음의 도약이 심하게 일어나는 것은 평상시나 건강할 때와의 대비 효과가 있기 때문이기도 하겠지요. 그런데 세계적으로는 2001년 9월 11일부터일지도 모르고, 일본에서는 2011년(헤이세이 23년) 3월 11일부터일지도 모르지만, 이 세상은 만성적으로 비상시가 되었던 것입니다. 쭉 평상시가 없습니다. 따라서 평상시와의 대비가 되지 않습니다. 죽음의 도약 때가 일단 쭉 순연되는 듯한, 길고 긴 위기의 시대인 것입니다. 쇼와사와도 옴사와도 비슷한 것 같지만 비슷하지 않습니다. 헤이세이 후기사, 헤이세이 이후사의 특성입니다.

　옴의 〈31〉은 사형이라는 죽음으로 절단되어 이어졌지만, 헤이세이의 〈31〉은 붕어라는 죽음을 동반하지 않고 그러데이션이 충분한 모습으로 다음 시대로 이행합니다. 동질적 위기의 시대가 한동안, 아니 어쩌면 영원히 이어지겠지요.

　그러고 보니 총리가 TV 연설에서 자신이 원호 제정에 끼친 영향력을 과시하는 듯한 분위기로 원호의 단어가 갖는 의미를 충분히 설명하는 전대미문의 형태로 발표된 새로운 연호 레이와(令和)의 획수는 〈31〉을 뒤집은 〈13〉입니다. 그래서 어떻다는 건 아

　6　특히 노르웨이 레밍은 지나치게 번식하면 집단을 이루고 직선적으로 이동하여 바닷속에 빠져 죽기도 한다.

닙니다. 아무튼 무릎을 꿇고 넙죽 엎드린다는 의미를 먼저 드러
내기에 글자에 내재하는 고압적 성격을 피하고자, 원호에는 사용
하는 일이 없었던 게 아닌가 싶은 〈령(令)〉이라는 한자를 처음으
로 넣은 원호의 세상을 맞이하게 되었습니다. 아주 주의하며 살
고 싶네요.

2019년(헤이세이 31년), 가타야마 모리히데

단행본판 머리말

원호는 일본인에게 독자적 역사 인식을 갖게 합니다. 헤이세이 시대는 1989년 1월 8일에 시작되었고, 2019년 4월 30일 아키히토(明仁) 천황의 생전 퇴위로 종료될 예정입니다.

지난 31년간의 사건이나 의의에 대해서는 본문에서 상세히 논할 것이기에 여기서는 되풀이하지 않겠습니다. 머리말에서는 제게 〈헤이세이〉라는 시대가 가진 의미에 대해 적고 싶습니다. 솔직히 말해 저는 헤이세이를 피부로 느낄 수가 없습니다. 그리고 쇼와에 대해서도 동세대 일본인과 인식을 공유할 수 없는 부분이 많습니다. 그것은 저의 개인사와 관계가 있으므로 그것에 대해 말하는 것을 양해해 주었으면 합니다.

저는 1985년(쇼와 60년) 3월 도시샤 대학 대학원 신학 연구과 박사 과정(전기)을 수료하고 그해 4월 외무성에 들어갔습니다. 그리고 이듬해인 1986년 6월부터 1995년 3월까지 해외에서 생활했어요. 1986년 6월부터 1987년 7월까지는 영국의 육군 어학 학교에서, 1987년 8월부터 1988년 5월까지는 모스크바 국립 대학교에서 러시아어를 연수했습니다. 1988년 6월부터 1995년

3월까지는 모스크바의 일본 대사관 정무반(政務班)에서 근무했는데, 그 사이인 1991년 12월에 소련 붕괴라는 역사적 사건이 있었습니다.

저는 재(在)소비에트 사회주의 공화국 연방 일본 대사관 3등 이사관으로 부임하고, 재러시아 연방 일본 대사관 2등 서기관으로서 그 자리를 떠났습니다. 외무 본성에서는 국제 정보국에서 근무했는데, 원래의 정보 수집 분석 임무와 함께 북방 영토 교섭[7]에도 종사하게 되었지요.

귀국 직후부터 근무 시간이 한 달 2백 시간 이상, 때로는 3백 시간이 되는 일도 있었습니다. 주 2~3회는 관청의 수면실이나 당시 고지마치에 있던 외무성 관련 숙소인 가유 회관에서 묵었습니다.

관사는 지바현 후나바시시(市)에 있었는데, 1997년 11월 크라스노야르스크 러일 정상 회담에서 당시의 하시모토 류타로(橋本龍太郎) 총리와 옐친 대통령이 〈도쿄 선언에 기초하여 2000년까지 평화 조약을 체결할 수 있도록 최선을 다한다〉는 합의(크라스노야르스크 합의) 이후 한 달에 한 번 정도밖에 귀가할 수 없게 되었습니다.

1998년 여름의 어느 날 밤, 한 달 만에 관사로 돌아가자 방에 불이 켜져 있었습니다. 아내는 교토에서 대학원에 다니고 있었으

7　일본에서 북방 영토라고 부르는 쿠릴 열도는 일본과 러시아 간 영역 갈등 지역으로서 현재 러시아가 실효적 지배를 하고 있다. 일본은 쿠릴 열도 남단 4개 섬에 대해 영유권을 주장하고 있다.

므로 집에는 아무도 없을 터였죠. 형광등 스위치는 끄고 집을 나섰을 것입니다. 집으로 들어가자 낯선 남자가 있더군요.

〈누구시죠?〉 하고 물었더니 남자는 〈도둑이오〉라고 대답했어요. 저는 순간적으로 접착테이프를 사용해 이 남자를 묶어 경찰에 넘길까 생각했지만, 상대가 칼을 들고 있어 갑자기 위협적으로 나올지도 몰라 일부러 퇴로를 만들어 주자 도둑은 도망쳤습니다.

이때부터 관사에 사는 것이 무서워져서 외무성에 걸어 다닐 수 있는 아카사카 4가에 있는, 지은 지 30년이 된 테라스 하우스를 월세 20만 엔에 빌렸습니다. 월급의 30퍼센트가 월세로 사라졌지만 호텔비가 들지 않게 되어 경제적으로는 편해졌지요.

정치가나 정치부 기자와의 교제도 늘었지만 저녁 회식은 대체로 아카사카에서 있었기에, 새벽 1시까지 술집이나 라운지 바에서 정치가나 정치부 기자와 함께 있어도 5분이면 집으로 돌아갈 수 있어 수면 시간을 충분히 확보할 수 있었습니다. 아침에는 8시부터 정치가와의 회의가 있어서 그것에 맞춰 자료를 만들어야 하니, 오전 6시쯤 외무성에 출근하게 되었지요.

또한 1년에 서른 번 가까이 러시아나 이스라엘로 출장을 갔습니다. 이런 생활이 스즈키 무네오(鈴木宗男)[8] 의혹의 폭풍에 휩쓸려 외교 사료관으로 이동하게 되는 2002년 2월 24일까지 이어졌습니다. 외교 사료관으로 이동한 후에도 기자(다만 정치부가 아

---

8 신당 대지 대표. 대학 재학 때부터 나카가와 이치로 의원의 비서를 했다. 1983년 중의원 선거에서 처음으로 당선되어 북방 영토 문제를 필생의 업으로 삼았다. 2002년 알선 수뢰 혐의로 체포되었다. 북방 영토 반환을 둘러싼 뇌물 수뢰 혐의로 2010년 의원직을 상실하고, 같은 해 12월부터 약 1년간 수감되었다.

니라 사회부 소속의 기자)나 카메라맨에게 쫓겨 다니는 나날로, 차분하게 거리를 관찰할 기회는 없었습니다.

2002년 5월 14일 저는 외교 사료관 3층의 응접실에서 도쿄 지방 검찰청 특별 수사부의 검사에게 체포되어 도쿄 구치소 독방에서 512박 513일을 보내게 되었습니다.[9] 이듬해인 2003년 10월 8일 구치소에서 석방되어서야 비로소 저는, 1986년 6월에 일본을 떠난 후의 사회 모습을 피부로 느끼게 되었습니다.

그 결과 저에게는 두 가지 경험이 빠져 있다는 것을 통감했습니다. 하나는 일본 사회를 크게 변화시킨 버블 경제입니다. 또 하나는 사상에서 포스트모던의 영향입니다.

헤이세이사의 큰 테마는 버블 경제가 정점에 달하고 거기서 전락하여 회복할 수 없는 일본의 상황을 어떻게 읽어 낼 것인지, 우리가 거기서 다시 일어설 처방전을 그리는 일입니다.

이는 동시에 사상적 과제이기도 합니다. 포스트모던의 폭풍 속에서 〈큰 이야기〉가 부정되고 〈작은 차이〉만이 강조되게 되었지요. 그러나 사람은 이야기를 만드는 동물입니다. 포스트모던에 의해 지적으로 세련된 〈큰 이야기〉가 해체된 후 〈돈으로 살 수 없는 것은 없다〉는 배금주의나 배외주의적 내셔널리즘 같은 독성이 강한 이야기가 일본 사회를 석권하게 되는 상황이 되었습니다.

---

9 〈외무성의 라스푸틴〉으로 불렸던 사토 마사루는 〈인생 전반부를 온전히 바쳤던〉 북방 영토 반환 문제 해결이 코앞에 다가온 순간 정치 세력 간의 정쟁과 우익 세력의 반발로 임무의 실패는 물론, 2002년 국회의원 스즈키 무네오 사건에 연루되어 배임과 위계에 의한 업무 방해죄 혐의로 도쿄 지검 특수부에 체포된다.

헤이세이사를 읽어 낸다는 것은 객관적 작업이 아닙니다. 시대를 해석함으로써 위기에서 빠져나가기 위한 처방전을 찾아내는 일입니다. 정보를 위한 정보, 분석을 위한 분석, 논의를 위한 논의에는 의미가 없습니다.

그런 의미에서 사상에는 세상을 변화시키는 힘이 있다는 것을 숙지하고, 『미완의 파시즘』과 『국가가 죽는 방법(国の死に方)』 등 뛰어난 작품을 세상에 내놓은 가타야마 모리히데(片山杜秀) 선생과 대담할 기회를 갖게 된 것은 무척 반가운 일입니다. 이 책이 헤이세이라는 시대를 정리하고 새로운 시대를 열어 가기 위한 발판이 되기를 바랍니다.

이 책을 내는 과정에서 쇼가쿠칸(小学館)의 가시와바라 고스케(柏原航輔) 씨에게 많은 신세를 졌습니다. 정말 감사합니다.

2018년(헤이세이 30년) 4월 1일, 사토 마사루

차례

제7장 천황은 무엇과 싸우고 있었는가 351
헤이세이 28년 → 30년(2016~2018)

제8장 헤이세이가 끝난 날 449
헤이세이 30년 → 31년(2018~2019)

일본이 잘나가서 으스대던 시절(도쿄 롯폰기의 디스코 클럽).

제1장
버블 붕괴와 55년 체제의 종언

헤이세이 원년 → 6년(1989~1994)

헤이세이 원년(1989)

1월 · 7일에 쇼와 천황 붕어, 황태자 아키히토가 황위 계승. 8일, 〈헤이세이〉로 개원.

4월 · 소비세 3퍼센트가 시작됨.

6월 · 리쿠르트 사건을 책임지는 형태로 다케시타 내각 총사직. 우노 내각 발족.
· 중국에서 민주화를 요구하는 학생을 군이 탄압 (천안문 사건).
· 국민 가수 미소라 히바리 사망.

7월 · 미야자키 쓰토무 체포(도쿄와 사이타마에서 일어난 연속 여아 유괴 사건).
· 우노 총리의 여성 스캔들도 포함해 참의원 선거에서 자민당 대패. 우노 총리 퇴진.

8월 · 가이후 도시키 내각 발족.

9월 · 소니가 미국 컬럼비아 영화사 매수를 발표.

11월 · 베를린 장벽 철거 작업 시작됨.
· 일본 노동조합 총평의회(총평)가 해산하고 일본 노동조합 총연합회(연합) 발족.

12월 · 루마니아에서 정권 붕괴. 차우셰스쿠 대통령 부부가 처형됨.
· 닛케이 평균 주가 종가, 사상 최고치 3만 8,915엔을 기록.

● 모스크바 일본 대사관 근무. 붕어 2주 전에 일본 정부에서 〈붕어 임박〉이라는 연락이 들어왔다. **사토**

● 게이오 대학의 박사 과정 1년째로, 일본 정치사상사를 배우고 있었다. **가타야마**

● 원래 부가 가치세는 사회 민주주의자의 전매특허일 터. 하지만 사회당은 반대했다. 일본형 사회 민주주의의 모순이 분명해졌다. **사토**

● 현실과 가상이 구별되지 않는 시대의 상징적인 사건. **가타야마**

유행어	유행가	영화	책
· 〈산이 움직였다〉[1] · 〈세 손가락〉[2] · 〈오교쿠사마〉[3]	· 미소라 히바리, 「흐르는 강물처럼」 · 나가부치 쓰요시, 「잠자리」 · 프린세스 프린세스, 「세계에서 가장 뜨거운 여름」	· 미야자키 하야오, 「마녀 배달부 키키」 · 데시가하라 히로시, 「리큐」	· 요시모토 바나나, 「티티새」

1   도쿄 도의원 선거와 참의원 선거에서 대승한 사회당의 도이 다카코 위원장이 〈산이 움직였다는 실감이 표가 되어 나타났다〉고 해서 유명해진 말이다.
2   우노 총리와 정부 관계를 맺은 게이샤였던 여성이 그간의 경위뿐 아니라 절연 위자료도 없었다는 등의 사실을 폭로하여 일본만이 아니라 서구 각국에도 보도되어 큰 스캔들이 되

헤이세이 2년(1990)

1월	• 대학 입시 센터 시험이 처음으로 실시됨. • 쇼와 천황에게 전쟁 책임을 물었던 나가사키 시장이 우익에게 저격당해 중태에 빠짐.
3월	• 소련 초대 대통령에 고르바초프가 취임.
4월	• 지나친 부동산 급등을 시정하기 위해 대장성이 부동산 융자의 총량 규제를 실시.
5월	• 노태우 한국 대통령이 방일. 궁중 만찬회에서 천황이 한일의 역사를 돌아보며 〈통석의 염〉이라고 표명.
6월	• 아키히토 천황의 차남 후미히토 왕자와 가와시마 기코 결혼, 아키시노노미야 가문 창설.
8월	• 이라크가 쿠웨이트를 침공. 부시 미국 대통령은 가이후 총리에게 제재와 지원을 요청, 정부는 경제 협력 동결을 발표. 그리고 중동 주변국에 대한 경제 원조를 자청.
10월	• 닛케이 평균 주가가 2만 엔 이하로 떨어짐(버블 경제 붕괴). • 동서 독일 통일.
11월	• 천황 즉위식. • 오키나와현 지사 선거, 오타 마사히데가 당선.

붕괴 결과로 가치관이 리셋. 패밀리 레스토랑에서는 저렴하게 그런대로 괜찮은 식사를 할 수 있게 되었다. **사토**

고도성장기에는 돈을 써서 물건을 늘린다. 그렇게 하면 다른 누군가가 신경을 써줘서 결과가 다 좋다. 그런 예정된 조화를 믿던 시기다. 그러나 버블 붕괴 이후에는 가치관이 일변한다. 되도록 보류하며, 모험주의를 피하고 철퇴나 현상 유지에 관심이 있다. 막다른 시대를 당연한 것으로 받아들인다. 누구에게 불평해 봤자 자기 입만 아프다. 버블 붕괴로 탄생한 〈헤이세이인(平成人)〉이란 그런 유형에 속할지도 모른다. **가타야마**

유행어	유행가	영화	책
•〈오야지갤〉[4] •〈퍼지〉	• B.B. 퀸즈, 「춤추는 폰포리콘」 • 린드버그, 「지금 당장 키스 미」 • 다마, 「안녕 인류」	• 구로사와 아키라, 「꿈」 • 후루하타 야스오, 「태즈메이니아 이야기」 • 가도카와 하루키, 「하늘과 땅과」	• 니타니 유리에, 『사랑받는 이유 (愛される理由)』

었다. 여성은 우노가 거물 정치인 치고 너무 인색해서 〈이것으로 정부가 되지 않겠느냐며 손가락 세 개를 세웠다(매월 30만 엔으로 정부가 되어 달라는 의미)〉고 말했다. 당시 주요 7개국 정상 회의에서 영국의 대처 총리가 우노와의 악수를 거부하여 더욱 웃음거리가 되었다.

3 근속 경력이 긴 심술궂은 여성 사원을 가리키는 말이다.
4 아저씨(오야지) 같은 언동을 즐기며 또 그런 행동이 어울리는 젊은 여성.

헤이세이 3년(1991)

1월	• 미군을 주축으로 하는 다국적군이 이라크와 쿠웨이트 공격 개시(걸프 전쟁). 일본 정부는 35억 달러 지원.
2월	• 다국적군이 쿠웨이트 전역을 제압. 부시 미국 대통령이 승리 선언.
4월	• 도카이 대학 의학부 부속 병원에서 일본 최초의 안락사 사건. • 페르시아만의 기뢰 제거를 위해 해상 자위대 파견을 내각 회의에서 결정(4월 말 출항).
6월	• 나가사키현의 운젠 후겐다케산 분화. 대규모 화쇄류가 발생(사망자 40명, 행방불명 3명).
7월	• 도쿄 사가와 택배 회사에 폭력단 관련한 다액 융자가 발각. 사장 해임.
8월	• 소련에서 쿠데타 미수. 고르바초프 대통령이 일시 구금됨. 8월 24일 소련 공산당 해산.
11월	• 가이후 내각 총사직하고 미야자와 기이치 내각 발족. • 배우 미야자와 리에의 사진집 『산타페』 발매. 순식간에 150만 부 돌파.
12월	• 유럽 정상 회담에서 정치, 경제, 통화 통합을 목표로 하는 조약에 합의. • 고르바초프 대통령 사임과 함께 소련 붕괴.

천황이 재해 지역을 방문하여 위로했다. 천황의 공적 행위는 어디까지 인정될까. 헌법상의 규정도 없고 모호한 가운데 그런 공적 행위를 대담하게 확대하여 운용했다. **가타야마**

공식적인 세계와 어둠의 세력 간의 관련성이 드러났고, 그 이후 어둠의 세력은 좀처럼 공식적인 세계로 나오지 않게 되었다. **사토**

소련 붕괴 후 2천5백 퍼센트의 인플레이션이 일어나 국유였던 자산의 탈취 전쟁이 시작되었다. 그 결과 극단적 격차 사회가 탄생했다. **사토**

일본 대학에서는 소련 붕괴를 경계로 교수들이 마르크스주의 간판을 내리고 말았다. **가타야마**

유행어	유행가	영화	책
• 〈혐미(嫌米)〉 • 〈……가 아~닙니까〉	• 오다 가즈마사, 「러브스토리는 갑자기」 • 차게 앤 아스카, 「세이 예스」 • 칸, 「사랑은 이긴다」	• 야마다 요지, 「아들」 • 다카하타 이사오, 「추억은 방울방울」	• 미야자와 리에, 시노야마 기신 사진, 『산타페』

헤이세이 4년(1992)

1월	· 미야자와 총리 한국 방문. 위안부 문제를 공식 사죄.
3월	· 도카이도 신칸센에 〈노조미〉 데뷔.
4월	· 록 가수 오자키 유타카 사망.
5월	· 전 구마모토현 지사 호소카와 모리히로 일본 신당 결성.
6월	· 평화 유지군PKO 협력법 성립.
7월	· 위안부 문제, 정부가 조사 결과를 공표하고 직접 관여를 인정함. 아시아 각국의 전 위안부에게 사죄함.
9월	· 일본 첫 우주 비행사 모리 마모루가 우주여행을 떠남. · 학교의 주 5일제가 시작됨(당초는 월 1회).
10월	· 천황과 황후, 중국 첫 방문.
11월	· 미국 대통령, 민주당의 빌 클린턴 당선. · 도쿄 사가와 택배 사건 공판에서 다케시타 노보루 전 총리가 증인 심문을 받음.

당시의 정치 슬로건은 반금권(反金權) 정치. 미국 같은 양당제로 하면 정계, 관계, 재계의 유착을 막을 수 있다며 이데올로기를 넘어 야합했다. 가타야마

걸프 전쟁 때 평화 유지군 활동을 할 수 없었다는 트라우마가 외무성에 남아 있었다. 그 이후 당시의 정권에 〈보통의 나라가 되어라〉는 기대를 걸게 된다. 사토

쇼와 천황에게는 생생하기 그지없던 중국과 오키나와라는 전후 문제를 마주해야 할 실천이 시작되다. 사토

유행어	유행가	영화	책
· 〈킨 씨, 긴 씨〉[5] · 〈키스해 줘〉[6] · 〈고꾸라지고 말았습니다〉[7]	· 고메코메 클럽, 「그대가 있는 것만으로」 · 다이지맨 브라더스 밴드, 「그게 중요해」 · 서던 올 스타즈, 「눈물의 키스」	· 미야자키 하야오, 「붉은 돼지」 · 이타미 주조, 「민보의 여자」 · 스오 마사유키, 「으랏차차 스모부」	· 사쿠라 모모코, 「말굽버섯(さるのこしかけ)」

5 쌍둥이 자매의 이름으로, 두 사람은 1백 세를 넘어서도 건강해 주목을 받았다.
6 배우 미즈노 미키가 화장품 광고에서 했던 대사.
7 다니구치 히로미 선수가 바르셀로나 올림픽 마라톤 경기 중 20킬로미터 지점에서 뒤에 오는 선수에게 뒤꿈치가 밟혀 넘어지며 신발이 벗겨지는 바람에 결국 8위로 들어왔으나 남의 탓을 하지 않고 이렇게 말해 큰 호응을 얻었다.

헤이세이 5년(1993)

4월 · 천황과 황후, 오키나와 방문.

5월 · 평화 유지군 문민 경찰관이 캄보디아에서 습격 당해 사망. 그래도 미야자와 총리는 평화 유지군 활동의 속행을 표명.
· 일본의 프로 축구 J리그 출범.

6월 · 나루히토 황태자, 외무성 관료인 오와다 마사코 와 결혼.
· 내각 불신임 결의안이 가결되어 미야자와 총리 가 중의원 해산.
· 신당 사키가케(대표 다케무라 마사요시) 신생당 (당수 하타 쓰토무, 대표 간사 오자와 이치로) 결성.

7월 · 총선거에서 자민당 과반수가 깨짐. 사회당도 참 패. 양당이 떠맡아 온 55년 체제가 붕괴. 미야자 와 총리는 퇴진 표명.

8월 · 고노 요헤이 관방 장관, 위안부 모집에 〈관헌 등 이 직접 여기에 가담한 사실도 있었다는 것어 밝 혀졌다〉는 담화를 발표.
· 호소카와 모리히로, 비(非)자민 8당파 연립 내각 발족.
· 도이 다카코, 여성으로서 첫 중의원 의장이 됨.

11월 · 소선거구 비례대표 병립제를 주로 하는 정치 개 혁 4법안이 중의원에서 가결됨.
· 유럽 연합EU 발족.

12월 · 다나카 가쿠에이 전 총리 사망.

현재 보수파에서 문제시되는 고노 담화이다. 〈관여는 했지 만 보상은 하지 않는다〉고 한 일본 정부의 일관된 자세를 보여 준 것에 지나지 않는다.
사토

일본의 정치를 크게 바꿨다. 중선거구 시절의 중간 단체라 는 〈관문〉이 없어지고 전력을 잘 모르는 인물이 정치가로서 공식적인 세계에 등장하게 되 었다. **가타야마**

돈=힘이라는 환상으로 살아온 정치가가 55년 체제의 종언과 함께 세상을 떠난 것은 시사적. **가타야마**

유행어	유행가	영화	책
· 〈못 들었어〉[8] · 〈고걀〉[9] · 〈악처는 남편을 성장시킨다〉[10]	· 차게 앤 아스카, 「야 야 야」 · 더 도라부류, 「로드」 · 서던 올 스타즈, 「에로티카 세븐」 · 마쓰토야 유미, 「한여름 밤의 꿈」	· 최양일, 「달은 어디에 떠 있 는가」 · 기타노 다케시, 「소나티네」 · 가도카와 하루키, 「REX 공 룡 이야기」	· 도쿄 사자에상 학회, 『이소노 가의 수수께끼 (磯野家の謎)』

8 개그맨 콤비 〈타조 클럽〉의 유행어.

헤이세이 6년(1994)

4월	· 호소카와 총리, 사가와 택배 그룹에서의 1억 엔 채무로 사의 표명. 하타 쓰토무(신생당 당수) 내각 성립, 사회당은 연립 이탈. · 나토NATO가 보스니아 헤르체고비나 분쟁에서 세르비아인 무장 세력을 공중 폭격.	● 문필가나 음악 평론 일의 본격화. 이해부터 주간지 『SPA!』에서 정치부터 연극까지 폭넓은 칼럼을 시작(2002년까지). **가타야마**
6월	· 처음으로 1달러=1백 엔 이하로 내려가다. · 마쓰모토 사린 사건 발생(사망자 8명). 나중에 옴 진리교의 범행이었다는 사실이 밝혀짐. · 하타 내각 총사직. 무라야마 연립 내각 발족(자민당, 사민당, 사키가케).	● 냉전 붕괴 후의 판단 미스 시대가 낳은 〈정계 재편 과도기 내각〉. **가타야마**
7월	· 북한의 김일성 주석 사망. 김정일 체제 시작. · 일본인 첫 여성 우주 비행사 무카이 지아키가 우주로.	
9월	· 간사이 국제 공항 개항.	● 김정일 시대가 되어도 극적 변화는 보이지 않음. 사후에도 간행이 이어지는 김일성 전집을 기초로 정치가 이루어졌다. **사토**
10월	· 오에 겐자부로, 노벨 문학상 수상 결정.	
12월	· 신진당 창당(당수 가이후 도시키, 간사장 오자와 이치로).	

유행어	유행가	영화	책
· 〈동정할 거면 돈을 줘〉[11] · 〈가격 파괴〉 · 〈얀마마〉[12]	· 미스터 칠드런, 「이노센트 월드」 · 히로세 고미, 「로망스의 신」 · 나카지마 미유키, 「하늘과 그대 사이에」	· 다카하타 이사오, 「폼포코 너구리 대작전」 · 오카와라 다카오, 「고질라 대 메카고질라」	· 하마다 고이치, 『일본을 망친 9인의 정치가』 · 에이 로쿠스케, 『대왕생』

9 독특한 패션이나 생활 방식 등을 동시대 문화로 공유하는 여고생(高+gal).
10 드라마 제목으로 1993년 유행어 대상 특별상 부문 〈연간 걸작 어록상〉을 받았다.
11 드라마 「집 없는 아이」의 대표적 대사.
12 성년이 되기 전에 출산하는 등 어려서 어머니가 된 여성.

천황이 중국과 오키나와를 방문한 의미

사토 일본인은 역사 인식의 전제로서 메이지(明治)와 다이쇼(大正)[13] 그리고 쇼와와 헤이세이라는 시대 구분을 자연스럽게 받아들입니다. 하지만 천황의 대가 바뀔 때마다 역사를 한데 묶는 것은 세계의 보편적 가치관에서 보면 아주 이질적인 분절화입니다.

지금 최고 지도자의 대가 바뀌는 것으로 역사를 구획하는 것은 일본 이외에는 가톨릭교회나 러시아 정교회나 북한 정도이겠지요.

가타야마 일본에서는 천황이 붕어하면 원호가 바뀝니다. 천황 한 대에 연호가 하나지요. 메이지 시대부터의 새로운 습관이라고 할 수 있습니다. 메이지 유신으로 서양형의 근대 국가를 급조하려고 할 때 일본 국민을 통합하는 것은 천황밖에 없지요. 쇼군(将軍)이 다이묘(大名)를 통합하고 다이묘가 백성을 통합합니다. 이 시스템을 부수고 신분 제도도 그만두어 국민 의식이 미성숙한 백성만 남게 되면 통합할 수가 없습니다.

그래서 쇼군을 임명했던 천황을 내세우고 나머지는 전부 중간을 생략하여 천황과 백성이라는 두 종류밖에 없는 국민 국가를 디자인했습니다. 어디까지나 표면상의 원칙이지만요. 아무튼 일본인이라면 어디에 살고 있어도 천황을 받들며 사는 거라고 말입니다. 국민에게 그런 자각을 확실히 하기 위해 원호 사용을 철저

---

13 메이지는 메이지 천황 시대의 연호(1867~1912)이며, 다이쇼는 다이쇼 천황 시대의 연호(1912~1926)다.

히 하고 시간 의식의 면에서 천황과 함께 있는 것을 각인시키려고 했지요. 천황의 목숨과 함께 원호의 해를 거듭하며 사는 것이므로 천황을 좋아하거나 싫어하는 개인적 차원과 관계없이 천황의 나라 일본이 내면화되는 것입니다. 이 유신 정부의 전략은 보기 좋게 적중했다고 할 수 있겠지요.

예컨대 쇼와라는 말에, 특히 쇼와 시대를 살았던 사람들은 특별한 생각을 갖고 있지 않습니까. 전쟁도, 고도 성장도, 반가운 TV 프로그램도, 유행가도, 가족의 추억까지도 쇼와라는 한 단어에 포박되어 일본인이 아니면 알 수 없는 역사 의식으로 이해됩니다.

아무튼 64년이나 되었으니 너무 길어서 역사를 생각할 때 적절하다고는 할 수 없지만 역시 쇼와로 통하지요.

그러므로 헤이세이라는 시대도 아키히토 천황과 관련되지 않을 수 없습니다. 일반론으로서도, 일반론을 넘어선 차원에서도 헤이세이라는 원호는 헤이세이의 아키히토 천황으로 특징지어지는 시대라고 느낍니다.

아키히토 천황의 사상과 행동이 시대의 내용과 연결되는 일이 너무나도 많아요. 우선 초기만 언급하자면 아키히토 천황은 1992년에 중국을 처음으로 방문하고[14] 그 이듬해에는 오키나와를 방문했습니다. 쇼와 천황에게는 너무나도 생생한 중국과 오키나와라는 전후 문제와 마주하는 실천의 시작입니다. 헤이세이는,

---

14 중일 국교 정상화 20주년인 1992년 천황으로서 처음 중국을 방문했다. 만찬회에서는 〈깊은 반성〉을 말하며 전쟁을 되풀이하지 않겠다고 맹세했다 ─ 원주.

쇼와 시대에는 드러내지 않고 지나온 전후 일본의 역사적 과제가 표면에 등장한 시대라고 파악할 수 있겠지요. 거기에는 쇼와 천황의 붕어도 크게 작용했다고 생각합니다. 건드리기 힘들었던 것이 건드리기 쉬워졌다는 것이지요.

또한 1991년의 운젠 후겐다케산의 분화[15] 때도 이재민을 위문했습니다. 천황의 공적 행위는 어디까지 인정되는 걸까요. 헌법상의 규정도 없어 모호한 가운데 아키히토 천황은 그 공적 행위를 아주 대담하게 확대하여 운용해 왔습니다.

사토 아키히토 천황의 개성이나 사상과 관련된 일이기에, 그 개성과 멀어질 때는 어떻게 될지 생각할 필요가 있습니다.

가타야마 〈헤이세이 시대 이후〉의 문제지요. 천황이 붕어하지 않은 채 퇴위하면 근대의 천황제가 상정하지 않았던 전 천황이 살아 존재하게 됩니다. 붕어와 대 바뀜이 세트로 유지되어 온 유신 이후의 시스템은 근저에서부터 동요하게 되어요. 이 나라의 구조랄까, 정통성에 대한 가치관 또한 크게 바뀌겠지요.

사토 일본에서 생전 퇴위라는 화제가 나왔을 때 아무도 천황제를 폐지하고 공화제로 이행해야 한다는 주장을 하지 않았습니다. 만약 1960년대, 1970년대라면 사회당 좌파나 공산당 의원은 틀림없이 공화제로의 이행을 논점으로 잡았을 겁니다. 하지만 이렇게 많은 정치가나 논객이 있으면서도 아무도 입에 담지 않았죠.

---

15 나가사키현 시마바라 반도의 후겐다케산에서 1990년 11월 분화가 시작되어 일단 소강 상태가 되었지만 이듬해 2월에 다시 분화했고, 6월 3일에는 대규모 화쇄류로 40명이 사망(3명 행방불명)했다. 1996년까지 시마바라 일대에 피해가 지속되었다 — 원주.

헤이세이와 천황의 발자취

1988년	**9월**	쇼와 천황이 병상에.
1989년	**1월**	쇼와 천황 붕어. 아키히토 천황 즉위.
1991년	**7월**	운젠 후겐다케산 분화. 나가사키현을 방문하여 재난 지역 위문.
1992년	**10월**	천황으로서 첫 중국 방문.
1993년	**4월**	천황으로서 첫 오키나와현 방문.
	10월	황후 실어증.
1995년	**1월**	한신·아와지 대지진 재난 지역을 위문.
	7~8월	전후 50년의 〈위령 여행〉(나가사키, 히로시마, 오키나와를 방문).
2000년	**5월**	전시의 포로 억류 문제가 남아 있는 네덜란드를 방문.
2003년	**1월**	천황이 전립샘암 수술.
2005년	**6월**	전후 60년을 계기로 사이판을 방문.
2011년	**3월**	동일본 대지진 피해를 입어 천황이 〈영상 메시지〉 발표.
2012년	**2월**	협심증 진단을 받아 관동맥 우회술.
2013년	**10월**	구마모토현 미나마타시에서 미나마타병 환자를 위문.
2015년	**4월**	전후 70년을 계기로 팔라우를 방문.
2016년	**5월**	구마모토 지진 피해 지역을 방문.
	8월	퇴위 의향을 드러낸 영상 메시지 발표.
2017년	**6월**	천황 퇴위 등에 관한 황실 전범 특례법 성립.
2019년	**4월 30일**	퇴위.

가타야마 공화제만이 아니라 일체의 이데올로기나 주의나 주장이 논의되지 않게 되었습니다. 쇼와에서 헤이세이가 되고, 이데올로기는 완전히 잊히고 말았지요.

본론으로 들어가기 전에 서로의 세대에 대해 잠깐 말해 두기로 하겠습니다. 사토 씨는 저보다 세 살 많은 1960년생이지요. 1960년(쇼와 35년)생과 1963년(쇼와 38년)생은 미묘하게 세대가 다릅니다. 예컨대 1964년 도쿄 올림픽은 제가 한 살 때여서 전혀 기억이 없어요. 사토 씨는 네 살이었지요. 기억하고 있습니까?

사토 텔레비전에서 본 어렴풋한 기억은 있습니다. 제 누이가 가타야마 씨와 같은 1963년생이어서 1960년생과 1963년생의 차이는 압니다. 가타야마 씨는 「울트라맨」[16]을 본 세대예요. 하지만 저는 과학이나 문명의 왜곡을 엉뚱하게 그린 「울트라 Q」[17]부터 봤기 때문에 괴수와 싸우는 울트라맨이 등장했을 때는 의외라는 느낌이었습니다.

가타야마 저도 어렸을 때부터 「울트라 Q」를 봤지만, 말한 대로 처음 본 것은 재방송입니다. 컬러의 「울트라맨」이나 「울트라 세븐」[18]을 알고 나서 흑백의 「울트라 Q」를 봤습니다. 시간으로 보면 살짝 거슬러 올라갈 뿐입니다만, 신화 시대와 인간 세상 정도

16 TBS에서 1966년 7월 17일부터 1967년 4월 9일까지 매주 일요일 저녁 7시에서 7시 30분까지 방영되었다.
17 TV 방송 프로그램으로, 1966년 시작한 「울트라맨」 시리즈의 첫 작품. 사토는 〈「울트라 Q」를 실시간으로 본 세대와 「울트라맨」부터 본 세대에는 차이가 있다〉고 말한다. 참고로 「울트라 Q」는 1966년 1월 2일부터 1966년 7월 3일까지 매주 일요일 저녁 7시에서 7시 30분까지 방영되었다 — 원주.
18 「울트라」 시리즈로 1967년에 방영되었다.

닛케이 평균 주가의 추이

(닛케이 평균 주가(매달 종가)를 기초로 작성)

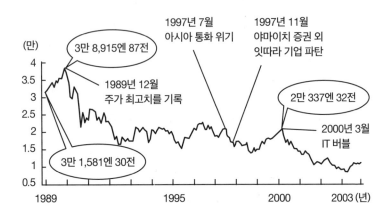

1989년 12월
주가 최고치를 기록

3만 8,915엔 87전

1997년 7월
아시아 통화 위기

1997년 11월
야마이치 증권 외
잇따라 기업 파탄

2만 337엔 32전

2000년 3월
IT 버블

3만 1,581엔 30전

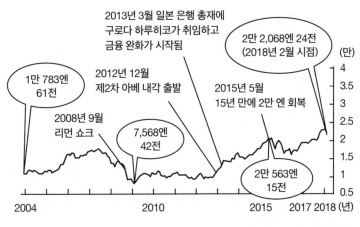

1만 783엔
61전

2012년 12월
제2차 아베 내각 출발

2013년 3월 일본 은행 총재에
구로다 하루히코가 취임하고
금융 완화가 시작됨

2만 2,068엔 24전
(2018년 2월 시점)

2008년 9월
리먼 쇼크

7,568엔
42전

2015년 5월
15년 만에 2만 엔 회복

2만 563엔
15전

＊ 2만 1,205엔 81전(2019년 3월 말 시점)

의 이미지 격차가 있지요. 그 부분이 아주 큰 영향을 끼쳤는지도 모릅니다.

사토 씨는 고등학교 때까지 사이타마에서 보냈고 대학 때부터 교토에서 지냈지요. 도시샤 대학의 신학부는 갈 때마다 이상한 장소라고 느낍니다. 예배당 맞은편에는 교토 황궁이 있습니다. 얼마 전에도 도시샤 대학 근처를 산책했는데 도시샤 대학의 수험생을 위한 견학일이어서 예배당 안까지 보고 왔습니다. 역시 독특한 공간이더군요.

사토 저는 대학원까지 계속 도시샤의 신학관에서 보냈습니다. 특수한 환경이었다는 것은 분명합니다. 제가 교토로 간 것은 1979년입니다. 당시 도쿄의 학생 운동에서는 내분으로 인한 살인이 벌어졌습니다. 도쿄에서 신좌익계 활동에 발을 들여놓았다면 그것은 시민 사회에서의 일탈을 의미했지요. 죽이느냐 죽임을 당하느냐 하는 세계였으니까요.

한편 관서(간사이) 지방인 도시샤 대학에서는 1학년 때 바리게이트로 봉쇄한 시위가 있었고, 신좌익계 학생 운동의 힘이 강했지만 내분은 적었습니다. 적어도 도시샤 대학에서는 살인 사건이 일어나지 않았지요. 관서 지방에는 아직 여유가 있었다고 생각합니다.

가타야마 씨가 보수 연구를 시작한 것은 무슨 계기라도 있었습니까?

가타야마 저는 어렸을 때부터 어쩐지 오른쪽이 좋았습니다. (웃음) 오른쪽과 왼쪽 중 어느 하나를 고르라고 하면 늘 오른쪽을 골랐지요. 저는 원래 왼손잡이입니다만 오른손잡이로 교정되어 오른쪽이 좋은 거라고 열심히 노력했는지도 모르겠습니다. 왼손잡이가 왜 나쁘냐는 원한이 저의 가장 깊은 곳에 있고, 그 위에 〈오른쪽이 좋아〉라는 할머니나 아버지의 목소리가 호도하고 있죠. 이것이 제 유년기의 구조입니다. 왼손잡이는 안 된다는 할머니의 목소리는 지금도 실제로 귓가에 남아 있습니다.

그리고 저는 도쿄에서 자랐습니다만, 태어난 곳은 외가인 센다이입니다. 그런 탓에 도호쿠 지방에 강한 집착이 있습니다. 일본 지도를 펼치면 도호쿠는 도쿄의 오른쪽이지요. 그것도 관계되어 있는지 모르겠어요. 어쨌든 정치사상에 흥미를 가졌을 때 마음에 걸렸던 것은 오른쪽의 사상이었습니다.

쇼와가 끝나고 헤이세이가 시작되는 1989년 1월 8일, 저는 스물다섯 살에 게이오 대학의 박사 과정 1년째였습니다. 일본 정치사상사를 공부할 계획이었죠. 일단은 그 언저리에서부터 시작해 볼까요? 당시 사토 씨는 모스크바에 있었습니까?

사토 그렇습니다. 붕어 2주일쯤 전에 일본 정부에서 재러시아 일본 대사관에 〈붕어 임박〉이라는 연락이 들어왔습니다. 러시아인과의 연회석이나 파티는 자숙하라는 시달도 있었고요. 그리고 붕어 소식이 들어오자 곧바로 대사관에 조기를 걸고 조의를 표하는 방명록 준비를 시작했습니다. 그리고 소련 측에서 천황의 장례식에 참석할 사람은 누구인가, 소련의 대일 정책은 어떻게 변하는가를 확인하는…… 그야말로 업무로서 쇼와의 종언에 입회했지요.

모스크바에서 본 광란의 일본

가타야마 당시는 버블 경제의 한복판이었지요. 하지만 저는 〈인생의 묘지〉라고도 하던, 장래에 거의 전망이 없는 대학원 생활을 하고 있었기에 그 은혜는 별로 입지 못했습니다. (쓴웃음)

사토 1985년 외무성에 들어간 저는 이듬해 6월에 영국으로 유학을 갔고, 1987년 8월에 모스크바로 옮겨 1995년 3월까지 근무했습니다. 그 사이 거의 귀국하지 않아서 저도 버블을 피부로 느끼지는 못했습니다.

이전에 정신과 의사인 가야마 리카(香山リカ) 씨가 〈사토 씨, 파르코[19]는 하나의 시대를 만들었어요〉라고 말했습니다. 제가 〈시부야는 모르겠지만 이케부쿠로는 초라하고 어두운 느낌 아닌가요?〉 하자 〈버블 때는 그렇지 않았어요〉라고 하더군요.

가타야마 시부야도 1960년대까지는 무서운 거리였지요. 그런데 1970년대에 파르코 같은 게 생기고 시부야 공원 언덕길을 걷는 것이 멋지다고 생각하게 되었습니다.

뒤늦게 1980년대인가요, 이케부쿠로가 시부야와 비슷해졌지요. 1970년대는 영화를 보러 이케부쿠로 분게이자 극장으로 가는 길을 꽤 조심해서 걸었습니다. 그런데 사토 씨가 일본에 없는 동안 급속하게 변했지요. 세존 문화[20] 발신 거점의 중요한 포인트가 된 것입니다. 책을 사는 것은 리브로에서, 레코드를 사는 것은

19 이케부쿠로역의 스테이션 빌딩으로 1953년 건설된 패션 몰. 전국에서 19개 점포를 운영중. 1970년대에 시부야로 진출하여 젊은이 문화와 현대 아트를 조합한 이벤트를 실시하고 시부야 문화를 발신했다. 극장과 라이브 하우스 등도 운영한다 — 원주.
20 세이부 백화점을 중심으로 한 세이부 유통 그룹(나중의 세존 그룹)은 1970년대부터 1980년대에 걸쳐 세이유 스토어, 무인양품의 개발, 파르코, 패밀리 마트, 리브로 서점 등을 시작하는 등 새로운 감각의 경영을 전개하여 하나의 문화를 형성했는데 이를 세존 문화라고 한다.

웨이브에서, 어느 것이나 세존 브랜드였지요. 세이부 백화점 이케부쿠로 지점에 거대한 매장들이 있어서, 문화나 예술적으로 긴자와 진보초보다 대단하다는 느낌이 있었는지 모르겠습니다. 영화관은 있어도 공연장의 혜택은 받지 못했지만 말이지요.

사토 저는 그런 감각을 공유할 수가 없네요. 게다가 부임한 소련에서는 고르바초프의 페레스트로이카가 시작되었지요. 새삼 지금 돌아봐도 동세대의 대중 소비 시장과는 다른 경험을 했습니다. 비누나 설탕 등은 배급권이 없으면 살 수 없는 모스크바에서 일본을 아는 실마리가 된 것이 도쿄에서 보내오는 비디오테이프였지요. 그래서 모스크바 집에서 본 호이초이 프로덕션의 「나를 스키장에 데려가줘」나 「그녀가 수영복으로 갈아입는다면」이 저한테는 버블입니다.[21]

10년쯤 전에 역시 호이초이 프로덕션이 제작한 「버블로 GO!!」[22]를 본 후 지인이 〈약간의 과장은 있지만 버블이란 게 그런 거였지〉 하고 가르쳐 주더군요.

가타야마 버블 충격이라고 하면 떠오르는 것은 제가 글을 쓰고 있던 잡지 편집부의 송년회입니다. 1990년대에 들어선 후였지요. 버니 걸 복장을 한 남성 편집자 일동이 입구에서 맞이해 주더

---

21 하라다 도묘요 주연의 1987년 영화 「나를 스키장에 데려가줘」는 개봉 전후에 스키 붐을 일으켰다. 해양 스포츠를 무대로 1989년에 개봉한 「그녀가 수영복으로 갈아입는다면」은 〈호이초이 3부작〉의 두 번째 작품. 이 작품에서도 하라다 도묘요가 주연이다. 모스크바에서 본 사토는 〈마치 다른 나라를 보고 있는 것 같았다〉고 했다. 시리즈 세 번째 작품은 「파도의 수만큼 안아 줘」.—원주.

22 파탄 직전의 일본 경제를 구하기 위해 아베 히로시가 연기하는 재무성 관료가 히로스에 료코가 연기하는 프리터를 1990년대로 보낸다는 내용. 버블 시대의 일본이 재현되어 화제가 되었다. 2007년 개봉. —원주.

군요. 일부러 의상을 빌려 온 것이지요. 안으로 들어가자 만화가 주손지 유쓰코(中尊寺ゆつこ)[23]가 〈다들 분위기를 탔어요!〉 하고 소리쳤습니다. 정말 현실이 만화 그 자체였지요. (웃음) 거기에 다케다 도루(武田徹), 사기사와 메구무(鷺沢萠), 고타리 유지(神足裕司) 등이 있었습니다.[24] 사기사와 작가가 이상할 정도로 나른한 분위기를 드러내고 있었지요.

사토 저는 모스크바로 찾아오는 신문 기자들을 보고 일본 사회는 정말 이상해지고 있구나, 하고 생각했습니다. 〈컵라면을 먹지 않으면 기사가 안 써져요〉라는 기자 때문에 제가 일부러 스톡홀름에서 컵라면을 공수한 적도 있었지요. 모스크바의 〈사쿠라〉라는 일본 레스토랑에서 배달 도시락을 주문하라는 기자에게 〈하나에 1만 엔은 합니다〉라고 했더니 〈그래도 상관없다〉고 하더군요.

가타야마 우와, 하나에 1만 엔이라고요? 도시락은 어떤 거였습니까?

사토 지금 일본에서 사면 7백 엔 정도의 평범한 도시락이에요. 도쿄에서 식재료를 공수하고 있어서 비싼 거지요. 튀김 메밀국수가 7천 엔이나 하는 레스토랑이니까요.

가타야마 그 무렵 저는 다이쇼나 쇼와 초기의 우익 사상을 연구

23　동시대 여성들을 그린 만화가. 그녀가 썼던 〈오야지갤〉은 유행어가 되었다. 대표작은 『오조단(お嬢だん)』이다 — 원주.

24　센슈 대학 교수인 다케다 도루는 2000년에 『유행 인류학 연대기(流行人類学クロニクル)』로 산토리 학예상을 수상했다. 소설가인 사기사와 메구무는 『돌아가지 못하는 사람들』, 『벚나무의 날(葉桜の日)』 등으로 아쿠타가와상 후보가 되고 1992년에 이즈미 교카 문학상을 수상했지만 2004년 메구로구의 자택에서 자살했다. 칼럼니스트 고타리 유지는 『긴콘칸(金魂巻)』이나 『한 미슐랭(恨ミシュラン)』 등 베스트셀러를 출간했다 — 원주.

하고 있었는데 과격한 것보다 〈원리 일본사〉[25] 같은, 일본은 있는 그대로의 지금 일본으로 괜찮다는 사상에 흥미를 가졌어요. 시간이 정체되고 그 안에서 인간이 수동적이 되어 표류하며 능동성이나 주체성을 잃어버린 느낌의 사상이 무척 현실적으로 느껴졌죠.

버블 전의 고도 경제 성장을 일단 완수한 느낌이던 일본에는 일정한 상태가 고르게 지속되는 가운데서 공중에 매달려 떠돌고 있는 것이 좋다는 분위기가 있었겠지요. 포스트모던이라는 말로 불러도 좋습니다만, 그것을 우익 사상과 대비하여 확인하고 싶었습니다.

한창 그런 연구에 몰두하고 있던 1990년 10월, 닛케이 평균 주가가 2만 엔 밑으로 떨어져 버블이 붕괴되었지요.

버블 붕괴로 패밀리 레스토랑 진화

사토　가타야마 씨는 버블 붕괴를 어떤 식으로 받아들였습니까?

가타야마　저의 아버지는 쭉 광고 대행사에 근무하는 샐러리맨이었고 특별히 수입이 높지 않았습니다. 하지만 주식이나 재테크에 빈틈이 없고 약간의 목돈을 버는 재주가 뛰어나서 용돈이 그다지 궁하지는 않았어요. 그러니 고도 경제 성장기의 은혜를 상당히 받았다고 생각합니다. 정말 제멋대로 지냈죠.

25　미노다 무네키 등이 1925년에 결성한 우익 단체. 기관지 『원리 일본(原理日本)』 등을 통해 진보파 대학 교수에 대한 배척 운동이나 천황 기관설 공격의 선봉장이 되었다 ─원주.

버블이 꺼지고 부모의 재산도 없어졌을 무렵에는 저도 이미 어른이 되어 있었으니까 그다음에는 다행히 어떻게든 된 셈이에요. 만약 제가 좀 더 어려서 버블 붕괴 후에도 아직 학교에 다니고 있는 나이였다면, 상당히 힘든 일을 겪고 과격한 사회주의자라도 되어 직접적인 행동도 마다하지 않고 폭탄을 던졌을지도 모르겠습니다. (웃음)

지금 돌아보면 1990년대에 버블이 꺼졌다고 해도 그 후 몇 년간은 버블의 여운이 남아 있어 한동안 다들 멍하니 있었다는 인상입니다.

사토 버블 붕괴가 어디에 이르렀는지, 최근에 TV를 보고서야 알았습니다. 「도쿄 후회 망상 아가씨」[26]라는 드라마가 아니었나 싶어요. 시청률은 10퍼센트 남짓이었지만 사회적 영향은 무척 컸습니다.

한마디로 말하자면, 「도쿄 후회 망상 아가씨」에 그려진 것은 생활 보수주의입니다. 서른 전후의 등장인물들은 높은 이상을 내세우면서도 직장은 고사하고 결혼도 할 수 없어요. 그렇다고 불륜은 물론이고 〈세컨드〉도 안 됩니다. 그것은 서른을 넘으니 생활이나 인생이 어떻게 될지 모른다는 불안감 때문이지요.

가타야마 불황 속에서 자란 젊은이들은 속았다는 걸 알아챘던 것이지요. 자유다, 자유다, 라고 하지만 실은 버려진 거라고 말입니다. 그래서 몸을 지키는 기술을 발달시켜요. 꿈보다는 조심, 자유

26　히가시무라 아키코의 동명 만화를 2017년에 드라마로 만들었다. 서른 전후의 애인이 없는 독신 세 여성이 매일 밤 불평이나 후회를 토로하는 내용—원주.

보다는 안전이라고 말이지요.

사토 주인공들이 술집에서 술값으로 쓰는 게 3천 엔 안팎이에요. 드라마에서는 맥주를 마시고 있지만, 원작 만화에서는 홋피[27]를 마시니까 2천 엔 정도면 됩니다.

가타야마 요즘 젊은이들은 돈도 쓰지 않고 물건도 갖지 않는다고들 하는데, 버블 붕괴 이전의 전후 일본과는 가치관이 전혀 다르지요. 고도성장기에는 돈을 써서 물건은 늘립니다. 그렇게 하면 다른 누군가가 신경을 써줘서 결과가 다 좋아요. 예정 조화를 믿고 있었던 거지요.

사토 현실에서도 제 주위의 여성 편집자나 연구자들은 다들 20대 후반에 서둘러 결혼했습니다. 그녀들은 남녀 고용 기회 균등법[28]이나 〈여성의 활약〉이라는 말을 냉담하게 바라봅니다.

놀란 것은 연애결혼이 싫다는 여학생이 적지 않다는 사실입니다. 사귀고 있는 남자가 있지만 남자를 보는 눈에 자신이 없어 연애결혼을 하고 싶지 않다고 해요.

하지만 자세히 들어 보면 전혀 다른 이유가 있어요. 모르는 남자를 집에 데려갔다가 부모와의 알력이 생기는 게 싫은 거죠.

가타야마 놀랄 만한 현실주의네요. 적어도 알력을 줄이고 리스크를 줄여 적은 에너지로 몸을 지키려는 의식은 정말 높습니다. 한편으로, 예컨대 예비 자위대원 훈련을 받고 있는 학생도 있어요.

---

27 맥아 청량음료로 일본의 대표적인 서민 드링크.
28 모집이나 채용, 승진까지 남녀를 평등하게 대하려는 노력을 기업의 의무로 규정하고, 교육 훈련이나 복리 후생, 퇴직, 해고에 관한 차별을 금지한 법률. 1986년 4월에 시행되었다 — 원주.

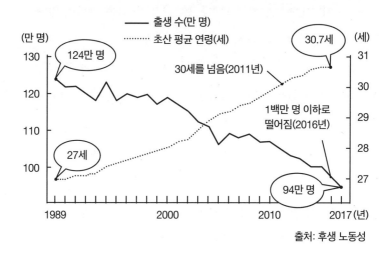

내려가는 〈출생자 수〉와 올라가는 〈초산 평균 연령〉

(만 명) —— 출생 수(만 명)

········· 초산 평균 연령(세)

30.7세

(세)

130 · 124만 명

30세를 넘음(2011년)

31

120

30

110

1백만 명 이하로
떨어짐(2016년)

29

28

100 · 27세

94만 명

27

1989   2000   2010   2017 (년)

출처: 후생 노동성

머리가 좋은 대학원생은 외국으로 도망치기도 하고요. 나라를 논하는 것도, 나라를 지키는 것도 남의 일이 아닙니다. 시니컬하게 비평하고 있을 수 없지요. 결혼부터 국방까지 남에게 믿고 맡겨서는 위험하다고 생각하고 있는 것입니다. 그리고 나라를 가망 없다고 포기한 사람도 있습니다.

그들은 버블을 경험한 세대, 아니 고도성장을 당연하다고 생각한 세대와는 전혀 다른 가치관으로 살아가고 있습니다.

사토　하지만 현대 젊은이의 가치관도 버블 빼고는 생각할 수 없습니다. 버블이 붕괴한 결과 사이제리야 같은 패밀리 레스토랑에서 값싸고 그런 대로 먹을 만한 것을 먹을 수 있게 되었지요. 편의점을 포함한 식사의 폭도 넓어졌습니다.

요즘 학생들을 보고 있으면 아무튼 눈앞의 일에만 열심인 것처럼 보입니다. 예를 들어 보습 학원의 강사 아르바이트를 하루에 4시간, 매주 6번 해서 1년에 2백만 엔을 버는 학생이 있다고 합시다. 그는 그걸로 괜찮다고 만족합니다.

하지만 저는 다시 생각해 보라고 말합니다. 지금부터 외교관 시험을 봐서 외무성에 들어가라고요. 연수를 끝내고 몇 년 지나면 연봉은 1천만 엔을 가볍게 넘습니다. 그는 매주 6번의 아르바이트에 쫓겨 기회비용을 잃고 있어요. 거기까지 말하지 않으면 깨닫지를 못합니다.

가타야마　지금이 전부라는 일본 고래의 중금론(中今論)[29]과도 통하네요. 찰나주의라고도 할 수 있습니다. 젊은이에게는 지금이 좋으면 된다는 측면과 5년, 10년 후를 생각해도 의미가 없다며 체념하는 측면이 다 있겠지요.

사토　아동 심리학에서 3세 아동이나 4세 아동은 지금이나 그 이외라는 시간 인식밖에 없다고 합니다. 그것과 비슷하지요.

가타야마　헤이세이는 나름대로 살아가기에는 일단 충분하다는 클라이맥스에 달해 〈언덕 위의 구름〉[30]이 아니라 〈언덕 위의 평원〉이라고 할 수 있지요. 위는 더 없겠지만 나름대로 높은 데로 이루어진 평평한 평원. 좀 더 출세하고 싶은 마음은 없지만 떨어지는 것에 대한 공포는 강합니다.

29　과거와 미래의 한가운데에 위치하는 〈지금〉을 나타내는 신도(神道)의 개념. 먼 과거에서 미래에 이르는 사이로써 현재를 찬미하는 의미로 쓰이는 일이 많다 — 원주.
30　메이지 유신 직후부터 러일 전쟁 승리까지를 그려 낸 시바 료타로의 소설 제목.

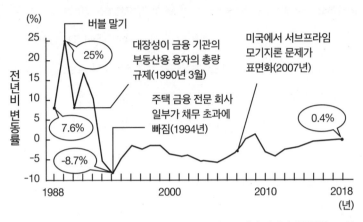

토지 신화의 붕괴(주택지의 공시 지가 변동률)

(%)

버블 말기

25%

대장성이 금융 기관의
부동산용 융자의 총량
규제(1990년 3월)

미국에서 서브프라임
모기지론 문제가
표면화(2007년)

주택 금융 전문 회사
일부가 채무 초과에
빠짐(1994년)

0.4%

7.6%

-8.7%

전년비 변동률

1988   2000   2010   2018
(년)

* 2019년의 전년비 변동률은 0.3%
출처: 일반 재단법인 토지정보센터

다시 말해 평원이라고 해도 끝없는 평원이 아니라 지도가 없어 바로 앞이 막다른 벼랑일지도 모르는 겁니다. 위험을 느끼고 있지만 자기 방어에는 한계가 있지요. 그렇다고 방어하지 않을 수는 없어요. 더구나 타인도 사회도 국가도 믿을 수가 없습니다. 그래서 돌다리도 두드리고 건넙니다. 되도록 보류하지요. 모험주의는 좋아하지 않습니다. 철퇴나 현상 유지에 관심이 있지요. 막다른 시대를 당연한 것으로 받아들입니다. 누구한테 불평을 해도 자기 입만 아파요. 이건 체념일까요.

버블이 붕괴한 결과 탄생한 〈헤이세이인〉이란 그런 유형에 속한 사람들일지도 모릅니다.

세계사와 상대화하라

가타야마 국외로 눈을 돌리면 버블 붕괴 전년인 1989년에 베를린 장벽이 무너졌고 1991년에는 소련도 소멸했어요. 소련 붕괴를 빼놓고 헤이세이는 말할 수 없습니다. 사토 씨는 소련이나 동구가 격변하는 현장을 직접 보셨지요.

사토 당시 저는 민족 문제를 담당하고 있었습니다. 베를린 장벽이 무너진 후 발트 국가들의 독립 운동이 심각해져 동구권 국가들에서 차례로 혁명이 일어났어요. 그리고 모스크바에서 발생한 쿠데타 미수 사건이 소련 붕괴의 방아쇠가 되었지요. 그 모든 것을 추적해 왔습니다.

가타야마 그러면 현재의 불안정한 국제 정세에 기시감을 갖고 있지 않습니까?

사토 갖고 있습니다. 소련 붕괴 첫해에 2천5백 퍼센트의 인플레이션이 일어나 국유였던 자산의 쟁탈전이 시작되었어요. 그 결과 극단적 격차 사회가 생겨나 살인이 계속됩니다. 저의 신자유주의 혐오는 이론적인 것이 아니라 모스크바에서 본 현실에 뿌리를 두고 있습니다.

그중에서도 잊을 수 없는 것은 내란 직전까지 간 1993년의 모스크바 소요 사건입니다.[31] 일본 대사관 앞에서 벌어진 총격전을

---

31 옐친 대통령과 의회 세력 간의 항쟁. TV 방송국을 점거한 의회 측 무장 집단에 대해 대통령은 비상사태를 선포하고 군을 동원하여 사태를 수습했다. 10월 정변이라고도 한다 — 원주.

CNN이 생중계했지요. 저희는 그 영상을 대사관의 TV로 실시간으로 봤습니다. 대포를 쏘는 영상이 방송되자 몇 초 후에 대사관이 흔들렸죠.

그렇게 혼란한 상황에서 러시아인이 〈사토, 너도 조심해라. 성미가 급한 놈은 목숨도 짧다〉, 〈입이 가벼운 놈은 목숨도 가볍다〉하며 위협했습니다. 실제로 벌집이 된 지인도 있었지요.

가타야마 마치 쇼와 10년대의 만주나 상하이 같은 이야기네요. 예전에는 사토 씨 같은 경험을 한 일본인이 많이 있었겠지만, 외부로부터의 자극이 없어 현 상황에 안일하게 만족하고 있는 전후 일본에서는 도저히 경험할 수 없습니다.

사토 국가의 폭력성은 지겨울 정도로 실감했지요. 나중의 이야기입니다만 저는 스즈키 무네오 사건으로 도쿄 지검 특수부에 체포되었잖아요. 특별히 도망도 가지 않고 증거 인멸도 하지 않았지만 2002년 5월부터 2003년 10월까지 〈고스게 힐스(도쿄 구치소)〉의 독방에서 512박이나 했습니다.

게다가 제 독방 양옆에는 사형수가 있었지요. 이 나라는 대체 어떤 나라인가, 하는 생각을 했습니다. 왜냐하면 상해 사건을 일으켜도 죄상이 어지간히 나쁘지 않으면 513일의 구류는 있을 수 없기 때문이지요. 그래서 저의 경우 처음부터 징역 1년 6개월이나 마찬가지였습니다.

가타야마 하지만 그것이 사토 씨의 방대한 저술을 지탱하는 경험이 되었지요. 무라카미 하루키(村上春樹)의 『기사단장 죽이기』[32]에도 사토 씨를 연상케 하는 인물이 등장합니다.

사토　확실히 그건 저와 많이 닮았더군요. (웃음)

가타야마　사토 씨는 헤이세이사의 급소라고 할 수 있는 소련 붕괴를 직접 목격했습니다. 일본에서는 소련이 붕괴했을 때 사회주의는 끝났다고 누구나 생각했어요. 그래서 미국의 자본주의나 정치를 복사하면 일본도 1백 년은 무사할 거라고 일시적으로 믿어 버렸습니다. 거기에 큰 잘못이 있었던 것 같아요.

사토　동감입니다. 헤이세이사는 역사의 총합이지요. 그런 의미에서는 세계사와 상대화하지 않으면 헤이세이 일본사는 보이지 않습니다. 헤이세이사는 일본사임과 동시에 세계사입니다.

예컨대 헤이세이 원년에 소비세가 도입됩니다. 이는 세계에서 유례를 찾아볼 수 없는 일본 특유의 사회 민주주의의 존재를 분명히 했습니다. 애초에 부가 가치세, 즉 소비세는 사회 민주주의자의 전매특허였을 터입니다. 하지만 일본의 사회당은 소비세에 반대합니다. 재원에 대해 생각하지 않고 복지의 충실을 주장하는 일본형 사회 민주주의의 모순이 드러났지요.

가타야마　일본의 사회주의는 부유층을 공격하는 의식으로 너무 발달한 걸까요. 급격한 근대화 탓인지 에도 시대의 신분 제도에서 갑작스럽게 사민평등으로 이행하고, 거기에서 메이지 정부가 한 일은 징병제나 중세(重稅)였잖아요.

민중에게 권리 의식을 키울 여유가 없었던 것이 오랫동안 영

32　무라카미 하루키가 2017년에 출간한 소설. 초상화가인 〈나〉가 일본화에 그려진 기사단장의 형태를 취한 이데아와 커뮤니케이션을 하며 위기에서의 탈출을 시도한다. 사토의 해설은 383면을 참조할 것 — 원주.

향을 끼치고 있는 것 같습니다. 권리를 주장하는 것보다는 쓸데없는 부담을 지우지 말라는 〈도망치고 싶은 의식〉이랄까, 〈해방되고 싶은 의식〉이 선행했지요. 농민 봉기 같은 이야기가 됩니다. 그 이상은 한 푼도 내고 싶지 않다고 말이지요. 그것이 반전하자 위에서 억지로 빼앗는 것을 생각하고, 밑이 스스로 부담한다는 것은 점점 더 삼가야 할 말이 되었습니다.

아래로부터의 요구 때문에 스스로 부담하는 것이 아니라 위의 요구에서 도망치는 것, 그 때문에 누군가가 다른 위에 기대하는 것이 일본인의 초기 설정이 된 것이 아닐까요. 어쨌든 상호 부조나 계급 유화(宥和) 의식이 너무 낮기 때문에 뭘 해도 일그러지게 됩니다.

미야자키 쓰토무 사건과 가상 현실

사토 헤이세이 시대에 들어와 제가 이상하다고 느낀 것이 개인 정보 보호의 흐름입니다. 주소까지 감출 필요가 있는 걸까요? 너무 지나친 것이 아닐까 싶어요.

가타야마 그건 익숙해지면 곤란합니다. 예전에는 작가의 주소도 공표되어 있었어요. 아니, 책의 저자 소개에 학자든 시인이든 주소까지 나와 있었지요.

사토 지금 자신의 프로필에 주소를 쓰는 작가나 평론가는 스즈키 구니오(鈴木邦男)[33] 정도가 아닐까요. 〈올 테면 와봐라〉 하는 느낌으로요. (웃음)

가타야마 하지만 정말 습격당할 위험성도 있어요. 스토커 사건도 있고, 실제로 지하 아이돌[34]의 팬이 칼을 들고 달려드는 사건도 있었습니다. 자택이 아니라 노상에서 습격을 당했지만요.

아무튼 개인 정보 보호로 연감이나 인명록을 좀처럼 만들 수 없으니까 인터넷 등 비공식적 정보가 큰 힘을 갖습니다. 비합법적 정보이지요.

국회의원도 최근에는 비공식적 정보를 기초로 질문하고 있고, 학자도 비공식적 소문 수준의 이야기를 늘어놓는 일도 있습니다.

정보가 너무 보호되면 어둠의 정보가 범람하게 되지요. 물자가 공적으로 통제되면 암시장이 발달하는 것은 전쟁 때나 전후의 일본에서 경험한 일입니다. 정보도 암시장에서 입수하는 게 정상이 되고 무감각해져 진짜인지 거짓인지 확인하지 않은 것이, 특히 인터넷 정보에 대해서는 일상화되어 갑니다.

사토 헤이세이는 편집이 없어진 시대라고도 할 수 있습니다. 모아 온 방대한 정보를 취사 선택하거나 편집하지 않고 잘라 붙이고 그대로 공표하는 연구자나 평론가가 늘었지요.

가타야마 개개인의 판단력 저하도 있을지 모르겠지만 그 이상으로 정보 환경의 문제겠지요.

사토 비공식적 정보가 흘러넘치고 현실과 허구의 구별이 무척 어려워졌다는 맥락에서 말하자면, 미야자키 쓰토무(宮﨑勤) 사건

---

33 정치 활동가. 1972년에 결성된 신우익 단체 〈잇스이카이(一水会)〉 창설자. 반공산주의면서 반미도 내세운다 — 원주.

34 TV 방송이나 잡지 등의 주요 매체에 출연하지 않고 라이브를 중심으로 활동하는 아이돌을 가리킨다. 라이브 아이돌 또는 인디스 아이돌이라고도 한다.

이 일어난 것도 1989년, 헤이세이 원년입니다.[35]

가타야마 현실과 가상의 구별이 되지 않는 것이 〈당연〉해진 시대의 상징이 미야자키 쓰토무지요.

사토 미야자키 쓰토무 사건은 오타쿠 문화나 히키코모리라는 맥락에서 이야기되었지만, 범죄는 시대에 따라 의미 부여가 달라집니다. 만약 지금 미야자키 쓰토무 사건이 일어난다면 사이코패스로 다뤄지지 않을까요?

가타야마 그럴지도 모르겠습니다. 사실 저도 미야자키가 다녔던 고엔지의 비디오 대여점을 이용했고, 당시 제 방도 미야자키와 마찬가지로 비디오테이프 더미였지요. 같은 부류로 취급받아 사회에서 배제되는 게 아닐까, 하는 걱정을 했습니다.

실제로 대학원을 다니며 당시 강사를 하고 있던 게이오 여자고등학교에서 학생 한 명이 수업 중에 미야자키 쓰토무 사건을 어떻게 생각하느냐고 질문해서 도스토옙스키를 인용하며 이야기했습니다. 그런 사건을 오타쿠 같은 것과 과도하게 결부시켜 현대 특유의 문제로 삼는 것은 부적절하고, 어느 시대든 있는 사건이라고 설명했어요.

그랬더니 〈선생님은 미야자키를 긍정하는 건가요?〉라고 해서 교실이 패닉 상태가 되었고, 무슨 일인가 하고 옆 교실에서 보러 오기도 하는 큰 소동이 벌어졌지요. (웃음) 그 뒤로 몇 번인가 게

---

35 1988년부터 1989년에 걸쳐 여자아이 4명을 유괴하여 살해한 사건. 피해자 집에 아동의 신체 일부가 배달되고, 매스컴에는 범행 성명을 보내기도 했다. 1989년 7월 현행범으로 체포, 2008년 사형되었다 — 원주.

이오 여자 고등학교의 현대 사회 수업에서는 모든 반 공통으로 〈오타쿠 탄생사〉를 했습니다.

지금 오타쿠는 일본 정부가 추진하고 쿨 재팬[36]으로 이어지는 문화로서 인식되고 있지만, 오타쿠가 처음으로 본격적인 주목을 받은 것은 역시 미야자키 쓰토무 사건이지요.

사토　지금은 애니메이션을 세계에 전하고 싶다는 동기로 외교관 시험을 보는 학생도 있습니다. 그중에는 소녀 성폭행 애니메이션만 보는 놈도 있었지요.

가타야마　그거 참 난감하군요.

사토　그는 푸틴이 졸업한 상트페테르부르크 대학에 유학했는데, 실제 여성이 질색이라며 학교를 다니지는 않았습니다. 여성과 접하면 정말 온몸에 두드러기가 나고 피가 났어요.

가타야마　그 자신이 SF 영화나 애니메이션에 등장할 법하네요.

미야자키 쓰토무 사건 때와 그리 떨어지지 않았다고 생각합니다만, 오이마치에 있는 명화 상영관에서 1962년에 제작된 「스무 살의 사랑」[37]이라는 옴니버스 영화를 봤습니다. 일본, 서독, 프랑스, 이탈리아, 폴란드, 이 5개국의 감독이 각 나라 스무 살의 사랑을 주제로 하여 촬영한 옴니버스 영화였지요. 프랑스 감독이 프랑수아 트뤼포, 이탈리아가 렌조 로셀리니, 그리고 일본이 이시

36　일본의 패션, 만화, 애니, 게임, 음식 등 일본 문화를 해외로 전파하며 경제 성장으로 이어 가겠다는 브랜드 정책.

37　일본 개봉은 1963년. 파리, 로마, 도쿄, 뮌헨, 바르샤바, 이 다섯 도시에서 청춘과 사랑을 그린 옴니버스 영화. 일본 편을 감독한 이시하라 신타로는 당시 스물아홉 살이었다. 가타야마가 이 작품을 봤다는 오이마치 무사시노칸은 1999년에 문을 닫았다 — 원주.

하라 신타로(石原愼太郎)였습니다.

일본 이외 나라의 작품은 앳되고 순진하며 시민 사회에 받아들여질 만한 수준의 상식적인 청소년의 사랑을 그렸지만 일본만은 달랐지요. 스토커 영화였습니다.

사토　시대를 선취했군요.

가타야마　역시 이시하라 신타로지요. 공원이 여고생을 일방적으로 사랑해서 따라다닙니다. 어쩐 일인지 여고생이 자신을 좋아한다고 확신하고 있지요. 마지막에는 사랑이 거부당한 것에 욱해서 강간하고 죽여 버립니다. 그것이 일본의 〈스무 살의 사랑〉이었습니다.

사토　안드레이 타르코프스키의 「스토커」가 1981년에 일본에서 상영되었을 때 제목은 〈스타르케르〉였습니다. 아직 일본에 스토커라는 개념이 없었기에 번역할 수 없어 러시아어 〈스타르케르〉 그대로 상영했던 것이지요.

가타야마　「스무 살의 사랑」의 경우에도, 「스토커」의 경우에도 스토커라는 말이 쓰이지 않았을 뿐이지 예전에도 스토커 행위는 있었고 스토커 성향의 사람이 존재했습니다. 스토커는 갑자기 등장한 것이 아니지요.

사토　유민의 「잠복」도 스토커 노래니까요.[38]

시대는 나아갑니다만, 오케가와 스토커 살인 사건이 일어난 게 1999년이었습니다.[39] 그 이듬해에 〈스토커 규제법〉이 제정되

38　유민은 가수 마쓰토야 유미의 애칭. 이 노래는 그녀가 1976년에 만든 곡이다.

39　JR 오케가와역 앞에서 여대생이 칼에 찔려 살해당한 사건으로 피해자에게 교제를

지요.

가타야마 스토커가 사회적으로 인식되어 공포의 대상이 되었어요. 그것은 헤이세이의 새로운 현상입니다.

커뮤니케이션이 불완전한 인간은 늘 있지만, 사회가 그것을 관리하고 제어할 수 없게 되었습니다. 자극에 대한 반응을 일으키는 데 필요한 최소한도의 자극 세기를 나타내는 수치인 역치를 넘어섰다고 할까요. 물론 원자화(연결의 희박화, 고립화)가 진행되어 그것을 막아 줄 만한 사람이 주위에 없다는 점도 있습니다.

스토커는 새로운 종류의 인간이 아니라 그것을 막아 주었던 가족이나 공동체가 무너졌다고 생각해야 할지도 모릅니다. 다시 말해 사회가 붕괴하여 어떤 종류의 사람들이 눈에 띄게 되었고, 스토커가 헤이세이의 키워드 가운데 하나가 되었습니다.

사토 외무성 시절의 동료 중에도 스토커가 있었어요. 그는 집적이던 여성 연수생에게 거절당하자마자 표변하여 쫓아다니기 시작했습니다. 그녀가 출장을 간 곳에 〈백인을 아주 좋아하는 헤픈 여자입니다〉라는 팩스를 보내기도 했지요. 역시 그 여성도 무서워져 상사에게 상담을 했습니다.

그 후 스토커가 된 남자가 오히려 강한 경계심을 보이게 되었어요. 책상에 서류나 서적을 산처럼 둘러쌓고 〈나는 누군가에게 쫓기고 있다〉며 백미러까지 설치했습니다.

가타야마 쫓는 쪽이 쫓기는 쪽이 되고 말았군요. (쓴웃음)

거부당한 범인의 앙심이 배경. 2000년에 제정된 스토커 규제법의 계기가 된다―원주.

우경화의 원점

사토 정치의 틀이 크게 변하는 계기가 된 것은 1992년입니다. 도쿄 사가와 택배 사건으로, 자민당의 가네마루 신(金丸信)이 도쿄 사가와 택배에서 5억 엔의 불법 헌금을 받아서, 정치가나 관료의 독직과 부패가 사회 문제가 되었습니다.[40] 그 과정에서 실업가와 우익 단체라는 폭력 장치와의 관련성, 즉 공식적인 세계와 어둠의 세력 사이의 관련성이 분명해졌지요. 그 이후 어둠의 세력은 공식적인 세계로 나오지 못하게 되었습니다.

가타야마 도쿄 사가와 택배 사건이 방아쇠가 되어 이듬해인 1993년에 55년 체제(1955년 이후의 양대 정당 구조)가 붕괴됩니다. 사회에 금권 정치는 용서할 수 없다는 분위기가 생겨났지요.

사토 씨는 아직 모스크바에 있을 때였겠군요. 55년 체제 붕괴는 어떻게 받아들였습니까?

사토 솔직히 말해서 큰 충격을 받았습니다. 외무성에서는 비(非)자민 8당 연립 내각의 총리가 된 호소카와 모리히로(細川護熙)보다는 오자와 이치로(小沢一郎)에 대한 기대감이 더 컸습니다. 오자와는 『일본 개조 계획』에서 군사를 포함한 국제 공헌도 포함하여 〈보통 국가가 되자〉고 주장했으니까요.

가타야마 최근 들어 〈일본이 갑자기 우경화되었다〉고 하는 사람

---

40   도쿄 사가와 택배에서 여러 루트의 자금 유출이 발각되어 이 회사의 전 사장인 와타나베 히로야스 등이 특별 배임죄로 기소된 사건. 폭력단 기업에 융자나 채무 보증한 약 5천2백 억 엔의 대부분이 회수 불가능하게 되었다. 정치가에게도 다액의 불법 헌금이 건네졌다―원주.

이 있는데, 집단적 자위권은 1991년에 시작된 걸프 전쟁 때 PKO 협력법[41]에서 중요한 논점이었습니다. 30년째 끌어오는 모티프였지요.

사토 말씀한 것처럼 〈보통 국가가 되자〉는 것은 그 무렵부터 외무성 관료의 공통된 의견이었습니다.

가타야마 당시 도쿄 사가와 택배 사건의 영향도 있어서 반금권 정치가 훌륭한 구실로 내세워졌지요. 이데올로기나 사상은 제쳐 놓고 사회주의나 마르크스주의를 주장하는 사람도, 자유 시장주의 생각을 가진 사람도 야합해서 새로운 세력을 만들었습니다. 미국 같은 양당제로 하면 정권 교체가 빈번히 일어나게 되어 정계, 관계, 재계의 유착에 브레이크가 걸릴 거라고 하면서요. 그 방향으로의 과도기로서 호소카와 대연립 내각[42]이나 자민, 사회, 사키가케 연립 내각이 연출되었습니다.

호소카와 연립 내각의 뒤를 이어받은 하네다 내각이 64일만에 물러나고 자민당과 일본 사회당(이후 사민당), 신당 사키카케가 연립하여 무라야마 내각이 성립된 것이 1994년 6월이었지요.

사토 저는 자민, 사회, 사키가케 연립 정권이 없었다면 1996년의 하시모토 내각은 절대 탄생하지 못했을 거라고 생각합니다.

---

41 유엔의 평화 유지 활동이나 인도적인 구제 활동 등에 협력하기 위한 국내법. 이 법이 성립한 1992년에 자위대를 캄보디아에 파견했다. 현재도 이 법률에 기초해 자위대가 해외에 파견되어 있다 — 원주.

42 호소카와 모리히로가 1993년 내각 총리대신으로 임명되어 발족한 내각. 비자민, 비공산 8당파의 연립 정권의 탄생으로, 1955년에 창당한 이후 정권을 유지해 온 자민당이 처음으로 정권을 잃었다. 내부 대립이나 호소카와 자신의 도쿄 사가와 택배에서의 차입 문제 등으로 1년도 채우지 못하고 퇴진한다 — 원주.

당시 모스크바의 일본 대사관에 정치학자 사토 세이자부로(佐藤誠三郎)[43]가 찾아왔습니다. 일본 대사가 〈하시모토 류타로가 총리가 될 가능성이 있습니까?〉라고 질문하자 사토 세이자부로는 〈본인 이외의 전원이 반대하겠지요〉라고 대답했습니다.

그만큼 하시모토는 정계에서 이질적인 존재였지요. 우선 파벌의 영수가 아니었어요. 게다가 정치가와 함께 밥을 먹지 않습니다. 55년 체제가 계속되면 장관 수준에서 끝날 정치가라고, 다들 그렇게 보고 있었지요.

하지만 자민, 사회, 사키가케 연립 정권으로 그에게 기회가 굴러들어 온 겁니다. 전통적인 자민당 정치가라면 하시모토 내각이 했던 예산의 상한을 정하는 캡제 도입이나 성청(省庁)의 재편 등 신자유주의적인 개혁을 수행하지 못했을 겁니다.

가타야마 하시모토 정권의 신자유주의 흐름은 그 후 모리 정권에서도 고이즈미 정권에서도 계속됩니다. 당시에는 소련의 붕괴로 21세기는 미국이 독주할 거라고 예상되었지요. 지금 생각하면 아주 간단한 〈새로운 상식〉에 지배되어 정계도 미국형 양당제로 재편되어야 한다고 정론지와 정치학자들이 계속 부채질했습니다.

그렇다면 〈정계 재편 과도기 내각〉으로서 자민, 사회, 사키가케 연립 정권은 냉전 구조 붕괴 후의 판단 미스의 시대가 낳았다고도 할 수 있지 않을까요? 역시 소련의 붕괴가 포인트입니다.

---

43 오히라 내각이나 나카소네 내각에서 정책 브레인이었던 정치학자. 미일 정치나 안전 보장을 전공하며 보수계 논객으로 활약했다 — 원주.

사토 저도 같은 생각입니다.

소련의 붕괴와 함께 중요해지는 것이 일본 사회당의 자리매김입니다. 사회당이라는 말을 들으면 도이 다카코(土井たか子)⁴⁴나 쓰지모토 기요미(辻元清美)를 떠올리는 사람이 많지 않을까 싶습니다. 하지만 사실 그녀들은 사회 민주주의 우파로 사회당의 주류가 아닙니다. 쓰지모토는 아마 마르크스의 『공산당 선언』을 읽은 경험도 없을 겁니다.

사회당의 주류는 노농파⁴⁵ 마르크스주의, 특히 마르크스·레닌주의를 지도 원리로 하는 사회주의 협회⁴⁶로 대표되는 좌파입니다. 소련 붕괴로 사회 민주주의 우파가 대두하여 좌파의 힘이 상실되었기 때문에 자민당과 사민당의 연립이 가능했던 것이지요.

마르크스를 모르는 정치가들

가타야마 소련의 붕괴로부터 30년이 지나려 하고 있는 지금, 그런 전제를 모르는 세대가 탄생했지요. 예컨대 일본의 대학에서는 소련 붕괴를 경계로 교수들이 마르크스주의 간판을 내리고 말았습니다. 그 후 세대에게는 노농파나 강좌파⁴⁷라고 해도 통하지 않

---

44 일본에서 여성 최초의 중의원 의장이자 정당 당수(일본 사회당 위원장). 1989년, 1990년 선거에서 〈도이 붐〉을 일으킨다. 애칭은 〈오타카 씨〉 — 원주.
45 잡지 『노농(労農)』(1927년 창간)을 중심으로 모인 마르크스주의 경제학자, 사회운동가, 문학자 그룹. 강좌파와 일본 자본주의 논쟁을 전개했다.
46 야마카와 히토시, 오우치 효우에, 사키사카 이쓰로 등에 의해 1951년에 설립. 예전에는 일본 사회당 좌파의 이론적 지주였다 — 원주.
47 이와나미쇼텐에서 1930년대 전반에 출판된 『일본 자본주의 발달사 강좌(日本資本主義発達史講座)』를 집필한 그룹이 중심이 되었기에 이렇게 불린다. 메이지 정부하 일본의

겠지요. 일본의 패전 후에 교과서가 검게 칠해지게 된 것과 비슷했습니다.

소련이 붕괴되었을 때의 대학생은 지금 50세입니다. 거기서 역사가 단절되어 맥락이 건너뛴 것 같습니다.

역사의 단절이라는 의미에서 이 시기에 아주 인상 깊은 사건이 있었습니다. 1977년에 제가 좋아한 하야시 히카루(林光)[48]라는 작곡가가 천황제를 부정하는 「일본 공화국 초대 대통령에게 보내는 편지」라는 곡을 발표했어요. 하야시 씨는 일본 교직원 조합 음악 교사들의 이론적 지도자이기도 했지요.

하지만 그런 하야시 씨가 헤이세이 시대에 천황으로부터 자수포장(紫綬褒章)을 받았습니다. 주위에서는 〈하야시 씨가 천황 폐하로부터 훈장을 받으면 안 된다〉며 화를 낸 사람이 많았지만 태연하게 받았지요. 그것이 1996년의 일이었습니다. 쇼와와 헤이세이의 차이를 상징하는 사건으로 인상에 남아 있어요.

사토 그렇게 생각하면 헤이세이라는 시대는 시계열(時系列)의 단순한 축적으로 성립된 것이 아니라 이를테면 뒤죽박죽인 죽 같은 것으로 생각하는 것이 나을지도 모르겠네요.

가타야마 정말 그렇군요. 포스트모던[49]은 1980년대의 유행어였

정치 체제는 절대주의이고, 또 당시의 사회 경제 체제의 실태는 반봉건 지주제라고 파악하여 천황제를 타도하는 부르주아 민주주의 혁명이 사회주의 혁명으로 강제적으로 전화한다는 〈2단계 혁명론〉을 주장했다. 이는 코민테른 32년 테제를 옹호하는 것이어서 당시 일본 공산당의 기초 이론이 되었다.

48 같은 작곡가인 도야마 유조, 마미야 미치오 등과 〈산양회〉를 결성. 오페라 작곡 활동만이 아니라 다수의 영화 음악도 만들었다 — 원주.

49 건축에서 시작하여 예술 일반이나 패션, 사상 등에서 진보주의에 의해 지탱되어 온 근대주의를 비판하고 넘어서려는 움직임. 탈근대주의 — 원주.

는데 진짜 포스트모던은 헤이세이 시대에 찾아온 것인지도 모르 겠네요. 여러 가지 붐이 시대를 초월하여 순서 없이 등장합니다.

최근의 다나카 가쿠에이(田中角栄) 붐도 그렇지요.[50] 다나카 가 쿠에이를 참고한다고 해서 지금의 일본이 좋아질 리가 없습니다.

사토 이런 상황에서 다나카 가쿠에이를 흉내 내면 엉망진창이 되겠지요. 다나카 가쿠에이는 〈도요토미 히데요시(豊臣秀吉)처 럼 비천한 신분에서 출세하여 최고 권력자가 되었다〉는 이미지 로 말해지지만, 속인적 요소가 과대평가되어 있습니다.

가타야마 전후사에서 중요한 역할을 한 인물임에는 틀림없지만 만약 다나카 가쿠에이가 없었다고 해도 고도성장기에 같은 일을 한 정치가는 나왔겠지요.

사토 맞습니다. 다만 그는 다른 정치가가 결코 하지 않는 일을 했어요. 이건 스즈키 무네오 씨에게 들은 이야기입니다만, 다나 카 가쿠에이는 예전에 아카사카에 있던 호텔 뉴 아카사카와 사보 이라는 러브호텔의 종업원을 포섭해서 숙박자 리스트를 가져오 게 한 모양입니다. 그것으로 〈어제는 힘 좀 쓴 모양이야〉라고 말 을 거는 거지요. (웃음)

가타야마 대단하네요. 정말 영리해요. 그런 일을 당하면 상대가 말을 잘 듣게 되겠지요. (웃음)

사토 그런 야비함이 돈과 함께 권력의 원천이 되었습니다. 다만

---

50 관련 서적들이 2015년 무렵부터 잇따라 간행되었다. 별책 다카라지마 편집부에서 편찬한 『다나카 가쿠에이 100가지 말: 일본인에게 보내는 인생과 일의 마음가짐(田中角栄 100の言葉: 日本人に贈る人生と仕事の心得)』이나 이시하라 신타로가 쓴 다나카 가쿠에이의 일대기 『천재(天才)』가 모두 베스트셀러가 되었다 ── 원주.

사토 에이사쿠(佐藤栄作) 총리 등과는 달리 배후에 원외 사람들 (의원이 아닌 사람들로 구성된 정치 집단) 같은 폭력 장치의 그림 자는 느껴지지 않습니다.

가타야마 다나카 가쿠에이의 윗 세대 정치가는 옛 군인 인맥 등 의 폭력 장치와 연결되어 있었지요. 하지만 다나카 가쿠에이는 전후의 벼락부자였습니다. 그래서 폭력이 아니라 돈이었어요.

사토 그렇지요. 돈이었어요. 그렇게까지 개인적으로 축재한 정 치가도 드물 겁니다.

저는 다나카 가쿠에이는 영원히 살고 싶었던 게 아닐까 하는 생각을 합니다. 돈을 계속 늘림으로써 영원히 영향력을 유지할 수 있을 거라고 믿고 있었지요.

가타야마 돈을 계속 모으니 다나카파(派)도 점점 성장합니다. 계 속 커지는 거지요. 찰나와 영원을 연결한 자본주의적 환영에 사 로잡혔던 걸까요.

수명을 생각하면 은행이나 도서관이나 미술관은 성립하지 않 습니다. 모으는 것, 늘리는 것은 영원성과 연결되어 있지요. 다 나카파 의원의 수와 축적한 금액이 평행하게 의식되었고, 게다 가 종점이 상정되어 있지 않습니다. 그런 환상 속에 살며 대담하 게 실천한 정치가가 55년 체제가 끝난 1993년에 세상을 떠났지 요. 무척 인상적입니다. 고도성장기의 정치가로 부를 수밖에 없 습니다.

사건의 전모가 밝혀지지 않은 채 2018년에 사형된 아사하라 쇼코.

제2장
옴 진리교가 유혹하는
1천 년에 한 번인 대세기말

헤이세이 7년 → 11년(1995~1999)

헤이세이 7년(1995)

1월	• 매그니튜드 7.3의 한신·아와지 대지진 발생(사망자 6천4백여 명).	전후 처음으로 비상시 대응이 현실적으로 추궁당했다. 계엄령이나 자위대의 출동 등 전후 일본이 봉인해 온 것이 공공연히 드러났다. 가타야마
3월	• 지하철 사린 사건(사망자 13명) 발생. 옴 진리교의 범행으로 판명되어 열도에 큰 충격을 줌.	이 무렵 일본으로 귀국. 외무성 국제 정보국에서 근무했다. 사토
4월	• 도쿄에서 아오시마 유키오 지사, 오사카에서 요코야마 놋쿠 지사 탄생. • 19일, 엔고가 이어져 1달러=79.75엔이라는 전후 최고치를 기록.	지금의 국제 사회가 안고 있는 문제의 실마리. 〈IS〉도 사용하지 않았던 대량 살상 무기를 사용해 수도에서 테러를 일으킨, 어떤 의미에서 세계사의 최첨단 사건이었다. 가타야마
5월	• 옴 진리교 교주 아사하라 쇼코 체포.	
8월	• 무라야마 총리가 전후 50년에 즈음하여 담화를 발표. 아시아 여러 국가에 반성과 사죄를 표명.	
9월	• 오키나와에서 미군 3명이 소녀를 납치하고 폭행.	
10월	• 오키나와 현민 총궐기 대회에 8만 5천 명이 모임. 미군 기지의 정리와 축소를 호소.	
11월	• 마이크로소프트사, 윈도우 95 일본어판 발매.	하지만 해산까지는 몰리지 않았다. 합법적 조직으로 남겨 행동이나 전체상을 파악하는 것이 현명하다는 생각. 사토
12월	• 옴 진리교에 파괴 활동 방지법에 기초한 단체 규제의 적용을 청구(1997년 기각).	

유행어	유행가	영화	책
• 〈힘내자 고베〉 • 〈그. 니. 까〉 • 〈포와한다〉[1]	• 후쿠야마 마사하루, 「헬로」 • 드림스 컴 트루, 「러브 러브 러브」 • H 정글 위드 T, 「와우 워 투나이트 - 가끔은 일으키자 무브먼트」	• 후루하타 야스오, 「창고」 • 이와이 슌지, 「러브 레터」 • 데메 마사노부, 「들어라, 와다쓰미의 소리를」	• 마쓰모토 히토시, 『유서(遺書)』

1 티베트의 불교 용어 〈포와〉는 사후에 사람의 의식을 불계로 옮기는 것을 뜻한다. 옴 진리교가 포와를 〈살인〉이나 〈죽이다〉의 뜻으로 사용했다는 게 드러나자 젊은이를 중심으로 죽인다는 뜻으로 전파되었다. 또한 실제 살인은 아니더라도 그에 가까운 고통을 주는 것도 〈포와한다〉고 말한다.

헤이세이 8년(1996)

1월	· 무라야마 총리가 사의 표명. 하시모토 류타로 내각 발족.	하시모토 정권은 예산의 상한을 정하는 캡제 도입이나 성청의 재편 등 신자유주의적인 개혁을 실시했다. 사토
2월	· 하부 요시하루 일본 장기계 최초 7관왕 달성. · 간 나오토 후생상, 약해(藥害) 에이즈 문제에서 나라의 법적 책임 인정하고 사죄.	신자유주의의 흐름은 그 후 모리 정권으로도, 고이즈미 정권으로도 계승되었다. 가타야마
3월	· 타이완에서 처음으로 직접 총통 선거가 이루어져 국민당 주석인 리덩후이가 선출. 중국과 타이완 관계가 일시적으로 악화.	
4월	· 클린턴 미국 대통령이 방일. 하시모토 총리와 극동의 유사시에 대한 협의. 미일 안보 체제의 광역화를 선언(미일 안보 공동 선언).	역사적으로 일본의 사회당을 이끌어 온 사회 민주주의 좌파가 사라지고 말았다. 동시에 도이 다카코 등 사회 민주주의 우파가 대두하기 시작한다. 사토
6월	· 주택 금융 전문 회사 처리법이 성립.	
9월	· 민주당 결성 대회(대표 하토야마 유키오, 간 나오토).	
10월	· 첫 소선거구 비례 대표 병립제 선거가 이루어짐. 자민 239, 신진 156, 민주 52, 공산 26, 사민 15, 사키가케 2.	이 정치 개혁이 다다른 것은 보혁(保革) 양당이 아니라 보수 양당제. 단적으로 말하면 부패 박멸을 가장 중요시하고 정당의 이데올로기나 주의 주장을 가볍게 여겼다. 대단히 죄가 크다. 가타야마
12월	· 페루의 일본 대사 공관, 좌익 게릴라에게 점령됨.	

유행어	유행가	영화	책
· 〈초베리바〉[2] · 〈메이크 드라마〉[3] · 〈우애, 배제의 논리〉[4]	· 미스터 칠드런, 「이름도 없는 노래」 · 글로브, 「디파처스」 · 아무로 나미에, 「돈 워너 크라이」	· 스오 마사유키, 「샐 위 댄스?」 · 기타노 다케시, 「키즈 리턴」 · 이와이 슌지, 「스왈로우테일 버터플라이」	· 하루야마 시게오, 「뇌내혁명」

2 〈超 very bad〉. 아주 나쁘다는 뜻. 여중생과 여고생 사이에서 주로 쓰인 말.

3 일본 센트럴 리그에서 선두 팀과 11.5게임 차로 벌어진 최하위 팀 요미우리 자이언츠가 기적 같은 대역전 우승극을 펼친 현상을 가리킨 말.

4 새로운 정치와 정당 스타일을 말에서도 날카롭게 보여 준 민주당 대표 하토야마 유키오는 갖가지 신조어를 낳았다. 〈우애〉는 나카소네 전 총리에게 〈소프트크림 같다〉는 조롱을 당해도 〈여름에는 맛있다〉고 되받아치며 정치 이념을 지켜 나간 것을 의미한다. 한편 안이한 회합을 배제한 〈배제의 논리〉로 감정적 비판에 굴하지 않고 관철한 냉엄함을 보여

헤이세이 9년(1997)

2월	• 중국의 사실상 최고 지도자인 덩샤오핑 사망.	
3월	• 노무라 증권, 총회꾼에 대한 이익 제공을 인정함. 야마이치, 다이와, 닛코 등 대형 증권 회사들과 다이이치칸교 은행에도 여파가 미침.	부패를 절대 용서하지 않는다는 분위기가 정치 세계만이 아니라 경제를 포함한 사회 전체로 확산되었다. **사토**
4월	• 소비세 5퍼센트로.	이 사건에서부터 정신 분석이 사회의 전면에 등장한 느낌이 든다. 시대가 심리학에서 정신 병리학으로 나아갔다. **가타야마**
6월	• 고베시에서 연쇄 아동 살상 사건의 용의자가 체포. 14세 소년의 범행은 세상에 충격을 줌.	
7월	• 영국에서 중국으로 홍콩 반환. • 태국의 바트 급락에 따라 아시아 통화 위기가 일어남.	
9월	• 유사시 미일 방위 협력을 기록한 새로운 가이드라인이 결정됨.	
11월	• 산요 증권, 홋카이도 다쿠쇼쿠 은행, 야마이치 증권이 경영 파탄.	은행이 망하다니, 전후 일본에서는 절대 있을 수 없는 일이었다. **사토** 기업의 종신 고용이 무너지고 일본 경제의 호송 선단 방식[5]이 통용되지 않게 되었다. 신자유주의를 추진한 고이즈미 정권으로의 도움닫기 기간이라고 할 수 있다. **가타야마**
12월	• 교토에서 지구 온난화 방지 회의가 열려 각국이 온실가스의 소멸 목표를 설정(교토 의정서). • 한국 대통령 선거, 김대중 당선. 한국 첫 여야 정권 교체. • 오자와 이치로, 신진당 해산 선언.	

유행어	유행가	영화	책
• 〈파파라치〉 • 〈가드닝〉 • 〈비주얼계〉	• 아무로 나미에, 「캔 유 셀러브 레이트?」 • 킨키 키즈, 「유리의 소년」 • 르 커플, 「양지의 노래」	• 미야자키 하야오, 「모노노케 히메」 • 모리타 요시미쓰, 「실낙원」 • 이마무라 쇼헤이, 「우나기」	• 와타나베 준이치, 「실낙원」

주기도 했다.

5 특정 산업에서 가장 체력이 약한 기업이 낙오하지 않도록 감독 관청이 그 산업 전체를 관리하고 지도하며 수익과 경쟁력을 확보하는 것. 특히 제2차 세계 대전 후 금융 질서의 안정을 꾀하기 위해 시행된 금융 행정을 가리킨다.

헤이세이 10년(1998)

2월 · 나가노 동계 올림픽 개막.

6월 · 금융 감독청 발족. 대장성의 금융 검사, 감독 부문이 독립함.
· 사민당, 사키가케가 각외 협력[6]을 해소. 다시 자민당 단독 정권으로.

7월 · 오부치 게이조 내각 발족.
· 와카야마시의 여름 축제에서 카레에 독극물을 탄 사건이 발생(사망자 4명).

8월 · 클린턴 미국 대통령, 인턴과의 백악관 내 불륜을 인정.
· 북한, 탄도 미사일 발사. 일본 상공을 지나 산리쿠 앞의 먼바다에 떨어짐.

> 클린턴은 정신 질환을 고백. 범죄자만이 아니라 인간은 누구나 미성숙하고 유아성이 있어 정신 분석의의 치료 대상이다. 그런 미국 사회를 상징하는 사건이었다. **가타야마**

10월 · 김대중 대통령 방일. 미래 지향의 한일 공동 선언 발표.
· 일본 장기 신용 은행, 채무 초과로 경영 파탄.

> 이 타이밍에 창가학회와 공명당의 관계가 가까워졌다. 비록 자민당과 연립해도 독자 노선을 취하는 현재의 공명당은 여기서 시작된다. **사토**

11월 · 신·공명당 합당 대회(신당 평화·공명이 합류).
· 장쩌민 중국 국가 주석 방일(중국 국가 원수 첫 방일).

> 온갖 중간 단체가 소멸되어 가는 중에 상대적으로 창가학회는 오히려 힘을 가졌다. **가타야마**

12월 · 특정 비영리 활동 촉진법(NPO법)이 실행됨.

유행어	유행가	영화	책
· 〈가시시부리〉[7] · 〈기레루〉[8] · 〈부적절한 관계〉[9]	· SMAP, 「밤하늘의 저편」 · 스피드, 「마이 그래주에이션」 · 글레이, 「솔 러브」	· 모토히로 가쓰유키, 「춤추는 대수사선」 · 이토 슌야, 「프라이드, 운명의 순간」 · 나카타 히데오, 「링」	· 이쓰키 히로유키, 「대하의 한 방울」

6　내각 책임제에서, 내각의 성립에는 협력하지만 다른 사업에는 적극적으로 협력하지 않는 일.

7　금융 기관에 의한 대출 태도가 아주 엄격하여 민간의 대출자들이 자금 조달에 어려움을 느끼는 상태.

8　엄청나게 화가 난다는 뜻.

9　클린턴이 자신의 불륜을 인정하며 했던 말로 유행어가 되었다.

헤이세이 11년(1999)

1월	• 유럽에서 단일 통화 유로가 탄생. • 이식법에 의해 처음으로 뇌사 장기 이식 수술이 이루어짐. • 닛산 자동차가 프랑스의 르노와 자본 제휴에 동의.	법제화한 결과, 국가나 국기의 초월적 지위를 부정하고 말았다. (사토)
4월	• 작가 이시하라 신타로가 도쿄 도지사에 당선.	
8월	• 국기·국가법 성립. • 다이이치칸교, 후지, 일본 흥업 은행의 통합 발표 (미즈호 은행 탄생).	당시 내각 관방 부(副)장관이었던 스즈키 무네오 씨와 점심 식사 후 차로 이동하고 있었다. 그때 라디오에서 임시 뉴스가 흘러나왔다. 그래서 〈위기관리의 문제가 될 겁니다. 당장 관저로 돌아가시지요〉라고 스즈키 씨에게 진언했다. (사토)
9월	• 이바라키현 도카이무라의 핵연료 가공 회사 JCO에서 방사능 누출 사고 발생(사망자 2명, 피폭자 664명).	
10월	• 자민당과 자유당에 공명당이 가세하여 자자공 연립 정권이 탄생.	어렸을 때부터 종말 사상이나 인류 멸망이라는 말을 많이 들어온 세대였기에 드디어 온 건가, 하고 생각했다. (가타야마)
11월	• 도쿄 증권 거래소에 벤처 기업을 위한 주식 시장이 설립됨(마더스).	
12월	• 마카오가 포르투갈에서 중국에 반환됨. • 옐친 러시아 대통령 사임. 푸틴 총리, 대통령 대행으로.	12월 31일, 정오가 지나 모스크바에서 곧 옐친이 사임한다는 전화가 왔다. (사토)

유행어	유행가	영화	책
• 〈치유〉 • 〈리벤지〉[10] • 〈붓치혼〉[11]	• 하야미 겐타로, 시게모리 아유미, 「경단 삼형제」 • 우타다 히카루, 「퍼스트 러브」 • 모닝 무스메, 「러브 머신」	• 후루하타 야스오, 「철도원」 • 시노다 마사히로, 「올빼미의 성」 • 하라다 마사토, 「쥬바쿠」	• 오토다케 히로타다, 「오체 불만족」

10 프로 야구 투수 마쓰자카 다이스케가 패전한 게임 뒤에 남긴 말.

11 오부치 총리의 전화를 줄여서 부르는 말. 재임 중 관저에서 유명인과 일반인을 가리지 않고 직접 전화를 했다.

아사하라 작곡의 대교향곡

사토 1990년대 중반에 가타야마 씨는 무슨 일을 하고 있었습니까?

가타야마 뭐, 부끄러운 일밖에는 하지 않았지요. 대학이나 전문학교에서 강사로 일했는데, 돈벌이는 그보다 글쓰기나 음악 평론 쪽이 많았습니다. 잡지나 신문에 칼럼이나 음악 평을 썼지요. 나머지는 CD의 해설문이나 연주회의 프로그램 집필입니다. 그건 지금도 하고 있습니다.

요사이 음악 평론가로서의 일로 생각나는 것은 신주쿠 문화센터에서 캇사파가 지휘한 키렌의 연주회입니다.[12] 1993년 옴 진리교가 키렌이라는 이름의 러시아인 교향악단을 편성하여 일본에서 공연을 했습니다.

소련은 음악가의 보고였지만 국가의 붕괴로 많은 사람의 밥줄이 끊겼습니다. 그 점을 제대로 공략하여 대변인이었던 조유 후미히로(上祐史浩)가 꽤 우수한 연주자들을 돈으로 모았지요. 그리고 교주가 캇사파라는 이름을 내려 준 도쿄 대학 음대 출신의 신자는 아사하라 쇼코가 흥얼거린 멜로디를 아사하라 쇼코 작곡으로 교향곡이나 교향시로 만들어 콘서트에서 연주했습니다.

사토 지금 그 사람은 어떻게 되었습니까?

가타야마 그 후 캇사파의 소식은 듣지 못했습니다. 〈쇼코, 쇼코,

---

12 캇사파는 옴 진리교의 전 간부 이시이 신이치로이고, 키렌 교향악단은 옴 진리교의 전속 오케스트라이다.

쇼코, 쇼코, 쇼코)라는 가사로 널리 알려진 「존사(尊師) 행진곡」
도 캇사파가 작곡했다고 합니다.

연주회에서는 아사하라 쇼코가 〈이 대환상곡 「어둠에서 빛으
로」는 자유로운 형식으로 작곡했습니다〉라고 무대 중앙에서 설
명했지요.

사토 흥얼거리기만 했으니까 확실히 자유로운 형식이긴 하네요.
(웃음)

가타야마 그렇지요. (웃음) 창가학회의 이케다 다이사쿠(池田大
作)가 야마모토 신이치(山本伸一)라는 명의로 작사한다거나, 천
리교(天理敎)의 나카야마 미키(中山みき)가 단가를 짓거나, 거슬
러 올라가면 신란(親鸞)의 와산[13]이나 소련의 신비주의자인 게오
르기 이바노비치 구르지예프의 방대한 피아노 음악도 있으니까
요. 교주가 음악을 만드는 것은 종교의 근간을 이루는 행위 중 하
나일지 모르겠군요. 하지만 대규모 교향곡까지 만드는 일은 드물
지요. 아사하라의 작품으로 발표된 것에는 대교향곡 「그리스도」
같은, 한 시간 가까운 것도 있었습니다. 대규모이고 다악장 형식
은 베토벤 이래 작자의 세계관을 표현하는 것으로 발달한 악곡
분야이니까요.

아사하라 쇼코는 유령 작가를 써서 하나 터뜨린 셈입니다. 스
스로 작곡을 한 사상가라고 말이지요. 예컨대 니체도 가곡이나
피아노곡이 고작이고, 그렇게 큰 규모의 작품은 만들지 못했습니

---

13 일본어로 된 불가.

다. 이 일은 나중에 사무라고치 마모루(佐村河內守) 사건(301면 참조)으로 이어진다고 생각합니다.

사토 가타야마 씨가 키렌의 연주를 들었던 1993년은 옴 진리교가 일으킨 마쓰모토 사린 사건의 1년 전이지요. 그리고 1995년 3월 20일의 지하철 사린 사건으로 이어집니다.

가타야마 지하철 사린 사건이 일어난 날은 정확히 기억해요.

사건이 일어난 당일 오후입니다만, 사카모토 류이치(坂本龍一)를 세상에 내놓은 일로도 잘 알려져 있는 음악 프로듀서 하라다 이사오(原田力男)[14] 씨의 문병을 갔거든요. 도큐 전원도시선(線) 연변에 있는 어느 병원이었습니다.

말기 암으로 입원해 있던 하라다 씨가 침대 위에 오도카니 앉아 사린 사건을 보도하는 TV를 보고 있었지요. 저는 〈지금 밖으로 나가면 무슨 일이 일어날지 모르겠지만 병원 안이라면 안심할 수 있어요〉라고 위로도 안 되는 말을 했습니다.

그날의 일은 아주 생생합니다. 주오선과 야마노테선과 전원도시선을 갈아타고 병원까지 갔습니다. 좀 무서웠지요.

사토 지하철 사린 사건 때는 사이타마현의 오미야 주둔지에서 완전 방비한 화학 방호대가 곧장 달려갔습니다. 그 영상을 보고 저는 일본의 화학전 대응 능력이 결코 낮지 않다고 감탄했습니다. 경찰은 아직 카나리아한테나 의존하고 있었으니까요.

사실 지하철 사린 사건의 6일 후인 3월 말일에 도쿄로 돌아올

---

14 음악 프로듀서이자 피아노 조율사. 음악 집단 〈레이노카이(零の会)〉를 주재. 가타야마도 레이노카이의 멤버였다 ― 원주.

옴 진리교 30년사

1989년 11월		교단과 적대하고 있던 사카모토 변호사와 그의 가족 3명을 살해.
1994년 6월		나가노현 마쓰모토시에서 사린을 살포하여 8명이 희생 (마쓰모토 사린 사건).
1995년 3월		도쿄 지하철에서 사린을 살포하여 13명 희생(지하철 사린 사건).
		옴 진리교 시설에 대한 강제 수사가 한창인 가운데 경찰청 장관 구니마쓰 다카지가 저격당함(범인 불명).
	5월	교주 아사하라 쇼코를 야마나시현 니시야쓰시로군 가미쿠이시키무라에서 체포.
2000년 2월		전 간부 조유 후미히로 등이 후계 교단 〈알레프〉를 발족.
2007년 5월		알레프가 다시 분파. 〈빛의 고리〉가 설립됨.
2012년 1월		17년에 이르는 도피 생활을 하던 전 간부가 자진 출두.
	6월	이어서 2명의 도주범도 체포됨. 도주범 전원 체포.
2018년 1월		옴 진리교 재판 종결. 확정 사형수는 13명.
	7월	6일에 아사하라 쇼코, 이노우에 요시히로, 니이미 도모미쓰 등 7명, 26일에 나머지 6명의 사형이 집행됨.

저를 위해 러시아인들이 모스크바에서 작별 파티를 열어 주었습니다. 러시아인들 사이에서도 옴 진리교 이야기는 계속 화제가 되었지요.

가타야마 옴 진리교는 키렌으로 대표되는 것처럼 러시아와도 인연이 깊은 신흥 종교였죠. 러시아에서는 어떻게 받아들여졌나요?

사토　아사하라 쇼코의 단골 숙소였던 모스크바의 올림픽 펜타 호텔에 푸루샤(옴 진리교의 배지)를 단 신자가 모여들어 화제가 되기도 했고, 모스크바 방송에서 「옴 진리교 방송」이라는 라디오 프로그램을 내보내기도 했어요.

그리고 사린 사건의 2~3년 전부터 가족이 교단에 들어가 힘 들다는 상담이 일본 대사관으로 들어오기 시작했지요.

가타야마　사린 사건 전까지는 일본에서도 옴 진리교의 공격성이 나 광기를 알아챈 사람이 적었습니다. 종교학자 나카자와 신이치 (中沢新一)나 시마다 히로미(島田裕巳)도 옴 진리교를 이해하는 모습을 보여 주었지요.[15]

일반적으로도 신비주의적이며 오컬트와 초능력을 내세우지 만 평화적인 종교 단체라는 인식이었습니다. 한밤중 집 우편함에 아사하라 쇼코의 전기 만화가 들어간 홍보지가 투입되어 있거나 해서 좀 섬뜩하긴 했지만요.

그러고 보니 잡지에서 키렌에 대해 썼더니 옴 진리교의 홍보 부에서 전화로 다음 행사에 초대를 했어요. 제 전화번호를 어떻 게 알았는지…….

사토　러시아에서는 일본과 달리 옴 진리교의 위험성이 충분히 이해되고 있었어요. 그것은 옴 진리교의 독트린이 19세기 말의

15　나카자와 신이치는 사상가이자 종교학자. 버블 경제기에 금욕적 출가주의를 취하 는 옴 진리교를 옹호하고 1992년에는 『아사히 신문』에서 아사하라 쇼코와 대담을 한 적도 있다. 종교학자인 시마다 히로미는 옴 진리교를 옹호한 지식인 중의 한 사람. 1995년 3월, 옴 진리교 신자에 의해 자택이 폭파되었지만 이미 이사를 가서 다치지는 않았다. 옴 진리교 는 그들에게 호의적인 사람을 반옴주의자가 공격한 것처럼 가장했다 — 원주.

사상가 니콜라이 표도로프[16]의 영향을 받고 있었기 때문입니다.

모스크바의 소크라테스로 불린 표도로프는 책을 많이 읽을 수 있다는 이유로 러시아 국립 도서관에 거처하며 일하고 있었습니다. 그에게 도스토옙스키나 톨스토이 등이 찾아왔지요. 그리스도교에서는 예수 그리스도와 함께 아담과 이브 이후의 모든 사람이 부활한다고 믿는데, 표도로프는 자연 과학의 발달로 가까운 미래에 모든 사람이 부활한다고 생각했습니다.

다만 모든 사람이 부활하면 지상에 토지와 공기가 부족해집니다. 그러므로 다른 행성으로 이동해야 한다고 주장했지요. 그 사상이 아폴로 계획이나 소유스[17] 계획으로 실행되어 곧 표도로프는 로켓 공학의 아버지로 불리게 됩니다.

가타야마 과학 시대의 종말 사상이네요. 옴진리교는 표도로프의 사상으로 이론 무장을 하여 러시아에서의 포교에 활용했습니다. 러시아에서 수입한 사상을 러시아인이 기뻐하는 형태로 순환시켜 원래의 자리로 돌아가게 한 것이네요.

사토 그렇습니다. 모든 사람이 부활한다는 종말 사상이 옴 진리교의 포와 이론과 연결됩니다. 루터는 독일 농민 전쟁 때 〈권력에 반항하는 농민을 되도록 빨리 죽여라〉고 지도했습니다. 권력에 칼을 들이대며 상처 입은 영혼은 부활할 수 없으니 영혼이 상처 입기 전에 죽이라는 논리인 거지요.

---

16 철학자로 죽은 자의 부활이나 불사를 제창했다. 도서관 사서로서 인생을 마쳤으며 〈환상의 사상가〉라 불렸다. 사후 제자들이 『공동 일의 철학』을 간행 — 원주.
17 구소련의 유인 우주선.

그 논리는 옴 진리교의 포와에 활용되었습니다. 대량 학살이나 테러는 단순한 원한이나 고통에서 행해진 것이 아닙니다. 그 배경에는 반드시 전 인류의 구제 사업 같은 사상이 있는 거지요.

가타야마 애초에 종말론은 일본인의 시간 의식이나 역사의식에 친숙해지기 힘듭니다. 〈언령(言靈)이 크게 번성하는 나라〉라고 할 정도로 천황 폐하가 말씀을 계속하는 한 지금의 질서가 영원히 계속된다고 생각하는 게 고대부터 이 나라의 사상이니까요.

그 전통적 감각에서 상당히 떨어진 것이 〈1960년대생 세대〉라고 생각합니다. 저도 사토 씨도 옴 진리교의 많은 신자와 같은 1960년대 전반에 태어난 세대입니다. 소년기에 우리는 1970년대에 붐을 일으킨, 1999년에 인류가 멸망한다는 『노스트라다무스 대예언』[18]에 걸려든 세대이기도 하지요.

사토 게다가 1999년은 단순한 세기말이 아니라 1천 년에 한 번인 대세기말이었으니까요.

1895년에 영국에서 간행된 허버트 조지 웰스의 『타임머신』도 종말론의 영향을 받아 세기말 분위기를 짙게 반영한 소설이었는데 일본에서는 단순히 시간 여행 이야기로만 읽혔어요. 하지만 그 1백 년 후 일본인은 종말론을 자연스럽게 받아들이게 되었죠.

가타야마 맞습니다. 우리 세대는 종말 사상을 의식하지 않을 수

---

18 오컬트 붐을 견인한 고토 벤의 1973년 책. 노스트라다무스의 〈1999년 7월에 공황의 대왕이 올 것이다〉라는 예언을 1999년 7월 인류 멸망으로 해석했다. 1974년 단바 데쓰로 주연으로 영화화되어 아이들의 인기를 얻었다. 사토와 가토야마 등 1960년대 태생의 세대는 1973년에 출간된 『일본 침몰』 등 초현실적 현상, 초능력, 심령 현상, 미확인 동물 등이 TV나 잡지에서 빈번하게 다루어진 오컬트 붐을 접했다. 1974년에는 호러 영화 「엑소시스트」도 히트를 쳤다 — 원주.

없는 상황에서 자랐지요. 제 경우 일곱 살에 오사카 만국 박람회가 개최되었는데, 그 무렵까지는 단순히 경제 성장과 과학 문명의 꿈을 믿었던 데다 아이들을 위해서는 미래학이라는 형태로 과도하게 선전되었습니다. 거기서는 고마쓰 사쿄(小松左京)나 우메사오 다다오(梅棹忠夫), 단게 겐조(丹下健三), 구로카와 기쇼(黑川紀章)가 활약하고 있었지만요.[19]

하지만 오사카 만국 박람회가 있고 그 3년 후 오일 쇼크가 일어나 모든 것이 뒤집혔습니다. 오일 쇼크의 영향으로 절전을 외쳤고, TV 방송 시간이 단축되기도 했지요. 프로 야구 야간 경기가 한동안 치러지지 않았고, 네온사인이 사라졌으며 백화점 등의 에스컬레이터도 멈췄습니다. 평소에는 올라가는 에스컬레이터를 거꾸로 내려가며 즐거워하기도 했으니까요. 그 무렵부터 아이들을 위한 미래 예상도 반전하여 가까운 미래에는 석유가 고갈되어 산업 문명은 붕괴한다는 등 꿈도 희망도 사라지는 이야기만 들리게 되었습니다. 인류는 앞으로 오래가지 않을 거라는 이야기였지요.

초등학생 때의 각인은 효과가 있습니다. 평생 질질 끌고 가지요. 게다가 오사카 만국 박람회와의 격차가 너무 컸습니다. 그런 시대를 경험하면 제대로 된 사람으로 자랄 수 없습니다. 좀처럼요. (웃음)

사토 오일 쇼크 전해에는 지구상의 자원이 유한하다고 지적하는 『성장의 한계』[20]가 발표되었습니다. 이것도 인류의 멸망이나

---

19 고마쓰 사쿄는 『일본 침몰』을 쓴 소설가이며, 우메사오 다다오는 인류학자, 건축가인 단게 겐조와 구로카와 기쇼는 오사카 만국 박람회의 설계에 참여했다.

문명의 파탄 분위기를 조성했지요.

가타야마 1973년에 출간, 베스트셀러가 된 고마쓰 사쿄의 『일본
침몰』도 그렇습니다. 『노스트라다무스 대예언』뿐 아니라 『성장
의 한계』도 『일본 침몰』도 모두 인류 멸망이라는 현실감을 불어
넣었지요. 그것과 병행하여 유행한 것이 「엑소시스트」나 「오멘」
같은 영화 그리고 스푼을 구부리는 소년[21] 등이 세트가 되어 덮쳐
왔습니다.

사토 맞아요. 급식 스푼이 다 구부러져 있었지요.

가타야마 우리 초등학교에서도 점심 시간에 동급생이 구부린 스
푼이 양동이 하나 분량이나 나왔습니다. 어른이라면 일시적 붐으
로 끝났을지 모르지만 아이들한테는 임팩트가 너무 컸지요. 오컬
트적 종교, 초능력, 근대 문명의 파탄, 종말론 등 나중에 옴 진리
교의 사고 패턴을 지탱하는 가치관이 집중적으로 공급되었습니
다. 세계 멸망에 현실감을 가진 채 청년이 된 사람들이 옴 진리교
에 이끌렸지요.

러시아의 어둠과 동조화

사토 저한테는 옴 진리교를 지탱한 가치관이 러시아의 어둠과

20 인류와 지구의 미래에 대해 연구하는 글로벌 비영리 연구 기관인 로마 클럽의
1972년 보고서. 인구 증가와 경제 성장이 계속되면 1백 년 이내에 지구가 위기 상황에 빠
진다고 경고했다 — 원주.
21 초능력자 유리 겔러가 1974년 일본을 방문해 화제가 되자 일본에서도 초능력을
가진 소년과 소녀들이 미디어에 등장했다. 스푼을 구부리는 등 염력이나 염사(念寫), 텔레
파시 등도 선보였다 — 원주.

동조화된 일이 무척 흥미로웠습니다.

가타야마 사린 사건이 발각된 후 러시아의 교도가 아사하라 쇼코의 탈환을 기도했다는 보도도 있었지요.

사토 탈환 계획은 확실히 있었습니다. 러시아에는 아직도 아사하라 쇼코를 믿는 컬트 코뮌이 있거든요.

가타야마 코뮌은 여럿 있는 건가요?

사토 몇 군데 있습니다. 러시아만이 아니라 우크라이나에도 있습니다. 1995년 당시 러시아에는 2만 4천 명의 신도가 있었습니다. 지금은 어느 정도 있는지 모르겠지만 수천 명이 있어도 이상하지 않을 겁니다.

가타야마 그거 굉장하네요!

사토 극단적 이야기일지 모르겠지만 옴 진리교와 이슬람 원리주의 또는 그리스도교의 차이는 단순히 숫자에 지나지 않습니다. 종말론적 독트린을 내포하는 종교는 그리스도교건 이슬람교건 폭발하면 옴 진리교와 같은 행동으로 내달릴 위험성이 있는 거지요.

가타야마 지하철 사린 사건은 지금의 국제 사회가 안고 있는 문제의 실마리라고 할 수 있지요. IS도 사용하지 않는 대량 살상 무기를 이용해 그것도 수도에서 테러를 저질렀습니다. 어떤 의미에서 세계사의 최첨단을 달린 것이 옴 진리교였지요.

사건 직후 조유 후미히로가 매일같이 미디어에 등장하여 자신들의 관여를 부정하기도 하고 교의에 대해 설명하기도 했습니다. 구니마쓰 다카지(國松孝次) 경찰청 장관이 저격을 당해 한때 사망설도 흘러나왔지요. 범인은 프로 저격수로밖에 보이지 않았고, 이상한 흥분 상태에서 다음에 무슨 일이 일어날지 예상도 할 수 없었습니다. 한때는 국가 붕괴와 완전한 아노미(사회 질서의 붕괴) 출현까지 걱정했으니까요. 2.26 사건[22]과 다소 겹치는 감각도 있었습니다.

사토 지하철 사린 사건은 일본이 법치 국가가 아니라는 현실을 부각시켰어요. 신자가 드라이버를 들고 있으면 총도법(銃刀法) 위반이고, 주차장에 발을 들여놓으면 건조물 침입죄 등 가벼운 죄로 체포했습니다. 이것은 법치 국가가 할 일이 아니지요.

가타야마 옴 진리교에 대해 초법적으로 대응해야 한다는 전시 체제적 분위기가 확실히 있었지요. 하지만 결국은 파괴 활동 방지법을 적용하지 않고 해산까지 몰아가지는 않았습니다.

사토 그것이 일본의 높은 지적 능력이라고 생각해요. 해산시켜 봤자 옴 진리교는 비합법으로 남아 지하로 들어갔을 겁니다. 그렇다면 합법적 조직으로 남겨 두고 행동이나 전체상을 파악하는 것이 현명하지요.

가타야마 정말 그렇습니다. 반사회 세력의 비합법화가 역효과를 내는 일은 역사가 증명합니다. 19세기의 독일 제국에서도 사회주의자 진압법으로 사회주의의 비합법화를 꾀했지만, 명칭이나

22 일본 군부의 황도파(천황 중심의 국가를 표방하며 소련 진출을 주장) 청년 장교들이 1936년 2월 26일 새벽, 정부와 정당 그리고 군부의 고위층을 몰아내고 천황이 직접 국가를 통치할 것을 요구하며 일으킨 쿠데타. 이들은 정부와 군부 요인들의 숙소를 습격해 살해했으나 천황이 직접 해산 명령을 내리자 투항하고 만다. 이후 통제파(입헌 군주제를 표방한 일본 제국 육군의 파벌)가 군부를 완전히 장악하여 일본의 정당 정치는 무력화되고 본격적인 군국주의 시대에 접어든다.

표면적 취지를 바꾸고 나와 오히려 활동을 키워 주고 말았습니다. 러시아 제국에서도 탄압이 오히려 반체제 운동에 강고한 지하 조직을 만들게 하여 그저 까닭 모를 무서움만 증대시켰지요.

게다가 옴 진리교의 경우, 교의와 연동하는 것처럼 한신·아와지 대지진이 일어났습니다.[23] 대지진 피해가 옴 진리교의 종말론과 딱 맞아떨어져 역시 일본의 파국은 가까워진 거라고 신자를 자극하여 테러 기운을 높였습니다. 대지진은 세계 종말의 징조라는 것이 동서고금을 막론한 인류의 전형적 사고 패턴이니까요.

인공 지진설을 주장하는 사람들

사토 대지진 이튿날인 1월 18일, 저는 외교 비밀문서를 전달하기 위해 일시 귀국했습니다. 나리타 공항에서 탄 택시에서 들은 라디오 프로그램이 무척 울적한 분위기였어요.

자연재해는 종교인을 자극합니다. 옴 진리교의 경우는 대지진을 일종의 천벌로 받아들였지요.

가타야마 한신·아와지 대지진이 지진 무기로 일으킨 인공 재해라고 호소한 옴 진리교 신자도 있었습니다. 동일본 대지진 때도 지진 무기에 의한 재해였다고 진지하게 말하는 국회의원이 있어서 속으로 깜짝 놀랐어요.

---

23   효고현 남부에서 1995년 1월 17일에 발생. 수많은 건물이 무너지고 주택 밀집 지역인 나가타구에서 대규모 화재가 발생했다. 사망자와 행방불명자는 6,437명이었는데 사망자의 4분의 3이 압사였다 — 원주.

사토 일종의 음모론이지요. 그만큼 음모론이 함부로 날뛰는 사회는 문제입니다. 9.11 테러 사건이 없었다고 믿는 정치가도 있으니까요.

가타야마 음모론은 이제 시작된 것이 아니라 다이쇼 시대의 관동(간토) 대지진 때도 미국이나 소련의 지진 무기에 의한 인공 지진이라고 주장한 사람도 있었습니다. 그리고 그 영향을 받아 〈세계의 종말〉이 모티프가 된 책이 많이 간행되기도 해서 종말론 붐이 일어납니다. 제목도 바로 『세계의 종말(世界の終り)』이라는 책에서는 지각 변동에 의한 지상 붕괴, 태양의 죽음, 대운석 충돌 등이 인류 종말의 예상과 결합되어 있습니다. 『노스트라다무스 대예언』의 다이쇼판 같은 책이지요.

한신·아와지 대지진은 이 관동 대지진 이래의 대도시 직하형 지진이었습니다. 관동 대지진과 마찬가지로 종말론을 환기할 만큼의 잠재력이 있는 사건이었던 것은 틀림없었지요.

사토 한신·아와지 대지진은 일본인에게 결정적 불안을 심어 준 재해이기도 했습니다. 언젠가 관동 대지진이나 도카이 지진이 일어날 거라고 다들 경계하고 있었지요. 하지만 고베나 오사카를 포함하여 관서는 지진이 일어나지 않을 거라고 믿고 있던 지역이었기에 아무도 방비하고 있지 않았습니다.

우리는 이 나라 어디에 있어도 안심할 수 없다, 이런 현실이 닥친 것이지요. 활단층이 있으면 어디서든 대지진이 일어나는 법이니까요.

가타야마 거슬러 올라가면 1596년의 게이초후시미 대지진 등 관서 지역에서도 지진이 일어났어요. 하지만 인간은 기껏해야 조부모 세대 정도까지밖에 생각하지 않습니다. 지구의 활동 기간과 일본의 감각 차이도 부상했지요.

이건 어떤 사람이나 하는 말이지만 한신·아와지 대지진 때 일본은 전후 처음으로 비상시 대응을 실제적으로 추궁당했습니다. 자위대의 초기 대응이 늦었다거나 무라야마 정권의 대응이 미숙했다는 점이 논의되었고, 계엄령 같은 것이 필요하지 않느냐는 등 자위대의 출동 방식 같은 전후 일본이 봉인해 온 문제가 노골적으로 드러나게 되었지요.[24]

그렇다면 어떻게 해야 했을까요? 전후에는 보고도 못 본 척해 온 위기 대응에 대해 다들 생각하기 시작한 계기가 된 재해였습니다.

사토 그렇게 생각하면 한신·아와지 대지진과 지하철 사린 사건이 연달아 일어난 1995년이 헤이세이사, 그리고 위기의 시대라고도 할 수 있는 오늘날의 분수령이었을지도 모르겠네요.

오키나와 독립도 있을 수 있다

가타야마 적어도 1995년에는 위기 대응을 맡겨 온 미국과 일본의 왜곡된 관계가 부각된 사건도 일어났습니다. 9월에 일어난

---

24 대지진 대응에 의해 법 제도나 위기 관리 체제의 허술함이 노골적으로 드러났다. 특히 자위대의 현지 활동이 지진 발생으로부터 한나절 후였다는 것이 문제시되었다. 자위대 파견의 지연을 지적받은 무라야마 총리가 〈아무래도 처음 겪는 일이라……〉라고 발언하여 더욱 비난이 집중되었다 — 원주.

오키나와 미군의 소녀 폭행 사건입니다.[25] 당시는 종전으로부터 50년밖에 지나지 않았습니다. 본토 사람들은 아직 방위의 최전선으로서 큰 희생을 강요받고 있는 오키나와에 대한 부채감을 공유하고 있었어요. 스무 살이었던 사람은 일흔, 서른 살이었다면 여든입니다. 전쟁에 대한 생생한 기억이 새겨져 있지요. 하지만 그 후에는 급격하게 세대교체가 진행됩니다. 기억이 점점 흐릿해져 오늘에 이른 것처럼 느껴집니다.

사토　오키나와와 본토의 관계 변화는, 2016년 4월에 일어난 미군 군무원에 의한 강간 살인 사건[26]과 비교하면 이해하기 쉽습니다.

1995년의 폭행 사건과 비교하면 본토 여론의 반응이 전혀 달랐습니다. 강간 살인이라는 흉악 사건이었는데도 본토에서의 반응은 무척 냉담했지요.

가타야마　그만큼 본토와 오키나와의 거리가 멀어지고 말았다고 말할 수 있겠군요. 그런 상황에서 오키나와를 붙잡아 두려고 아키히토 천황은 오키나와와 계속 마주해 왔습니다.

사토　저는 천황과 황후가 류카[27]를 읊었다는 것에 주목하고 있어요. 류카의 기본형은, 본토의 단가나 하이쿠의 정형인 5·7조나

25　오키나와 미군 3명이 1995년 9월 4일, 12세의 여자 초등학생을 납치하여 성폭행한 사건. 오키나와 현경에 신병을 넘겨 달라는 요구를 받은 미군은 미일 지위 협정을 이유로 거부했다―원주.

26　오키나와 우루마시에서 2016년 4월 28일, 20세의 여성이 전 미해병 대원이자 군무원(기지 내의 인터넷 기업에 근무) 남성에게 살해되었다. 그다음 달 살인과 강간 치사 등의 혐의로 남자를 체포, 2017년 12월 1심에서는 〈무기 징역〉을 선고했다―원주.

27　단시(短詩)형의 오키나와 가요. 보통 샤미센을 반주로 노래한다.

신체(新体)인 7·5조와 다른 8·8·6조입니다. 천황은 리듬이 다른 류카를 열심히 배우고 오키나와에 대해 필사적으로 공부했습니다. 그렇게 하지 않으면 오키나와를 이해할 수 없으니까요.

가타야마　언어학자인 핫토리 시로(服部四郎)[28]는 일본어가 본토 일본어와 남방 일본어로 나뉘었다고 생각합니다. 남방 일본어는 류큐어이겠지요. 방언이 아니라 같은 계열의 대등한 일본어인 것입니다. 다시 말해 대등한 형제로 보지 않으면 안 되는 거지요.

그런데 메이지 이후 본토는 제국주의적으로 오키나와를 식민지처럼 취급했습니다. 단지 변경의 뒤처진 지역으로 보고 있었던 것이지요. 하지만 얼마 후 남방 진출을 외치게 되고 〈대동아 공영권〉의 이미지로 발전하는 과정에서 오키나와는 지정학적 중요 거점으로 자리매김되었습니다.

그 클라이맥스가 오키나와 전쟁입니다. 그 역사를 기억하고 있다면 본토는 지금처럼 행동할 수 없겠지요. 오로지 나쁜 여파만 떠맡겨 온 불우한 형이나 동생이 오키나와니까요. 하지만 역사는 오직 망각되기만 할 뿐인 것 같습니다.

사토　그렇습니다. 중장기적으로 보면 오키나와가 일본에서 독립할 가능성은 충분히 있어요. 저는 헤이세이라는 시대가 그 과정이 될 거라고 보고 있습니다.

28　음성학 외에 일본어와 몽골어를 중심으로 한 알타이계어, 중국어, 러시아어, 아이누어 등을 연구했다. 전후의 언어학 연구에 지도적 역할을 했다 — 원주.

은행이 무너지는 시대

사토 제가 1995년에 러시아에서 귀국하자 도쿄 외무성에서는 이미 한 사람당 한 대의 노트북을 갖고 있었습니다. 다만 외무성 내의 LAN 한정이었습니다. 외부와 연결할 수 있는 컴퓨터는 과에 한 대뿐이었지요. 워드 프로세서 프로그램은 마이크로소프트의 워드가 아니라 일본산인 이치타로[29]를 사용하고 있었습니다.

가타야마 헤이세이사를 이야기할 때 IT도 피해 갈 수 없는 이야 깃거리지요. 사토 씨가 귀국한 1995년 11월에는 윈도우 95[30]의 일본어판이 발매되었습니다. 그것은 인터넷이 폭발적으로 보급되는 계기가 되었습니다.

우리 일과 관련하여 말하자면 윈도우 95의 발매로 원고를 메일로 주고받을 수 있게 되었지요. 저는 〈근대화〉가 늦었기 때문에 1999년경까지 원고를 팩스로 보냈지만요. (웃음)

윈도우 95의 등장과 같은 시기에 휴대 전화의 소형화도 진행되었지요.

사토 삐삐를 대신하여 값싸고 지하철역에서도 전파가 통하는 PHS[31]가 유행했습니다.

가타야마 고등학생들은 다들 PHS를 갖고 있었지요. 휴대 전화와

---

29 저스트 시스템에서 1985년에 발매한 일본어 워드 프로세서 프로그램. 현재도 일부 관공서나 대기업 등에서 채택하고 있다 — 원주.

30 마이크로소프트가 1995년에 발매한 운영 시스템. 조작성이 좋아 컴퓨터 및 인터넷 보급의 원동력이 되었다 — 원주.

31 간이형 휴대 전화 시스템으로 가정용 무선 전화기를 휴대 전화기식으로 만든 것.

휴대 전화와 유선 전화의 계약 수가 역전
(휴대 전화에는 PHS가 제외되고 스마트폰은 포함됨)

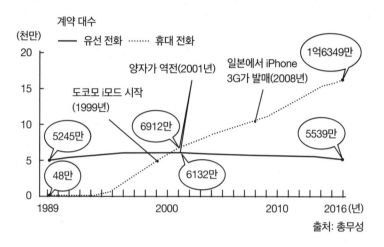

계약 대수
—— 유선 전화 ······ 휴대 전화

(천만)
20
15
10
5
0

도코모 iモード 시작
(1999년)

양자가 역전(2001년)

일본에서 iPhone
3G가 발매(2008년)

1억6349만

5245만

6912만

5539만

48만

6132만

1989   2000   2010   2016 (년)

출처: 총무성

인터넷의 보급으로 여고생의 원조 교제[32]가 화제가 되었습니다.

원조 교제는 그 시대의 상징으로 이야기되지만 그렇다고 갑자기 매춘 연령이 낮아진 것은 아닙니다. 원조 교제도 1980년대 유구레족(族)[33]의 연장선상에 있는 거니까요.

사토　원조 교제가 유행했던 당시 버블은 꺼졌지만 아직 〈빈곤〉이라는 말은 나오지 않았습니다. 다만 그 무렵부터 국민의 연 수입이 내려가기 시작해서 2003년에는 모리나가 다쿠로(森永卓郎)

32　미성년자가 돈을 목적으로 교제 상대를 모집하는 성매매. 예전에는 은어였지만 1996년에는 유행어 대상에 오를 정도로 널리 퍼졌다 — 원주.

33　성매매를 중개한 애인 뱅크의 이름. 여대생 등이 적을 두었는데 1983년에 적발되어 해산되었다. 이듬해에 닛카쓰 영화사의 로망 포르노 장르로 영화화되어 화제가 되었다 — 원주.

가 쓴 『연 수입 3백만 엔 시대를 살아 내는 경제학(年收300万円時代を生き抜く経済学)』이 베스트셀러가 되었지요.

가타야마 이제는 연봉 3백만 엔이라면 그래도 괜찮은 시대니까요.

버블 붕괴의 상처가 얼마나 깊었는지를 느끼게 해준 것이 파탄한 주택 금융 전문 회사에 정부가 약 7천 억 엔의 공적 자금 투입을 결정한 1996년의 주택 금융 전문 회사 문제입니다.[34]

고도성장기에서 버블 시기까지는 〈좋은 곳에 취직〉만 하면 평생 편안할 거라고 다들 믿고 있었습니다. 이치카와 곤(市川崑) 감독의 60년 전 영화 「만원 전철」에서는 주연인 가와구치 히로시(川口浩)가 대학을 졸업하고 맥주 회사에 취직하자 갑자기 평생 수입을 계산하기 시작합니다. 거기에서는 몇 살에 결혼하고 몇 살에 집을 장만하겠다는 등 모든 걸 계산할 수 있지요.

그런데 1997년 11월 야마이치 증권, 산요 증권, 홋카이도 다쿠쇼쿠 은행이 잇따라 무너졌습니다.[35] 그때 종신 고용의 안심과 연공서열의 질서가 상실되었지요.

사토 그중에서도 충격이 컸던 것은 홋카이도 다쿠쇼쿠 은행의 파산입니다. 은행이 무너지다니, 전후 일본에서는 절대 있을 수

34 버블 붕괴 후 주택론 전문의 주택 금융 전문 회사가 6조 5천 억 엔의 불량 채권을 안고 있었다. 1996년 하시모토 내각은 주택 금융 전문 회사의 불량 채권 처리에 약 7천 억 엔의 세금을 투입하기로 결정하여 많은 비판이 일었다 — 원주.
35 버블 붕괴에 더해 아시아 통화 위기가 일어나 금융 위기가 발생했다. 닛산 생명, 야마이치 증권, 산요 증권, 홋카이도 다쿠쇼쿠 은행, 도쿄 시티 은행, 마루소 증권 그리고 이듬해인 1998년에는 일본 장기 신용 은행 등의 명문 금융 기관이 잇따라 파산했다. 1997년에는 호텔 체인인 홋케 클럽, 초밥집 체인인 교타루, 전성기에는 세계 15개국에 점포를 냈던 소매 유통 체인인 야오한 등의 대형 도산도 이어졌다 — 원주.

없는 일이었으니까요. 그리고 그 이듬해에는 장기 신용 은행도 경영이 파탄 나고 맙니다.

가타야마 호송 선단 방식이라는 말로 상징되는 것처럼 전후 일본은 은행도 기업도 모두 발을 맞추어 낙오자가 생기지 않도록 요령 있게 해왔습니다. 그러나 그런 방식이 더 이상 통용되지 않게 된 것이지요. 신자유주의를 추진한 고이즈미 정권으로의 도움닫기 기간이라고 할 수 있을 겁니다.

양당제로 사회 민주주의 좌파가 사라졌다

사토 1996년은 일본의 정치 구조에서 최대 전환기가 된 해이기도 했습니다. 10월부터 시작된 소선거구 비례 대표 병립제 선거[36]로 자질이 없는 이상한 정치가가 대량으로 등장하게 되었지요.

가타야마 굉장히 죄가 무거운 정책이었네요. 게다가 아직도 수정 불능인 상태지요.

정권 교체가 일어나기 쉬운 양당 정치를 목표로 한 오자와 이치로가 소선구제를 도입하고, 미디어나 정치학자가 선두에 서서 지휘를 했습니다. 그들은 이제 와서 자질이 부족한 정치인을 낳은 정책이라고 비판하고 있지만 이미 때가 늦었어요.

사토 소선거구제로의 이행에서 결정적이었던 것이 구(舊) 사회

---

36 소선거구 선거와 비례 대표 선거를 조합한 제도로 1960년 이후부터 실시되고 있다. 유권자는 한 사람당 두 표를 갖고 소선거구제에서는 후보자에게, 비례 대표제에서는 정당에 투표한다 — 원주.

당 안의 좌익이었던 노농파 마르크스주의 세력이 쫓겨나고 말았던 일입니다. 역사적으로 일본의 사회당을 이끌어 온 사회 민주주의 좌파가 없어지고 말았던 것이지요. 동시에 도이 다카코나 쓰지모토 기요미 등 사회 민주주의 우파가 대두했습니다. 소선거구제의 결과 정치 전체가 오른쪽으로 이동하고 말았던 것입니다.

가타야마 노농파 마르크스주의 세력이란 곧 일본에 직접적으로 사회주의 혁명을 가져오는 것이 유일하고 절대적 목표이므로 보수 세력과의 긴장 관계는 이만저만한 것이 아니었습니다. 그에 비해 사회 민주주의 우파 세력은 원래 사회주의 정책에 자본주의의 혼합 비율을 높이는 정도까지로만 생각했기에 좋든 나쁘든 안전하고, 말씀한 대로 그렇게 해서는 전체적으로 오른쪽으로 이동하는 것밖에 되지 않았어요.

다시 말해 헤이세이가 목표로 한, 아니 아직 목표로 하고 있을지도 모르는 양당제라는 것은 보혁 양당제가 아니라 보수 양당제인 것입니다. 일본 정치나 경제의 기본을 메이지 유신이나 패전 후의 민주주의화처럼 혁명적으로 손댈 필요가 없습니다. 현상황을 존중하면서 정책적으로 왼쪽이나 오른쪽으로 조금 가기만 하는 정도로도 잘될 테니까요. 그런 양당제로 하면 정치의 균형이 잘 잡혀 안정적으로 번영을 이루기 쉬워진다는 것은, 일본의 정치 풍토와 역사 단계를 무시한 〈그림의 떡〉이었다고 생각합니다.

헤이세이 일본이 목표로 한 보수 양당제의 근저에는 정권 교체로 정치 부패를 일소한다는 발상이 있겠지요. 정권 교체가 자주 있다면 인적으로도 조직적으로도 이권이 고착되는 일이 없습니다. 정책으로 서로 가까우니 일본의 내용물 하나하나가 대폭 바뀌어 혼란스러울 일도 없습니다.

단적으로 말하자면 부패 박멸이 가장 중요하고, 정당의 이데올로기나 주의 주장을 경시하는 것입니다. 비슷한 현실주의 정당이 두 개 있으면 일본은 안정적이라는 본말 전도, 의미 불명이라고도 할 수 있는 논의가 그 무렵에 횡행했지요.

사토 부패를 절대 용서하지 않겠다는 분위기는 정치 세계만이 아니라 사회 전체로 퍼져 나갔습니다. 1997년에 일어난 다이이치칸교 은행과 4대 증권 회사에 의한 총회꾼 이익 공여 사건도 그렇습니다.[37] 주식의 세계가 겉만 번드르르하게 깨끗한 일만으로 움직이고 있다고는 아무도 생각하지 않았어요. 그럼에도 불구하고 그때까지 묵인되던 이익 공여를 적발한 것입니다.

1990년대 중반부터 사용하게 된 파친코의 선불 카드도 마찬가지입니다. 선불 카드의 등장으로 파친코 매장의 재무 상황이 투명해지면서 동시에 수상쩍은 환전소나 경품 교환소가 정리되어 갔습니다.

가타야마 그건 1992년에 시행된 폭력단 대책법과 밀접하게 관련된 흐름입니다. 사회를 정상화해 가는 과정에서 사회의 조정자 역할을 하기도 하는 총회꾼 야쿠자를 쫓아냈습니다. 그리고 범죄

---

37 다이이치칸교 은행이 10여 년에 걸쳐 한 총회꾼 측에 460억 엔을 융자해 준 사건. 그중 1백 억 엔 남짓이 부정으로 인정되었다. 은행이나 증권계와 관청의 부패가 발각되어 대장성 해체로 이어진 사건이다 ─ 원주.

혐의가 없는 것도 아니고, 있는 것도 아닌 모호한 영역 또는 국가나 개인 사이에 존재한 중간 단체를 인정하지 않는 사회가 되어 갔지요. 폭력단 대책법으로 폭력단은 살아갈 수 없습니다. 이데올로기가 기능하지 않으니 노동조합도 성립하지 않지요…….

사토 몽테스키외는 『법의 정신』에서 민주주의를 담보하는 존재가 교회나 길드(기능 집단) 등 국가와 개인 사이에 위치하고 개개를 묶는 중간 단체라고 했습니다. 민주주의를 담보하는 것은 삼권 분립이 아니라 중간 단체라고 주장한 것이지요.

하지만 법의 지배를 철저히 한 결과 모호한 존재나 중간 단체가 배제되고, 법에 구속당하지 않는 관례의 영역이나 관습의 세계를 인정하지 않는 답답한 세계가 되고 말았습니다.

가타야마 이 무렵부터 모든 것을 공적으로 투명하게 그리고 일원적으로 파악하려는 흐름이 강해졌지요.

모호하고 다원적인 것이 크게 기능하는 사회에서 그렇지 않은 사회로 말이지요. 헤이세이 사회사의 근간을 흐르는 흐름에서, 관리하기 쉽고 관리되기 쉬워지는 대신에 가늠할 수 없는 유기적 강함이랄까, 어딘가 찌부러져도 다시 다른 뿌리가 나오는 강인함은 사회에서 점점 사라진 것 같은 인상입니다. 그래서 대체(기존의 것을 대신하는 새로운 것)라고들 말하며 이상한 사람이 나와서 취약한 이권을 새롭게 만들고 있다는 그런 인상도 있습니다.

그리고 1997년에는 소비세가 3퍼센트에서 5퍼센트로 올랐습니다. 소비세라고 하는 것은 같지만, 퍼센티지가 사회에서 소비세라는 존재의 무게를 결정하는, 즉 수가 질로 전화하기 쉬운 것이 소비세이므로 5퍼센트라고 하면 존재감은 커지지요.

외무성의 화장실용 수건에……

사토 회사가 차례로 도산했던 그 시기에 중장년 자살이 사회 문제가 되었습니다. 가타야마 씨 주변에서 자살한 사람은 없습니까?

가타야마 으음, 의외로 없을지도 모르겠습니다. 아무래도 자살한 것 같은 느낌으로 사라진 사람은 있지만요.

사토 제 경우는 외무성에 들어가고 나서 옆 부서 사람이 목을 맨 적이 있고, 그 1년 위의 사람도 투신자살을 했습니다. 연탄 자살을 한 사람도 있어요. 주위에만 5명이 있네요.

외무성에는 음험한 관료도 많고, 요즘 말로 갑질하는 상사 같은 사람도 많았습니다. 〈자네는 왜 일을 못하지? 능력이 없어서 못하는 거야, 의욕이 없어서 못하는 거야? 아니면 양쪽 다인가?〉라고 추궁만 해대는 국장이 있었지요. 그의 부하 직원이었던 도쿄 대학 출신의 관료가 확실하게 정신적으로 병을 앓아 지하 보일러실에서 목을 맨 사건이 있었습니다.

그 이후로 외무성에서는 보일러실 옆에 있는 샤워실 배수구에서 사람의 신음 소리가 들린다거나 밤중에 파란 손이 나온다거나 하는 기괴한 현상이 있다고 수군거리게 되었지요.

가타야마 파란 손이 나온다는 이야기는 역시 생생하네요.

사토 학교 괴담 같지요.

자살 대국 일본

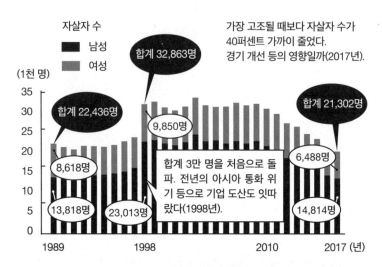

자살자 수
■ 남성
■ 여성

(1천 명)

가장 고조될 때보다 자살자 수가 40퍼센트 가까이 줄었다. 경기 개선 등의 영향일까(2017년).

합계 22,436명

합계 32,863명

합계 21,302명

8,618명

9,850명

6,488명

13,818명

23,013명

합계 3만 명을 처음으로 돌파. 전년의 아시아 통화 위기 등으로 기업 도산도 잇따랐다(1998년).

14,814명

1989　　　1998　　　2010　　　2017 (년)

* 2018년은 합계 20,840명(남성 14,290명, 여성 6,550명)
출처: 경찰청

가타야마　전통적으로 그렇습니까?

사토　글쎄, 어떨까요. 옛날에는 자살은 대장성, 독직은 통산성, 불륜은 외무성이라는 말이 있었습니다만, 언제부터인가 외무성이 3관왕처럼 되었지요. 일반적으로 보면 엘리트이고 수입도 높으며 외국어도 할 수 있습니다. 하지만 그런 사람들만 모인 곳이니 세상의 사소한 분위기가 전해지기 쉬운 것일지도 모릅니다.

　제가 귀국하고 나서 근무한 국제 정보국과 같은 5층에, 대기 중인 대사의 방이 있었습니다. 5층 화장실에 있던 손 닦는 수건에 자신의 똥을 처바르는 대사가 있었지요. 자신의 인사에 불만이 있었던 것 같은데 우리로서는 견딜 수가 없었습니다. 그 후 화장실에 따뜻한 바람이 나와 손을 말리는 장치가 설치되었어요. (웃음)

아는 기자한테 그 이야기를 했더니 〈외무성도 그런가요. 우리도 부장이 되지 못한 편집 위원이 숙박을 한 날에만 샤워실에 큰 똥 덩어리가 떨어져 있습니다〉라고 말하는 겁니다. 이 나라의 엘리트는 어떻게 된 걸까, 하고 걱정이 되더군요.

지금이야 우스갯소리지만 이런 현상은 옛날부터 있었던 건 아닌 것 같습니다. 역시 헤이세이가 되고 나서 생겨난 현상이 아닐까 하는 생각이 들거든요.

일부 상장 기업 중에서도 다들 조용히 있을 뿐이지 그와 비슷한 일이 있을 거라고 생각합니다.

가타야마 헤이세이의 정신성이 관련되어 있을지도 모르지요. 당시 제가 살고 있던 나카노구에서도 오우메 가도의 육교 한가운데에 누군가 밤중에 대변을 보는 모양인지 결국 〈육교 위에 똥을 싸지 말아 주세요〉라는 간판이 세워진 적이 있었습니다. 그건 1990년대 전반이 아닐까 싶네요.

사토 그러고 보니 그림책 작가 사토 신(サトシン)의 베스트셀러 『뿌지직 똥』[38]도 2009년에 나온 책이었습니다.

가타야마 역시 최근에는 『마법의 똥 한자』[39]도 화제가 되었지요.

---

38 분케이도에서 2009년 출간한 그림책. 그림은 니시무라 도시오가 그렸다. 주인공은 개의 엉덩이에서 떨어진 똥. 쥐와 뱀 그리고 토끼 등 모두가 냄새 난다며 피하고, 외로워진 똥은 친구를 찾기 위해 여행을 시작한다 — 원주.

39 분쿄샤에서 2017년부터 내고 있는 시리즈로 획기적인 〈일본 제일의 즐거운〉 한자 연습책이다. 〈똥을 표현하는 ㅁ호를 생각했습니다〉와 같이 3천 개가 넘는 예제 모두에 〈똥〉이 등장한다. 초등학교 1학년부터 6학년까지 학년별로 나왔다 — 원주.

사토　아이들의 교육 교재에 똥이 쓰이게 된 것은 적어도 전전 세대의 사람은 생각하지 못했을 겁니다. 여러 방면에서 지금까지 상식으로 여겨 왔던 것들이 무너지고 있습니다.

소년 A와 〈발달 장애 붐〉

사토　1997년이라고 하면 고베시에서 사카키바라 사건이 일어났지요.[40]

2015년에 그 소년 A가 쓴 책 『절가(絶歌)』가 화제가 되었습니다. 한때 소년 A가 유료 블로그를 만들어 그를 뒤쫓는 사람이 나오기도 했지요.

가타야마　사카키바라 사건은 잡지에 글을 쓰는 일을 할 때도 다뤘기 때문에 정확히 기억하고 있습니다. 그렇지만 당시의 저에게는 미야자키 쓰토무 사건 전에 상정된 범위 안의 사건 같은 생각이 들어, 받아들이는 감도는 약간 둔했을지도 모릅니다.

사토　제가 사카키바라 사건에서 주목하는 점은 두 가지입니다.

하나는 가쿠마루파(革マル派)[41]의 변질. 가쿠마루파는 소년 A

40　고베 연쇄 아동 살상 사건으로 1997년 3월부터 5월, 고베시 스마구에서 초등학생 2명이 살해되고 3명이 중경상을 입었다. 피해자의 시신 일부가 중학교 교문에 유기되어 있었고, 게다가 〈사카키바라 세이토〉라는 이름의 범행 성명이 남겨져 있었다. 미디어가 떠들썩하게 한 끝에 체포된 소년이 얼핏 어디에나 있을 법한 14세의 소년이었다는 사실이 충격을 주었다. 그 〈소년 A〉는 2005년에 출소했고, 2015년에 수기 『절가』를 출간하여 물의를 일으켰다 ─ 원주.

41　전후 학생 운동의 흐름을 이어받은 신좌익 당파의 하나. 마르크스·레닌주의를 신봉한다. 정식 명칭은 일본 혁명적 공산주의자 동맹 혁명적 마르크스주의파. 1960년대 후반부터 1970년대, 적대하는 과격파 그룹 〈중핵파〉와 격렬한 항쟁을 전개했다(내분) ─ 원주.

가 억울한 죄라며 정신 감정 자료나 검찰의 진술 조서 등을 훔쳐 냈습니다. 소년 A의 체포는 국가 권력의 음모라고 호소했지요.

그 무렵 가쿠마루파는 아직 내분의 와중에 있었고, 그 이유로는 권력의 모략론을 주장했습니다. 국가 권력이 내려 보낸 스파이의 모략으로 내분이 일어난다고 말한 거지요. 하지만 물론 사카키바라 사건과 내분은 전혀 관계가 없습니다. 저는 신좌익 운동의 큰 변질을 느꼈지요.

두 번째는 지적 장애아를 살해했다는 점입니다. 그런 면에서 장난이 목적인 그때까지의 범죄와는 전혀 달랐지요. 요즘 말로 하면 반사회적 인격을 가진 사람의 범죄입니다. 『절가』를 읽으면 아직 그 치료가 끝나지 않았다는 현실을 충분히 알 수 있습니다.

가타야마 그랬지요. 『절가』는 원래 출간 예정이었던 겐토샤에 거절당하여 오타 출판사에서 나왔습니다. 그건 출판할 만한 것이 아니지 않았을까요. 1백 년 후라면 괜찮을지도 모르겠지만요.

사토 게다가 겐토샤에 거절당해 앙심을 품은 그 소년 A는 사장인 겐조 도루(見城徹)에 대한 험담을 써서 『주간 분슌(週刊文春)』이나 『주간 신초(週刊新潮)』에 보냈습니다.

가타야마 사카키바라 사건 무렵부터 정신 분석이 사회의 전면에 등장한 느낌도 듭니다. 시대가 심리학에서 정신 병리학으로 나아 갔지요.

사토 그것이 최근의 〈발달 장애 붐〉[42]으로 이어지고 있는 것처럼

---

42 ADHD(주의력 결핍 과잉 행동 장애)나 아스퍼거 증후군, 학습 장애 등 뇌 기능 장애. 아이들이 발육 때부터 이런 경향을 보이는 경우가 많지만 어른이 되어서도 계속되는 일

보입니다. 아직 어른이 되지 않은 것이 아니라 그런 타입의 사람이라고 진단하지요. 일본의 정치가도 가치관이나 사상보다 유아성이나 미성숙을 추궁당하는 장면이 늘었습니다.

가타야마 범죄자에 한하지 않고 사람은 누구나 미성숙하며 유아성을 갖고 있어 정신 분석의의 치료 대상이라고 합니다. 이것은 아무래도 미국적 현상이라고 생각해요. 교회의 신부나 목사를 대신하는 사람이 카운슬러가 되는 사회이지요. 참회하러 가서 말하는 형식입니다. 그것을 응용하여 카운슬링을 하는 사람은 신이 되고, 사람들이 거기에 의지하여 설명과 안심을 구합니다. 무슨 일이 일어나도 마음의 치료와 보살핌으로 대부분이 해결되니까 무척 중요하다는 것이지요. 결국 미국 대통령인 빌 클린턴까지 어덜트 칠드런[43]이라고 고백하고 말았지요. (웃음) 일본에서 이 카운슬링 문화의 보급도 헤이세이 시대의 특징 아닐까요.

일본의 제국주의 선언

가타야마 이 시기는 하시모토 내각 시대입니다.[44] 러시아에서 귀

도 있다. 2000년대 후반부터 관련 서적이 많이 발매되었다. 사토는 정신이 발달하지 못한 어른을 〈발달 장애〉로 지적하는 풍조를 비난하고 있다 — 원주.

43 부모로부터 정신적, 육체적 학대를 받으며 자란 결과, 어떤 형태로든 〈외상 후 스트레스 장애〉를 안고 있는 어른을 지칭한다. 그러나 넓은 의미에서는 학교 성적을 유일한 기준으로 아이를 평가하는 부모 밑에서 자란 사람들이란 뜻으로도 쓰인다.

44 하시모토 류타로를 수반으로 하는, 1996년 1월부터 1998년 7월까지 이어진 내각. 1부(府) 22성청을 1부 12성청으로 축소한 성청 재편, 대장성의 명칭 변경, 우정 2사업의 일체 공사화 등 행정 개혁을 단행했다. 사토는 하시모토를 〈파벌을 만들지 않고 정치가끼리 밥을 먹지 않는 이질의 정치가였다〉고 평한다 — 원주.

국한 후 사토 씨는 어떤 일을 했습니까?

사토 1997년부터 바빠졌어요. 7월에 하시모토 류타로 총리가 경제 동우회에서 유라시아 외교 연설을 했습니다.

이는 굉장히 중요한 연설이었지요. 냉전 후의 아시아 태평양 지역은 미·일·중·러 4개국의 상호 관계로 성립합니다. 그중에서도 러일의 거리감을 축소할 필요가 있다고 주장했지요.

포인트는 하시모토 내각의 유라시아 외교에 한반도가 들어가 있지 않다는 것입니다. 이는 일본의 제국주의 선언이었지요. 미·일·중·러로 아시아 태평양 지역의 질서를 지켜 가니 다른 나라는 그 규칙을 따르라고 말한 겁니다.

가타야마 당시 일본은 아직 그렇게 말할 수 있는 기세가 있었고, 다른 나라는 그만큼 러일 접근이 위협적이었던 셈이지요.

사토 그렇게 말할 수 있습니다. 아직은 제국주의적 외교가 만들어져 있는 상태였지요. 오부치 게이조(小渕恵三)[45] 총리는 1998년 10월에 방일한 김대중 대통령과 한일 공동 선언을 하고 그다음 달에 장쩌민과 중일 공동 선언을 했습니다. 역사 문제도 의제에 올랐지만 현재만큼 격렬한 쟁점은 되지 못했어요.

11월에는 모스크바에서 오부치·옐친의 러일 정상 회담도 열렸지요. 그에 앞서 4월에 시즈오카현 이토시 가와나에서 열린 러

---

45 그는 1998년 7월부터 2000년 4월까지 총리를 역임했다. 김대중 정권과의 한일 공동 선언이나 오키나와 주요국 정상 회담 개최 결정 등이 평가를 받는 한편 지도력 결여를 지적하는 목소리도 있었다. 주위에 스스럼없이 전화를 걸어 의견을 구하는 데서 〈붓치혼〉이라는 별명을 얻었다. 재임 중 뇌경색으로 혼수상태가 되어 퇴임했고 그다음 달에 세상을 떠났다 — 원주.

일 정상 회담에서 당시 총리였던 하시모토가 옐친에게 비밀 제안을 했습니다. 러시아 측의 답변이 나온 것은 그해 11월의 오부치·옐친 회담 때였습니다. 한 시간이든 두 시간이든 이야기를 해서 북방 영토의 타협점을 찾아내자고 생각했는데, 옐친은 〈모스크바로 오라. 이것이 가와나 제안의 답변이다. 이를 읽어 달라〉고 하는 세 장 반짜리 종이를 내밀었습니다. 그리고 단 5분 만에 회담은 중단되고 20분의 휴식에 들어갔지요.

저는 러시아어 전문 스태프를 일본 측의 짐 담당자와 배차 담당자로 배치해 두었습니다. 어떤 답변이 오든 바로 번역해서 문제가 있으면 그 자리에서 분명히 하려고 생각했던 것입니다.

그래서 옐친으로부터 받은 세 장 반짜리 종이를 몇 개로 나눠 〈5분 이내에 번역하라〉고 짐 담당자와 배차 담당자인 러시아어 스태프에게 건넸습니다. 그리고 내용을 보니 일본 측이 사전에 상정하고 있던 답변 중 하나였지요. 그 순간 스즈키 무네오 씨가 오부치 총리에게 〈이거는 말이 안 됩니다. 총리님, 돌아가시지요〉라고 큰 소리로 말하는 겁니다.

그러자 알렉산드르 파노프 주일 대사가 문을 열고 저를 불렀습니다. 우리의 대화를 옆방에서 도청하고 있었던 것이지요. 그는 〈스즈키 씨를 달래 주시오. 금방 답변을 낼 수 없다고 쓰여 있어요〉라고 말하는 겁니다. 다시 주의 깊게 답변서를 읽었습니다.

왼쪽 아래의 지우는 것을 잊어버린 갱신 일시의 기록 등으로 추측하면 옐친이 읽지 않았을 가능성이 있었지요. 실제로 옐친은 몸이 좋지 않아 읽지 않았던 것입니다. 그 후 재개된 회담에서 그곳을 찔러 국경 획정 위원회의 설치나 북방 영토의 자유 방문 등을 러시아 측에 인정하게 할 수 있었습니다.

가타야마 생생한 이야기군요.

사토 그러고 나서 저는 오부치 총리에게 이런 명령을 받았습니다. 〈옐친의 몸 상태는 상당히 안 좋았어. 이대로라면 일본에서도 옐친의 건강 이상설이 나올 거야. 그 이야기를 못 쓰게 해〉라고 말이지요. 신발을 신은 채 침대에 누워 껌을 씹으며 이렇게 말하는 겁니다.

그래서 기자들에게 공동 합의문 발표가 늦어진다고 전했습니다. 기자들은 러시아 측이 도쿄 선언에 대한 합의를 꺼려하기 시작한 것이라고 의심하기 시작했지요. 저는 심각한 듯한 표정으로 〈노코멘트입니다〉라고 말했습니다. 문제를 살짝 바꾸어 합의가 늦어진 것이 옐친의 몸 상태가 안 좋아서가 아니라 러시아 측이 합의에 난색을 표하기 시작했다는 분위기를 조성한 것입니다.

지금 돌아보면 오부치의 경우에도, 그 후에 총리가 되는 모리의 경우에도 야바위꾼 두목 같은 무서움이 있었던 것 같습니다.

가타야마 그게 쇼와 정치가의 특징이지요. 예를 들어 모리는 근대적 정치가로서 보면, 무슨 말을 하는지 알 수 없는 담론도 아주 많았습니다. 하지만 동시에 예사롭지 않은 배경이 있는 듯한 분위기를 떠돌게 합니다. 보통이 아닌 박력은 확실히 있었지요.

사토 다만 그런 유의 무서움은 민주 정치와 어울리지 않습니다. 지금의 아베 정권이 오래가는 요인 중의 하나는 옛 정치가가 가진 무서움이 없기 때문일지도 모릅니다.

그날의 정상 회담에는 그 후의 이야기도 있습니다. 러일 사이의 합의문에 사인을 했지만 트러블이 있었지요. 몸 상태가 너무 안 좋아 아무리 시간이 지나도 옐친의 서명이 오지 않은 겁니다.

가타야마 서명을 할 수 없을 정도로 몸이 안 좋았던 건가요?

사토 그렇습니다. 서명식 시간에 댈 수 없다, 어떻게 하지, 하고 우리는 야단법석을 떨었습니다. 그렇다면 서명을 대신하는 장비는 어떨까, 하는 이야기가 나왔어요. 러시아 대통령은 1년에 4천 번 정도 사인을 하지 않으면 안 됩니다. 손이 아프기 때문에 똑같은 서명을 할 수 있는 서명 장비가 있습니다. 러시아 측에 의논하자, 서명을 대신하는 장비를 외교 문서에 사용한 적은 없다, 그건 안 된다, 하고 난색을 표하더군요. 그래도 이제 시간이 없으니 어쩔 수 없다며 입씨름을 하고 있을 때야 비로소 서명이 도착했습니다.

가타야마 서명을 대신하는 장비로 사인을 한 건가요?

사토 아뇨, 직접 한 것이었습니다. 하지만 손이 떨려 사인이 엉망이었지요.

중간 단체 상실과 공명당 부활

가타야마 오부치·옐친 회담이 열린 1998년 11월에는 신당 평화와 공명이 합류하여 공명당[46]이 부활했습니다.

---

46 창가학회를 지지 모체로 하여 결성된 정당. 1994년에 공명 신당과 공명당으로 분열하지만 4년 후에 다시 공명당으로 합류했다. 1999년에는 자민당, 자유당(2000년 4월에

애초에 공명당은 55년 체제하에서 보수도 혁신도 아닌 입장을 취해 왔어요. 한때는 분당하여 2대 정당 중의 파벌적인 존재로서 살아남으려고 한 시기도 있었지요. 하지만 비례 대표 소선거구제 안에서 공명당으로서 의석을 확보할 수 있다고 판단했겠지요.

사토 어디까지 의식하고 있었는지는 알 수 없지만 그때 창가학회는 정교분리의 재검토를 꾀했습니다. 거기서 창가학회와 공명당의 관계가 가까워졌어요. 현재로 이어지는 공명당의 독자 노선이 거기서 시작되었지요.

가타야마 조금 전 이야기에서도 나왔습니다만, 예전에는 큰 힘을 발휘했던 노동조합이나 종교 단체 등의 중간 단체가 붕괴하거나 기능할 수 없게 되는 가운데 창가학회는 계속 표를 모으는 힘을 갖고 있었어요. 1998년의 공명당 재결성으로 창가학회와 공명당의 이인삼각이 다시 공공연해졌고, 오히려 남은 중간 단체가 상대적으로 이전보다 엄청난 강점을 갖게 되는 상황이 분명해졌습니다.

사토 1993년부터 2017년까지 24년간 도의회 선거에서 공명당은 한 사람의 낙선자도 나오지 않았지요.

가타야마 확실히 공명당의 선거를 보고 있으면 지지 모체인 창가학회의 힘이 증명됩니다.

냉전 구조가 붕괴된 이후 일본은 법의 지배를 철저히 해서 모호한 영역이나 중간 단체를 배제해 왔습니다. 1999년 8월의 국

이탈), 공명당의 연립 내각이 발족했다 — 원주.

기·국가법도 그런 흐름에서 말할 수 있지요. 우파 사람들이 히노마루와 「기미가요」를 지키고 싶다는 초조함에서 법제화를 단행했습니다. 하지만 그것이 큰 잘못이었지요.

사토 맞습니다. 법제화한 결과 국가나 국기의 초월적인 지위를 부정하고 말았습니다. 계기가 된 것은, 「기미가요」 제창이나 국기 게양에 반대하는 교직원들과 국기와 국가를 의무로 하고자 하는 문부성 사이에 끼어 이러지도 저러지도 못하게 된 히로시마현의 고등학교에서 교장이 자살한 사건입니다.[47] 법제화하면 자살할 만큼 고민하는 교직원도 없어지고 애국심도 강화할 수 있다고 생각했습니다. 다만 뒤집어 생각하면 법률만 바꾸면 국기를 적기(赤旗)로, 「기미가요」를 〈인터내셔널가(歌)〉로 합법적으로 변경할 수 있다는 것이 분명해졌지요.

가타야마 국민이 「기미가요」를 명문화되지 않은 관습으로써 사랑한다는 형태를 계속 취해야 했겠지요. 관습이라면 사상도 신조도 관계없습니다.

사토 그런 의미에서 전전에는 국가신도(国家神道)를 국교로 정하지 않았고, 국가신도는 종교가 아니라고 했지요. 법에 의해 국교로 정하지 않고 관습으로 했기 때문에 강고한 지위를 구축할 수 있었던 겁니다. 그것은 어떤 의미에서 국교의 완성이었다고 할 수 있습니다.

---

47 히로시마 현립 세라 고등학교의 1999년 2월 졸업식에 즈음하여 사건이 일어났다. 전날 「기미가요」 제창과 히노마루 게양에 반대하는 교직원들과 의논을 계속했던 교장이 〈뭐가 옳은지 모르겠다. 내가 택할 길은 어디에도 없다〉는 유서를 남기고 자살했다 — 원주.

인류 멸망의 날

가타야마 국기·국가법을 제정한 다음 달인 1999년 9월에 일어난 것이 도카이무라 JCO 방사능 누출 사고입니다.[48] 저는 종말 사상이나 인류 멸망이 각인된 세대라서, 결국 올 게 온 건가, 하고 생각했지요.

사토 9월 30일 목요일이었지요. 그날 저는 당시 내각 관방 부장관이었던 스즈키 무네오 씨와 함께 점심을 끝낸 후 차로 이동했습니다. 그때 라디오에서 임시 뉴스가 흘러나왔지요. 그래서 제가 〈위기관리 문제가 될 겁니다. 당장 관저로 돌아가시지요〉라고 진언했습니다.

관저로 돌아오자 점심 시간이었던 탓인지 아무도 없었어요. 제가 전화 교환원으로 〈지금 관방 부장관을 연결하겠습니다〉라고 문의나 조회에 대응하고, 사고가 발생한 시간이나 관방 부장관이 관저로 들어온 시간 등을 모두 시간순으로 기록했습니다. 매스 미디어는 관저가 위기관리를 제대로 하고 있다고 평가했지요.

가타야마 그거 대단하네요. 한신·아와지 대지진 때는 무라야마 정권의 초기 대응이 문제가 되었으니까요. 한신·아와지 대지진 때는 관저에 아무도 없었다고 들었습니다.

---

48   이바라키현 도카이무라의 핵연료 재처리 회사인 JCO 도카이 사업소에서 발생한 일본 최초의 방사능 누출 사고. 작업자 3명이 방사선에 피폭되어 2명이 사망했다. 현지 주민은 반경 350미터 이내부터 피난과 반경 10킬로미터 권내의 옥내 대피 조치가 취해졌다. 피폭자는 6백 명을 넘었다 — 원주.

사토 초기 대응이 얼마나 중요한지 실감했어요. 스즈키 부장관은 무라야마 정권이 왜 공격을 당했는지 잘 알고 있었습니다. 되도록 빨리 관저로 돌아올 필요가 있다고 말이지요. 그래서 위기관리 체제가 기능했던 것은 아니지만, 관저에 관방 부장관이 있다는 사실이 중요했습니다. 왜냐하면 교환원조차 없었으니까요. (웃음)

가타야마 씨는 도카이무라 방사능 누출 사고를 어떻게 봤습니까?

가타야마 공포를 느꼈지요. 신문 보도에서는 작업자가 양동이로 (고농도 우라늄이 든) 용액을 옮겼더니(지정 이외의 침전조에 투입) 파란빛이 나왔다고 합니다. 예전부터 휴먼 에러로 핵폭발이 일어나 인류가 멸망한다는 이야기도 엄청 많이 나왔으니까요.

사토 지적한 대로 도카이무라 원전 사고는 전적으로 휴먼 에러였어요. 그리고 2011년 후쿠시마 제1원전 사고에서도 같은 실수가 되풀이됩니다. 예비 전원의 플러그 모양이 맞았다면 피해는 최소한으로 막을 수 있었습니다. 그것도 휴먼 에러였지요.

가타야마 초보적인 위기에도 대응할 수 없다니, 작업자의 자질이나 교육은 어떻게 되었던 걸까 싶어요. 후쿠시마 원전 사고로 아니, 도카이무라의 사고로 원전은 휴먼 에러에서 벗어나는 일은 거의 불가능하다는 것이 증명된 셈이지요.

사토 하청, 재하청, 재재하청의 노동자를 쓰는 원자력 산업의 구조도 큰 문제입니다. 인기 만화가 원작인 영화 「사채꾼 우시지마 극장판 파이널」[49]에서도 원전이라는 말은 나오지 않지만, 5천만 엔의 빚을 지닌 사람을 2년 만에 몸이 너덜너덜해지는 특수한 청소 현장으로 보냅니다.

가타야마 원전 노동자의 지위가 너무 낮아요. 특수한 현장에서 일하니까 월급을 많이 주고 노동 영웅처럼 칭송해야 합니다. 하지만 현실은 지식이나 기술이 없는 노동자가 가장 위험한 현장을 지탱하고 있지요.

도카이무라 JCO 방사능 누출 사고는 우리에게 원자력 산업의 왜곡을 보여 주었습니다. 3.11의 12년 전입니다. 역사는 반드시 미래에 대한 징조와 경고를 줍니다. 받아들이는 것이 부족했던 것이지요.

사토 맞습니다. 전 원자력 안전 위원회 위원장인 사토 가즈오(佐藤一男)[50]는 1984년에 간행한 『원자력 안전의 논리』에서 원자력 산업의 문제점을 모두 갈파했습니다.

우선 위기 대응에서는 네 종류의 사람이 나옵니다.

〈A는 해야 할 일은 하는 사람. B는 해야 할 일을 어중간하게 하거나 전혀 하지 않는 사람. C는 해서는 안 되는 일을 하는 사람. D는 해서는 안 되는 일을 하지 않는 사람. A와 D는 문제없다. 하지만 현실에서는 B와 C가 대부분이다.〉

그렇다면 통제할 방법은 뭘까. 그 답은 사람입니다.

〈사람은 컴퓨터에 비해 계산도 늦고 기억력도 낮다. 다만 종합

49 사채꾼의 시점에서 현대의 사회 문제를 그린 내용으로 2016년 개봉. 마나베 쇼헤이의 만화를 원작으로 한 영화 시리즈의 완결판 — 원주.
50 후쿠시마현 출신의 연구자. 1957년 일본 원자력 연구소에 들어가 원자로의 안전성 시험 연구 등에 종사했다. 원자력 안전 위원회 위원장 등을 역임했다 — 원주.

적 판단력은 사람보다 나은 것이 없다. 그래서 사고를 방지하기
위해서는 사람을 단련시킬 수밖에 없다.〉 1984년의 시점에 이미
이렇게 지적했지요.

가타야마 정말 맞는 말입니다. 예견적인 책이네요.

사토 그래서 3.11은 청천벽력이나 상정 밖의 일이 아니었습니다.
『원자력 안전의 논리』에는 이렇게도 쓰여 있습니다. 〈원전 사
고는 상정 밖의 일이 반드시 일어난다. 멜트다운(노심 용융), 멜
트 스루,[51] 벤트,[52] 전원 상실……. 위험은 어떤 순서로 어떤 조
합으로 문제가 발생할지 모르기 때문이다. 그래서 절대 안전은
없다.〉

현대를 사는 니치렌종

가타야마 제가 원전 사고의 예견으로 생각나는 것이 1974년에
공개된 영화 「노스트라다무스의 대예언」입니다. 극중에서 주연
인 단바 데쓰로(丹波哲郎)[53]가 국회에서 〈원전에 절대 안전은 없
다〉라고 연설합니다.

그 영화는 창가학회적인 가치관이 뒷받침되어 있었지요. 자본

51 노심에 있는 우라늄, 플루토늄, 토륨 등의 핵연료나 요오드-131, 세슘-137, 크립
톤-85 등의 핵분열 생성물이 녹아내려 보호 용기를 뚫고 노출되는 현상.
52 원자로 압력 용기 내의 압력이 급상승했을 때 내부 증기를 방출함으로써 압력을
강하시키는 안전장치/조정 방법으로 원자로 내에 여러 개 설치된다.
53 영화배우. 전후에 연합군 최고 사령부의 통역 일을 했다. 1952년 「살인 용의자」로
데뷔. 50년의 배우 생활로 출연한 영화는 3백 편이 넘는다. 또한 영계의 메신저를 자칭하며
사후 세계의 존재를 계속 주장해 왔다. 그의 책을 영화로 만든 「단바 데쓰로의 대영계」 시
리즈는 3백만 명을 동원하는 히트작이 되었다 — 원주.

주의나 사회주의와는 다른 제3의 길을 걷지 않으면 인류는 멸망한다고 결론짓습니다.

사토 그건 니치렌 불법(佛法)을 기초로 새로운 문명을 구축한다는 창가학회의 〈제3문명〉이라는 사고입니다. 단바 데쓰로는 영화 「인간 혁명」에서 창가학회 제2대 회장 도다 조세이(戸田城聖)를 연기했습니다만, 창가학회 회원은 아닙니다.

가타야마 아마 원작자인 고토 벤(五島勉)이 창가학회의 영향을 받았을 거라고 생각합니다.

저는 단바 데쓰로를 무척 좋아합니다. 그가 쓴 영계(靈界) 연구서를 모았을 정도니까요.

사토 실은 저도 그렇습니다. 정말 영어를 잘하고 오라가 있는 배우였지요.

가타야마 그 억양과 여유 있는 대사 기술이 좋았어요. 저는 단바 데쓰로가 나온 영화에서는 대사나 표현을 꽤 외워서 흉내 내곤 했습니다. 학창 시절에요. 위기의 시대에는 「일본 침몰」에서 단바 데쓰로가 연기한 야마모토 총리 같은 지도자가 제일 좋을 거라고 무의식적으로 마음속 어딘가에서 기대하곤 하는데, 3.11 때 특히 그랬습니다.

사토 「격동의 쇼와사, 오키나와 결전」의 조 이사무(長勇) 참모장 역도 좋았습니다.

가타야마 그건 훌륭했지요. 조 이사무의 두목 기질 같은 느낌과 사상 경향으로서는 일본 육군 최악의 인자를 응축하고 있는 부분이 훌륭하게 섞인 연기였어요.

그런데 이야기를 창가학회로 돌리면, 「노스트라다무스의 대예언」도 「인간 혁명」도 마지막에는 인간 혁명으로 끝납니다.

사토 인간 혁명 역시 어떤 사람이든 인생을 바꿀 수 있다는, 〈숙명 전환〉이 가능하다는 창가학회의 사고입니다.

1999년 10월에 공명당은 자민당, 자유당, 공명당 연립의 오부치 내각에서 여당이 됩니다. 그만큼의 영향력을 갖고 있었는데도 창가학회에 대한 있는 그대로의 연구가 거의 없습니다. 있다고 해도 창가학회를 탈퇴한 사람이 내부를 폭로한 관계자의 증언이 많습니다.

가타야마 조직에서 배신자로 불리는 사람들이 조직의 무엇을 말할 수 있을까 하는 의문은 확실히 남습니다. 사토 씨는 지금까지 창가학회에 관한 책을 몇 권이나 써왔습니다만, 그 일의 중요성이 커지고 있네요.

사토 창가학회는 지금 세계 종교화하고 있는데, 그 의의를 이해하고 있는 지식인이 너무 적습니다.

가타야마 일본에서는 메이지 시대에 니치렌(日蓮)[54]을 재검토하는 움직임이 생겼습니다. 그런 흐름에서 쇼와 시대로 들어가 마키구치 쓰네사부로(牧口常三郎)가 창가교육학회를 만들어 이것이 오늘날의 창가학회로 이어집니다. 그리고 니치렌계의 흐름에서 중요한 것은 메이지 시대 이래 다나카 지가쿠(田中智学)의 국주회(国柱会)이지요.[55] 국주회는 일본 중심으로, 법화경의 유토피

---

54 일본의 승려로 천태종의 법화 사상을 계승하여, 이것을 자신의 사색과 체험을 통하여 재편성하고 독자적인 법화 불교를 수립하였다.

아 실현을 목표로 한 굉장히 민족주의적 단체였습니다. 다나카 지가쿠도 입헌 양정회라는 정당을 만들었고 국회에서 의석도 얻었지요.

정토 진종(浄土真宗)을 창시한 신란이나 조동종(曹洞宗)을 전파한 도겐(道元)의 사상은 기본적으로 개개인의 내면 문제로 설명할 수 있습니다. 극단적으로 말하자면 한 사람의 세계에서 성립하지요. 하지만 니치렌의 가르침을 끝까지 파고들면, 모두가 법화경을 믿는 공동체를 만들지 않으면 구원받지 못한다고 합니다. 개인의 문제가 아니라 사회 운동의 사상이 되는 거지요. 모두가 총력을 다해 법화경을 믿지 않으면 의미가 없습니다. 그래서 필연적으로 정치화합니다.

사토 니치렌주의가 수상쩍다고 느껴서인지 지식인들은 언급하려고 하지 않습니다. 하지만 창가학회는 물론이고 입정교성회도 여전히 일본의 정치에 강한 영향을 끼치고 있습니다.

니치렌종은 무엇인가, 이는 헤이세이 사회와도 깊이 관련되는 중요한 테마라고 할 수 있겠지요.

---

55 니치렌종의 승려였던 다나카 지가쿠가 승적을 이탈하여 1880년에 창설한 종교 단체. 1914년에 입정 안국회에서 국주회로 개칭. 니치렌주의를 중심으로 하여 국가주의적 활동을 했다. 그 후 다나카 지가쿠는 우익 정치 단체인 〈입헌 양정회〉도 결성. 천황 중심의 정치와 세계 평화의 실현을 목표로 했다. 입헌 양정회는 태평양 전쟁 중에는 정부의 박해를 받은 영향으로 패전 후의 해산 처분을 벗어나 전후에도 정치 활동을 계속했다 — 원주.

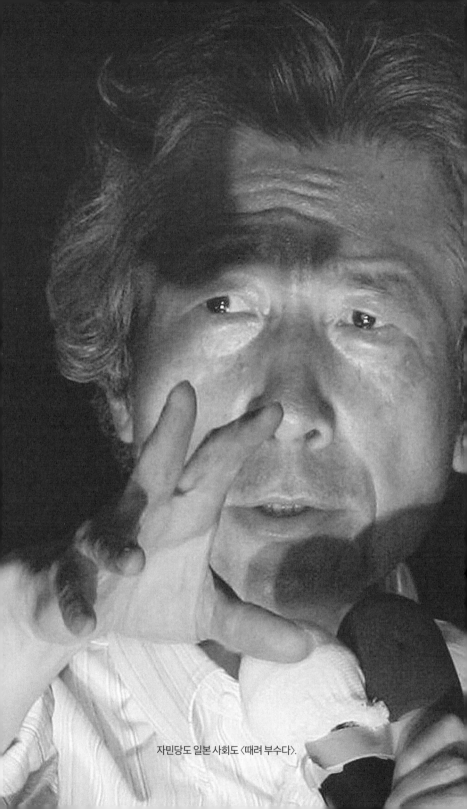

자민당도 일본 사회도 〈때려 부수다〉.

제3장
고이즈미 극장, 열광의 말로

헤이세이 12년 → 17년(2000~2005)

헤이세이 12년(2000)

1월 · 인터넷 검색 대기업 야후의 주가가 1억 엔 돌파.

2월 · 오사카부 지사에 오타 후사에가 당선. 첫 여성 지사 탄생.

3월 · 타이완 총통 선거에서 민주 진보당의 천수이볜이 당선. 타이완의 첫 여야 간 정권 교체.

4월 · 오부치 총리가 뇌경색으로 혼수상태(다음 달에 사망). 모리 요시로 내각 발족.
· 휴대 전화 대수가 5천만 대를 넘어 유선 전화를 앞지름.

> 시대를 느낀다. 정치가와 신도의 관계가 강한 지금이라면 그렇게까지 비난받지 않았을지도 모른다. **가타야마**

5월 · 모리 총리가 신도 정치 연맹의 모임에서 〈일본은 천황을 중심으로 하는 신의 나라〉라고 발언하여 비판받음.

6월 · 김대중 대통령, 북한 방문.

> 사실 평양 경유로 방일한 푸틴은 정상 회담에 늦게 도착했다. 지각에 화가 난 프랑스의 시라크에게 모리가 〈그는 김정일의 정보를 우리에게 제공해 주기 위해 북한에 들러서 와주었다〉며 달랬다. 푸틴은 나서서 도와준 모리에게 지금도 감사하고 있다. **사토**

7월 · 산와, 도카이, 도요 신탁 은행이 경영 통합을 발표(UFJ 홀딩스 탄생).
· 미야케지마섬에서 대규모 분화.
· 오키나와 주요국 정상 회담(G8) 개최(나고시).
· 푸틴 대통령 첫 방일.

11월 · 미국 대통령 선거, 조지 워커 부시 당선.
· 도호쿠 구석기 문화 연구소 부이사장이 구석기 발굴 날조를 인정.

> 잡지에 〈후지무라 신이치의 거짓말이 드러나 일본 역사가 49만 년 줄어들었다〉는 칼럼을 쓴 기억이 있다. **가타야마**

유행어	유행가	영화	책
· 〈웃하~〉[1]	· 서던 올 스타즈, 「쓰나미」	· 사카모토 준지, 「얼굴」	· 오히라 미쓰요, 『그러니까 당신도 살아』
· 〈최고가 금메달, 최저라도 금메달〉[2]	· 후쿠야마 마사하루, 「벚꽃 언덕」	· 후카사쿠 긴지, 「배틀 로얄」	
· 〈IT 혁명〉	· B'z, 「오늘 밤 달이 보이는 언덕에」	· 와카마쓰 세쓰로, 「화이트 아웃」	

1 SMAP의 가토리 신고가 예능 프로그램에서 〈신고 마마〉로 등장할 때의 인사말로 〈오하요(안녕하세요)〉의 줄임 말.

2 시드니 올림픽을 앞두고 유도 선수 다무라 료코는 자신의 목표를 이렇게 말했고, 결국 금메달을 획득했다.

헤이세이 13년(2001)

1월	· 중앙 성청 재편(1부 22성청이 1부 12성청으로).	사고이므로 모리 총리의 위기 관리 문제는 아니었다. 결정적인 실수를 범하지 않았기 때문에 아직도 킹메이커로서 영향력을 미치고 있다. **사토**
2월	· 에히메마루호가 미국의 핵 잠수함과 충돌하여 침몰. 보고를 받고도 골프를 계속했다는 모리 총리의 대응에 비판이 집중됨.	
4월	· 고이즈미 준이치로 정권 탄생.	고이즈미 내각이 다양한 조직을 파괴한 결과 지지 정당도 이데올로기도 갖지 않은 사람이 계속 늘었다. **가타야마**
5월	· 김정남 추측 남성이 나리타 공항에서 구속.	
6월	· 오사카 교육 대학 부속 이케다 초등학교에서 아동 8명이 사망하는 살상 사건이 일어남.	김정남은 북일 외교에서 비장의 카드가 될 수 있었지만 다나카 마키코가 정치 주도로 귀환시켜 버렸다. **사토**
8월	· 고이즈미 총리가 야스쿠니 신사 참배. 해외에서 강한 비판이 밀려듦.	
9월	· 미국 9.11 테러(일본인 24인 포함한 3천여 명 사망). · 일본에서 광우병(BSE)에 감염된 소 확인.	세계는 비상사태 사회에 돌입했다. 그러므로 고이즈미 극장[3]은 평시에 행해졌던 것은 아니라고도 할 수 있다. **가타야마**
10월	· 미국이 아프가니스탄 공중 폭격. · 테러 대책 특별 조치법 성립. 미국의 후방 지원이 가능해짐.	
12월	· 황태자 부부에게 첫 번째 아이인 아이코 공주가 태어남. · 해상 보안청 순시선이 아마미오섬 앞바다에서 북한 공작선과 교전.	

유행어	유행가	영화	책
· 〈성역 없는 개혁〉 · 〈내일이 있잖아!〉 · 〈가정 폭력〉	· 우타다 히카루, 「캔 유 킵 어 시크릿?」 · 하마사키 아유미, 「M」 · 모닝 무스메, 「연애 리볼루션 21」	· 유키사다 이사오, 「GO」 · 미야자키 하야오, 「센과 치히로의 행방불명」 · 아오야마 신지, 「유레카」	· J. K. 롤링, 『해리포터와 마법사의 돌』

3　자신의 개성을 전면에 내세워 정책을 찬성과 반대 등으로 단순화하고 매일 총리의 〈말〉과 〈행동〉이 TV 뉴스의 소재가 되도록 연출하여 화제를 만들며, 국민에게 정치를 가깝게 느끼게 하고 즐기게 함으로써 정치의 중요 문제를 국민의 시야 밖에 둔 고이즈미 총리의 정치 수법.

헤이세이 14년(2002)

1월	• 외무성 사무관과의 대립으로 다나카 마키코 외상이 경질됨. • 홋카이도의 태평양 탄광이 폐광. 일본의 석탄 산업은 사실상 소멸.
3월	• 북방 4도 지원 업자 선정에 관여한 의혹이 문제가 되어 스즈키 무네오 중의원 의원이 자민당을 탈당(6월에 알선 수뢰 혐의로 체포됨).
5월	• 한일 월드컵 개최. 일본은 16강 진출. • 경단련과 일경련이 통합되어 〈일본 경제 단체 연합회〉가 탄생.
8월	• 일본 맥도널드가 햄버거 가격을 종래 80엔에서 59엔으로 인하. • 주민 기본 대장 네트워크 시스템 가동. • 다마가와강에 턱수염 물범이 출몰.
9월	• 제1차 고이즈미 방북(납치 피해자 확인, 10월 피해자 귀국).
12월	• 한국 대통령 선거, 노무현 당선.

이와 관련하여 5월에 도쿄 지검 특수부에 체포되었다. 사토

첫 번째 정상 회담에서 북한은 납치 피해자 8명의 사망 확인서를 제출했다. 그러나 서류의 내용을 확인하지 않고 곧장 받아들이고 말았다. 확인만 했으면 사망 일시나 장소가 각각 다른데 사망 확인서를 발행한 병원은 왜 같은가 등등의 다양한 모순점을 지적할 수 있었을 것이다. 사토

고이즈미 방북의 실패가 오늘날 북일 관계의 혼란을 불러들인 것은 아닐까. 일본에는 이제 취할 수단이 없다. 가타야마

유행어	유행가	영화	책
• 〈다마짱〉[4] • 〈갓질라〉 • 〈납치〉	• 하지메 치토세, 「해신의 나무」 • 나카지마 미유키, 「지상의 별」 • 드래곤 애시, 「라이프 고즈 온」	• 야마다 요지, 「황혼의 사무라이」 • 히라야마 히데유키, 「아웃」 모리타 요시미쓰, 「모방범」	• 사이토 다카시, 『소리 내 읽고 싶은 일본어(声に出して読みたい日本語)』 • 이케다 가요코 『세계가 만약 100명의 마을이라면』

---

4 다마가와강에 2002년 8월에 나타난 턱수염 물범 수컷의 애칭.

헤이세이 15년(2003)

2월	• 유고슬라비아 연방 소멸.
3월	• 대량 살상 무기 개발 의혹을 이유로 미·영군이 이라크 전쟁을 개시. 고이즈미 총리는 전쟁 지지. • 중증 급성 호흡기 증후군(사스)으로 중국이 대규모 패닉 상태.
4월	• 이라크 후세인 정권 붕괴. • 롯폰기 힐스 완성. • 28일, 닛케이 평균 종가가 버블 이후 최저가인 7,607엔을 기록.
5월	• 개인 정보 보호법 성립.
6월	• 국고 보조 부담금 삭감, 지방 교부세 총액 억제, 지방으로의 세원 이양 등 지방 세제의 〈삼위일체 개혁〉이 각의 결정.
8월	• 북한의 핵을 둘러싸고 첫 6자 회담(한, 미, 일, 중, 러, 북) 개최.
9월	• 아베 신조, 자민당 간사장 취임. • 자유당이 해산하고 민주당에 합병.
10월	• 일본산 따오기 절멸.
11월	• 이라크에서 일본인 외교관 2명이 살해당함.
12월	• 광우병 문제로 미국산 쇠고기 수입 정지.

• 롯폰기 힐스가 게이티드 시티, 즉 미국 교외에 치안을 유지하기 위해 주민 이외의 출입을 제한하는 문으로 둘러싸인 도시로 보였다. (사토)

• 롯폰기 힐스 등의 부유층이 사는 게이티드 시티에는 자가발전 능력이 있다. 격차가 현재화, 가시화되었다. (가타야마)

개인 정보 보호로 연감이나 인명록이 만들어지지 않게 되고 인터넷 등 비공식적 정보가 큰 힘을 갖게 되었다. (가타야마)

이쯤 구치소에서 석방되었다. (사토)

유행어	유행가	영화	책
• 〈왜일까~〉 • 〈독 만주〉[5] • 〈마니페스토〉	• SMAP, 「세계에 하나뿐인 꽃」 • 모리야마 나오타로, 「벚꽃」	• 히로키 류이치, 「바이브레이터」 • 이누도 잇신, 「조제, 호랑이 그리고 물고기들」 • 기타노 다케시, 「자토이치」	• 요로 다케시, 「바보의 벽」 • 가타야마 교이치, 『세상의 중심에서 사랑을 외치다』

5 자민당 총재 선거(2003년 9월)에서 정계 은퇴를 결심한 노나카 히로무 전 간사장이 고이즈미 총리에게 돌아선 일부 정치가를 비난할 때 사용한 말. 구체적으로는 고이즈미가 재선한 후 밀약된 자리를 가리키고, 자신의 이익을 위해 움직이는 정치가의 실태에 대해 이 한마디로 경종을 울렸다.

헤이세이 16년(2004)

1월 · 육상 자위대와 해상 자위대에 이라크 파견 명령 (다음 달, 본대를 사마와에 파견).

4월 · 이라크에서 일본인 3명 납치당함(같은 달 중순에 전원 석방).

> 귀국할 단계가 되어 〈자기 책임론〉 비난이 심해졌다. 그런 의미에서는 사회가 변하는 리트머스 시험지 같은 역할을 한 사건이었다. **사토**

5월 · 황태자가 〈(마사코 비의) 경력과 인격을 부정하는 움직임이 있었다〉고 발언.
· 제2차 고이즈미 방북. 납치 피해자 가족 5명 귀국.

> 아내를 지키는 모습은 인간으로서 훌륭하다. 그거야말로 인간 천황의 최종 형태라고 할 수 있지만, 그것으로 천황상(像)이 새로운 민주주의적 강고함을 획득할 수 있느냐 하면 그것은 별문제다. **가타야마**

6월 · 라이브도어가 경영난으로 오릭스 블루웨이브와의 구단 합병을 진행하는 긴데쓰 버펄로스의 매수를 신청.

> 미하라 오사무 감독 시절부터 긴데쓰 팬이었기에 행방을 주시하고 있었는데……. **가타야마**

8월 · 오키나와 후텐마 기지의 미군 헬리콥터가 오키나와 국제 대학에 추락.

9월 · 탈북자 29명이 베이징의 일본인 학교로 뛰어듦.
· 프로 야구에서 첫 선수회 파업. 12구단 유지를 요구함.

10월 · 이라크에 〈대량 살상 무기는 없다〉고 미 정부 조사단이 발표.
· 니가타현 주에쓰 지진이 발생(68명 사망).

12월 · 인도네시아 수마트라섬의 지진 발생(사망자, 행방불명자는 30만여 명).

유행어	유행가	영화	책
· 〈개기분 좋아〉 · 〈정신 집중!〉 · 〈마케이누〉[6]	· 미스터 칠드런, 「사인」 · 히라하라 아야카, 「주피터」 · 마쓰다이라 겐, 「마쓰켄 삼바 II」	· 고레에다 히로카즈, 「아무도 모른다」 · 최양일, 「피와 뼈」 · 유키시다 이사오, 「세상의 중심에서 사랑을 외치다」	· 와타야 리사, 『발로 차주고 싶은 등짝』 · 무라카미 류, 『13세의 헬로 워크』

---

6 직역하면 〈싸움에 진 개〉이지만, 30대가 넘어서도 결혼하지 않은 여성을 의미한다.

헤이세이 17년(2005)

1월	• 여성 국제 전범 법정에 관한 NHK 프로그램에 아베 신조 등 자민당 의원이 개입했다고 보도됨.	
2월	• 지구 온난화 방지를 목적으로 하는 교토 의정서 발효.	이 무렵 『국가의 함정』으로 작가 데뷔하였다. **사토**
3월	• 시마네현 의회가 〈다케시마의 날〉 조례를 결의.	
4월	• 후지 텔레비전과 라이브도어가 업무 제휴 발표. • JR 후쿠치야마선에서 탈선 사고(사망자 107명).	바로 중간 단체의 파괴. 고이즈미 총리는 〈우정 민영화에 찬성하는 후보자만 공인하겠다〉며 적을 만들었다. 유권자는 이데올로기에 관계없이 마약에 당한 듯이 투표했다. **가타야마**
7월	• 런던 중심부에서 폭탄 테러(사망자 50여 명).	
8월	• 참의원에서 우정 민영화 법안 부결. 이의를 제기한 고이즈미 총리가 중의원 해산(우정 해산).	
9월	• 중의원 선거에서 자민당 압승.	
10월	• 우정 민영화 법안 성립. • 자민당, 첫 신헌법 초안을 발표.	애초에 내각부 특명 담당 장관이었던 다케나카 헤이조도 우정 민영화는 필요하지 않다고 생각했다. **가타야마**
11월	• 독일에서 첫 여성 총리 앙겔라 메르켈이 선출됨.	
12월	• 세븐 앤 아이 홀딩스가 소고 백화점과 세이부 백화점을 통합.	

유행어	유행가	영화	책
• 〈상정(想定) 내(외)〉 • 〈쿨비즈〉[7] • 〈블로그〉	• 고다 구미, 「버터플라이」 • 슈지와 아키라, 「청춘 아미고」 • 게쓰메이시, 「벚꽃」	• 이즈쓰 가즈유키, 「박치기!」 • 야마자키 다카시, 「올웨이즈 3번가의 석양」 • 미야자키 하야오, 「하울의 움직이는 성」	• 야마다 신야, 『동네 철물점은 왜 망하지 않을까』

---

7 여름철 사무실에서 시원하게 일할 수 있도록 간편한 옷차림을 하는 것.

모리 총리의 외교가 최고

가타야마 1999년부터 2000년으로 옮겨 가는 순간 컴퓨터가 오작동을 일으켜 엄청난 패닉 상태에 빠진다고들 했습니다. 세기말에 세계가 멸망한다는 종말 사상과 겹쳐 위기감을 격화시키는 사람이 많았지요.

사토 2000년 문제지요.[8] 가스미가세키[9]에서도 밀레니엄에 무슨 일이 일어나지나 않을까, 해서 긴장하고 있었습니다.

잊을 수 없는 것은 1999년 12월 31일입니다. 정오가 지나 모스크바에서 전화가 왔습니다. 모스크바 시간으로 정오(일본 시간으로 저녁 6시)에 옐친이 긴급 연설을 하여 대통령 사임을 표명한다는 것입니다.[10] 후임은 푸틴이라고 예상하고 곧장 스즈키 무네오 씨에게 연락해서 오부치 게이조 총리와의 회담 준비를 시작했습니다.

가타야마 바로 러일 관계의 터닝 포인트이지요. 하지만 이듬해 4월 오부치 총리가 쓰러져 혼수상태가 되었습니다. 외교 현장도 혼란스럽지 않았습니까?

사토 스즈키와 푸틴의 회담이 실현된 것은 대통령 선거 후인 4월 4일이었습니다. 이스라엘 텔아비브에서 열렸던 국제 학회에

---

8 컴퓨터의 연호 인식 시스템이 혼란에 빠져 오작동을 일으킬 거라고 염려되었다. 전 세계에서 대책을 세웠지만 문제는 일어나지 않았다 — 원주.

9 일본 도쿄도 지요다구에 위치한 관청가 지역을 가리키는 지명이다.

10 옐친은 1991년부터 러시아 연방의 초대 대통령을 역임했지만 1998년의 금융 위기로 의회와 대립하여 국내에서 침체 상태를 벗어나지 못했다. 건강 문제도 있어 1999년 12월 31일에 사임했다 — 원주.

가 있던 저도 모스크바로 돌아갔습니다.

하지만 그 이틀 전에 오부치 총리가 쓰러지고 말았습니다. 특사 파견의 중지도 있을 수 있었지만 차기 총리인 모리의 지시도 있어서 예정대로 갈 수 있었습니다. 외교관으로서 일의 절정기였지요.

가타야마 7월의 오키나와 나고시에서 열린 주요국 정상 회담 (G8)[11]에서는 푸틴이 처음으로 방일했습니다. 지금도 모리 전 총리와 푸틴은 굳은 신뢰 관계를 맺고 있다고 하지요.

사토 사실 평양을 경유하여 방일한 푸틴은 정상 회담에 늦게 도착했습니다. 지각에 화를 낸 프랑스의 시라크에게 모리가 〈그는 김정일의 정보를 우리한테 제공하기 위해 북한에 들렀다 와주었다〉며 달랬습니다. 나서서 도와준 모리에게 푸틴은 지금도 무척 감사하고 있지요.

가타야마 한편 모리만큼 매스컴의 공격을 받은 사람도 없지요.

사토 유행어가 된, 〈IT〉를 〈이트〉로 발음해 비난을 받았지요.

또 하나가 〈신의 나라〉 발언입니다. 모리는 신도의 정치 연맹 모임에서 〈일본은 신의 나라니까〉라고 말했습니다. 신관들을 대상으로 한 모임에서의 발언을 그렇게까지 공격할 필요가 있었는지, 매스컴은 참 심보가 고약하다고 생각했지요.

가타야마 지금이라면 더 과격한 발언을 해도 용서받을 겁니다.

---

11 오키나와의 경제적 자립과 역사의 재인식을 촉진하기 위해 당시 총리였던 오부치 게이조가 개최를 결단했다. 오부치가 병으로 쓰러진 탓에 개최 때의 총리는 모리 요시로였다—원주.

반대로 박수가 터져 나올지도 모르지요.

사토 모리 요시로(森喜朗)라고 하면 상어 뇌 혹은 벼룩 심장이라는 이미지로 말합니다.[12] 그런데 사실은 굉장히 정교하고 치밀한 사고를 하는 사람으로, 항상 온후하고 공부도 아주 많이 해요. 회담에서도 조약문이나 사실 관계의 날짜, 통계상의 숫자, 고유 명사 카드를 만들었지요. 기본적으로는 애드리브이지만 중요한 부분은 카드로 확인하기 때문에 절대 틀리지 않습니다.

실은 푸틴도 바로 그런 스타일입니다. 우리 외교관에게는 모리 총리의 방식이 최선이었지요. 사실 모리 내각에서는 다양한 교섭이 작동했어요.

가타야마 그렇군요. 듣고 보니 모리 요시로는 역시 와세다 대학 웅변회 출신의 정치가라는 생각이 듭니다.[13] 애드리브를 중시하지만 세세한 부분은 충분히 확인합니다. 학생 변론의 기본이니까요. 사실 관계를 틀리면 야유를 받아 연설을 못하게 되므로 신중함이 몸에 뱁니다. 하지만 서비스 정신도 왕성해서 설화 사건도 일으키기 쉽습니다. 그것이 학생 변사 근성이라는 것이지요. 저도 웅변회의 라이벌인 게이오 대학 변론부에 있었기 때문에 웅변회의 기질은 좀 알고 있습니다.

그러면 모리 전의 총리들은 외교의 장에서 모리 총리와는 다른 방식으로 회담에 임했겠군요.

---

12 상어 뇌는 지능이 낮은 사람을, 벼룩 심장은 기가 약하고 소심한 사람을 일컫는다.
13 와세다 대학의 웅변 동아리인 웅변회는 110년이 넘은 역사를 가졌다. 이시바시 단잔, 다케시타 노보루, 가이후 도시키, 오부치 게이조, 모리 요시로 등 다수의 총리를 배출했다—원주.

신의 손과 STAP 세포

사토 각자 스타일이 달랐지요. 오부치는 오로지 아래를 보고 종이를 읽습니다. 그래서 회담록은 완벽하지만 상대의 마음은 읽을 수 없지요. 정반대가 하시모토입니다. 모두 애드리브라서 인간관계의 구축이 뛰어난 반면 자주 틀립니다.

최악이었던 것은 외무 대신이었던 고노 요헤이(河野洋平)[14]입니다. 〈저는 외상이 두 번째라 설명은 필요 없어요〉라며 관료의 브리핑을 듣지 않고 신문에서 읽은 지식으로 외상 회담에 임했습니다.

2000년에 고노와 러시아의 외무부 장관이 회담했을 때의 일입니다. 고노는 〈일본은 이슬람 연구를 중시해 나갈 것이다〉, 〈이란은 중요한 나라다〉라고 장황하게 말했습니다. 그러자 러시아 외무부 차관이 당황하여 〈이봐, 사토. 일본 정부는 방침을 전환한 건가? 아니면 불규칙 발언인가, 어느 쪽인지 알려 주게〉라고 묻더군요.

그건 당연한 일로, 당시는 미국이 이란에 제재를 가하고 있던 시기였습니다. 일본 정부의 정책 변경이라고 한다면 러시아에는 상당히 큰 정보가 됩니다. 제가 〈장관은 어떤 자료도 보지 않았고 브리핑도 받지 않았네. 불규칙 발언이지〉라고 전하자, 러시아

---

14 중의원 의장, 부총리, 외무 대신 등을 역임했다. 미야자와 기이치 내각의 내각 관방 장관으로서 그때까지 부정했던 위안부의 강제성을 인정하고 사죄한 「고노 회담」을 발표했다. 지금의 행정 개혁 담당 장관인 고노 다로의 아버지이기도 하다 — 원주.

외무부 차관도 〈그렇겠지, 있을 수 없는 얘기야〉 하며 어이없어했습니다. 우리도 제발 부탁이니 보통 방식으로 해주기를 바랐지요.

가타야마   그건 위험하네요. 모리 내각은 신기루 내각이라고 야유를 받았습니다만, 지금 돌이켜 보면 큰 실책이 있었던 것은 아닙니다. 하지만 2001년 2월 10일에 일어난 에히메마루호 침몰 사고[15]의 대응이나 실언으로 지지율이 단숨에 떨어져 퇴진에 내몰리고 말았지요.

사토   냉정히 생각하면 에히메마루호는 사고라서 위기관리의 문제가 아니었습니다. 반대로 말하자면 결정적인 실수를 범하지 않아서 잠재력을 남겼고, 그래서 아직도 킹메이커로서 영향력을 끼치고 있는 것입니다.

　푸틴이 처음 방일하고 4개월 후인 2000년 11월 구석기 날조 사건이 일어났습니다.[16] 잊어버린 사람도 있을지 모르겠지만, 교과서를 다시 쓰지 않으면 안 될 정도로 임팩트가 있는 사건이었지요.

가타야마   저도 잡지에 〈후지무라 신이치(藤村新一)의 거짓말이 드러나 일본 역사가 49만 년 축소되었다〉라는 칼럼을 썼습니다.

---

15   미국 하와이주 오아후섬 앞에서 에이메현 우와지마 수산 고등학교의 실습선 에히메마루와 미 해군의 잠수함이 충돌하여 9명이 사망했다. 사고가 전해졌을 때 골프를 계속했던 모리 총리는 사임하지 않을 수 없었다 ─ 원주.

16   일본 각지에서 1990년대 중반부터 2000년까지, 구석기 시대의 유물이나 유적이 발견되어 〈원인(原人) 붐〉이 일어났다. 그러나 2000년 11월 5일 자 『마이니치 신문』의 특종으로 고고학자 후지무라 신이치가 미리 땅에 묻은 석기를 스스로 발굴한 것처럼 한 날조였다고 터뜨린다. 교과서를 다시 쓰는 것 이외에 대학 수험 등에도 영향을 미쳤다 ─ 원주.

일본의 고고학은 전후 황국 사관에서 해방되어 자유로워졌어요. 구석기 시대가 일본에 존재한 것을 증명한 이와주쿠 유적 발견을 계기로 고고학적으로 일본 역사를 거슬러 올라가는 흐름이 생겼지요.

하지만 어쩐 일인지 일본에서만 오래된 석기가 발견되었습니다. 나중에는 있을 수 없는 연대의 석기까지 출토되기 시작했고요.

사토 실은 그 특종을 한『마이니치 신문(每日新聞)』기자와는 도시샤 대학 시절 러시아어를 같이 배웠습니다. 그는 홋카이도 네무로 통신 지국이 아니라면 그만둔다고 말하며 본사로 돌아가지 않고, 네무로에서 계속 북방 영토 문제나 예전 섬사람에 대한 취재를 계속해 왔습니다. 구석기 날조에 대한 제보가 그에게 들어와서 발굴 현장을 계속 감시하며 카메라를 돌리고 있었지요. 그리고 현장에 후지무라가 왔을 때 〈여보세요〉라고 말을 걸었습니다.

일본인은 날조나 속임수를 쓰지 않는 민족으로 여겨졌었는데, 심층에 있는 수상쩍음이나 의심스러움이 드러난 사건이기도 했습니다. 그런 의미에서는 STAP 세포 소동(298면 참조)으로 이어지는 문제를 내포하고 있지요. 재무 관료가 모리토모 학원 관련 문서를 고쳐 쓴 것도 그 연장선상에 있다고 생각합니다.

가타야마 일본인은 〈세계에서 으뜸가는 일본〉을 좋아합니다. 전후 학문의 자유를 상징해야 할 고고학이 어느새 진무(神武) 천황의 존재를 믿고 일본 역사가 오래되었음을 과장한 황국 사관의 대체물이 되고 말았습니다. 냉정히 생각하면 일본 고대사가 갑작스럽게 믿기 힘든 연대까지 거슬러 올라가도 전문가나 저널리즘은 후지무라를 〈신의 손〉이라고 입을 모아 칭찬했어요. 『일본서기』의 대체물로서 〈후지무라 고고학〉을 받들고 말았지요.

사토　다만 STAP 세포는 발각될 때까지 그 시간이 짧아서 교과서를 다시 써야 하는 일까지 가지는 않았습니다. 단지 시대나 캐릭터의 차이인지 오보카타 하루코(小保方晴子)는 상당한 비난을 받았는데, 그에 비하면 후지무라는 그런 정도의 비난을 받지 않았다는 인상입니다.

가타야마　파고들어 가면 후지무라를 믿었던 자기 자신에게 되돌아오는 문제니까요. 확실히 일본사 교과서를 일단 다시 쓰게 했을 정도의 〈대발견〉이 속임수였다는 큰 사건이니까 좀 더 검증해야 할 사안이긴 했습니다. 〈후지무라 고고학〉이 일본사의 토픽이지요.

〈자민당을 때려 부수다〉

사토　2001년 4월 모리 내각이 퇴진한 후 〈자민당을 때려 부수다〉라는 캐치프레이즈로 등장한 사람이 고이즈미 준이치로(小泉純一郎)였습니다.

가타야마　그는 정말 자민당을, 아니 정당 정치를 근본에서부터 때려 부셨습니다. 우선 장기 정권을 떠맡아 온 자민당의 지지 모체였던 우편국이나 농협을 저격했습니다.

거슬러 올라가면 1980년대 이후 우파도 좌파도 조직을 파괴하기만 해왔습니다. 삼공사 오현업[17]도 해체되어 노동조합도 조직을 유지할 수 없었지요. 몇 번이나 지적해 온 대로 개인과 국가 사이에 존재하고 있던 중간 단체가 배제되고 말았던 겁니다.

사토 가스미가세키에서는 고이즈미 정권이 아니라 노나카 히로무(野中広務) 정권 옹립의 방향으로 움직이고 있었습니다. 그러자 고이즈미는 기묘한 계책을 들고 나왔지요. 당 내에서 사전 교섭을 전혀 하지 않고, 스키야바시 거리에서 다나카 마키코(田中眞紀子)[18]와 둘이 〈자민당을 때려 부순다〉는 연설 모습을 TV로 내보낸 것이지요. 국민은 〈그렇지!〉 하며 공감하고 따랐지요. 고이즈미는 지금까지 없었던 정치력을 발휘해 당선합니다.

가타야마 고이즈미 내각이 다양한 조직을 파괴한 결과 지지 정당도 이데올로기도 갖지 않은 사람들이 계속 늘어났습니다. 그래서 스스로 만들어 낸 무당파 층을 부추겨 〈가미카제(神風)〉를 일으켰지요.

〈가미카제〉는 순간 최고 지지율로 바꿔 말할 수 있습니다. 그 순간을 조금이라도 지속시켜 순간을 순간이 아니게끔 하기 위해서는 파괴를 계속하여 열광적 순간을 이어 나갈 수밖에 없지요.

---

17 일본 국유 철도, 일본 전매 공사, 일본 전신 전화 공사라는 3공사와 우정, 조폐, 인쇄, 국유임야, 알코올 전매, 이 5사업의 총칭. 국유임야를 제외하고 민영화하거나 독립 행정 법인으로 이관했다 — 원주.

18 총리를 지냈던 다나카 가쿠에이의 딸. 과학 기술청 장관, 외무 대신, 문부 과학 대신을 역임. 외무 대신 시절에는 관료와 대립하고 조직 운영에 큰 화근을 남겼다. 사토는 〈미국의 트럼프 대통령이 불러일으키는 소동은 다나카 외상 시대의 트러블과 굉장히 유사하다〉고 지적한다 — 원주.

이것이 요즘 정치 모델의 원형인 고이즈미 극장입니다.

아베 정권도 고이케 도지사도 고이즈미 극장을 모방하고 있는 것에 지나지 않지요. 냉전 구조가 붕괴된 이후 사상이나 주의에 상관없이 정당이 재편성되어 가는 흐름은 고이즈미 내각의 탄생으로 결정적인 것이 되었습니다.

사토 가스미가세키는 노나카 정권을 바라고 있었지만 외무성만은 고이즈미 정권을 환영했습니다. 그것은 외무성이 전통적으로 청화회(清和会)[19] 인맥이 강한 조직으로, 아베 신타로(安倍晋太郎)의 신세를 진 관료가 많았기 때문입니다. 실제로 하시모토 정권 이후 경세회(経世会)[20]의 정권이 이어졌지만 고이즈미 정권하에서는 청화회 인맥이 우대받았습니다.

가타야마 고이즈미 정권이 되자 외무성은 매파[21] 노선으로 갈 수 있어 기뻐했겠네요. 미국의 9.11 테러 후 아프가니스탄 침공을 표명한 부시 정권을 일본은 재빨리 지지했습니다. 그것이 지금도 논의 대상이 되고 있지요.

사토 9.11의 경우 테러와의 전쟁에 유엔도 다른 나라들도 찬성했습니다. 일본도 보조를 맞춘 것에 지나지 않지요. 조금 더 뛰어

---

19 기시 노부스케의 흐름을 이어받는 보수 파벌. 현재의 세이와 정책 연구회다. 후쿠다 다케오, 모리 요시로, 고이즈미 준이치로, 아베 신조, 후쿠다 야스오 등의 총리를 배출. 현재 자민당의 최대 파벌로, 호소다 히로유키가 회장이다 — 원주.

20 다나카 가쿠에이와 결별하는 형태로 1987년 다케시타 노보루를 중심으로 결성된 파벌. 현재의 헤이세이 연구회. 오부치 게이조나 하시모토 류타로 등의 총리를 배출했다 — 원주.

21 자신들의 이념이나 주장을 관철하기 위하여 상대편과 타협하지 않고 사태에 강경하게 대처하려는 입장에 선 사람들. 특히 외교 정책 따위에서 무력에 의한 사태 해결도 불사하는 사람들을 이른다.

든 것은 10년 후의 간 나오토(菅直人) 총리입니다. 2011년 5월에 이루어진 오사마 빈라덴의 암살을 지지한 것은 주요국 중에서 일본과 이스라엘뿐이었습니다. 주권 국가인 파키스탄에서 미국이 군대를 움직여 빈라덴을 암살했어요. 어디서 어떻게 봐도 국제법 위반입니다.

외무성의 국제법국에서도 반대했지만 간 나오토는 지지를 결단했습니다. 미일 동맹의 중심이 될 수 있고 국제법에 위반되기에 더욱 미국의 힘이 될 수 있다고 말이지요. 그래서 오바마 정권은 간 나오토를 무척 좋아했습니다.

가타야마 역사를 거꾸로 돌리면 종교 대립이나 국제 사회의 혼란은 말할 것도 없이 2001년 9월 11일의 동시다발 테러에서 시작됩니다. 사토 씨는 어디에 있었습니까?

사토 외무성의 집무실에 있었습니다. TV로 실시간 보고 있었지요. NHK의 데시마 류이치(手嶋龍一)[22]가 하는 방송이었습니다. 그 후 저는 테러 대책으로 중동, 러시아, 중앙아시아로 돌아다녔습니다.

가타야마 9.11은 고이즈미 내각이 발족한 직후에 일어났습니다. 그 이후 세계는 준비 상시 사회에 돌입했지요. 그래서 고이즈미 극장은 평시에 이루어졌던 것은 아니라고 할 수 있습니다.

사토 시대 구분으로 나누면 9.11 테러로 포스트 냉전은 끝났습니다. 가타야마 씨가 말하는 세계적 준(準)비상사태 시대는 포스

---

22 외교 저널리스트. NHK 기자 시절 9.11 테러 발생 때 11일에 걸쳐 중계방송을 담당. 사토와의 공저도 다수 ─ 원주.

트·포스트 냉전이라고 말할 수 있겠지요.

다나카 마키코 대 스즈키 무네오

가타야마 당시는 다나카 마키코가 외무 대신이었습니다. 포스트·포스트 냉전 시대에 돌입하여 국제 외교가 가장 중요시되던 시기인데 1년도 안 되어 경질되고 말았지요.

사토 정권이 발족할 때 외무성 사람들은 대부분 다나카만은 아니었으면 좋겠다고 생각했습니다. 하지만 서서히 외무성 내에서 다나카파가 강해졌지요. 얼마 후에는 죽을 때까지 따라가겠다는 사람들까지 생겨났습니다.

가타야마 그런 사람들이 있었군요.

사토 주류파로부터 냉대받고 있던 사람들에게는 다나카 외상의 탄생은 출세의 기회였거든요.

가타야마 다나카 마키코가 외상이었던 2001년 5월에 김정남으로 보이는 남성이 나리타 공항에서 구속되었습니다.[23] 그러나 서둘러 귀국시키고 말았어요. 그를 일본에서 확보해 두면 북일 외교에서 비장의 카드가 되었던 거 아닌가요?

사토 말씀한 그대로입니다. 하지만 다나카 마키코가 〈그런 건 무서우니까 바로 돌려보내세요〉라고 정치 주도로 귀환시키고 말았

---

23 〈김정남으로 보이는 남성〉이 나리타 공항에서 구속됨. 도미니카 공화국의 위조 여권을 소지하고 있었으며, 5월 4일에 국외 추방. 남성은 〈디즈니랜드에 가고 싶었다〉고 말했다 —원주.

습니다. 또 9.11 테러 직후에 다나카는, 미국 국방성이 스미소니언 박물관에 피난해 있다는 기밀을 매스컴에 말하고 말았지요. 그때야 외무성 내에서도 다나카에 대한 위기감이 노골적으로 드러났습니다.

가타야마 굉장한 이야기네요.

사토 다나카는 남의 설명을 전혀 듣지 않고 감정적으로 움직입니다. 컴퓨터에 비유한다면 용량이 굉장히 작고 운영 시스템이 달라서 아무리 좋은 소프트웨어를 다운로드해도 어떻게 작동할지 알 수가 없지요. (쓴웃음)

가타야마 그런데도 그런 멋대로 된 말을 했다는 건가요? 지금 돌아보면 무섭네요. 그렇지만 그 당시 압도적 다수의 국민이 고이즈미 총리와 다나카 외무 대신을 지지했습니다. 이제는 완전히 과거의 사람이지만 다나카 마키코도 총리 후보 중의 한 사람으로 꼽혔었지요.

사토 순조롭게 진행되지 않았다면 다나카 총리가 탄생할 가능성도 확실히 있었습니다. 그렇게 되었다면 트럼프와 두테르테를 더해서 3으로 나눈 듯한 소동이 일어났겠지요.

가타야마 역시 그렇군요. 일본은 트럼프 정치의 혼란을 선취했을 가능성도 있었다는 거네요. 역시 〈세계에서 으뜸가는 일본〉입니다. (쓴웃음)

사토 그렇습니다. 그래서 정치가로서 스즈키 무네오의 최대 공적은 다나카 마키코를 공격해서 공직에서 떠나게 했던 일입니다.

다나카 외상이 경질당한 계기는 2002년 1월의 아프가니스탄 부흥 지원 국제 회의였어요. 출석 예정인 NGO 단체에 스즈키 무네오가 압력을 가하여 참가하지 못했다고 다나카가 주장했지요. 물론 그런 사실은 없습니다.

실제로는 다음과 같은 순서로 진행되었어요. 2002년 1월 17일 밤, 스즈키 씨는 모스크바의 호텔에 체재하고 있었습니다. 그때 외무성의 아시아 대양주국 심의관이 찾아왔어요. 그는 아프가니스탄 회의의 NGO에 금전 트러블이 있으니 참가를 취소하겠다고 보고하러 온 것이었지요. 이튿날 귀국하는 JAL 비행기 안에서 스즈키 씨가 읽은『아사히 신문(朝日新聞)』에는, 앞에서 말한 NGO 대표가 등장하여 〈정부를 신뢰할 수 없다〉고 말했습니다. 스즈키 씨는 그 기사를 읽고 그런 사람이 아프가니스탄에 가면 정부의 퇴거 명령에 따르지 않아 위험하겠다고 말했지요.

다나카는『아사히 신문』을 읽고 화를 낸 스즈키가 그를 배제했다고 말했습니다만 경위도 다르고 앞뒤도 맞지 않았어요. 스즈키 씨는 〈다나카의 목을 자르겠다〉며 분개했었지요.

가타야마 그렇다고 해도 당시 다나카 마키코의 인기는 대단했습니다. 스즈키 무네오는 거기에 정면으로 대립했지요. 승산은 있었습니까?

사토 말씀한 대로 세상 사람들은 압도적으로 다나카를 지지했습니다. 저도 〈이런 상황에서 다나카를 적으로 돌려도 괜찮겠습니까?〉 하고 물었지요. 스즈키 씨는 〈그 사람은 명백한 거짓말을 하고 있네. 아무리 인기가 있어도 상관없어. 사실 관계에 대해

100 대 5라면 승부할 수 있어〉라고 말하며 국회에서의 의혹 추궁을 전면적으로 부정했습니다.

그 후 국회 심의를 혼란시켰다고 하여 다나카 마키코는 외상에서 경질되고, 스즈키 씨도 책임을 지고 중의원 의원 운영 위원장을 사임했습니다. 그 후 스즈키 무네오를 비난하는 폭풍이 거칠게 불어 자민당도 탈당했지요.

그러고 나서 좀 지난 2002년 5월, 도쿄 지방 검찰청에 제가 체포되었고, 6월에는 스즈키 씨가 체포되었지요.

고이즈미의 북한 방문은 실패였다

가타야마 북일 관계가 단숨에 움직이기 시작한 것은 다나카 외상이 경질된 후입니다. 고이즈미가 방북한 것은 2002년 9월이에요. 북일 정상 회담이 열리고 북일 평양 선언이 나왔지요. 5명의 납치 피해자가 귀국했습니다. 그리고 2년 후에는 5명의 납치 피해자 가족도 귀국했지요. 납치 피해자 탈환이 고이즈미 정권 최대의 공적이라고 보는 사람이 많습니다. 사토 씨는 고이즈미 방북을 어떻게 평가하십니까?[24]

사토 9월 17일이었지요. 저의 첫 번째 공판 일이기도 했습니다. 고이즈미의 방북 덕분에 저의 재판에 관한 기사가 작아졌어요.

24 평양에서 2002년과 2004년 두 번에 걸쳐 개최된 고이즈미 준이치로와 김정일의 정상 회담. 첫 번째 방북에서 북한은 납치한 사실을 인정하고 사죄했으며 납치 피해자 5명을 귀국시켰다. 두 번째에는 납치 피해자 가족이 귀국했다 ─ 원주.

개인적으로는 고이즈미의 방북에 감사하고 있습니다. 그것이 없었다면 1면 톱으로 나왔을지도 모르니까요.

다만 그 교섭에는 큰 문제가 있었어요. 정상 회담을 실현시킨 외무성의 다나카 히토시(田中均)[25]가 북한과의 약속을 깨고 말았거든요.

가타야마 원래는 납치 피해자를 2주 후에 북한으로 돌려보내기로 약속했었지요.

사토 그렇습니다. 그 외교에는 작은 약속과 큰 약속 두 가지가 있었어요. 작은 약속을 지켰다고 해서 큰 약속을 이행할 거라는 보장은 없습니다. 다만 작은 약속을 지키지 않으면 큰 약속을 결단할 수 없지요. 이 경우 납치 피해자를 2주 후에 북한으로 돌려보낸다는 작은 약속 후에 일본은 경제 지원을 하고 북한은 핵과 탄도 미사일을 폐기한다는 큰 약속이 이행될 터였습니다.

가타야마 하지만 돌려보내지 않았지요. 아니, 일본의 여론을 생각하면 귀국시킬 수 있는 상황이 아니었습니다.

사토 그런 여론의 움직임을 읽지 못했던 것이 다나카 히토시의 최대 실수였습니다.

외교관이 양국에 잘 보이려고 한다면 교섭 같은 건 불가능합니다. 북한에서는 식민주의에 대한 반성이 없다고 공격당하고, 일본에서는 북한의 첩자라고 매도당했습니다. 그런 아슬아슬한

---

25   고이즈미 정권하의 외무성 아시아 대양주국 국장. 북일 교섭에서 역량을 발휘한 반면 그 외교술에 대한 비판도 많다. 2013년 6월, 북한 교섭 기록이 보관되어 있지 않다는 아베 총리의 페이스북 비판에 대해 다나카는 〈사실 오인〉이라고 반론했다 — 원주.

상황에서 교섭을 성립시켜야 합니다.

그는 약속을 지킬 수 없었던 책임을 지고 그만두어야 했어요. 그렇게 했다면 북한과도 얼굴을 마주할 수 있었습니다. 열기가 가라앉으면 정치가나 정무직으로 임용하여 다나카에게 북한 외교 담당 자리를 줄 수도 있었을 테니까요. 하지만 다나카에게는 그런 각오가 없었지요. 약속을 이행할 수 없었던 책임도 지지 않고 선두에 서서 계속 북한을 때리기 시작했습니다.

가타야마 고이즈미 방북의 실패가 오늘날 북일 관계의 혼란을 불러왔다고 할 수 있습니다. 만경봉호[26]를 입항 금지해 봤자 북한은 아무렇지도 않았어요. 제재 강화라고 하지만 이제 제재할 것이 없지요. 앞으로 어떻게 해야 할지, 취할 수단이 없습니다.

사토 고이즈미 방북에는 또 하나의 큰 실패가 있었어요. 첫 번째 정상 회담에서 북한은 납치 피해자 8명의 사망 확인서를 제출했습니다. 하지만 서류의 내용을 확인하지 않은 채 곧바로 받아들이고 말았지요. 확인만 했다면 사망한 일시나 장소가 각각 다른데도 사망 확인서를 발행한 병원은 왜 같은지 등 다양한 모순점을 지적할 수 있었을 겁니다.

회담에 동석할 수 있는 사람은 제한되어 있지만 동행하는 짐 운반자나 연락을 담당하는 스태프 전원을 북한어 전문가로 해두면 보고서를 곧바로 6~7로 등분하여 전원이 번역할 수 있었을 거예요.

---

26 주로 니가타와 원산 사이를 항해했던 화객선. 일본에 있는 공작원과의 연락이나 불법 송금에 이용되었다는 의혹이 있다 — 원주.

가타야마 사토 씨가 오부치·옐친 회담 때 했던 방식이군요. 북일 정상 회담에서도 그렇게만 했다면 상황은 달라졌겠네요. 합리적 설명이 없으면 받아들이지 않고 뿌리치는 선택도 할 수 있었습니다. 좀 더 나은 답변을 끌어낼 수 있었을지도 모릅니다. 문제는 어중간한 답변을 받아들임으로써 생존하고 있던 납치 피해자가 그 후 북일 관계의 변화로 위험한 일을 당했을 가능성도 생각해 볼 수 있지요.

사토 그렇습니다. 현장에서의 순간적 판단 문제예요. 제대로 했다면 현재의 북일 관계만이 아니라 북한에 의한 군사적 긴장 상태도 완화시킬 수 있었을지 모릅니다.

힐스족이라는 신흥 부자

가타야마 북한과는 긴장 관계가 이어진 반면 한일 관계는 양호했습니다. 저는 그다지 관심이 없었습니다만, 2002년 한일 월드컵이 있었어요. 그리고 2004년 「겨울 연가」로 한국의 예능 붐이 일었습니다. 기운이 꺾이기는 했지만, 지금도 한국 연예인은 인기가 있지요.

사토 저는 그 시기 사회의 움직임을 잘 모릅니다.

왜냐하면 2002년 5월 14일부터 2003년 10월 8일까지 〈고스게 힐스(도쿄 구치소)〉에 구류되어 형사 재판에 쫓기고 있었으니까요. 신문도 읽을 수 없는 데다 접견도 금지되어 있었습니다. 도중부터 읽을 수 있게 된 『일간 스포츠(日刊スポーツ)』로 알게 된

큰 뉴스는 전자파가 인체에 유해하다고 주장하는 파나웨이브[27]와 다마가와강에 나타난 턱수염 물범인 다마짱 소동[28]이었습니다.

가타야마 파나웨이브는 전자파로부터 몸을 지키기 위해 흰옷을 입고 있는 단체이지요.

사토 그렇습니다. 감옥 안에서는 불쾌한 사건이 산더미처럼 많았습니다만 다마짱은 얼마 안 되는 유쾌한 뉴스였어요.

제가 감옥에서 나온 2003년 베스트셀러는 『바보의 벽』[29]이었습니다. 최근에 널리 퍼진 우생학 붐을 일으킨 책이지요. 아울러 2016년 화제가 된 다치바나 아키라(橘玲)의 『말해서는 안 되는 너무 잔혹한 진실』도 유전학이나 진화론의 견지에서 연봉이나 용모, 범죄 성향이 정해진다고 쓴 우생 사상의 책입니다.

가타야마 이해에는 롯폰기 힐스가 세워져 세상을 떠들썩하게 했습니다. 라이브도어의 호리에 다카후미(堀江貴文) 등 롯폰기 힐스의 주민들을 힐스족[30] 혹은 신흥 부자라고 불렀지요. IT 산업으로 돈을 번 성공한 사람들은 세상이 동경하는 대상이 되었습니

27 파나웨이브 연구소. 인체에 악영향을 끼친다는 스칼라 전자파를 차단하는 흰옷을 입은 종교 집단. 종교 단체 천내 정법회의 하부 조직. 2002년 요코하마시의 가타비라가와강에서 턱수염 물범인 다마짱에게 먹이를 주어 화제가 되었다 ─ 원주.

28 다마가와강 등에 나타난 턱수염 물범 수컷을 둘러싼 소동. TV 방송들이 활발히 중계하여 다마짱의 노래도 만들어졌다. 요코하마시 니시구가 특별 주민표를 만들어 니시 다마오라는 이름을 붙였다 ─ 원주.

29 해부학자 요로 다케시의 저작. 인간은 결국 자신의 뇌에 들어오는 것밖에 이해하지 못하고 벽을 만드는 동물이라는 사고를 축으로 하여 사회를 비판했다. 4백만 부가 넘는 베스트셀러가 되었다 ─ 원주.

30 롯폰기 힐스의 고급 아파트에 사는 벤처 기업가나 경영자 등의 부유층. 라쿠텐의 미키타니 히로시, USEN의 우노 야스히데 등이 힐스족으로서 주목을 받았다 ─ 원주.

다. 격차가 확대되기 전으로, 노력하면 자신도 부유해질 수 있다고 생각한 시기였지요.

사토 저에게는 롯폰기 힐스가 게이티드 시티로 보였어요. 미국 교외에는 치안을 유지하기 위해 주민 이외의 출입을 제한하는 문으로 둘러싸인 동네가 있습니다. 그런데 일본의 경우는 그것이 위로 뻗어 가는구나, 하고 생각했지요.

가타야마 소설가 나가이 가후(永井荷風)가 아자부 언덕 위에 세운 자신의 저택 헨키칸(偏奇館)에서는 저지대에 펼쳐지는 슬럼가가 멀리 바라보였습니다. 롯폰기 힐스도 같은 발상이었겠지요. 모리 빌딩 주식회사는 저지대를 사서 인공적인 언덕을 높이 쌓아 올린 후 힐스라는 이름을 붙였습니다. 도쿄의 경사를 살린 폐쇄 공간이지요. 저도 거기서 봉건사상이나 주거지 분리 현상 같은 것을 느낍니다.

사토 거기에 더해 롯폰기 힐스의 특징은 자가발전과 지하수를 퍼 올리는 장치입니다. 뭔가가 일어나면 공공 인프라에 의존하지 않고도 살아갈 수 있지요.

가타야마 전쟁은 모르겠지만 재해 등 비상시에 대비하여 만들었겠지요. 내란이나 폭동이 일어나 농성할지 모른다는 것까지는 상정하지 않았을 겁니다.

사토 하지만 헤이세이도 끝나가는 시점이 되어, 정말 폭동이 일어나도 이상하지 않는 사회가 되었습니다.

〈도큐〉로 대표되는 다른 개발 업자의 경우는 저층에는 UR 임대 주택 등을 넣고 고층을 부유층에게 팔고 있습니다. 다시 말해 중산층도 이용할 수 있게 하고 있는 거지요. 하지만 롯폰기 힐스는 중산층 이하를 완전히 배제했습니다. 이런 개념의 차이는 큽니다.

격차가 커졌을 때 롯폰기 힐스는 증오의 상징이 됩니다. 그렇게 생각하면 도큐 같은 개발 업자의 방식이 영리하다는 생각이 듭니다.

가타야마 도큐 등에는 중산층에게 단독 주택을 사게 하려는 사철(私鉄) 연선 문화가 있습니다. 아무것도 없는 곳이라고 하면 실례가 되겠지만 농촌이나 전원 지역에 철도를 연결하여 시부야까지 몇 분, 메구로나 고탄다나 오이마치까지 몇 분 걸린다고 하며 샐러리맨 계층에게 교외의 단독 주택을 팝니다. 원래는 〈한큐〉의 고바야시 이치조(小林一三)[31]가 생각해 낸 것이지요. 사실은 부자가 아닌 사람에게 부자 기분을 느끼게 해주고 위를 보게 하여 꿈을 주는 겁니다. 그것이 도심 아파트 저층에 비교적 싸게 살 수 있는 구멍을 남겨 두는 문화로 연결되겠지요. 계급 유화 사상입니다.

하지만 롯폰기 힐스를 개발한 모리 빌딩은 고층의 사상으로 특화해 갑니다. 기업으로서는 대단한 돈벌이가 안 되는 층을 제외하는 것이 전적으로 옳은 일이겠지만, 단절을 만들어 내는 방식은 사회의 긴장을 높이는 방향으로 작용하지 않을 수 없지요.

31 미쓰이 은행을 거쳐 한큐 전철의 전신인 미노오 아리마 전기 궤도의 창업에 관계했고, 철도 연선의 택지 개발, 오락 시설의 건설을 착수하여 사철 경영의 개척자가 된다. 도쿄 전등과 도호를 경영하고 도호 소녀 가극단(현 다카라즈카 가극단)의 창시자로서도 알려져 있다 — 원주.

사토 지금껏 일본의 주택에서 이상하다고 느끼던 일이 있습니다. 재해나 화재 위험이 있는데도 일본에는 아직도 목조 주택이 많아요. 합리적으로 생각하면 철근 콘크리트 주택이 더 낫습니다. 20년쯤 전에는 대형 주택 회사가 취급했는데 지금은 일부밖에 하고 있지 않지요.

가타야마 역시 부서지는 것이 낫다고 생각하는 거 아닐까요?

사토 그렇다고 생각합니다. 1백 년 이상이나 버티는 철근 콘크리트 주택이 보급되면 주택 산업의 성장이 멈추고 맙니다. 주택 산업의 입장에서 보면 그런 이유는 이해할 수 있습니다.

가타야마 일본인은 역시 대규모 파괴를 전제로 살고 있는 거네요. 아무리 튼튼하게 지어도 파괴되는 것은 당연합니다. 쓰레기 더미에서 다시 시작하는 것이 이미 반영된 상태인 것이지요. 그러면 다들 곤란하지만 어쩐지 받아들이고 말아요.

사토 「고질라」와도 통하는 사상이네요. 그만큼 파괴되는 영화가 허용된다는 의미에서요.

가타야마 그렇다고 생각합니다. 원폭, 공습, 대지진, 대형 쓰나미 그리고 문화적 상징으로서의 고질라. 일본인은 파국(대변혁)과 함께 살아왔습니다. 일본 문화는 파괴와 재생과 분리할 수 없는 셈이지요.

사토 일본에서는 파국 후에 꼭 새로운 국면으로 들어가는 것도 아닙니다. 파국 후에도 일상은 계속되지요. 이를테면 「홍백가합전」에서 「가는 해 오는 해」로 옮겨 간다는 이미지 아닐까요.[32]

가타야마 어쩌면 순환해 가는 느낌이 아닐까 싶습니다. 소생과

파괴가 끝없이 되풀이되지요. 그것은 종말 사상을 가진 그리스
도교에는 없는 감각입니다. 파괴와 재생이 세트가 되어 있는 일
본에는 진정한 종말론이 없습니다. 그것은 신도의 〈나카이마(中
今)〉[33]로도 연결되어 있습니다. 모두 〈언제든 지금〉으로 끝나고
말지요.

사토 일본인은 〈영원한 지금〉을 아주 좋아하니까요.

가타야마 그것이 지금 이 순간의 지지율만 신경 쓸 때의 정권이
보이는 자세와 연결되어 있을지 모릅니다. 오늘의 형세만 신경
쓰며 내일 일은 전혀 생각하지 않지요. 〈영원한 지금〉을 추구하
는 정권이 이어졌습니다.

한 소절의 정치와 동어 반복

사토 그 발단이라고도 할 수 있는 극장형 고이즈미 내각하에서
바뀐 것 중의 하나로, 말의 성격이 있습니다.

그것을 상징하는 것이 2004년 1월 육상 자위대의 이라크 파병
입니다. 이 논의가 이뤄진 공공 자리에서 동어 반복(같은 의미를
가진 말의 무의미한 반복)을 쓰고 말았어요. 전투 지역의 정의를
둘러싸고 고이즈미는 〈전투 지역은 자위대가 출동하지 않는 장
소〉, 〈비전투 지역은 자위대가 출동하는 장소〉라는 동어 반복의

---

32 「홍백가합전」은 매년 12월 31일 밤에 생방송되는 NHK의 가요 프로그램이고, 이
방송이 끝나면 바로 이어서 「가는 해 오는 해」를 생방송으로 중계한다.

33 신도에서 역사관의 하나. 시간의 영원한 흐름 속에 중심점으로 존재하는 지금, 단
순히 시간적인 현재가 아니라 신대(神代)를 계승하고 있는 지금을 의미한다.

자위대와 해외 활동의 30년사

(재해 파견 등은 제외)

1991년 페르시아만 파견(기뢰 제거).

1992년 PKO 법안 성립. 캄보디아 PKO(캄보디아 내전, ~1993).

1993년 모잠비크 PKO(모잠비크 내전, ~1995).

1994년 르완다 분쟁(난민 구제).

1996년 고란 고원 PKO(제4차 중동 전쟁 정전 감시, ~2013).

1999년 동티모르 분쟁(난민 구제, ~2000).

2001년 인도양 파견(미국의 대테러 지원, ~ 2010).
아프가니스탄 분쟁(난민 구제, ~2014).

2002년 동티모르 PKO(동티모르 독립, ~2004).

2009년 소말리아 앞바다 해적 대책 부대 파견(~현재).

2012년 남수단 PKO(남수단 독립, ~2017).

말을 한 것이지요.

가타야마 획기적인 답변이었지요. 다람쥐 쳇바퀴 도는 듯한 그런 말을 되풀이했습니다.

사토 정치 세계에서 동어 반복은 사용해서는 안 됩니다. 예를 들어 〈오늘 날씨는 비가 오거나 비 이외일 것입니다〉 같은 일기 예보는 있을 수 없어요. 날씨에 관한 정보가 아무것도 없기 때문이지요. 하지만 고이즈미 이후 동어 반복이 공공 자리에서도 당당하게 사용되기 시작했습니다.

가타야마 이데올로기나 말보다는 분위기에 맞추는 것, 논리보다는 레토릭이 중시되지요. 분위기에 잘 맞추지 못하면 그것으로 끝납니다. 그 한 소절 정치는 광고 문구 같은 것이었어요.

사토 좀 더 말하자면 정치가 기세로 정해지게 되고 말았지요.

하지만 고이즈미도 미끄러진 경험이 있었습니다. 샐러리맨 경험이 없는 고이즈미가 요코하마시의 부동산 회사에서 후생 연금의 보험료 지불을 받고 있었다는 사실이 발각되었을 때, 고이즈미는 〈인생도 여러 가지, 회사도 여러 가지, 사원도 여러 가지〉라는 말했으니까요.

가타야마 미끄러지기는 했지만 캐릭터로 인해 용서받았지요. 만약 모리 요시로였다면 엄청난 공격을 받았을 거예요. 하지만 쇼와 시대처럼 이데올로기가 정확히 존재하고 말이 확실히 사용되는 장소였다면 그 발언으로 퇴장 명령을 받았을 겁니다.

사토 2004년 베스트셀러가 되고 이듬해에 드라마나 영화로 만들어진 『전차남』[34]도 헤이세이를 상징했습니다. 『전차남』은 2채널에 올라온 연애 상담을 기초로 만들어진 작품입니다.

신초샤의 편집자가 작가를 철저히 가르쳤다고 합니다만, 가상세계가 현실 사회에 영향을 미쳤지요. 주인공이 전차 안에서 만나는 나카타니 미키(中谷美紀) 배우를 닮은 아가씨를 연기한 사람이 실제 나카타니 미키였습니다. 가상 공간의 이야기가 현실을 만들어 낸 새로운 현상이었지요.

---

34 인터넷 게시판 2채널(익명 게시판)에 쓴 댓글에서 파생한 소설. 투고한 인물이 전차남이라는 닉네임을 사용했다. 2004년 신초샤에서 책으로 나왔고, 2005년 영화화되었다
— 원주.

가타야마　현실과 가상의 구별이라는 화제라면 2005년 「여왕의 교실」[35]이 인상적이었습니다. 2006년에는 드라마에서 주연인 교사 역을 한 아마미 유키(天海祐希)에게 아베 정권이 교육 재생 회의의 위원에 취임해 줄 것을 타진했지요.

사토　예전이라면 다케다 데쓰야(武田鉄矢) 같은 배우가 후보였겠지만, 그의 경우라면 교육 대학에서 일한 적도 있어서 그래도 이해할 수 있습니다.

가타야마　유토리 교육[36]을 재검토하자는 회의에, 교사 역을 해서 인기를 얻은 배우를 넣는다는 발상은 역시 인기를 얻으려는 것일 수밖에 없습니다. 아마미 유키가 거절했지만, 정부가 현실과 가상의 구별을 할 수 없게 되었다는 말을 들어도 어쩔 수 없지요.

천황제를 완전히 부정하지 않았던 아미노 사학

사토　2004년 2월에는 역사학자 아미노 요시히코(網野善彦)[37]가 세상을 떠났습니다. 그 후 조카이자 종교학자인 나카자와 신이치의 추도문 『나의 숙부 아미노 요시히코(僕の叔父さん 網野善彦)』가 출간되었지요.

지금 아카데미즘 세계에서 아미노 사학은 어떻게 받아들여지

35　니혼 TV에서 방영된 아마미 유키 주연의 드라마. 철저한 관리 교육을 하는 괴물 교사와 초등학생의 성장을 그린다 ― 원주.

36　학습 내용과 시간을 줄이고 학생의 창의성과 자율성을 존중하는 교육 방침.

37　역사학자. 해민(바다에서 어업이나 제염, 배로 짐 따위를 나르는 일에 종사하는 사람), 장인 등에 주목하고 농업 중심으로 생각되어 온 일본 사회의 다양성을 분명히 하며 아미노 사학으로 불리는 독자적 일본 사관을 만들어 냈다. ― 원주.

고 있습니까?

가타야마 아미노가 그린 것은 이상으로서의 민중사였습니다. 무연(無緣)이라는 중세적 말과 자유라는 근대적 말을 결합하여 중세적인 말로 근대의 이상을 읽고, 중세의 민중을 근대적이라기보다는 초근대적인 사람들로 그렸지요. 지금의 아카데미즘에서 그 아미노류는 사상의 투영으로서의 역사관이지 실제를 잘 설명하는 것으로는 어떨까 하는 견해가 강해진 것처럼 보여요.

하지만 아미노 사학의 매력은 사라지지 않았을 거예요. 오리구치 시노부(折口信夫)의 민속학도 마찬가지입니다만, 시대가 변해도 어떤 종류의 사람들은 구상력 자체에 계속 품고 있을 지향성이랄까 그 꿈이 편입되었고, 게다가 응용이 가능한 확산이 담보되어 있습니다. 그렇다면 개개의 이야기에 의문 부호가 붙어도, 후계자들에 의해 다음 구상이 척척 생겨납니다. 아미노 사학이라기보다는 아미노 사상이고 아미노교인 셈이지요.

다만 아미노 사상이 아미노 본인의 벡터에 이끌려 기능하느냐 하면, 저로서는 의문이 있습니다.

사토 무슨 뜻이지요?

가타야마 예컨대 아미노의 천황론을 거론하자면, 원래 아미노 사학은 농경민과는 다른, 토지에 묶이지 않은 장인이나 상인이나 해민(海民)이 일본 사회에서 가지는 중요성을 강조하고 싶은 학문이었고, 그 연구를 통해 농민과 농경의례와 천황이 결부되는 도요아시하라노미즈호노쿠니(豊葦原瑞穂国)[38] 공동 환상이라는 것을 무너뜨리는 방향을 목표로 했을 겁니다. 아미노는 그 구상

끝에 농경의례의 사제인 천황상을 파괴하기 위한 비장의 카드로 장인이나 해민과 천황의 강한 유대를 증명해 가려고 했습니다. 사실 천황은 도요아시하라노미즈호노쿠니의 상징이라는 이미지를 배반하는 존재라고 말이지요.

그것은 임팩트가 굉장히 강했지만, 저는 아미노의 천황론이 오히려 거기서 천황의 초시대적 성격을 강화하는 역할을 한 것이 아닌가 하는 느낌을 갖습니다. 천황은 농업과 강하게 연결되어 있고, 그렇기에 일본인에게 농촌적 심정이 살아 있는 한 지배력을 갖고 권위의 원천이 될 수 있다는 설명이라면, 일본에서 농민의 수가 줄어들수록 천황이라는 존재의 정통성이 가지는 근거는 상실되어 간다고 볼 수 있어요. 농업이 약해지면 천황제도 없어지는 것이 당연하다는 논의로 나아가는 거지요.

하지만 어업만이 아니라 운반이나 장사를 하는 해민 등과도 사이가 좋아지면, 농업이 쇠퇴한다고 해도 천황이라는 존재의 역사적 정통성은 또 다른 데서 찾아질 거예요. 해민이나 식칼 하나를 들고 정처 없는 나그네가 되어 여기저기 떠돌아다니는 직능인 같은, 유동적 네트워크를 구축하여 국경을 넘나드는 노마드(유목민) 같은 생활 방식도 천황과 연결될 수 있게 되면, 근대 자본주의와 천황제도 무척 궁합이 좋아집니다. 서양이라면 프리메이슨 같은, 즉 여행하는 직능인의 응원 네트워크를 일본에서는 천

---

38 『고사기』 등에 보이는 일본의 옛 명칭. 신의 의지에 따라 벼의 결실이 좋고 번영하는 나라라는 뜻이다. 그런 일본의 〈바람직한 모습〉을 신봉하거나 또는 되찾으려는 사람들은 지금도 옛날에도 일정한 수가 존재한다. 아미노는 농민이 아니라 중세의 장인이나 상인과 해민 등의 존재를 조명함으로써 그런 환상을 풀려고 했다 — 원주.

황의 보증으로 만들었다고 한다면 유대인적인 것과 천황이 잘 조합된다는 논의도 가능해지겠지요. 그렇게 되면 사실 아미노 요시히코와 야마모토 시치헤이(山本七平)[39]는 가까운 곳에 있었던 것처럼 보이기도 합니다.

아무튼 아미노는 평생에 걸쳐 〈천황제〉를 상대화하고 전복시킬 기반을 찾아내려고 했겠지만, 그가 부정하려고 하면 할수록 천황상은 점점 더 팽창하고 오히려 이미지가 다양하고 거대하며 강해졌습니다.

사토 거기에 천황의 흥미로운 점이 있습니다. 부정하려고 생각해도 다 부정할 수가 없거든요.

가타야마 그것은 지금의 황위 계승으로도 연결되는 문제입니다. 보수적인 사람들 사이에서 황실을 지키기 위해 여계 천황이나 여성 천황을 인정해야 할지 어떨지, 옛 황족을 황적에 복귀시키면 어떻겠는가 하는 논의가 이루어지고 있습니다. 그러나 그것은 역효과를 낼 뿐이에요. 옛 황족이든 여성이든 누구든 천황이 될 수 있다고 한다면, 천황제가 그렇게 무책임한 것이었느냐는 의견이 반드시 나오겠지요. 근거라고 하나요, 편의적으로 존재 요건을 바꿔 버리면 권위나 정통성이 손상되기에 황위 계승자를 많이 만들어 안심하고 싶은 욕망이 한편으로는 천황 존재의 근거 부분을

---

39 필리핀 전선에서 종전을 맞아 포로수용소에서 1년 4개월을 보낸 경험이 있으며 1956년 개인 출판사인 야마모토쇼텐을 설립했다. 1970년에 낸 첫 저서 『일본인과 유대인(日本人とユダヤ人)』은 일본 태생의 유대인이라는 설정으로 쓰였다(본인은 자신이 집필자라는 것을 부정했다). 그 후 재야 사상가로서 일관되게 일본인이란 무엇인지를 물으며 작품을 양산했다. 또한 일본인이 무자각하게 언동의 규범으로 삼는 종교와 사상을 〈일본교〉라고 명명했다 — 원주.

불안정하게 만들고 맙니다.

여기서는 천황을 부정한 결과 천황상이 강화된 아미노와는 반대되는 현상을 알 수 있습니다. 황실을 지켜야 할 보수파의 움직임이 천황제를 약화시킬 가능성이 상당히 크다는 것이지요.

사토 천황제와 관련해서는 2004년 5월에 황태자(현 천황 나루히토)가 마사코 비(현 황후)의 캐리어나 인격을 부정하는 움직임이 있었다고 발언하여 화제가 되었지요.[40]

가타야마 쇼와 천황으로부터 아키히토 천황으로 계승된 전후 천황 일가의 모습은 전후 민주주의하 이상적 가족상의 형성과 꼭 붙어 있는 것이었습니다. 〈마이 홈 민주주의〉 같은 표현도 있었지요. 아버지, 어머니, 아이들이 되도록 평등하고 사이좋게 서로의 인격을 인정하고 화기애애하게 지내는 것이 좋다고 말이지요. 가부장적인 가족 국가관에 기초한 메이지에서 패전까지 일본 가족의 모습에 대한 반동입니다만, 특히 아키히토 천황이 황태자 시절부터 전후의 가족다운 천황 일가의 모습을 열심히 만들어 냈지요. 인간 천황의 모습을 철저하게 실천한 셈입니다.

그래도 아키히토 천황은 아버지의 카리스마를 약간 나뉘어 받았고, 궁중 제사에 대한 열성이나 재해 때 국민과 함께 기뻐하고 함께 괴로워하는 자세의 강력한 모습으로 공과 사의 균형을 잘 잡았다고 생각합니다.

---

40 황태자 나루히토가 마사코 비의 장기간에 걸친 〈적응 장애〉에 따른 요양의 배경을 〈마사코의 캐리어나 그것에 기초한 마사코의 인격을 부정하는 움직임이 있었던 것도 사실〉이라고 말했다 — 원주.

그런데 황태자가 되자 좀 더 사(私) 쪽으로 깊이 파고든 인상이 있습니다. 역사의 흐름에서 볼 때 당연히 그렇게 되는 것이겠지요. 그런데 아키히토 천황은 인간 천황으로서 훌륭하다고 말할수 있지만 황태자는 인간 황태자로서 훌륭하기에 이제 정말 인간이 되었다고 하는 게 좋지 않을까 싶을 정도로 너무 보통이라는느낌이 듭니다. 아내를 지키는 자세는 인간으로서 훌륭합니다.이는 정말 전후의 보통 인간 그 자체가 아닌가 싶어요.

외부에서 천황에게 찬성이나 반대라고 운운하기 전에 천황이천황이기 위한 에토스가 전후 시민의 보통 감각 속에 녹아들어결국 해체되고 있는 게 아닐까요. 쇼와 천황으로부터 3대째가 되면 거기까지 갈 겁니다. 그것이야말로 인간 천황의 최종 형태라고 할 수 있겠지만, 그것으로 천황상이 새로운 민주주의적 강고함을 획득할 수 있을까 하는 것은 다른 문제겠지요. 그렇다면 일본 공화국이 되지 않을까요. 이 이야기는 헤이세이의 다음 시대에는 충분히 되살아날 거라 상상합니다.

호리에몬은 누구인가?

사토 천황제를 탈구축하는 데서 가장 위험한 것이 호리에몬[41]

41 인터넷 기반 기업인 주식회사 라이브도어의 전 CEO 호리에 다카후미. 통통한 체격과 호감 있는 인상에서 호리에몬(호리에+도라에몽)이라는 애칭을 얻었다. 2004년 당시 경영난에 빠져 있던 프로야구 구단인 오사카의 긴테쓰 버펄로스를 인수하려고 했으나 실패했다. 그리고 2005년 자민당 소속으로 출마하였으나 낙선한다. 자유분방한 태도와 〈일본의 국가 원수가 천황제로 규정되어 있는 헌법에 위화감을 느낀다〉, 〈대통령제가 바람직하다〉는 등의 정견 발표로 자민당 내부로부터 비판을 받았다. 2006년 1월 도쿄 지검 특수

같은 존재입니다. 천황이라는 존재는 인정하고, 소중히 여기기도 하지요. 다만 그건 그겁니다. 일단 그것은 옆에 제쳐 두고 무엇보다 소중한 것은 돈벌이겠지요. 그래서 천황제는 무력화되고 맙니다.

가타야마 가장 소중한 것이므로 원칙을 끝까지 지키고 지킬 수 없을 때는 목숨을 버린다, 이런 박력이 없으면 지킬 수 없는 것이 있다고 생각해요. 하지만 지금의 우파에는 원칙을 지키겠다는 생각이 없고, 원칙을 바꿔서라도 지키기만 하면 된다는 사람이나 있는 편이 낫다고 말하면서도 〈옆에 제쳐 두는〉, 요컨대 진정성에 의심이 가는 호리에몬 같은 사람들이 눈에 띄는 것 같습니다. 천황제를 인정하는 방식이 엄하지 않고 무르기 때문에 오히려 천황제의 기반을 위태롭게 하고 있어요. 아군의 내실이 위태로워졌다는 것이지요. 이런 것이 멸망의 신호입니다.

2004년에 확실히 기억하고 있는 일은, 라이브도어의 호리에 다카후미가 긴데쓰 버펄로스를 매수하려고 한 소동입니다.[42] 저는 미하라 오사무(三原脩) 감독 시절부터 긴데쓰의 팬이었거든요. 살아 있는 동안 한 번이라도 좋으니까 일본 시리즈에서 이기는 것을 기대하고 있었는데 그 전에 소멸되어 그저 망연자실할 뿐이었지요.

부에 의해 증권 거래법 위반 혐의로 조사를 받은 후 체포, 2007년 3월 1심 공판에서 징역 2년 6개월의 실형, 2011년 징역형 확정으로 1년 9개월을 복역한다. 2013년 가석방된 후 수십 개의 사업에 관여하며 TV 방송에 활발히 출연하고 있다.

42 호리에 다카후미는 2014년 6월, 경영난으로 오릭스 블루웨이브와 구단 합병을 진행하고 있던 긴데쓰 버펄로스 구단에 매수를 제안한다. 그러나 긴데쓰가 거부한다. 그 후 라이브도어는 도호쿠의 새로운 구단 설립 계획을 발표했으나 실현되지 못했다 — 원주.

사토 씨는 호리에몬, 즉 호리에 다카후미를 어떻게 평가하십니까?

사토 대단히 뛰어난 사람이라는 것은 틀림없지만 그는 잘못 판단했어요. 그건 국가가 절대 허락하지 않는 통화 발행권을 건드렸다는 점이지요. 그는 라이브도어 주식을 점차 분할했습니다. 그것을 계속하면 라이브도어 주식은 곧 화폐 대신 사용할 수 있게 됩니다. 게다가 주식과 상품의 교환은 물물 교환이므로 소비세가 들지 않습니다. 위폐를 제조한 것이나 다름없었지요. 만약 한다면 비트코인처럼 누가 만들었는지 모르게 주도면밀하게 진행했어야지요.

가타야마 냉전 이후 미국은 금융 자본주의를 추진해 왔습니다. 일본에서 자본주의의 최종 단계라고 하는 금융 자본주의라는 분야에 도전한 것이 라이브도어의 호리에나 무라카미 펀드의 무라카미 요시아키(村上世彰)[43] 등 벤처 기업의 경영자였습니다. 하지만 그들은 국내에서 총회꾼 같은 부정적인 존재로 보였지요.

사토 그들의 등장으로 총회꾼이 없어지고 말았으니까요. 그것은 〈말하는 주주〉라는 말의 유행으로 상징되는 것처럼 모두가 총회꾼이 되어 버렸기 때문입니다. 그렇게 되면 직업적 총회꾼은 필요하지 않게 되지요.

---

43 통산성(현 경제 산업성)을 거쳐 투자나 기업 매수 등에 관한 컨설팅 회사인 무라카미 펀드를 설립. 〈말하는 주주〉로서 자신이 주식을 취득한 기업의 경영에 주문을 넣어 기업 가치를 올리는 수법이 주목을 모았다. 닛폰 방송 주식을 둘러싼 내부 거래로 증권 거래법을 위반하여 집행 유예 판결을 받았다. 2017년 『평생 투자가(生涯投資家)』를 발표하여 화제가 되었다─원주.

호리에의 또 한 가지 실수는 일본에서 권력을 쥔 아저씨들에 대한 인사성이 부족했다는 점입니다. 장유유서를 중시하는 일본에서는 인사성이 무척 중요한데도 그것을 몰랐던 거지요. 그래서 2005년 2월에 시작되는 닛폰 방송 주식 매수 소동[44] 때 후지 TV의 당시 회장이었던 히에다 히사시(日枝久)가 화를 냈지요.

가타야마 옛날 도에이 영화사의 야쿠자 영화 같은 이야기지요. 신흥 야쿠자나 불량배는 인사성이 부족하면 금세 무너지거든요. (웃음)

통화 발행권과 인사 부족으로 호리에 같은 사람들은 공식적인 무대에서 퇴장하게 되었습니다. 호리에는 2006년 1월에, 무라카미는 6월에 체포되었지요. 그 결과 금융 자본주의라는 새로운 시대의 경험이 불충분한 채 일본은 다음 시대로 향하지 않을 수 없게 되었습니다.

사토 무라카미도 호리에도 체포되었지만, 두 사람에게는 결정적 차이가 있었습니다. 무라카미는 1심에서 내부 거래로 실형을 언도받은 후 NPO에 대한 협력이나 자원봉사 활동에 힘써 국가의 온정에 매달렸어요.

가타야마 국가 권력의 무서움을 알고 있었네요.

사토 무라카미는 원래 통산성 관료였거든요.

한편 호리에는 모히칸족 머리로 나타나 국가 권력에 도발했

---

44 호리에 다카후미는 2005년 2월 닛폰 방송 주식을 매수했다. 목적은 닛폰 방송의 자회사인 후지 TV의 경영권이었다. 약 2개월 동안 닛폰 방송 주식을 둘러싼 공방은 세간의 주목을 받았지만 매수는 실패로 끝났다 — 원주.

습니다. 그는 특별히 혹독하다는 스자카(나가노 형무소)에 수감되었지요. 스자카에는 현역 야쿠자도 있어요. 여름에는 기온이 36~37도이고 겨울에는 영하까지 내려갑니다. 물론 냉온방 장치는 없지요. 그의 공판 태도를 보고, 국가의 재량으로 무거운 징벌을 준 것입니다.

쓸데없는 짓을 하지 않았다면 도치키현의 기쓰레가와강 사회 복귀 촉진 센터에 수감되었을 것입니다. 노동 대신인 무라카미 마사쿠니(村上正邦), 방위 관료인 모리야 다케마사(守屋武昌),[45] 다이오 제지의 이카와 모토타카(井川意高)[46] 그리고 스즈키 무네오, 모두 기쓰레가와강 사회 복귀 촉진 센터에 수감되었습니다. 저도 어쩌면 수감될지 모른다는 생각에 알아 봤었지요. (웃음)

휘몰아치는 자기 책임론

가타야마 고이즈미 정권하에서 호리에의 존재는 레세페르, 즉 자유 방임주의적인 방향으로 가는 사회의 상징처럼 느껴졌습니다. 동시에 국가가 개인을 지킨다는 의식이 점점 희박해져 갑니다. 한창 그런 시기인 2004년 4월 일본인 3명이 이라크에서 무장 세력에게 납치되어 자위대 철수를 요구받게 된 사건이 일어났습니

---

45 전 방위 사무 차관. 후텐마 기지 문제에 깊이 관여하여 사무 차관 재임 중에는 〈방위성의 천황〉이라고들 수군거렸다. 2007년 방위 대신 고이케 유리코와 대립하여 퇴직. 그 후 방위 산업과 관련된 재임 중의 독직으로 도쿄 지검 특수부에 체포된다 — 원주.

46 다이오 제지의 창업 3대째 회장으로 화려한 교우 관계를 자랑했지만, 마카오의 도박장에서 1백 억 엔 이상의 빚을 지고 자회사로부터 차입하여 변제한 일이 발각됨. 2011년 회장을 사임하고, 그 후 특별 배임 혐의로 도쿄 지검 특수부에 체포된다 — 원주.

다.[47] 거기서 나온 것이 〈자기 책임론〉입니다.

사토 다만 그 시점에서의 〈자기 책임〉에는 찬부 양론이 있었습니다. 후쿠다 야스오(福田康夫) 관방 장관의 〈자기 책임〉 발언에 대해서도 수많은 비판이 밀려들었지요. 홋카이도의 도쿄 사무소에서 회견을 한 가족도 이라크에 자위대를 파견한 정권을 비판했습니다. 이 사건은 종래의 가치관으로 출발했어요. 지금이라면 그런 식의 회견에 도도부현(都道府県)이 도쿄 사무소를 빌려 주는 건 생각할 수가 없겠지요.

그리고 정작 귀국 단계가 되자 공격이 심해졌습니다. 그런 의미에서는 사회가 변하는 리트머스 시험지 같은 역할을 한 사건이었지요.

그 반년 후에 일어난 고다 쇼세이(香田証生) 살해 사건으로 사회가 이미 변했다는 것이 분명해졌습니다.[48]

가타야마 이라크에서 배낭 여행을 하던 청년이 살해된 사건이었지요. 그 사건에서도 고다를 구속한 조직이 자위대의 철수를 요구해 왔습니다.

사토 정부는 자위대 철수 요구를 거부했습니다만, 여론의 비판은 전혀 없었습니다. 이슬람교 학자 중에서는 이슬람 건물로 들

---

47 현지 무장 세력이 일본인 3명을 납치하고 자위대 철수를 요구했으나 일본 정부는 거부했다. 납치된 일본인의 가족이 매스 미디어를 통해 자위대 철수를 호소했다. 8일 후 종교 지도자의 중개로 전원 석방되었다 — 원주.

48 알카에다 관련 조직이 2004년 10월 여행 중이던 일본인 청년 고다 쇼세이를 납치. 범행 그룹은 이라크에서의 자위대 철수를 요구했지만 일본 정부는 테러리스트와는 교섭하지 않는다는 입장을 무너뜨리지 않는다. 고다는 살해되고 그 동영상이 인터넷에 공개되었다 — 원주.

어간 거니까 살해당하는 것이 당연하다는 의견도 나왔지요. 일본 사회 전체가, 살해당해도 어쩔 수 없다는 사고에 동의했습니다.

가타야마 일반 시민을 내버려 둔 국가를 국민이 용인했다고도 할 수 있습니다. 또한 고이즈미 정권 이후의 가벼운 말과 가벼운 분위기가 여기서도 보이지요.

사토 고다와 대조적이었던 것이 2003년 11월 이라크에서 2명의 외교관이 살해당한 사건입니다.[49] 그들은 국장에 준하는 대우를 받았습니다.

가타야마 9.11 테러 이후의 준(準)비상 체제 안에서 일본은 자유 방임주의 사회로 향하고 있었습니다. 그것이 겹쳐 일반 시민의 죽음은 자기 책임이고, 외교관의 죽음은 〈테러와의 전쟁〉이라는 국난 속에서 대의를 위해 죽은 것이니 표창해야 한다는 분위기가 조성된 것이지요.

사토 맞습니다. 애초에 외교관은 목숨보다는 직무 수행을 우선하지 않으면 안 된다는 무한 책임을 지고 있습니다. 일반 시민과 달리 순직할 위험성을 수반하는 직업이니까요.

두 사건은 일반 시민과 외교관 중 어느 쪽의 생명이 중한가 하는 문제를 제기했습니다. 더욱 파고들어 말하자면 일반 시민과 외교관 목숨의 무게가 역전된 것을 보여 주는 사건이었지요. 이것은 야스쿠니 신사의 논리와 비슷하지 않습니까?

가타야마 야스쿠니 신사는 국가의 대의를 위해 죽은 군인을 신으

---

49 이라크에 파견 중이던 일본인 외교관 2명과 이라크인 운전사가 일본 대사관의 차로 이동하는 중에 누군가에게 사살되었다 ─ 원주.

로 모셨지요. 전몰 병사를 신도식(神道式)의 장례를 통해 신으로 만드는 것은 막부 말기의 조슈(지금의 야마구치현)가 하나의 기원 같지만, 그곳의 기병대[50] 같은 데서는 사농공상을 가리지 않고 병사로 만들었습니다.

하지만 전사자가 나와도 신분 제도와 장례 형식이 대립하고 있던 불교식이라면 애도할 수가 없습니다. 존왕양이 사상에서도 신도를 중시했기 때문에 국난을 위해 죽은 사람을 차별하지 않고 신으로 모시는 신사가 좋다고 생각했지요. 막부 말기의 국난 속에서 급하게 마련된 시스템으로부터 유신의 대업을 위해 죽은 〈관군〉 측만을 모시는 야스쿠니 신사가 생긴 것입니다.

당시, 즉 유신 당초의 일본에는 아직 근대적 국민 의식이 존재하지 않았습니다. 예컨대 아이즈 사람은 아이즈의 번주가 충성의 대상이기에 전사해도 그뿐이지만, 관군 측은 아이즈와 싸워 전사하면 신이 되어 황거 바로 옆의 신사에 모셔져 훌륭한 국민이라고 말해집니다. 아이즈 사람은 전사해도 신이 될 수 없습니다. 이처럼 국가와 관계없이 또는 국가의 의향(위광)에 거슬러 죽는 것은 무의미한 죽음이고 신이 될 수 없다는 국민 의식이 새롭게 만들어졌지요.

자유인이 자유롭게 죽어도 아무런 명예가 주어지지 않고 반역

---

50 에도 시대 사무라이 다카스기 신사쿠의 제안으로 1863년 조슈 번(藩)이 결성한 사병 집단이다. 중세 봉건적 신분제와 군 편성 방식을 탈피해 정식 무사(번사)와 하급 무사 그리고 농민 출신을 망라한 선구적 집단으로, 번 내 여론 형성과 신진 교육의 개념까지 맡았던 집단이다. 말을 탄 기병(騎兵)이라는 뜻이 아닌 전통적 정규군의 반대 개념으로서 기병(奇兵)으로 명명됐다.

자를 인정하는 관용 정신도 없으며 그들은 단지 비국민이라고 합니다. 그런 인정 제도로서의 야스쿠니 신사 같은 것이 되살아났다는 것이지요.

그런 방향으로 흐름이 바뀐 것이 처음으로 자기 책임을 추궁당한 3명의 인질 사건이고, 이제 일본은 자기 책임이 표준인 사회가 되고 말았습니다.

사토 그래서 2015년 IS에서 살해된 저널리스트 고토 겐지(後藤健二)[51]는 IS에 들어갈 때 스스로 〈무슨 일이 있어도 자기 책임입니다〉라는 말을 영상에 남겼습니다. 그는 자기 책임 사회인 일본에서, 자신이 죽으면 무슨 일이 일어날지 상정하고 움직였던 것입니다.

가타야마 2004년 5월 고이즈미 준이치로가 다시 방북하여 5명의 납치 피해자 가족을 귀국시켰습니다. 여론은 이라크 억류 사건과는 반대로 따뜻하게 맞아 주었지요.

사토 고이즈미는 왜 두 번째 방북에 나섰을까요? 아니, 왜 다시 방북해야만 했을까요? 이는 외교 관점에서 보면 굉장히 이해하기 쉽습니다.

조금 전에 말했지만 2002년 북일 평양 선언에서 북한이 납치를 사죄하고 핵과 탄도 미사일의 개발을 중지하면 일본은 경제 지원을 하겠다고 약속했습니다. 그러나 일본은 그 전제가 되는

---

51 저널리스트. 2014년 IS에 억류된 친구이자 민간 군사 회사를 경영하고 있던 유카와 하루나를 구출하려고 시리아에 잠입했다. 그러나 2015년 유카와와 함께 살해당했다. 고토는 사토와 같은 프로테스탄트인 일본 기독교단에 소속한 크리스천이었다 — 원주.

약속을 깼어요. 2주 안에 북한으로 돌려보내야 할 납치 피해자를 귀국시키지 않은 것이지요. 그렇다고 그대로 내버려 둘 수도 없습니다.

외교 세계에서 약속은 절대적입니다. 아무리 비열하고 극악무도한 상대라도 약속을 휴지로 만든 측에 잘못이 있습니다. 그렇게 생각하면 고이즈미의 두 번째 방북은 사죄 행각이었다는 것이 명백합니다. 북한 측에서 보면 〈2년 전의 사죄를 한다면 우리의 높은 인도적 관점에서 가족을 돌려보내 주겠다〉는 주장인 셈이지요.

일본은 북한에 외교상의 빚이 있었어요. 이런 인식을 갖지 않으면 북일 관계의 구조가 보이지 않습니다.

가타야마 납치 피해자나 그 가족을 되찾은 데는 의미가 있었습니다. 하지만 그 실패는 지금의 북일 관계에 그림자를 떨어뜨리고 있지요.

중일 관계의 경과를 봐도 외교상으로 다양한 문제가 일어나고 있습니다. 지금 돌이켜 보면 그 타이밍에 이렇게 했다면, 거기서 그렇게 했다면, 하고 지적은 할 수 있지요. 그러나 돌이킬 수는 없습니다. 역사를 결정짓는 것은 하나의 실수입니다.

사토 게다가 고이즈미 방북의 경우, 교섭의 기록이 남아 있지 않습니다. 그것에 화가 나 반발한 외무성 간부가 외교 저널리스트 출신 작가인 데시마 류이치에게 자세히 이야기했습니다. 그것이 소설 『울트라 달러(ウルトラ·ダラー)』로 출판된 것입니다.

출판계에 대한 위화감

가타야마 2005년 3월은 사토 씨가 『국가의 함정』이라는 책으로 작가로서 데뷔한 해지요. 작가로서 문화 충격은 없었습니까?

사토 업계의 관례 같은 것은 여러 가지를 배웠지만 문화 충격은 전혀 없었습니다. 다만 한 가지 말할 수 있는 것은 작가의 갈취 기질이 무척 신경 쓰였다는 점입니다.

작가가 편집자를 꾀어 필요하지도 않으면서 호텔에 틀어박힙니다. 그러면 편집자가 방을 빌리고 여자를 데려와요. 느슨한 외무성에서도 그런 일은 드물었습니다. 이 업계는 위험한 일이 많구나, 큰일을 당하지 않기 위해서도 가까이하지 않아야겠다고 결심했지요. 무슨 일이 있으면 배임이나 횡령으로 당할지도 모르니까요. 빚, 갈취, 따라다니는 일은 절대 하지 않습니다. 그래서 편집자에게 일방적으로 밥을 사게 하는 일은 피하고 있지요. 회식에서도 교대로 지불하고요.

가타야마 보통은 다들 고맙게 대접을 받습니다만. (웃음) 사토 씨와는 다르게 저는 문필가 생활을 시작할 시기에 부끄럽지만 편집자에게 의존했던 점이 있었어요. 대접을 받을 때마다 맛있는 것을 먹을 수 있어서 좋다고 생각했으니까요.

사토 의존하게끔 하려는 게 생생하게 보이잖아요. 그래서 편집자 이상의 연 수입을 벌지 못하면 반드시 무시당하겠구나, 하고 생각했습니다.

가타야마 출발 시점부터 일반적인 작가와는 각오가 다르겠지요.

러시아나 재판 경험도 컸겠지만, 누군가를 참고로 했다거나 가르침을 받았다거나 한 건가요?

사토 망가진 작가에 대한 연구는 했습니다. 상을 받았다거나 화제가 되었지만 몇 년 후에 사라진 사람의 원인을 조사해 봤지요.

작가로서의 바람직한 자세를 가르쳐 준 사람 중 한 명은 이노우에 히사시(井上ひさし)[52] 씨입니다. 이노우에 작가는 우선 홈그라운드가 될 출판사를 만들라고 가르쳐 주었지요. 그리고 20대부터 30대의 젊은 직원, 동 세대, 간부, 이렇게 회사마다 3세대의 편집자들과 교제하면 좋다는 말도 해주더군요.

가타야마 동 세대 편집자와만 교제하면 그때는 좋습니다만 어느새 세대가 바뀌어 일이 없어지고 맙니다. 멀어져서 결국 버려지게 되지요. 저도 그런 경험이 많습니다. 특히 글 쓰는 일을 하는 경우에는 편집자 입장에서도 동 세대 이하의 부리기 쉬운 사람이 좋은 게 뻔하니까요.

사토 지금은 그것을 알지만 막 작가가 되었을 때라 전혀 참고가 되지 않았습니다. 또한 항상 하고 싶은 일의 목록을 1백 개 정도 만들어 두어야 한다는 것입니다. 그리고 반년마다 우선순위로 다시 늘어놓는 것이지요. 그중 10퍼센트나 20퍼센트밖에 실현할 수 없겠지만 목록 작성은 중요하다고 가르쳐 주었습니다.

가타야마 훌륭한 교훈이네요. 그것은 작가로서의 일만이 아니라

---

52 소설가이자 극작가. 대학 재학 중에 아사쿠사 프랑스좌에서 희곡이나 대본 등을 쓰기 시작했다. 1964년에 NHK에서 방송된 인기 인형극 「느닷없이 표주박섬」의 대본을 담당했다. 『수갑 동반 자살(手錠心中)』로 나오키상을 수상했다 — 원주.

일반 사람에게도 참고가 될 것 같습니다.

사토 그리고 신세를 진 또 다른 사람은 다케무라 겐이치(竹村健一)[53] 작가입니다. 무슨 까닭인지 다케무라 씨가 저한테 흥미를 가져 주어 만났지요.

그때 그는 5백 권 이상의 책을 낸 사람이었습니다. 편집자에게 구술해서 필기하게 하는 그의 수법은 유령 작가를 쓴다고 비판받았지요. 하지만 그것은 그가 미국에서 배운 책 만들기의 실천이었습니다.

저는 다케무라 씨와 사흘에 걸쳐 대담을 했어요. 오전에 두세 시간 이야기를 합니다. 그러면 낮부터 밤에 걸쳐 속기사가 대담을 글로 받아 적고 편집자가 거칠게 원고로 만듭니다. 다음 날 아침 그 거친 원고를 읽으며 다시 대담합니다. 그런 작업을 사흘 연속하면 한 권 분량의 원고가 되지요.

가타야마 굉장히 효율적인 구조네요. 그래서 다케무라 씨는 그만큼의 책을 양산할 수 있었던 거군요.

사토 저도 놀랐습니다. 다케무라 작가한테는 다음의 세 가지를 배웠습니다.

첫째, TV 미디어와 접하는 방법입니다. 평론가 마셜 매클루언은 97~98퍼센트의 정보는 TV로 전달되고 나머지 2~3퍼센트가 활자로 전해진다고 지적했습니다. 다케무라 씨는 TV와 활자

---

53 저널리스트. 풀브라이트 계획 유학생 제1호로 미국 유학. 영문 『마이니치 신문』 기자와 대학 교수 등을 거쳐 TV, 신문, 잡지, 라디오 등 미디어를 불문하고 평론 활동을 했다. 사토와의 공저로 『국가와 인생』이 있다 — 원주.

를 양립시키려고 했지만 자신은 할 수 없었다고 했지요. 실제 체험으로 소비될 뿐이니 TV에는 주의하라는 충고를 해주더군요. 저는 일관되게 TV를 멀리하고 활자를 중심으로 활동하고 있지만, 다케무라 씨의 지적은 옳습니다. 활자 세계에서 오래 살아남으며 TV에서 영향력을 행사하려고 한다면 TV와의 거리감이 중요해집니다.

둘째는 광고에 나가지 않는 것입니다. 만약 그 상품에 결점이 발견된다거나 회사가 문제를 일으켰을 때는 책임을 지게 됩니다. 이것도 다케무라 씨를 따라 저도 특정 상품의 선전은 전혀 하지 않습니다.

그리고 셋째가 사람과 만나는 장소입니다. 정치나 출판사 간부가 불러도 자신이 그쪽으로 가지 말라는 것입니다. 그쪽 제안이라면 이쪽으로 오라고 하거나 중립적인 장소를 지정하고, 이쪽이 용무가 있는 경우는 스스로 상대가 지정하는 장소로 가라는 것이지요.

가장 중요하게 배운 것은 물러나는 방법입니다. 그는 우선 TV에서부터 사라지고 다음으로 라디오를 그만두고 마지막으로 활자 세계에서 은퇴했습니다. 그 과정에서 자신이 갖고 있던 수십 개의 회사를 접었지요. 평생 현역을 표방하며 분발하는 사람이 많은 가운데에서 사라지는 방법도 멋진 사람이었습니다.

가타야마 이노우에 히사시와 다케무라 겐이치라는 배울 만한 사람으로부터 배울 만한 것을 배웠군요. 작가로서 일을 할 때 최고의 모범이 되는 사람들입니다. 정말 부러운 일이네요.

사토 리버럴한 이노우에 씨와 보수적인 다케무라 씨는 입장이 달랐지만 후배를 키우자는 마음은 같았을지 모릅니다. 정말 많은 것을 배웠어요.

우정 선거는 반지성주의

사토 헤이세이사로 이야기를 돌리지요. 제가 다케무라 씨나 이노우에 씨에게 신세를 진 2005년에 주목하고 싶은 것이 4월에 일어난 JR 서일본 후쿠치야마선의 탈선 사고입니다. 저는 그 사고가 노동조합의 문제라고 생각했습니다.

공안 경찰에 따르면 JR 동일본에서는 가쿠마루(일본 혁명적 공산주의자 동맹 혁명적 마르크스주의파, 줄여서 가쿠마루)가 침투해 있다는 JR 동일본 노조가 노동자를 지켜 주고 있어서, 무리한 일을 시키지 않고 과밀한 운행표도 짜지 못하게 합니다. 그래서 사고가 일어나지 않지요.

가타야마 실제로 3.11 대지진 때 JR 동일본의 승무원과 승객 중에 사망자는 한 사람도 나오지 않았습니다.

사토 지진 직후 운전사나 차장은 전차를 포기하고 승객과 함께 고지대로 피난했습니다. 회사 매뉴얼을 무시하고 자신과 승객의 안전을 우선하여 행동했다고 합니다.

하지만 사고가 일어난 JR 서일본은 JR 동일본에 비해 노동조합이 약합니다. 탈선 사고는 회사가 정한 과밀한 운행표에 맞추려고 운전사가 속도를 너무 내는 바람에 커브를 완전히 돌지 못한 것이 원인이었습니다.

가타야마 노동조합도 중간 단체입니다. 후쿠치야마선의 탈선은 중간 단체의 기능이 약해진 결과 사용자 측의 이익 추구에 제동이 걸리지 않게 되어 일어난 사고라고 할 수 있을지도 모르겠습니다. 중간 단체가 약해진 탓에 정당의 고정 지지층이 보이지 않게 되었지요. 뭔가를 계기로 부동표가 점차 움직여 역사적 압승과 참패가 되풀이됩니다. 불상사나 스캔들이 직접적으로 선거 결과로 나타나는 거지요.

사고 4개월 후의 우정(郵政) 해산[54]도 바로 중간 단체의 파괴였습니다. 고이즈미 총리는 〈우정 민영화에 찬성하는 후보자만 공인하겠다〉며 저항 세력이라 부르는 적을 만들어 열광을 만들어 냈지요. 유권자는 이데올로기에 관계없이 마약에 취한 듯이 투표했고요.

사토 정말로 마약에 취했다는 표현이 딱 맞는 선거였지요. 게다가 그것은 반지성주의에 지배된 선거였습니다. 우편국은 1엔도 세금을 사용하지 않는 조직이었어요. 우편 사업은 적자였지만 간이 생명 보험과 우편 저금으로 꾸려 나가고 있었습니다. 직원의 급여도 세금에서 지불하고 있었던 것도 아니었어요. 고이즈미는 국가에 실질적인 해가 없는 우편 사업을 관영에서 민영으로 바꿈으로써 작은 정부를 실현한 거라고 국민에게 각인시켰습니다. 전

---

54 이 해산으로 2005년 9월 11일에 우정 민영화 법안의 시비를 묻는 중의원 총선거가 치러졌다. 총리인 고이즈미 준이치로는 〈우정 민영화에 찬성하는 후보자만 공인하겠다〉고 말하며 반대파에게 〈자객 후보〉를 내세웠다. 그리하여 자민당이 압승했다. 가타야마는 〈아군과 적을 확실히 구분하는 현재의 극장형 정치의 원점〉이라고 지적한다 ─ 원주.

혀 관계없는 문제를 연결시켜 선거에서 이겼던 것이지요.

가타야마 우정 공사의 직원은 국가를 등에 없고 방만한 경영을 일삼으며 안정적인 생활에 세금으로 잘 살고 있다, 어처구니없는 사람들이다, 하는 엉터리 이미지를 연일 계속해서 발신했지요.

사토 애초에 내각부 특명 담당 장관이었던 다케나카 헤이조(竹中平蔵)[55]도 우정 민영화는 필요하지 않다고 생각했습니다.

가타야마 그랬습니까?

저도 우정 민영화는 고이즈미와 다케나카가 주도했다고 생각하고 있었어요. 그렇다면 다케나카는 왜 필요하지도 않았던 우정 민영화를 단행한 걸까요? 고이즈미의 집착인가요?

사토 그렇습니다. 다케나카는 자신이 하지 않으면 이상한 형태가 된다고 생각했어요. 그래서 우정 민영화의 논리를 생각하고 원로 언론인 다하라 소이치로(田原総一朗) 씨에게 의논을 했다고 합니다. 하지만 다하라 씨는 납득하지 못했지요. 그래서 다시 생각을 고쳐먹고 다하라 씨에게 물어봤습니다. 그래도 이해하지 못했어요. 마지막으로 이시하라 노부테루(石原伸晃) 의원에게도 동석해 달라고 했습니다. 그때는 다하라 씨도 이시하라 씨도 우정을 해체하는 의의를 이해했지요. 그래서 우정 민영화를 출발시켰던 것이지요.

가타야마 이시하라 노부테루인가요?

사토 다하라 씨의 이야기에 따르면 〈가장 납득하지 못할 것 같은

---

55 히토쓰바시 대학을 졸업한 후 일본 개발 은행에 입사. 고이즈미 내각에서 경제 재정 정책 담당 장관, 금융 담당 장관, 우정 민영화 담당 장관, 총무 대신을 역임했다—원주.

이시하라를 데려갔다〉는 것입니다. (쓴웃음)

고이즈미·다케나카 콤비의 내실

가타야마 1929년에 발족한 하마구치 내각의 체신 대신에는 고이즈미 준이치로의 조부인 고이즈미 마타지로(小泉又次郎)가 취임했습니다. 총리였던 하마구치 오사치(濱口雄幸)[56]는 그 풍모로 인해 라이언 재상으로 불렸지요.

저는 고이즈미 준이치로가 우정 사업에 집착한 것은 조부의 경력이 영향을 미쳤고, 머리 모양을 라이언풍으로 한 것은 하마구치를 의식한 것이 아닐까 하고 반쯤 진지하게 생각했습니다.

고이즈미 내각이 〈고통을 수반하는 개혁〉을 내세운 것처럼 하마구치 내각의 이노우에 준노스케(井上準之助)[57] 장상도 세계 공황 후의 불황에서 경제를 재건하려고 했습니다. 결국 국민에게 고통을 요구하는 과감한 개혁은 실패로 끝나고, 하마구치와 이노우에는 테러리스트에게 살해당했지요.

저는 하마구치·이노우에 콤비와 고이즈미·다케나카 콤비는 무척 닮았다고 느꼈습니다. 둘 다 신자유주의적 방침을 취하고

---

56 입헌 민정당 초대 총리로서 내각 총리 대신이 되어 금 수출 금지 해제, 긴축 정책을 단행했다. 그러나 정책에 반발하는 우익 활동가에게 도쿄역에서 습격당했고 그때의 부상이 원인이 되어 사망. 가타야마는 〈고이즈미 내각 발족 때부터 하마구치 내각과의 공통성을 지적했는데 하마구치가 잊힌 탓인지 반응이 없었다〉고 돌아본다 — 원주.

57 요코하마쇼킨 은행 은행장, 일본 은행 총재 등을 역임했다. 1929년부터 하마구치 오사치, 와카쓰키 레이지로 내각의 대장 대신으로서 긴축 재정, 금 수출 금지 해제를 단행했다. 선거 활동 중에 혈맹단원에게 암살당한다 — 원주.

지방을 잘라 버리며 오로지 도시 지역의 대자본과 결탁해서 국제 협조와 미일 협조를 내세웠습니다.

사토 확실히 닮았네요. 가타야마 씨가 말한 것처럼 다케나카와 고이즈미는 세트로 말해지는 일이 많습니다만, 두 사람의 캐릭터는 전혀 다릅니다.

다케나카는 개인의 능력이 굉장히 높고 맨주먹으로 도전하는 타입입니다. 굉장히 도전적인 사람으로, 이야기를 나누면 상대의 주의를 다른 곳으로 돌리지 않습니다. 게다가 인간관계를 무척 소중히 여기지요. 그는 시시하다고 생각하는 회식도 2차까지 반드시 참석해요. 그 대신 2차인 노래방에서는 출구 근처에 앉아 맨 처음에 두 곡을 부르고 나서 슬쩍 나갑니다.

가타야마 그렇군요. 그렇게 하면 모두에게 2차에도 참석했다는 인상이 남게 되고 나쁘게 생각되지 않겠네요.

사토 다케나카는 일본 개발 은행 은행원이 되어 먼저 무라타 부기 학교에 다니며 부기 3급을 땄습니다. 부기를 읽을 수 없는 동료가 많았던 모양인 듯 은행원이라면 부기를 읽을 수 있어야 한다며 기초부터 배우기 시작한 거지요.

공부에 대한 다케나카의 생각이 재미있습니다. 그는 〈천장이 있는 공부〉와 〈천장이 없는 공부〉가 있다고 말합니다. 예를 들어 실용 영어 기능 검정 시험에는 기한이나 목표라는 〈천장〉이 있습니다. 한편 영어 회화에는 천장이 없습니다. 이 두 가지를 구별하며 공부하지 않으면 안 된다고 말하죠.

가타야마 그는 그렇게 해서 최대한 효율적인 방법을 발견해서 성

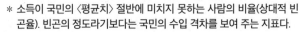

일본의 빈곤율

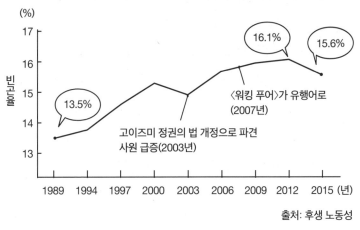

* 소득이 국민의 〈평균치〉 절반에 미치지 못하는 사람의 비율(상대적 빈 곤율). 빈곤의 정도라기보다는 국민의 수입 격차를 보여 주는 지표다.

(%)

빈곤율

13.5%

고이즈미 정권의 법 개정으로 파견 사원 급증(2003년)

16.1%

15.6%

〈워킹 푸어〉가 유행어로 (2007년)

1989 1994 1997 2000 2003 2006 2009 2012 2015 (년)

출처: 후생 노동성

공한 것이군요.

사토   저는 그 사람 같은 아나키스트와 행동적인 인텔리가 어떻게 탄생한 것인가에 흥미가 있습니다. 다케나카는 고이즈미 정권 하에서 세금을 인하하려고 했습니다. 그것 자체가 반국가적이지요. 그의 본질에는 아나키한 면과 파괴적인 면이 있습니다. 게다가 고이즈미 정권하에서는 그렇게 미움받는 역할을 자진해서 떠맡았지요. 무슨 말을 들어도 그것을 견디는 강인한 정신력도 갖추고 있었어요.

가타야마   다케나카 한 사람에게 책임을 떠넘기고 해소함으로써 정치가나 평론가는 자기 보신을 꾀했던 것이겠지요.

다케나카 헤이조 그리고 성장이 멈춘 국가에서 신자유주의를 추진한 고이즈미 준이치로. 아나키스트와 캐피털리스트의 야합이라고도 할 수 있겠지요. 원래라면 잘되지 않을 거라고 생각됩니다만, 국가 기능이 약해져 가는 시대였기에 잘되었을지도 모릅니다.

그 두 사람은 인간적으로 마음이 맞았습니까?

사토 잘 맞았다고 생각합니다. 공직을 떠나도 서로 비위를 맞추며 알랑거리는 관계는 아니었지요.

가타야마 고이즈미 정권을 다시 총괄하면, 최대 문제는 고이즈미 준이치로가 확립한 극장형 정치가 지금도 계속되고 있고 사회 자체가 파괴된 일입니다. 예전의 일본 사회는 좋든 나쁘든 지역 조직이나 노동조합이나 직능 단체 등 중간 단체에 의해 지탱되었습니다. 하지만 지금은 종교 단체를 제외하고 중간 단체가 약화하고, 한 사람 한 사람이 뿔뿔이 흩어져 원자화하고 말았습니다. 그 결과 연대가 약해지고 사회에 불안이 퍼져 있지요.

사토 유럽의 중견 국가라면 언제 무너져도 이상하지 않은 상태이니까요. 하지만 역설적으로 말하면 일본의 저력이 증명되고 있습니다.

가타야마 이런 상태에서 사회 질서가 유지되고 GDP도 세계 3위입니다. 이 나라는 참 대단하지요. (쓴웃음)

사토 이 시기, 고이즈미 정권이 추진한 신자유주의 영향으로 파견 고용이 증가하여 사회 문제가 되었습니다. 한편으로는 〈격차가 왜 나빠〉라고 주장하는 라이브도어의 호리에 다카후미로 대표되는 새로운 부유층이 나타났지요. 그는 우정 선거에도 출마했습니다. 그리고 그 이듬해에 체포되었지요.

가타야마 고이즈미 시대에 현대 사회의 문제가 대충 다 드러났지요. 약 5년 반에 걸쳐 이어진 고이즈미 장기 정권의 후반기인 2005년 10월 자민당의 첫 신헌법 초안[58]에는 〈자위군〉이라고 명기되었습니다. 그러나 종이 위에서 자위대가 〈군〉으로 바뀌지만 실태는 하나도 변하지 않았습니다. 아무런 의미도 없는 단순한 집착에 지나지 않은 거지요.

사토 타국을 침략하는 것은 아니니까요. 헌법학자인 기무라 소타(木村草太)의 설명에는 설득력이 있었습니다. 이미 일본에는 〈군〉이 있으니까 헌법 위반은 아니라고 말이지요. 거기서 그가 예시한 것은 자선냄비로 유명한 구세군이지만요. (웃음) 다시 말해 말의 문제에 지나지 않습니다. 다만 실체가 없는 〈자위군〉을 종이에 써서 〈설계〉함으로써 정치가들은 이상적 국가를 구축할 수 있다고 진심으로 믿고 있는 경향이 있어요.

---

58 고이즈미 정권하인 2005년 10월 자민당이 발표한 신헌법안. 9조에 전쟁 포기 조항은 남지만, 전력(戰力)을 유지하지 않는다며 교전권을 부인한 내용은 삭제되었다. 새롭게 〈자위군 유지〉를 분명히 적어 자위대를 군대로 자리매김했다 — 원주.

도쿄 히비야 공원의 새해맞이 파견 마을
(실업자를 위한 일시적 숙박소)에서 밥을 먹기 위해 줄을 선 사람들.

제4장
〈아름다운 나라〉에 사는
절망의 워킹 푸어들

헤이세이 18년 → 20년(2006~2008)

헤이세이 18년(2006)

1월	• 라이브도어의 호리에 사장 등이 증권 거래법 위반 혐의로 체포됨.
4월	• 민주당 대표인 마에하라 세이지가 〈가짜 메일 사건〉으로 사임.
5월	• 미일 안보 협의, 후텐마 기지 이전과 미국 해병대의 괌 이전 등을 합의.
6월	• 무라카미 펀드의 무라카미 요시아키가 증권 거래법 위반 혐의로 체포됨.
7월	• A급 전범 야스쿠니 합사에 대한 쇼와 천황의 불쾌감을 드러낸 궁내청 장관 도미타 도모히코의 메모가 발견됨.
8월	• 기상청이 긴급 지진 속보 운용을 시작함.
9월	• 후미히토 부부에게 장남 히사히토 왕자가 태어남. • 아베 신조 내각 발족.
12월	• 〈애국심〉 등이 담긴 개정 교육 기본법 성립. • 이라크에서 후세인 전 대통령의 사형이 집행됨.

실형이 확정된 후 호리에는 모히칸족 머리로 출두하여 국가 권력을 도발했다. 그래서 특별히 혹독하다고들 하는 스가카에 수감되었다. **사토**

〈아름다운 나라〉를 표방했지만 구체성은 전혀 없다. 사고는 부국강병이나 식산흥업으로 변함없다. 근대화가 뒤처진 우리는 이 슬로건에 따라 강한 국가를 만들어야 한다고 입으로만 말했을 뿐이다. **사토**

이후 〈일본의 자랑〉이나 〈강한 일본〉을 되찾아야 한다는 분위기가 단숨에 강해졌다. **가타야마**

유행어	유행가	영화	책
• 〈이나 바우어〉[1] • 〈품격〉 • 〈격차 사회〉	• 캇툰, 「리얼 페이스」 • 쇼난노카제, 「순연가」 • 레미오로멘, 「가루눈」	• 이상일, 「훌라 걸스」 • 하스미 에이이치로, 「리밋 오브 러브 우미자루」 • 야마다 요지, 「무사의 체통」	• 후지와라 마사히코, 「국가의 품격」 • 릴리 프랭키, 「도쿄 타워」

1 피겨 스케이팅에서 허리를 뒤로 깊게 젖히고 활주하는 기술로, 독일 선수 이나 바우어가 고안했다고 해서 이 이름이 붙었다. 2006년 토리노 동계 올림픽 여자 피겨 스케이트에서 금메달을 딴 아라카와 시즈카 선수의 특기여서 화제가 되었다.

헤이세이 19년(2007)

1월	• 방위성 발족.
2월	• 공적 연금 가입 기록의 불비가 5천만 건 이상으로 판명. 후생 노동성에 비난 쇄도.
4월	• 이토 잇초 나가사키 시장이 총격을 받아 사망.
5월	• 일본 헌법의 개정 절차를 정한 국민 투표법 성립.
7월	• 규마 후미오 방위상이 《(원폭 투하는) 어쩔 수 없었다》고 한 발언에 대해 책임을 지고 사임. • 니가타현 주에쓰 해역 지진(사망자 11명). • 참의원 선거에서 자민당의 역사적 참패. 민주당이 참의원의 제1당으로. • 미국의 저소득층을 위한 주택론의 불량 채권화에 따라 서브프라임 사태(세계 동시 주가 하락)가 일어남.
9월	• 아베 내각 총사직. 후쿠다 야스오 내각 발족. • 미얀마에서 10만 명 규모의 반정부 데모가 일어나 일본계 사진 기자 사망.
12월	• 한국 대통령 선거에서 이명박 당선.

연금 제도를 꾸려 나갈 수 없게 된 현실을 공격했다. 가입 기록의 불비는 단순한 사무적 문제가 아니다. 그러나 후생 노동성은, 운용하는 조직을 바꾸면 잘될 거라고 하며 근본적 재검토를 하지 않았다. **가타야마**

국민 투표법은 모처럼의 대의제 민주주의를 스스로 붕괴시킬 위험성도 있다. **사토**

후쿠다 내각은 이란과의 관계를 심화시켰다. 그것은 그가 마루젠 석유 화학 출신이기 때문이다. **사토**

유행어	유행가	영화	책
• 〈어떻게 하지 않으면 안 된다〉[2] • 〈수줍은 왕자〉[3] • 〈그런 건 관계없어〉[4]	• 고부쿠로, 「꽃봉오리」 • EXILE, 「시간의 파편」	• 수오 마사유키, 「그래도 내가 하지 않았어」 • 스즈키 마사유키, 「히어로」	• 반도 마리코, 『여성의 품격』 • 다무라 히로시, 『홈리스 중학생』

2　연예인 출신의 미야자키현 지사 히가시코쿠바루 히데오가 현 의회에서 한 연설에서 〈미야자키를 어떻게 하지 않으면 안 된다〉고 그 지역 사투리로 말해 큰 화제가 되었다.

3　골프 선수 이시카와 료가 2007년 5월, 15세 8개월의 나이로 최연소 우승을 했을 때 인터뷰에서 아나운서가 아무렇지 않게 말한 〈수줍은 왕자〉라는 말이 널리 퍼져 그의 애칭이 되었다.

4　개그맨 고지마 요시오가 2007년에 유행시킨 말이다.

헤이세이 20년(2008)

1월 · 중국의 냉동 만두에서 유해 성분 검출.

2월 · 도요타가 생산 대수 세계 1위(2007년 실적).
· 해상 자위대의 이지스 호위함 아타고가 지바현 보소 반도 앞바다에서 어선과 충돌. 어선에 타고 있던 어부 부자가 행방불명.

3월 · 러시아의 드미트리 메드베데프가 대통령 선거에서 압승(푸틴은 총리). ●
· 사회 보험청이 특정하기 곤란한 연금 기록은 2025만 건이라고 발표.

> 이 무렵부터 게이오 대학 법학부에서 교편을 잡기 시작했다. **가타야마**

4월 · 후기 고령자 의료 제도 개시. ●

> 고이즈미 시대에 했던 파견 자유화가 초래한 최악의 결과 중 하나. **가타야마**

6월 · 국회 양원에서 〈아이누는 선주민족〉이라는 결의안 채택.
· 아키하바라 무차별 살상 사건(사망자 7명).

7월 · 홋카이도 도야호에서 G8 확대 정상 회의 개최됨. ●

> 아소 총리가 만화 『고르고 13』의 팬이어서 관료들이 필사적으로 그 만화를 봤다. **사토**

9월 · 미국 대형 증권사 리먼 브라더스가 경영 파탄(리먼 쇼크).
· 후쿠다 총리 사임 발표(아소 내각으로).

10월 · 〈일본은 침략 국가가 아니다〉라고 한 논문을 집 ●
필한 다모가미 도시오 항공 막료장이 경질됨.

> 그의 논문은 중일 관계의 문맥에서 주목을 받았지만 진짜 문제는 〈반미주의〉였다. 이런 인물이 항공 자위대의 최고위직을 맡아도 되는가 하는 자위대의 현실이 추궁당했다. **사토**

11월 · 미국 대통령에 버락 오바마 당선.

12월 · 히비야 공원에 새해맞이 파견 마을이 설치됨 (31일~2009년 1월 5일).

유행어	유행가	영화	책
· 〈당신과는 다릅니다〉[5] · 〈아라포〉[6] · 〈~구!〉[7]	· GReeeeN, 「기적」 · EXILE, 「티 아모」 · 아라시, 「원 러브」	· 다키타 요지로, 「굿바이」 · 하시구치 료스케, 「나를 둘러싼 것들」 · 미야자키 하야오, 「벼랑 위의 포뇨」	· 미즈노 케이야, 『꿈을 이루어 주는 코끼리』

5　후쿠다 총리가 갑작스러운 퇴진을 표명한 기자 회견에서 마지막으로 한 말.
6　〈어라운드 포티around forty〉의 줄임말로 40세 전후의 사람을 뜻한다.
7　개그우먼 에도 하루미의 유행어로 모든 말끝에 〈~구〉를 붙이는 것.

재특회 탄생은 필연이었다

가타야마 고이즈미가 자리를 물려주는 형태로 2006년 9월에 발족한 제1차 아베 정권[8]이 내세운 〈아름다운 나라〉도 종이에 써서 설계함으로써 이상적 국가를 구축하려고 한 움직임이었습니다. 애초에 〈아름다운 나라〉란 무엇일까요? 저한테는 아베 신조가 〈아름다운 나라〉의 구체적 비전을 갖고 있다고는 도저히 생각되지 않았지만 일종의 도달점은 보여 줬습니다.

사토 가타야마 씨가 말한 것처럼 〈아름다운 나라〉에는 구체성이 없습니다. 슬로건을 아무리 소리 높이 외친다고 해서 이상적 국가를 만들 수 있는 것은 아니지요.

그들의 사고는 부국강병이나 식산흥업으로, 여전히 변하지 않았습니다. 근대화가 늦어진 우리는 이 슬로건에 따라 강한 국가를 만들었다고 입으로 말하고 있을 뿐이지요.

가타야마 아베 정권의 면면은, 근대의 싸움에서 시련을 이겨 내고 상처받았던 과거를 완전히 잊어버린 것이지요. 아니, 애초에 그런 과거를 모를지도 모릅니다.

사토 그렇습니다. 〈자위군〉이라고 쓴 2005년 신헌법안에 침략 전쟁에 대한 마음가짐은 없습니다. 전시에 철학자 다나베 하지메

---

8 고이즈미 정권에서 내각 관방 장관을 했던 아베 신조가 내각 총리 대신에 임명되어 발족한 자민·공명당의 연립 정권. 아베는 〈아름다운 나라 만들기 내각〉이라고 명명했다. 가까운 의원만 각료로 등용했기에 매스컴에서는 〈친구 내각〉이라고 야유했다. 연금 문제나 거듭되는 각료 스캔들에 더해 본인의 건강 문제도 있어 약 1년 만에 총리를 사임했다. 후임은 후쿠다 야스오였다 ─ 원주.

(田辺元)[9]는 학생들에게 국가를 위해 전장으로 가서 대의를 위해 죽어야 한다고 주장했어요. 침략 전쟁을 논리화한 것이지요. 방어전이라면 지킬 수밖에 없으니까 논리화할 필요가 없었지만, 한 발 앞서 나아간 것입니다. 전후에 그는 일본을 비극으로 이끈 책임을 느끼고『참회도의 철학』을 썼습니다. 하지만 이 신헌법안에서는 침략 전쟁과 방어전을 어떻게 생각하는지가 전혀 보이지 않아요.

가타야마　여러 지지 단체의 요구를 감안하면서 단지 균형을 잡고 바꾸면 될 거라는 느낌이지요. 가부키의 무대 배경 그림 같은 것으로, 실체성이나 유기적 성격은 전혀 느껴지지 않습니다. 그런데도 자기들끼리 자화자찬하고 있어요. 바보들 같다고 생각했습니다.

사토　깔보는 것은 아닙니다만, 적어도 존경할 수 있는 헌법안은 아니었지요.

가타야마　그런 맥락에서 보면, 아베 정권은 2006년 12월에 교육 기본법을 개정하여 〈애국심〉이라는 말을 담았습니다. 〈일본의 자랑〉이나 〈강한 일본〉을 되찾아야 한다는 분위기가 단숨에 강해졌지요. 그리고 2007년 1월에는 방위성을 발족시킵니다.

사토　아베가 고이즈미 시대에 표면화된 위와 같은 흐름을 짐작하고 더욱 앞서가려고 한 시기네요. 2006년의 베스트셀러『국가의 품격』[10]이 그런 풍조를 단적으로 보여 주고 있습니다.

9　철학 학파인 〈교토학파〉를 대표하는 사상가. 국가와 민족을 절대화할 위험을 안고 있는 〈종(=민족)의 논리〉를 제창하여 당시 국가론에 응용되었다 — 원주.

10　수학자인 후지와라 마사히코가 2005년 11월 발표한 책. 현대 일본에는 영어보다는 국어, 민주주의보다는 무사도 정신이 필요하다고 주장했다 — 원주.

가타야마   후지와라 마사히코(藤原正彦)의 아버지 닛타 지로(新田
次郎)[11]의 소설은 많이 읽었지만 『국가의 품격』은 읽지 않았습니
다. 사토 씨는 읽었습니까?

사토   논리보다는 정서를 중시하는 일본인다움의 소중함을 호소
한 책입니다. 약간 우경적이지만 상식적 논조로 중도 우파를 노
려 250만 부 이상이나 팔렸어요.

가타야마   이 시기에는 극우라고도 할 수 있는 배외주의도 대두했
습니다. 재특회(在特会)[12]의 설립이 교육 기본법 개정과 같은 시
기인 12월이었던 것도 우연은 아니겠지요.

사토   재특회가 등장하기까지 일본에는 약한 내셔널리즘만 존재
한다고 생각되었어요. 하지만 재특회는 일본 내셔널리즘의 독성
이 극히 높다는 것을 증명했지요. 그들은 특이한 존재가 아닙니
다. 보수의 주류와도 그렇게 멀리 떨어져 있지 않지요.

가타야마   말씀한 대로입니다. 일본 내셔널리즘의 근간은 만세일
계(万歳一系)[13]의 신화에 기초한 국가의 전통적 구조상, 아무래도
천황의 핏줄에 의존하지 않을 수 없습니다. 거기에서 인종, 혈통,

---

11   시로마다케산 정상으로 180킬로그램이 넘는 돌을 지고 나르는 고리키(짐을 지고
나르는 사람)를 그린 데뷔작 『고리키전(強力伝)』으로 나오키상을 수상했다. 기상대에 근무
한 경험을 살린 산악 소설이나 역사 소설로 인기를 얻었다. 대표작에 『고고한 사람(孤高の
人)』, 『핫코다산 죽음의 방황(八甲田山死の彷徨)』 등이 있다 — 원주.

12   정식 명칭은 〈자이니치(在日) 특권을 용납하지 않는 시민 모임〉. 재일 한국·조선인
이 통명 사용이나 생활 보호 수급 등의 특권을 얻고 있다고 주장하며 2006년에 설립되었다.
재일 한국·조선인에게 특별 영주 자격을 인정해 주는 입관 특허법의 폐지를 최종 목표로 들
었다. 2009년 교토의 조선 학교에서 수업을 방해하여 체포당한 사람이 나왔다. 2018년 3월
시점에 전국의 33개 지부를 가졌고 회원 수는 1만 6천 명이 넘는다고 한다 — 원주.

13   천황의 혈통이 한 번도 단절된 적 없이 2천 년 이상 이어져 왔다는 뜻으로, 천황제
국가 이데올로기의 근간을 이루는 대표적 요소.

민족의 관념이 타국의 우익 이상으로 강고하게 형성되기 쉽습니다.

다민족을 포용하는 전통도 있을 테지만 혈통의 순수성이라는 논리가 이겼어요. 〈오족협화(五族協和)〉보다 일본 민족 고유의 정신 〈야마토 다마시이(大和魂)〉인 것입니다. 재특회는 생겨나야 했기에 생겨났다고 할 수 있습니다.

사토 시대가 조금 앞으로 나아갑니다만, 2014년 재특회 회장인 사쿠라이 마코토(桜井誠)와 오사카 시장인 하시모토 도루(橋下徹)가 토론을 했잖아요.[14]

가타야마 그랬지요. 하시모토 도루가 감정적으로 고함을 질러 토론이 되지 않았지요.

사토 말씀한 것처럼 그건 사쿠라이의 승리였죠.

우선 그는 토론 전에 자신의 저서를 대중 매체에 잘 보이도록 테이블에 세워 놓았습니다. 전혀 준비를 하지 않았던 하시모토에 대해 사쿠라이는 사실, 인식, 평가의 논리를 내세워 몰아붙였어요. 논의는 시종 서로 맞물리지 않고 논전이 되지 않았습니다. 사쿠라이는 강했어요. 능력이 있는 사람이라고 느꼈습니다.

전전에는 테러가 빈번히 일어난 것처럼 폭력 수준이 높은 사회였습니다. 그에 비해 현대의 폭력 수준은 극히 낮아요. 그래서 재특회 정도로도 충분히 위협이 되는 거지요.

가타야마 폭력의 경험이 없는 사람이 갑자기 맞으면 놀라서 졸도

---

14 오사카 시장과 재특회 회장이 2014년 10월에 한 공개 토론. 시작부터 서로 고함을 질러 토론이 성립하지 않아 예정을 바꿔 10분 만에 중단되었다 — 원주.

하는 것과 마찬가지지요. 하지만 폭력에도 자각을 갖고 있는 우리는 그래도 나은 편입니다.

사토 정말 무서운 것은 무자각이지요.

가타야마 그렇습니다. 무자각인 것은 아베 정권도 같을지 모르겠어요. 2007년 5월에 국민 투표법을 성립시켰지요. 하지만 국민 투표에는 큰 리스크가 따릅니다.

사토 헤이세이 후반이 되어 국민 투표의 리스크[15]가 세계적으로 가시화되었지요. 2014년 스코틀랜드에서는 부결되었지만 독립을 묻는 주민 투표가 이루어졌습니다. 그리고 2016년 영국에서 이루어진 국민 투표로 EU 탈퇴가 결정되었죠.

2017년 10월 스페인의 카탈루냐 자치주가 주민 투표를 실시하여 분리 독립을 선언했습니다. 스페인 정부는 그것을 인정하지 않아 긴장이 높아졌고요.

가타야마 영국의 EU 탈퇴는 일본에서 말하자면 미일 안보 조약 파기 정도에 해당할까요? 고이즈미 같은 극장형 정치가가 〈미일 안보를 국민 투표에 붙이자!〉고 선동하면 안보 조약 파기조차 현실감을 띠게 됩니다.

사토 또는 아베 총리가 자위대를 명문화하는 헌법 개정의 국민 투표를 했다고 합시다. 투표 직전에 〈이 대머리야!〉라고 마구 소리친 도요타 마유코(豊田真由子)[16] 같은 스캔들이 발각되어 대중매체가 연일 그것만 다룬다면 헌법 개정의 내용은 뒷전으로 밀리

---

15 일본 헌법 96조에 기초한 국민 투표법이 성립. 다만 개헌 이외에 관한 국민 투표 규정은 없다 — 원주.

고 맙니다.

가타야마 이데올로기나 개헌의 좋고 나쁨이 아니라 반아베의 역
풍으로 개정 반대가 단숨에 늘어나겠지요.

사토 반대가 상회하면 자위대는 위헌이라는 정치적 뉘앙스가 풍
기기 때문에 국가 제도의 근본이 흔들려 대혼란에 빠지고 맙니다.
우리는 큰 리스크를 안고 있다는 것을 자각할 필요가 있습니다.

가타야마 의원 한 명의 상궤를 벗어난 행동으로 50년 후, 100년
후 국가의 앞날이 정해질지도 모릅니다. 혁명적인 일이 일어날
위험성도 있지요.

연금 문제와 배심원 제도의 공통점

사토 국민 투표법을 성립시킨 시점에서 아베 정권은 소중한 대
의제 민주주의를 스스로 파괴할 위험성을 깨닫지 못했을 겁니다.

그런 점에서 2009년에 시행된 배심원 제도[17]와 국민 투표는
비슷하다는 생각이 들었어요. 국민 투표가 대의제 민주주의를 흔
드는 것처럼 배심원 제도가 사법의 신뢰를 붕괴시킬 가능성이 있
습니다.

가타야마 예전부터 배심원제가 채택된 미국이나 영국에서는 역

16 후생 노동성 관료를 거쳐 2012년 중의원 선거에서 처음으로 당선. 2017년 주간지
에서 비서에 대한 폭언과 폭행이 다뤄져 자민당을 탈당. 그해 중의원 선거에 무소속으로 출
마했지만 낙선했다. 〈아-니-잖-아!〉라는 폭언이 유행어 대상에 후보로 올랐다 ─ 원주.

17 일반 시민이 배심원으로서 무작위로 선발되어 형사 재판에 참여하는 제도. 살인
등의 형사 사건을 판사와 함께 관결하고 형량을 결정한다. 2004년에 제도를 도입하는 법률
이 만들어지고 2009년부터 실시되었다 ─ 원주.

사나 문화가 뿌리를 내리고 있기 때문에 그래도 괜찮을지 모릅니다. 하지만 그만큼 고도화하고 복잡화한 일본 사회에서 갑자기 배심원으로 뽑힌 사람이 남을 재판할 수 있을까요? 원래 그런 일을 해온 전통이 없는 데다 제대로 판단하기에는 너무나 관계된 인자가 많은 사건뿐인 요즘 세상에 말이지요. 전업으로 몰두해야 간신히 이해할 수 있는 사건의 판단을 제한된 시간에 시민에게 요구한다는 것은, 표면적으로 민주주의적이고 열린 재판이라고 하여 꽤 좋은 것처럼 보일지 모르지만 형식과 내용의 격차가 심해지지 않을 수 없겠지요. 검찰이 어떻게 설명하느냐에 따라 배심원이 가진 사건에 대한 인상이나 받아들이는 방식이 변할 것이고요. 그것으로 판결이 나온다고 해도 좀 그렇지 않을까요.

사토   예전의 법관은 모두 어려운 사법 시험에 합격한 사람들입니다. 그 사람들의 능력이 높으면 기소 후 유죄 확률이 99.9퍼센트라도 문제는 없었습니다. 그런데 왜 아마추어한테 맡기는 걸까요? 사형 판결을 강요받는 배심원은 견딜 재간이 없을 겁니다.

가타야마   앞으로 국민 투표나 배심원 제도가 사회의 혼란을 부른다고 해도 전혀 이상하지 않습니다. 2007년 5월 아베 정권은 국민투표법을 성립시켰지만 7월의 참의원 선거에서 역사적인 참패를 당하지요. 이것이 제1차 아베 정권을 퇴진시키는 방아쇠가 되었습니다.

쟁점 중의 하나가 연금 문제였어요.[18] 2007년 2월에 공적 연금

---

18   무려 5천만 건이나 되는 국민 연금 등의 납부 기록 누락 문제가 발각되었다. 정부는 단순한 입력 미스 등을 되풀이한 사회 보험청을 비판했지만 7월의 참의원 선거에서 여

인생 1백년 시대는 꿈이 아니다?

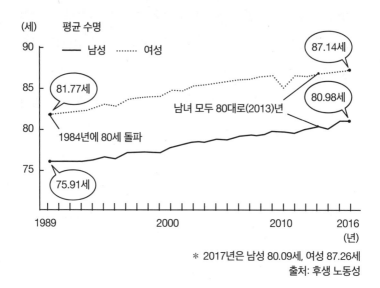

(세)　평균 수명

90

── 남성　⋯⋯ 여성

85

81.77세

87.14세

남녀 모두 80대로(2013)년

80

80.98세

1984년에 80세 돌파

75

75.91세

1989　　　　　2000　　　　　2010　　　2016
　　　　　　　　　　　　　　　　　　　　(년)

* 2017년은 남성 80.09세, 여성 87.26세
출처: 후생 노동성

가입 기록의 불비가 발각되고 연금 제도를 꾸려 나갈 수 없는 현실이 드러났습니다. 가입 기록 불비는 단순한 사무적 문제가 아닙니다. 하지만 후생 노동성은 운용하는 조직을 바꾸면 잘될 거라고 속이고 근본적 재검토를 하지 않았지요. 일그러진 것이 시정되기는커녕 더욱 심해졌습니다.

사토　연금을 보면 신자유주의가 가속화하고 있다는 것을 잘 알수 있습니다. 지금 연금형 보험이 부유층에 팔리고 있어요. 물론 제도 설계를 하는 관리들 중에도 민간의 연금형 보험에 가입한

당이 대패하는 원인이 되었다 ─ 원주.

사람이 있습니다. 국민 연금을 신용할 수 없다는 증거지요.

가타야마　애초에 국민 연금법이 제정된 1959년은 일본의 인구가 늘어서 경제가 점점 좋아진 시대였지요. 파이가 커지는 것을 전제로 만들어진 제도를 평균 수명이 늘어나 인구가 감소해 가는 사회에서 유지하는 것은 어렵습니다.

더 거슬러 올라가면 국가의 공공 연금 제도는 1889년에 독일 제국의 재상 비스마르크가 시작했어요. 독일은 후진 자본주의 국가로서 관민 일체의 급격하고도 난폭한 경제 성장을 꾀해 국민에게 희생을 강요했지요. 노동 재해가 많은 시대였기에 금전적인 면에서도 의료적인 면에서도 보호 제도가 불충분합니다. 그래서 사상자가 늘어나면 국민은 자본주의의 모순을 느끼지 않을 수 없습니다. 필연적으로 사회주의에 끌리는 사람이 늘어나게 되지요.

당시 영국이나 프랑스는 나라의 보험 제도가 없고 민간에 맡기고 있었습니다. 자본주의의 발달이 자국의 속도로 이루어지고 있었고 필요에 따라 민간 보험업도 발달해서 국가가 복지 국가화하지 않아도 충분했었습니다. 그런데 〈따라잡아 앞질러 가라〉며 국가가 성장의 깃발을 흔드는 독일 제국에서는 그렇게 되지 않았어요.

사회주의 혁명 세력을 억제하면서 고도 성장을 목표로 하기 위해서는 공공에 의한 복지가 불가결합니다. 그렇게 하지 않으면 민심이 이반되어 〈식산흥업〉은 성립하지 않습니다. 그리하여 독일 제국은 원조 복지 국가가 되었지요.

그런 독일 모델이 자본주의 국가에 널리 일반화한 것은 제2차 세계 대전 전후부터일 겁니다. 일본을 포함한 많은 자본주의 국가가 국민 연금이나 국민 보험을 정책의 기둥으로 하여 복지 국가로의 길을 걸었어요. 그 선택에 유도되어 간 것은 내적 원인도 있었지만 외적 요인이 컸습니다. 공산주의나 사회주의의 위협이 있었기 때문이지요.

직접적으로 말하자면 소련의 위협입니다. 동서 냉전에 견디기 위해서 서측은 복지 국가화하고 동측도 서측에 지지 않는 성장을 위해 자본주의적 구조를 도입하지 않을 수 없었지요. 냉전을 유지하며 절대적 대립을 지속시키기 위해 서로가 서로의 이른바 〈자신에게 이익이 되는 것만 취하는 것〉을 하려 하며 서로 비슷해집니다. (웃음) 서측은 복지가 약해지면 싸우지도 않고 사회주의나 공산주의에 빼앗길지 모른다는 불안을 안고 있었죠.

사토 하지만 이제 사회주의와 공산주의는 위협이 아닙니다. 굳이 말하자면 위협을 주고 있는 것은 이슬람 세계뿐이게 되었지요.

가타야마 그렇다면 자본주의 국가에서는 연금 등의 사회 보장은 어디까지나 사회주의에 대한 대항 수단이었으므로, 그 위협이 보이지 않게 되면 내버려도 되겠네요.

사토 가타야마 씨가 말한 것처럼 위협이 제거되면 자본주의 국가는 복지나 사회 보장에 힘을 쏟지 않고, 자본의 자기 증식에 에너지를 쏟게 됩니다.

마르크스는, 자본은 무한하게 자기 증식하는 운동체라고 정의했습니다. 지금은 모든 것이 화폐로 환산되는 세상입니다. 그리고 신자유주의가 계속 진행되고 있어요. 마르크스 경제학의 기본적인 지식이 굉장히 중요한 시대라고 할 수 있지요.

자본이 왜 자기 증식하는 걸까요? 화폐는 왜 생겨난 걸까요? 그런 관점이 있느냐 없느냐에 따라 세상을 보는 방식이 전혀 달라집니다.

그렇다면 공산주의나 사회주의의 위협이 없어진 상황에서 자본주의 국가는 연금 제도를 유지해 나갈 수 있을까요? 근본을 생각해 나갈 필요가 있습니다.

가타야마 역시 여기서도 소련 붕괴가 큰 그림자를 드리우고 있어요. 대학에서 마르크스 경제를 가르치지 않게 된 지도 20년이 넘었습니다. 〈죽은 사상〉이라고 하는 사람도 있다고 합니다만, 마르크스를 모르면 사회 근본을 알 수 없기에 그때그때 상황에 따라 판단할 수밖에 없게 됩니다. 소련 붕괴 후 계통이 잡힌 경제학을 경시해 온 청구서가 나타나고 있는 셈이지요.

사토 저도 그렇게 생각합니다. 아카데미즘 세계에서는 경제학의 계통이 끊겨 사회도 원자화하고 있어요. 이런 상황은 반지성주의와 친화성이 굉장히 높습니다.

가타야마 원자화한 사회에서는 누가 어떻게 행동할지 읽을 수가 없어요. 중간 단체가 표를 모을 수 없기 때문에 뭔가를 계기로 역사적 압승과 역사적 참패가 되풀이됩니다. 불상사나 스캔들이 직접적으로 선거 결과로 나타나는 것이지요.

사토 그것이 증명된 것이 2007년 참의원 선거였습니다. 방금 말한 연금 문제에 더해 정치와 돈의 문제로 제1차 아베 정권은 역풍을 맞았어요. 사무실 비용 문제 등이 추궁당하고, 농수상인 마쓰오카 도시카쓰(松岡利勝)가 자살하고, 후임인 아카기 노리히코 (赤城德彦)도 반창고를 붙이고 회견장에 나타나는 등 호기심 어린 눈에 노출되었습니다. 규마 후미오(久間章生) 방위상의 〈원폭 투하는 어쩔 수 없는 일이었다〉는 발언도 있었어요.[19]

가타야마 뭔가를 계기로 역사적 압승과 참패가 되풀이됩니다. 조금 전에 말한 것처럼 그것도 중간 단체가 소실된 폐해지요.

논픽션이 흔들린다

사토 그런 정치 상황에서 다시 극장형 정치가가 등장합니다. 하시모토 도루가 2008년 2월에 오사카부 지사에 취임한 것이지요.

하시모토의 등장으로 중대했던 것은, 도쿄 이외 지역에 방송되는 「그렇게까지 말해도 돼 위원회」[20]의 영향력과 야시키 다카진(やしきたかじん)[21]의 정치성이 높아진 일이라고 봅니다. 정치에서도 미디어에서도 정보는 황거를 중심으로 하여 반경 5킬로

---

19 대학 강연회에서 미국이 히로시마와 나가사키에 원폭을 투하한 것에 대해 〈어쩔 수 없는 일이었다고 생각한다. 미국을 원망할 생각은 없다〉고 말했다. 피폭국의 현직 관료가 원폭 투하를 용인한 것은 각료 자격에 걸리는 중대한 문제라며 피폭자와 평화 단체 등으로부터 일제히 강력한 항의를 받았다.

20 오사카 요미우리 TV에서 2003년부터 방송된 정치 테마의 토론 버라이어티 프로그램. 저명한 보수 논객이 출연하며, 아베 총리도 출연한 경험이 있다. 관서를 중심으로 각 지방에서 방송되었지만 야시키 다카진이나 제작 측의 방침도 있어 도쿄에서는 방영되지 않았다. 사회를 봤던 야시키 다카진이 세상을 떠나고, 2015년부터는 제목을 「그렇게까지 말해도 돼 위원회 NP」로 변경하여 지금도 방영을 계속하고 있다 — 원주.

21 본명은 야시키 다카지. 가수, 탤런트, 특히 관서 지방에서는 TV 사회자로서 가식 없는 솔직한 발언으로 엄청난 인기를 얻었다. 또한 정계에 깊은 관심을 드러내 하시모토가 오사카부 지사 선거에 출마했을 때 후원하기도 했다. 2014년 식도암으로 사망 — 원주.

미터 이내에 집중되어 있지요.「그렇게까지 말해도 돼 위원회」는 거기에서 벗어나 독립되어 있는 아주 흥미로운 존재입니다.

출연자 중 한 사람이 도쿄에서 오사카까지 다니며「그렇게까지 말해도 돼 위원회」에 나오는 이유는 상업 강연의 횟수가 늘기 때문이라고 말했습니다. 이 프로그램에 나오면서 수입이 대폭 늘어난 것이지요. 그만큼 영향력이 있어서 사람들을 동원할 수 있는 프로그램입니다.

가타야마 확실히 도쿄에서 떨어져 있는 TV 프로그램이 일본 전국에서 영향력과 지배력을 갖는 것은 드문 일이지요. 관서 지방에서 나온 것으로 만담이나 극작가 하나토 고바코(花登筐)의 희극 등이 1950년대부터 방송계에 특권적 지반이 있었다고 생각하지만, 진지한 것에 몰려드는 일은 좀처럼 없었던 것 같습니다. 문화 예술이라면 연출가 스즈키 다다시(鈴木忠志)가 1970년대에 도쿄에서 도야마현 도가무라로 연극 활동의 거점을 옮겼지요. 그 이후 지방 여기저기를 주된 활동지로 하여 도쿄를 의식적으로 벗어나 오히려 권위를 유지하고 증대시키는 전략을 취해 성공했던 것도 떠오릅니다.

사토 중요한 점은 도쿄에서 볼 수 없는데도, 도쿄에서도 무시할 수 없는 영향력을 가졌던 일입니다.

당초 나가타초[22]는 하시모토 등을 그저 만담의 연장이라 여기

---

22 인접하는 가스미가세키와 함께 일본의 국가 중추 기능이 집중되어 있는 곳이다. 특히 국회 의사당을 중심으로 총리 대신 관저, 중의원 의장 공저, 참의원 의장 공저, 여러 정당의 본부 등이 자리하고 있어 일본에서 국회나 의회의 대명사로 통한다.

고 상대하지 않았을 것입니다. 하지만 어느새 그들은 무시할 수 없는 정치력을 가지게 되었죠.

「그렇게까지 말해도 돼 위원회」나 그 출연자들의 정치성이 높아질수록 도쿄의 지배 계층과 부딪치는 것이 눈에 띄게 됩니다. 그러므로 그들은 자신들의 모습을 도쿄에 보이지 않도록 의도적으로 감추고 지방을 활동 거점으로 삼았습니다. 얼마 후 지명도는 전국구가 되었지요. 〈농촌에서 도시를 포위하라〉와 같은 마오쩌둥의 수법입니다.

가타야마　어느새 수도를 포위하지요. 굉장히 효과적인 전략입니다. 하지만 저는 하시모토가 주장하는 오사카도(都) 구상[23]이나 도주제(道州制)[24]에는 부정적입니다. 도주제는 국가의 생존 전략으로서 현실성이 있어요. 하지만 홋카이도나 도호쿠 등의 시골은 버려지고 말 겁니다.

애초에 도주제와 도 구상 그리고 지방 분권도 그저 표를 모으는 화제 만들기로밖에 생각되지 않습니다. 상속세 1백 퍼센트를 주장하는 등 하시모토는 여러 가지 참신한 의견에 곧장 달려들지만 앞으로 어떻게 될까 싶으면 어느새 그 이야기는 사라지고 마

23　오사카부 지사인 하시모토 도루가 2010년 발표한 오사카부, 정령(政令) 지정 도시(인구 50만 이상의 도시로 정령으로 지정하는 시)인 오사카시와 사카이시를 해체하고 특별구로 구성되는 오사카도를 신설한다는 구상. 2015년 찬부를 묻는 주민 투표가 실시되었는데 반대가 다수여서 부결되어 안은 폐지되었다. 2019년 4월 7일 오사카부 지사였던 마쓰이 이치로(오사카 유신회)와 오사카 시장이었던 요시무라 히로후미(오사카 유신회)가 〈교체 더블 선거〉에 도전하여 둘 다 당선되었다. 다시 〈오사카도 구상〉을 실현하려는 움직임이 활발해지고 있다 — 원주.

24　지방 자치 단체의 행정적, 재정적 정체 상태를 타개하는 대책으로 제창되었다. 2012년 자민당이 도도부현을 폐지하고 〈도〉나 〈주〉로 재편하는 도주제 구상을 구체화하는 도주제 기본 법안을 공표했다 — 원주.

는 일이 아무래도 너무 많은 것 같아요.

사토 말씀한 대로 그는 명확한 목적을 갖고 정치를 하지 않습니다. 그 증거가 2015년에 했던 오사카도 구상의 시비를 묻는 주민투표지요. 패했지만 그 차는 불과 1만 표였습니다. 만약 진심이라면 시장 자리에 달라붙어 실현할 길을 찾아야 합니다. 하지만 그는 곧바로 시장 자리에서 내려왔고 도 구상도 내팽개쳤습니다. 그것은 진짜 하고 싶은 정책이 아니었기 때문이지요.

예전에 독일의 사회주의자 에두아르트 베른슈타인은 〈궁극의 목표는 없다, 운동이 전부다〉라고 말했습니다. 그것은 목적론을 부정하는 포스트모던 사상을 선취하고 있는 것입니다. 그런 의미에서 하시모토의 정치는 포스트모던적이지요.

가타야마 기세만으로 등장했으니 항상 계속 움직이며 기세를 유지하지 않으면 안 됩니다. 기세가 상실되면 틀어박혀 기회를 엿봅니다. 그 되풀이로, 결국 뭘 하고 싶은지 알 수가 없습니다.

게다가 대중의 인기를 노리고 발언하기 때문에 내용이 잇따라 바뀌지요. 트럼프 현상과도 비슷합니다.

미국의 정치학자 엘머 에릭 샤트슈나이더는, 정치에는 항상 프런트가 있고 어딘가에 대립된 라인을 만들어 이목을 집중시키는 것이 민주주의하에서 지지를 얻기 위한 최대의 궁리가 된다고 말했습니다. 그렇게 하면 뭘 하고 싶은지 명칭만으로는 잘 알 수 없는 유신회 같은 정당을 만들어 놓고 이데올로기를 넘어 늘 가장 인기 있는 프런트에 서 있기만 하면 지지를 얻을 수 있으니까요.

자유 민주당이나 민주당이나 공산당이라면 일단 조금은 그 이름이 시사하는 것에 매이게 되죠. 하지만 그것에 얽매이지 않고 정당으로서 규모가 큰 형태로 지속 가능한가 하면, 이는 지도자의 카리스마가 빛나거나 흐려질 뿐인 문제가 되므로 다른 차원의 이야기가 됩니다. 사토 씨가 말한 것처럼 아무리 하시모토라고 해도 성취하고자 하는 것이 분명하지 않으면 힘들어지게 되지요.

사토 그의 명언은 〈나는 닭띠라서 세 걸음만 걸으면 잊어버린다〉입니다. 하시모토는 좋든 나쁘든 맨손으로 벼락출세한 사람만이 할 수 있는 대담함이나 강함이 있습니다. 그중에서도 『주간 아사히』에 대한 항의는 굉장히 박력이 있었지요.

가타야마 논픽션 작가인 사노 신이치(佐野眞一)가 2012년 10월에 쓴 하시모토 부친의 출신을 둘러싼 기사에 대한 항의였지요.[25]

사토 아사히 신문 출판사뿐 아니라 모회사인 아사히 신문사에 대해서도 사용자 책임을 물었습니다. 규탄이란 이렇게 하는구나, 하고 생각하며 봤지요.

여기서 중요했던 것은 사건의 여파로, 논픽션이라는 장르의 신뢰성이 크게 흔들린 점입니다. 그리고 이듬해인 2013년, 논픽션 작가이자 도쿄도 지사인 이노세 나오키(猪瀬直樹)가 도쿠슈카이 그룹에서 5천만 엔을 받은 사건으로 논픽션 작가의 신뢰성이 완전히 상실되었지요.[26]

---

25   사노 신이치가 2012년 10월 『주간 아사히』에 기고한 하시모토 오사카 시장에 관한 기사(연재명 「하시시타, 놈의 본성」)를 둘러싼 문제. 부친에 관한 기술에 대해 하시모토가 〈유전자로 인격이 정해진다는 끔찍한 내용의 기사〉라고 비판. 『주간 아사히』는 사죄하고 연재를 중단했다 — 원주.
26   도쿄도 지사 선거 전인 2012년 작가 출신 이노세 나오키가 의료 법인 도쿠슈카이에서 5천만 엔을 받은 사건. 도지사가 된 이노세는 차입금이었다고 해명했지만 공직 선거

가타야마 논픽션이란 한 저널리스트나 논픽션 작가가 공평한 시야와 다수에게 지지받는 가치관을 기초로 쓰는 것으로 여겨져 왔습니다. 하지만 사소한 일을 물고 늘어지고 이리저리 변명만 늘어놓는 사회에서는 논픽션 작품의 정당성이 유지될 수 없지요. 사노의 기사도 과거로 거슬러 올라가 흠을 들춰낸 것이었어요. 사노도 이노세도 간단히 쓰러지고 말았습니다. 그건 좀 의외였어요.

사토 사상 최다 득표로 도지사에 취임한 이노세의 몰락은 상징적이었습니다. 생각했던 것보다 도량이 좁았죠. 그것은 논픽션 작가만이 아니라 정치가에게도 타당한 이야기입니다. 현대 정치가의 도량은 이상하게 좁아요.

가타야마 사토 씨는 스즈키 무네오 같은 정치가다운 정치가 측에 있었으니 지금 정치가들이 더욱 도량이 좁아 보이겠네요.

사토 스즈키 씨가 특별히 유들유들하다고는 생각하지 않지만 그를 기준으로 생각하면 다른 정치가가 수비에 약해 보이는 것은 분명합니다.

가타야마 제1차 아베 정권도 불상사를 견디지 못하고 갑자기 포기하고 끝났습니다. 다만 그것은 일본인적인 약함이라고 말할 수 있을지도 모릅니다. 사실 전시의 일본주의자도, 해볼 만큼 해보고 안 되면 포기한다고 말하는 사람이 많았습니다. 그중에는 총력전 체제에 반대하는 일본주의자도 있었어요. 이렇게까지 했는데도 안 된다면 좀 더 하라고 해도 버틸 수 없다고 말이지요. 지

법 위반이라는 추궁을 받고 2013년 12월에 사직한다 — 원주.

구전을 할 수 없었습니다. 일본인은 의외로 그런 사고방식을 갖고 있는 것 같아요. 스모에서도 승부 시간이 짧습니다. 길어지면 아무래도 괜찮다는 식이 되어 버려요. 금방 잊어버리지요. 그것이 체력이 부족한 일본 정신 아닐까요?

사토 그런데 조금 전 논픽션이라는 장르가 붕괴했다는 이야기가 나왔지만, 그들과 교대하듯이 젊은 사회학자와 사상가들 그리고 평론가들이 등장했습니다.[27]

가타야마 예컨대 2011년에는 후루이치 노리토시(古市憲寿)의 『절망의 나라의 행복한 젊은이들』이 좋은 평판을 얻었지요.

사토 애초에 우리가 학교에 다닐 때 사회학은 사회 과학으로 불렸습니다. 그 시대라면 프랑스의 철학자 오귀스트 콩트를 배우는 사람밖에 사회학이라는 말을 쓰지 않았지요. 하지만 어느새 사회 과학에서 〈과〉가 빠졌습니다.

가타야마 지금의 사회학은 교육 사회학, 가족 사회학, 산업 사회학 등 무수하게 갈라져 나왔습니다. 저한테는 트럼프가 〈내가 팩트다〉라고 말하는 것과 마찬가지로 사회학자가 적당한 현상을 발견해서 그럴 듯한 논리를 붙일 뿐인 것으로 보입니다. 그들은 흔히 〈사회학 용어로 말하면〉이라는 말을 쓰지만, 일부러 사회학 용어로 말하지 않아도 알 수 있거든요.

---

27 도쿄 대학 대학원 재학 중부터 저서를 내고 젊은이론에서부터 사회 시평까지 사회학자의 틀에 얽매이지 않는 활약을 보여 주는 후루이치 노리토시(1985년생), 팝 컬처 비평을 하는 우노 쓰네히로(1978년생), AKB48과 종교의 관계를 논한 하마노 사토시(1980년생), 인터넷 미디어 〈시노도스〉의 편집장이자 라디오 MC로도 활동하는 오기우에 지키(1981년생), 『〈후쿠시마〉론: 원자력 마을은 왜 생겨났는가(「フクシマ」論 原子力ムラはなぜ生まれたのか)』로 주목을 받은 가이누마 히로시(1984년생) 등이다 — 원주.

사토 저한테는 후루이치 노리토시와 모리타 겐사쿠(森田健作)가 겹쳐 보입니다. 후루이치 노리토시는 씩씩함과 〈젊은이〉를 대표하는 논자의 지위를 얻어 지금은 와이드쇼에서 코멘테이터를 하고 있습니다. 모리타 겐사쿠도 지바현 지사가 되었어도 학생복 차림의 인상이 강하죠. 70세가 되어도 학생복을 입고 영원한 청년을 계속 연기해도 위화감이 없을 겁니다. 그 때문에 그는 자신과 같은 타입의 젊은이들을 망쳐 왔어요. 젊은이의 대표로 등장한 후루이치 노리토시도 같은 길을 걷는 게 아닐까 싶습니다.

다만 그는 시세를 읽고 올라타는 것에 뛰어납니다. 지적 창조력과 가벼운 발놀림을 함께 갖추고 있지요. 방송에서 말한 〈아이들은 더러워서 싫다〉는 자신의 말이 공격당하자 『아이는 국가가 키워라』를 곧바로 출간했습니다. 내용은 노벨상을 받은 경제학자 제임스 헤크먼의 이론으로 무장한 것이었지요. 분위기를 읽고 요령 있게 책으로 발표할 수 있는 능력이 굉장합니다.

다모가미 논문의 문제점은 〈반미〉에 있다

사토 시대를 앞으로 나아가면 2008년 10월에는 다모가미의 논문이 문제가 되었습니다. 항공 막료장인 다모가미 도시오(田母神俊雄)[28]가 아파 그룹이 주최하는 현상 논문의 최우수상으로 뽑혔

---

28 항공 막료장 시절인 2008년에 〈미일 전쟁은 미국에 의한 모략〉이라고 하는 논문을 발표. 정부 견해에 반한다고 하여 경질되었다. 2014년의 도쿄도 지사 선거에 입후보했지만 낙선. 그 후 공직 선거법 위반 혐의로 체포되었다 — 원주.

어요. 그 후 논문의 내용이 정부의 견해와 다르다고 문제가 되어 다모가미는 경질되어 퇴관합니다.

그의 논문은 중일 관계의 맥락에서 주목받았지만 사실 다른 문제가 있었습니다. 반미주의자가 항공 자위대의 최고 자리에 있어도 되는가, 자위대의 교육은 어떻게 된 것인가, 하고 자위대의 현실이 추궁당했죠. 그것이 경질의 이유였어요.

가타야마 그의 경우는 독학으로 독자적 역사관을 쌓았을 겁니다. 현상 논문을 주최한 아파 그룹의 대표 모토야 도시오(元谷外志雄)는 어떤 사람입니까?

사토 흥미로운 사람이지요. 딱 한 번 대담을 한 적이 있습니다.

그 후 파티나 출판 기념회 때 발기인으로 이름을 빌려 달라고 한 적이 몇 번 있었어요. 거절할 경우 꼭 이름을 빼달라는 취지의 팩스를 보내지 않으면 안 됩니다.

가타야마 팩스를 보내지 않으면 발기인 중 한 사람이 되고 마는 건가요? 그거 큰일이군요. 꼭 총회꾼의 방식이잖아요. (쓴웃음)

사토 그는 후지 세이지(藤誠志)라는 필명으로 언론 활동을 하는데, 신간 띠지에 제 이름을 쓰게 해달라고 부탁해 온 적도 있습니다. 저는 〈상관없지만 한번 보게 해달라〉고 요청했어요. 그러자 〈후지 세이지의 견해에 경의를 표했다〉고 되어 있었습니다. 그 부분을 〈경의〉가 아니라 〈경악〉으로 바꾸게 했지요.

아무튼 아주 박력이 있는 사람이에요. 그런 사람이 다모가미나 와타나베 쇼이치(渡部昇一)[29]와 함께 공식적인 세계에 나왔습니다. 게다가 한때 아베 총리와도 가까운 사이였어요.

가타야마 공식과 비공식의 경계가 흔들리고 있는 헤이세이 시대다운 이야기네요. 2017년에 세상을 떠들썩하게 한 모리토모 학원이나 가케 학원 이야기와도 통합니다만, 지금까지 공식 세계에는 나오지 않았던 사람들이 권력과 가까운 존재가 되었지요.

사토 그것도 헤이세이 시대의 정계를 형성하는 큰 요소입니다. 제도화된 경력을 밟지 않은 사람들이 일본의 중추에 접근하기 시작했어요. 개인과 개인의 관계만으로 권력에 영향을 미치기 시작한 것이지요.

가타야마 옛날에 자민당이 잘나가던 시절에는 폐해도 많았겠지만, 중추에 접근하기 위해서는 몇 개의 입구와 절차가 있었고 안내자 역할 같은 것을 하는 사람도 있었습니다. 하지만 1990년대 이후에는 그런 질서가 무너지고 말았어요.

그때까지의 인간관계를 구축하고 있었던 것은 고등학교와 대학의 동창회였고, 정치가라면 후원회이자 혈연과 지연이었습니다. 사회에는 무수한 그룹이 존재하고 있었지요. 이것도 중간 단체라고 할 수 있을 겁니다. 그리고 중간 단체가 관문 같은 역할을 하고 있었어요.

일반 사회에서 정치의 중추에 접근하기 위해서는 관문을 통과하지 않으면 안 되었습니다. 물론 통과하지 못하고 배제된 사람도 있었지요. 하지만 그룹이 해체되고 관문이 없어진 결과 중추

---

29 전공인 영어학만이 아니라 문화, 역사, 정치 등에서 폭넓은 평론 활동을 펼쳤다. 태평양 전쟁의 원인을 중국과 미국의 음모라고 주장. 심사 위원장으로서 다모가미의 논문을 최우수인 후지 세이지상에 선정했다 — 원주.

에 출입하는 것이 자유로워진 것입니다. 정치가도 정당도 기업도 학교까지 유동화되어 배경이 보이지 않게 됩니다. 개인과 개인의 지하에서의 관계가 실은 권력에 영향을 미치고 있는 것이지요.

사토 공식과 비공식의 경계가 없는 현 상황은 반도 마사코(坂東 眞砂子)의 『사국』[30]과 겹칩니다. 어떤 의식을 하기 위해 황천국에서 죽은 자들을 소생시키고, 황천국과 우리가 살고 있는 현세를 가로막고 있는 경계가 치워진다는 이야기입니다.

리먼 쇼크를 예언한 남자

가타야마 중선거구제 시기에는 지금보다 지반과 간판이 필요하다고 여겨졌습니다. 현지 후원회도 영향력을 갖고 있었지요. 그것은 이권과도 연결되면서 관문 역할도 했습니다. 하지만 1996년의 소선거구 비례 대표제 도입으로 무너져 갑니다.

전력을 알 수 없는 인물이 정치가로서 공식적인 세계에 등장하게 되었지요. 게다가 신규 정당의 등장도 얽힙니다. 지반도 간판도 없고 전력도 알 수 없는 인물이 갑자기 당선하여 공식적인 무대에 등장합니다. 무슨 일이 일어나면 누군지 잘 모르는 사람도 당선해요.

그 후 불상사가 일어나 비로소 모두가 알게 됩니다. 〈저런 정치가가 있었구나〉 하고 말이지요.

---

30 영지 순례길인 시코쿠 88개소를 거꾸로 돌며 사자(死者)를 소생시키는 〈역주술〉 의식을 모티프로 한 호러 소설. 1999년 나쓰카와 유이 주연으로 영화화되었다 — 원주.

사토 집을 지키는 신 같은 느낌일지도 모르겠네요. 아니, 이런 사람이 있었나? 7명인 줄 알았는데 모르는 여덟 번째 사람이 있네. 하지만 누가 여덟 번째인지 알 수가 있나. 이런 일이 현실에서 일어나는 거지요.

가타야마 그건 정계뿐 아니라 일반 직장에서도 있을 수 있는 이야기네요. 어느새 모르는 파견 사원[31]이 직장에 있다가 또 어느새 없어지는 거지요. 그것이 당연한 일이 되었습니다.

사토 파견 노동은 원래 특수한 기능을 가진 사람에게만 인정되었고 대상 직종도 정해져 있었습니다. 하지만 고이즈미·다케나카 시절에 규제를 완화해야 한다는 사고가 고용 정책에도 영향을 미쳤지요. 원칙적으로 파견 노동이 자유화된 것이 2004년 3월입니다. 그 결과 2008년 9월 리먼 쇼크가 불러일으킨 불황으로 파견 계약 해지가 문제가 되었습니다.

　저는 리먼 쇼크가 일어났을 때 소에지마 다카히코(副島降彦)[32]의 시대가 왔다고 생각했습니다. 그는 2008년 봄에 리먼 브라더스의 파탄을 예언했거든요.

　가타야마 씨는 소에지마 씨를 만난 적이 있습니까?

가타야마 아뇨, 없습니다. 그가 쓴 글이나 그가 한 말은 읽은 적이 있지만요.

31　노동자 파견법(1986년 시행)을 통해 인정된 노동 형태. 당초에는 대상 직종 등이 제한되어 있었지만 규제 완화로 인해 조건이 확대되었다. 파견 노동자가 2백만 명을 넘어선 2008년, 리먼 쇼크를 계기로 〈파견 계약 해지〉가 이루어져 사회 문제가 되었다 — 원주.

32　소에지마 국가 전략 연구소를 주재. 은행원과 재수 학원 강사를 거쳐 평론가가 되었다. 사토와는 『세계 정치: 이면의 진실(世界政治 裏側の真実)』 등 다수의 공저가 있다 — 원주.

사토 그는 획기적인 인물이기도 합니다. 재수 학원인 요요기 제미나르의 영어 강사를 하던 시절에 쓴 『결함 영일 사전 연구(欠陷英和辞典の研究)』에서, 일본에서 가장 많이 팔렸던 겐큐샤의 영일 사전을 비판했습니다. 수록된 영어 단어 하나하나를 검증하여 원어민이 쓰지 않는 예문이 산더미처럼 많다는 걸 밝혔지요. 재판에서는 소에지마 씨가 패했지만, 그 후 영일 사전은 겐큐샤 시대에서 지니어스 영일 사전의 시대로 바뀌었습니다.

대담 제의를 받아서 2008년 봄 그가 주로 일하고 있는 출판사인 니혼 분게이샤로 갔습니다. 소에지마 씨는 편집장과 작가와 함께 기다리고 있었어요. 그런데 그들의 논쟁이 무척 흥미로웠습니다. 3명 모두 아주 진지하게 음모론을 논하더군요.

편집장과 작가가, 파충류가 (인류로 둔갑하여) 세상을 지배하고 있는지 아닌지 의견을 주고받자 소에지마 씨가 〈파충류가 세계를 지배하고 있다는 주장이 퍼진 것은 음모론이 황당무계한 것이라고 보여 주고자 하는 록펠러 재단의 음모입니다〉라고 일갈하더군요. 그러자 작가가 얼굴을 붉히며 반론을 했습니다.

〈소에지마 씨, 말대꾸가 됩니다만 당신은 정말 월 스트리트나 백악관에 있는 사람들을 포유류라고 생각하는 건가요!〉라고요.

나는 옆에서 그 대화를 들으며 이거 굉장하군, 하고 생각했습니다.

가타야마 음모론을 이용한 굉장히 고도의 논쟁이 벌어졌군요.

사토 맞습니다. 발화 주체의 성실성에는 전혀 문제가 없었어요. 게다가 발상이 달라서 저한테는 공부가 되었지요. 소에지마 씨와

일하기 전에 한 가지 시험이 있었습니다. 〈인류는 달 표면에 도달했다고 생각합니까?〉라는 질문이었어요. 그 물음에는 긴장했습니다. 소에지마 씨는 『인류의 달 표면 착륙은 없었을 거라는 견해(人類の月面着陸は無かったろう論)』로 제14회 일본 〈엉터리 책〉 대상을 수상했어요. 저는 이렇게 대답했죠.

〈그렇게 생각합니다. 왜냐하면 저는 그리스도교도이고 그리스도가 죽은 지 사흘 만에 부활했다고 믿고 있기 때문입니다〉라고요.

제 대답에 소에지마 씨는 〈실증할 수 있을지 없을지의 문제가 아니라 신앙의 문제네요. 그렇다면 상관없겠지요〉 하고 함께 일하게 되었습니다.

가타야마 소에지마 씨도 굉장하지만 그렇게 대답한 사토 씨도 굉장하네요. 리먼 브라더스의 도산은 누구도 예측할 수 없었을 겁니다. 소에지마 씨의 리먼 브라더스 도산도 음모론을 기초로 한 예언이었습니까?

사토 그는 CIA와 관계가 있는 〈최악 정세 분석〉을 하는 어떤 싱크 탱크와 루트를 가지고 있는 것으로 보입니다. 세계 정세 등을 감안해서 최악의 경우 무슨 일이 일어날지를 상정하는 것이 최악 정세 분석입니다. 그는 그 보고서를 아주 자세히 읽고 있습니다. 그래서 2016년 트럼프 대통령의 당선도 맞췄어요.

그는 스스로 예언이라고 말하지만, 근거 있는 데이터나 분석을 기초로 하고 있지요.

가타야마 소에지마 씨의 예언이 적중한다는 것은 세상의 상황이 최악이라는 것이네요. 소에지마 씨 같은 사람이야말로 정치가의 고문이 되는 게 좋겠네요. 소에지마 씨한테 의견을 구하는 정치가는 없습니까?

사토　유감스럽지만 요즘 정치가의 도량으로는 어렵겠지요.

〈다들 한 번쯤 불행해지면 좋을 텐데〉

가타야마　리먼 쇼크 전야라고도 할 수 있는 2008년 6월에 일어난 아키하바라 무차별 살상 사건[33]은 고이즈미 시대에 했던 파견 노동 자유화가 초래한 최악의 결과 중 하나라고 할 수 있지 않을까 싶어요.

전전의 경우 사회에 대한 불만이 있으면 권력을 가진 특정한 누군가를 노렸습니다. 하라 다카시(原敬)나 하마구치 오사치나 이누카이 쓰요시(犬養毅) 등이 그렇게 암살당했지요. 하지만 지금은 특정한 개인에게 수렴되지 않습니다. 권력의 상징도 존재하지 않아요. 그래서 풍요롭게 살고 있는 듯이 보이는 사람이나 즐겁게 살고 있는 것처럼 보이는 사람에게 증오가 향하지요. 그리고 그 상징인 아키하바라로 트럭을 몰고 돌진한 것이고요.

개인이 아니라 아키하바라라는 지역이 타깃이 되었죠. 아키하바라 사건은 파리의 샹젤리제 거리나 맨체스터의 콘서트 회장을

33　파견 사원이었던 가토 도모히로가 아키하바라에서 2톤 트럭으로 차량 통행을 막고, 일요일이라 보행자에게 개방한 도로로 들어가 17명을 무차별적으로 살상한 사건. 사건 당일 가토는 휴대 전화로 인터넷 사이트에 범행을 예고했지만 〈여러 가지 썼는데 아무도 봐주지 않는다〉, 〈현실에서도 인터넷에서도 고독해졌다〉며 범행에 이른다 ─ 원주.

노린 유럽의 테러와도 공통점이 있습니다.

사토 아키하바라 사건을 일으킨 가토 도모히로(加藤智大)는 인생의 행복과 불행에 외모나 학력은 관계없고 모든 것은 운이라고 생각했습니다. 운이 나쁘면 어떻게 되는지 증명하고자 흉악한 범죄를 저질렀어요. 그가 이슬람 과격파 지도자를 만났다면 대의명분을 찾아 테러리스트가 되었겠지요.

사실 가토의 생각은 앞에서 말한 「도쿄 후회 망상 아가씨」와도 연결됩니다. 밸런타인데이 분위기로 들떠 있는 거리를 걷는 요시타카 유리코(吉高由里子)가 연기하는 린코는 〈다들 한 번쯤 불행해지면 좋을 텐데〉라고 생각해요. 아키하바라 사건의 동기도 그런 분위기지요.

가타야마 다들 한 번쯤 불행해지면 좋을 텐데, 이런 감각이 가시화된 것이 3년 후의 도호쿠입니다. 3.11로 재해 유토피아라고 불리는 공간이 생겼어요. 어떤 의미에서는 후회 망상 아가씨나 가토가 바랐던 불행이 일상화된 장소였다고도 할 수 있습니다.

아키하바라 사건의 3개월 후인 9월에 후쿠다 총리가 사임을 표명하고 아소 내각이 탄생하죠. 사토 씨는 후쿠다와 아소라는 두 총리를 어떻게 봅니까?

사토 스즈키 무네오 사건의 국책 수사를 시작한 것이 당시 관방장관이었던 후쿠다였다고 스즈키 씨는 생각하고 있어요. 그 사람이 없었다면 저도 체포되지 않았을지 모릅니다.

개인적으로 여러 가지 생각이 있지만, 굳이 말하자면 어두운 느낌이 드는 사람이었어요. 후쿠다 정권하에서는 이란과의 관계

계속 늘어나는 파견 사원

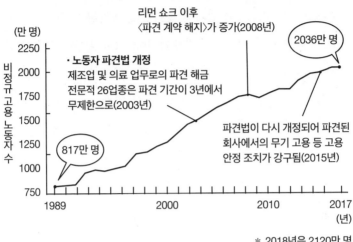

리먼 쇼크 이후
〈파견 계약 해지〉가 증가(2008년)

2036만 명

(만 명)

비정규 고용 노동자 수

2250
2000
1750
1500
1250
1000
750

· 노동자 파견법 개정
제조업 및 의료 업무로의 파견 해금
전문적 26업종은 파견 기간이 3년에서
무제한으로(2003년)

817만 명

파견법이 다시 개정되어 파견된
회사에서의 무기 고용 등 고용
안정 조치가 강구됨(2015년)

1989　　　　　2000　　　　　2010　　　2017
(년)

* 2018년은 2120만 명
출처: 총무성

를 심화시켰죠. 그것은 그가 마루젠 석유 화학 출신이기 때문입니다. 하지만 테러에 대한 위기감이 전혀 없는 총리였어요.

가타야마 사임 회견에서 후쿠다는 기자의 질문에 화를 내며 〈저는 자신을 객관적으로 볼 수 있습니다. 당신하고는 다릅니다〉라고 대답했지요. 그런 사고방식은 어떻게 만들어졌을까요?

사토 스즈키 무네오 씨에 따르면 부친인 후쿠다 다케오(福田赳夫)[34]도 그런 사람이었다고 합니다.

가타야마 확실히 후쿠다 다케오도 밝지는 않았어요.

34　도쿄 대학 졸업 후 대장성에 들어갔지만 1948년에 수뢰 혐의로 기소되어 퇴직. 1952년 정계에 들어가 농상, 장상, 외상 등을 역임. 1978년 총리로서 중일 평화 우호 조약을 체결. 장남 야스오도 2007년에 총리에 취임했다 ─ 원주.

사토 후쿠다 다케오라고 하면 나카가와 이치로(中川一郞)가 세상을 떠났을 때의 에피소드가 있습니다.

1982년 자민당 총재 선거에 출마한 나카가와 이치로는 당원 투표에 의한 예비 선거에서 참패합니다. 그날 밤 후쿠다의 집을 찾아간 나카가와는 후쿠다에게 〈나를 그렇게 심하게 협박하다니〉라며 속마음을 털어놨다고 합니다. 〈협박했다〉는 것은 세상에 알려지지는 않았지만 나카가와 이치로도 록히드 사건으로 ANA로부터 1백만 엔의 뒷돈을 받았기 때문입니다. 그 정보를 쥐고 있는 후쿠다 다케오가 그것을 폭로할까 봐 두려워하고 있었던 모양이에요.

다음 날 아침에 나카가와 이치로가 스즈키 씨에게 전화를 했습니다. 〈술에 취해서 후쿠다 다케오를 도발하고 말았어. 난 후쿠다한테 망가지고 말 거야〉라고 말했지요. 그러고 나서 정신 상태가 이상해져 수면제를 대량으로 복용하게 되었어요. 그리고 총재 선거 두 달 후에 나카가와 이치로는 자살합니다.

가타야마 후쿠다 다케오는 캐릭터가 음습할 뿐 아니라 실제로도 이면의 힘을 행사한 건가요?

사토 당시 록히드 정보를 쥐면 총리가 될 수 있다고들 했어요. 아카사카의 호텔에 여자와 함께 투숙한 정보를 슬쩍 내비치는 다나카 가쿠에이와 후쿠다 다케오의 음습함은 본질적으로 달랐습니다. 나가타초는 정보와 폭력의 세계이기는 하지만 후쿠다 다케오의 정보와 폭력은 음산한 느낌이 들어요.

가타야마 그렇다면 후쿠다 다음으로 총리가 된 아소는 어떨까요?

사토　아소는 『고르고 13』[35]의 판매에 다대하게 공헌한 일로 위대했습니다. (웃음) 2005년 아소가 외무 대신에 취임하자 외무성 사람들은 다들 『고르고 13』을 읽었어요. 외무 관료들은 출세가 생명이라 필사적이었지요.

가타야마　만화가 190권 이상 나왔으니, 읽는 쪽도 대단하네요.

사토　그래서 고르고 문화가 외무성에서 단숨에 퍼졌습니다. 지금 고르고는 외무성의 해외 안전 대책 매뉴얼 등에 사용되고 있어요. 하지만 제1차 아베 정권이 무너지고 아소가 외무 대신을 그만두자 다들 쓰레기통에 버렸지요. 그리고 아소 정권이 탄생하자 외무 관료들은 다시 『고르고 13』을 사서 읽기 시작했습니다.

가타야마　그래도 괜찮은 걸까요? (쓴웃음)

사토　저번에 사이토 다카오(さいとう·たかを) 작가를 만났는데 무척 재미있었습니다. 『고르고 13』에서 다루지 않은 지역은 유일하게 한반도뿐이었지요. 북한과 한국인 듯합니다. 금기 같은 건 관계없이 어디로든 쳐들어간 것으로 보이는데 실은 굉장히 신중합니다. 그리고 그것을 알아채지 못하게 하는 재능이 대단했어요.

가타야마　한국이 나오지 않는 것은 의외지요. 귀찮아질 것 같은 곳은 다루지 않습니다. 그것이 오랫동안 연재를 계속하는 비결이겠지요. 위기관리가 성공한 예입니다.

35　일류 저격수 〈고르고 13〉, 즉 듀크 도고의 활약을 그린 사이토 다카오의 만화. 『빅 코믹』 1969년 1월 호부터 연재를 시작한 한 번도 쉬지 않고 현재까지 이어지고 있다. 2018년 11월에 191권이 발매되었다 ─원주.

후쿠시마현 후타바마치 주민의 집단 피난소를 방문한 당시의 총리 간 나오토.

제5장

〈3.11〉은
일본인을 변화시켰는가

헤이세이 21년 → 24년(2009~2012)

헤이세이 21년(2009)

1월	• 주식 전자화 시작.
3월	• 10일, 닛케이 평균 주가 종가 7,054엔. 버블 후 최저가 경신.
4월	• 오바마 대통령이 프라하에서 〈핵 없는 세계〉를 목표로 한다고 연설. • 신형 인플루엔자가 세계적으로 유행.
5월	• 도요타가 71년 만에 영업 적자로 전락. • 북한, 지하 핵 실험 성공을 발표함.
7월	• 민주당의 하토야마 유키오 대표, 오키나와시의 선거 유세에서 〈(후텐마 기지 대체 시설은) 최소한 현 바깥〉이라고 발언.
8월	• 중의원 선거에서 민주당이 대승. 정권 교체로.
9월	• 하토야마 내각 발족(당 간사장은 오자와 이치로). • 마에하라 국토 교통 대신이 군마현 얀바 댐 공사 중지 표명. • 오카다 가쓰야 외상이 핵 반입 등의 〈미일 밀약〉 조사를 지시.
11월	• 행정 쇄신 회의가 〈사업 분류〉 실시. • 오바마 대통령 첫 방일.

러시아인은 신형 인플루엔자 화제가 나올 때마다, 〈인위적 바이러스=생물 무기〉의 가능성을 의심하고 있다. **사토**

하토야마, 간, 오자와 조합이나 총리가 되는 순서가 달랐다면 민주당 정권은 또 다른 결과를 낳았을지도 모른다. **가타야마**

학자 출신의 하토야마는 논리적으로 결단할 수 있는 정치가였다. 그러나 본격적인 학자는 이론에 얽매이기 때문에 정치가에 맞지 않는 경우가 있다. **사토**

유행어	유행가	영화	책
• 〈정권 교체〉 • 〈초식 남자〉 • 〈역녀〉[1]	• EXILE, 「섬데이」 • 아라시, 「내일의 기억」 • 유스케, 「해바라기」	• 와카마쓰 세쓰로, 「지지 않는 태양」 • 호소다 마모루, 「서머 워즈」 • 니시카와 미와, 「우리 의사 선생님」	• 무라카미 하루키, 「1Q84」

1 역사를 좋아하는 여성.

헤이세이 22년(2010)

1월	• 사회 보험청이 폐지되고 일본 연금 기구 발족.
	• 일본 항공JAL이 경영 파탄. 회사 갱생법 적용을 신청.
2월	• 미국 도요타의 대량 리콜 문제에 대해 도요타 자동차의 도요다 아키오 사장이 미국 하원 공청회에서 사죄.
3월	• 아시카가 사건의 스가야 도시카즈에게 재심 무죄 판결.
4월	• 살인의 공소 시효를 폐지.
5월	• 미일 정부가 후텐마 기지 이전 지역으로 나고시 헤노코로 한다는 공동 성명.
6월	• 하토야마 총리, 후텐마 문제의 책임을 지고 퇴진 표명. 간 나오토 내각 발족.
	• 소행성 탐사기 하야부사가 지구로 귀환.
9월	• 센카쿠 열도 부근에서 중국 어선이 해상 보안청 순시선과 충돌. 선장 체포로 중국 국내에서 반일 데모가 일어남.
	• 후생 노동성 문서 위조 사건으로 전 국장 무라키 아쓰코 피고에게 무죄 판결. 오사카 지검 특수부가 증거를 조작했던 것도 밝혀짐.
11월	• 북한이 한국 연평도를 포격.
12월	• 센카쿠 충돌 사건의 영상이 유튜브에 유출. 유출한 사람은 해상 보안관이었음.

업적이 악화한 팬 아메리칸 항공을 없앤 미국과는 달리 경제의 합리성에 반한 결단이었다. **사토**

3.11의 대응만 이야기되지만 소비세 10퍼센트나 환태평양 경제 동반자 협정PPT을 단행할 기초를 만든 것은 간 정권. 아베 정권의 어젠다는 간 정권 하에서 만들어졌다. **사토**

일본의 군사력 크기가 가시화되었다. 일본이 대기권 밖에서 임의의 장소로 떨어뜨리는 능력을 갖고 있다는 걸 전 세계에 널리 알렸다. **사토**

해상 보안청은 해상 자위대보다 옛 제국 해군의 계보를 잇고 있다. 보안관도 그것을 의식하고 있지 않을까. **가타야마**

유행어	유행가	영화	책
• 〈게게게노〉[2]	• AKB48, 「헤비 로테이션」	• 요네바야시 히로마사, 「마루 밑 아리에티」	• 이와사키 나쓰미, 「만약 고교야구 여자 매니저가 피터 드러커를 읽는다면」
• 〈AKB48〉	• 이키모노가카리, 「고마워요」	• 이상일, 「악인」	
• 〈여자회〉[3]	• 사카모토 후유미, 「다시 그대를 사랑해요」	• 나카시마 데쓰야, 「고백」	

2 　만화가 미즈키 시게루의 아내 무라 누노에의 자전 에세이 『게게게의 아내(ゲゲゲの女房)』가 2010년 NHK에서 드라마로 방송되어 화제가 되었다.

3 　여성들이 주로 음식점에 모여 이야기하는 모임.

헤이세이 23년(2011)

1월	· 튀니지에서 민주화 운동(재스민 혁명).

2월	· 짬짜미 문제로 스모 춘계 대회 중지.

3월	· 매그니튜드 9.0의 동일본 대지진 발생(사망자 1만 5천 명 이상). · 후쿠시마 제1원자력 발전소가 멜트다운.

5월	· 알카에다의 지도자 빈 라덴, 파키스탄에서 미군에게 살해당함. · 간 총리가 시즈오카현 하마오카 원자력 발전소의 정지를 중부 전력에 요청.

8월	· 탤런트 시마다 신스케가 폭력단과의 친밀 관계로 은퇴.

9월	· 노다 요시히코 내각 발족. · 메이지 공원에서 대규모 탈원전 데모가 일어남.

10월	· 리비아의 최고 지도자 카다피 대령이 반체제파에게 살해당함. · 21일, 1달러=75.78엔의 엔화 강세를 기록. 전후 최고치를 갱신.

11월	· 노다 총리, TPP 참가 방침을 발표. · 오사카부와 오사카시에서 동시 선거, 마쓰이 지사와 하시모토 시장 탄생.

12월	· 김정일 총서기 사망. · 옴 진리교 전 간부인 히라타 마코토 출두.

한 청년의 분신 자살이 계기였다. 개인이 평화를 만들어 내는 건 불가능하지만 개인이 전쟁을 일으키는 일은 충분히 가능하다. 사토

자율 규제로 밤이 어두워졌다. 3.11 전에 긴자가 어두워진 것은 1970년대의 오일 쇼크 때다. 오일 쇼크가 일어나서 일본 전역에 원자력 발전소가 늘어났다. 그리고 원전 사고로 다시 어두워진다. 〈업〉의 깊이를 느낀다. 가타야마

간은 〈기병대 내각〉이라고 명명했다. 기병대가 후쿠시마에 들어가는 것은 남북 전쟁에서 북군이 행진곡 「공화국 전투 찬가」의 개사곡인 「올챙이는 개구리 새끼」를 부르며 애틀랜타로 가는 것과 같은 일이다. 가타야마

유행어	유행가	영화	책
· 〈나데시코 재팬〉[4] · 〈스마호〉[5] · 〈유대(絆)〉	· AKB48, 「플라잉 겟」 · 가오루와 도모키 가끔 무크, 「마루마루 모리모리」 · 후쿠야마 마사하루, 「가족이 되자」	· 나루시마 이즈루, 「8일째 매미」 · 사토 신스케, 「간츠」 · 소노 시온, 「차가운 열대어」	· 히가시가와 도쿠야, 『수수께끼 풀이는 저녁 식사 후에』

4 여자 축구 일본 대표팀의 애칭. 나데시코는 패랭이꽃이다.
5 스마트폰의 줄임 말.

헤이세이 24년(2012)

2월	• 부흥청(동일본 대지진 피해 복구와 재생) 발족. • 올림퍼스 주식회사의 분식 회계 사건으로 전 사장을 포함한 옛 경영진 3명 등이 도쿄 지검 특수부에 체포됨(금융 상품 거래법 위반 혐의).
4월	• 이시하라 신타로 도지사가 센카쿠 열도를 도쿄도에서 구매하겠다는 방침을 발표.
5월	• 도쿄 스카이트리 개업.
6월	• 옴 진리교에서 특별 수배되었던 여성(나중에 무죄 판결)과 다카하시 가쓰야를 체포. 옴진리교 사건의 특별 수배범 전원 체포.
8월	• 센카쿠 열도 우오쓰리시마섬에 홍콩의 활동가 7명이 상륙(오키나와현 경찰이 현행범 체포).
9월	• 센카쿠 열도 국유화를 각의 결정(그 후 중국에서 반일 데모 격화).
10월	• iPS(유도 만능 줄기) 세포를 처음으로 작성한 야마나카 신야 교수(교토 대학)가 노벨 생리학·의학상 수상.
12월	• 도쿄도 지사 선거, 이노세 나오키 당선. • 한국 대통령 선거, 박근혜 당선. • 중의원 선거에서 자민당 압승, 정권 교체로. 제2차 아베 정권 발족.

이시하라에게는 시나리오가 있었다. 도의 예산으로 사겠다고 주장하지만 도 의회가 부결하여 그것으로 끝났다. 그런데 당시 부지사였던 이노세가 센카쿠 구입 기부금을 모았고, 이것이 문제를 크게 만들었다. **사토**

언젠가 마쓰모토 레이지가 그린 『은하철도 999』의 세계가 현실이 될 것이다. 돈이 있는 사람은 기계 인간이 되어 계속 살고 가난한 사람은 기계 인간의 오락용으로 살해당하고 만다. **가타야마**

첫 번째 등판 때와 아무것도 변하지 않았다. 바뀐 것은 단 두 가지. 하나는 야당의 약체화, 또 하나는 사임의 원인이 된 궤양성 대장염의 신약 개발. **가타야마**

유행어	유행가	영화	책
•〈와일드하지!〉[6] •〈LCC(저가 항공사)〉 •〈종활〉[7]	• AKB48, 「한여름의 사운즈 굿!」 • NEWS, 「챤카파나」 • 노기자카46, 「이리와 샴푸」	• 요시다 다이하치, 「기리시마가 동아리 활동 그만둔대」 • 다케우치 히데키, 「테르마이 로마이」	• 아가와 사와코, 「듣는 힘」 • 와타나베 가즈코, 「당신이 선 자리에서 꽃을 피우세요」

---

6 개그맨 스기 짱의 유행어.
7 인생의 마지막을 위한 활동.

하토야마의 의외의 능력

사토 2009년 이야기를 해보도록 하지요. 4월에 신형 인플루엔자가 유행했습니다.[8] 저는 신형 인플루엔자가 화제에 오를 때마다 러시아인과 일본인의 감각이 참 다르다는 걸 느낍니다. 러시아에서는 인플루엔자를 중국 감기라고 불러요. 러시아의 군의(軍醫)들은 이렇게 말합니다. 〈중국 감기는 매년 신형이다. 우리가 보는 것은 자연 발생한 바이러스인가, 인위적인 바이러스인가 하는 것이다.〉

그들은 2005년에 조류 인플루엔자가 중국이나 동남아시아에서 발생했을 때도 중국의 생물 무기가 아닐까, 하고 의심했습니다. 일본에서는 그런 논의가 전혀 없지요.

가타야마 고마쓰 사쿄의 『부활의 날』은 군사 목적으로 개발한 신형 인플루엔자 바이러스가 사고로 퍼져 나가 인류가 멸망의 위기에 처한다는 소설입니다. 1960년대 소설이지요. 이미 그런 이야기가 현실성을 갖고 등장한 지 반세기가 지났는데 일본인에게는 여전히 위기감이 없습니다.

사토 세계의 어떤 나라에서는 어떤 세대나 어떤 인종에게만 효과가 있는 인플루엔자 바이러스가 개발되어 있어 전장에서 사용하면 효과가 굉장히 좋다고 합니다.

---

8 돼지에서 유래한 신형 인플루엔자가 2009년 4월 멕시코에서 발생하여 세계적으로 유행했다. WHO의 보고에 따르면 214개 국가와 지역에서 감염을 확인했고, 사망자는 1만 8천 명을 넘었다. 일본에서도 사망자가 나왔다 — 원주.

가타야마　생물 무기를 사용하면 어떤 인종만을 노린 절멸 전쟁을 일으킬 수 있는 그런 시대가 현실이 된 건가요?

사토　그렇습니다. 하지만 가타야마 씨가 말한 것처럼 일본에서는 아무도 위기감을 갖고 있지 않아요. 그런 한가한 분위기 속에서 등장한 것이 민주당 정권이었습니다.

가타야마　2009년 7월, 아직 야당이었던 하토야마 유키오(鳩山由紀夫)[9]가 오키나와에서 〈최소한 현 바깥〉이라고 기지의 이전 지역에 대해 발언했습니다. 그 두 달 후 정권 교체로 하토야마 내각이 탄생했어요. 민주당 정권은 하토야마, 오자와, 간이 중심인 트로이카 체제를 갖췄지요. 저는 그들의 조합이나 총리가 되는 순서가 달랐다면 민주당 정권은 또 다른 결과를 낳았을지 모른다고 생각합니다만 어떻습니까?

사토　저도 같은 생각입니다. 만약 민주당 정권이 출발할 때 오자와 총리 그리고 하토야마 간사장이었다면 장기 정권이 되었을 가능성도 있습니다. 비서가 정치 자금 규정을 위반한 혐의로 체포되어, 2009년 5월 오자와 이치로는 대표에서 내려옵니다. 그것이 컸지요.

오자와는 정치 주도로 검찰을 개조할 계획을 세우고 있었습니다. 검찰 총장의 내각 동의 제도나 지검장을 공선제로 하여 예산

9　도쿄 대학 공학부를 졸업한 후 스탠퍼드 대학에 유학. 대학 조교수를 거쳐 정치가가 됨. 2009년 탄생한 민주당 정권의 초대 총리가 된다. 2009년 중의원 선거 전에 하토야마는 후텐마 비행장 이전 문제에 대해 〈최소한 현 바깥〉이라고 발언하지만 이듬해에 현 바깥으로의 이전을 단념한다. 이것이 총리를 사임하는 방아쇠가 되었고, 2012년 정계 은퇴. 중국이 주도하는 아시아 인프라 투자 은행의 국제 자문 위원회 회원이다 ─원주.

과 인사에 손질을 하려고 했어요. 그것을 알아챈 검찰청 특별 수사부가 오자와 부수기에 나선 것입니다.

2016년 미국 대통령 선거 중 FBI가 힐러리 클린턴의 개인 이메일 계정을 재조사했습니다.[10] 오자와 부수기와 같은 구조이지요. 검찰도 FBI도 조직의 방어 논리로 움직였습니다.

가타야마 민주당 정권은 발족 초기 75퍼센트로 역대 2위의 높은 지지를 얻고 있었습니다. 사토 씨는 하토야마 유키오라는 정치가를 어떻게 봅니까? 우주인이라든가, 여러 가지 말이 있는데요.

사토 그의 최대 문제는 위기관리의 전문가였다는 것입니다.

하토야마가 영어로 쓴 학술 논문을 읽고 깜짝 놀랐습니다. 영어가 근사하고 내용도 훌륭했지요. 정치가가 되기까지 막간에 일시적으로 학자를 했던 게 아니라 진정한 학자였습니다.

도쿄 대학 공학부를 졸업한 후 스탠퍼드 대학으로 유학을 간 그는 전기 공학과 오퍼레이션스 리서치학, 이렇게 두 가지 석사 학위를 따고 박사 학위를 취득했습니다. 제가 읽은 논문의 테마는 러시아의 수학자 안드레이 마르코프가 주장한 마르코프 연쇄 확률에 대한 연구였어요.

그 논문에서는 1천 명의 여성 중에서 최고의 파트너를 찾아내려면 어떻게 해야 좋은가, 한 번 거절하면 다시는 그 사람을 선택할 수 없다고 한다면 몇 번째에 정하는 것이 좋은지를 상당히 복

---

10 오바마 정권 때 국무 장관이었던 무렵 힐러리가 공무를 주고받는 일을 개인 이메일 계정으로 했다는 문제. 처음으로 보도된 것은 2015년 3월이었다. 소동은 진화된 것처럼 보였지만 〈중요 기밀 정보도 개인 이메일 계정으로 주고받았다〉고 하여 대통령 선거 때 다시 불타올랐다. 선거 중의 족쇄가 되었다 ─ 원주.

잡한 계산식으로 산출해 내고 있습니다. 우선 첫 번째는 절대 거절하지 않으면 안 됩니다. 그리고 368명째까지 거절합니다. 그리고 368번째 여성을 기준으로 하여 조금이라도 괜찮은 사람을 선택한 경우 최적의 파트너일 가능성이 높다고 증명하고 있어요.

가타야마 굉장히 흥미롭네요. 학자로서만이 아니라 인생 상담의 대가로서 점술인인 호소키 가즈코(細木数子)를 능가하는 사람이 되었을 것 같은데요.

사토 그렇습니다. 정치가가 될 계기는 아버지인 하토야마 이이치로(鳩山威一郎)의 말이었습니다. 대장성 관료였던 이이치로는 세이칸 터널의 예산을 담당했지요. 하토야마는 아버지로부터 이런 이야기를 듣습니다.

〈세이칸 터널의 예산을 짤 때 복선이 아니라 단선으로 만들었다면 예산도 많이 들지 않고 공사 기간도 단축할 수 있었다.〉

하토야마 이이치로는 이렇게 후회하고 있었어요. 그래서 하토야마는 〈수학을 사용하면 최적의 의사 결정을 할 수 있지 않았을까〉라고 생각하여 정치가가 되기로 결심합니다. 그리고 그는 편미분 방정식이나 마르코프 연쇄 확률 이론을 이용한 의사 결정을 하려고 했어요.

가타야마 일반적으로 하토야마는 이리저리 말이 흔들린다는 이미지가 있다고 생각합니다만, 그 흔들림은 사실 계산한 것이군요. 그래서 그렇게 되는 걸까요.

사토 그게 그의 문제입니다. 예를 들어 간 총리 시절에는 미국의 국가 전략이나 동아시아 정세, 오키나와의 여론이 변해 가요. 그리고 각각 편미분 방정식을 구사한 모델에 적용해 답을 냅니다.

하지만 미국의 국가 전략이나 동아시아의 정세도, 오키나와 여론도 시시각각 변합니다. 그래서 그때마다 대답이 바뀌어요. 게다가 문제가 더 심한 것은 아직까지도 하토야마는 그것으로 최적의 의사 결정을 할 수 있다고 생각한다는 점입니다.

가타야마　굉장히 재미있는 이야기입니다만, 그의 의사 결정 이론으로 오키나와 문제는 해결되지 못했습니다. 왜 해결할 수 없었을까요? 정치에 응용하는 것이 무리였던 건가요?

사토　마르코프 연쇄 이론에서 고려하는 것은 가장 가까운 사건뿐으로, 역사나 과거의 일은 고려하지 않습니다. 마르코프 연쇄 이론은 교통 정체의 해소나 일기 예보 등에서는 효과가 실증되었지만 정치에 유효한 것인지는 모르겠어요.

이는 그와도 이야기한 적이 있습니다만, 역사가 겹겹이 쌓여 복잡해진 오키나와 문제는 가장 가까운 변화만으로는 읽어 낼 수 없습니다. 결과를 보면, 무리였던 거죠.

가타야마　뒤집으면 그는 마르코프 연쇄 이론과 편미분 방정식을 이용한 의사 결정으로 총리까지 올라간 거군요. 그가 돌발적 변화나 찰나적 결단에 강한 정치가라고 한다면, 1990년 이후의 유동화하는 정계라서 통용되었다고 생각할 수 있어요. 일기 예보로 말하자면 정계도 돌발적인 대형 회오리나 게릴라성 호우가 덮치는 혼란 상태였을 테니까요.

하지만 타이밍이 나빴습니다. 만약 3.11 때 그가 중심에 있었다면 역사에 남을 만한 대단한 일을 했을 가능성이 있어요. 전례

없는 매그니튜드 9의 지진과 원전 사고에 대해 고정 관념을 걷어 치우고 굉장히 유효한 수를 썼을지도 모릅니다.

사토 확실히 하토야마는 논리적으로 결단할 수 있는 정치가였 습니다. 하지만 본격적인 학자는 이론에 얽매이므로 정치가에 맞 지 않은 경우가 많지요.

그렇다고 해서 논리를 무시한 현재의 아베 정권 같은 반지성 주의 집단을 눌러앉아 있게 해도 곤란합니다. 다만 어떤 의미에 서 아베 정권도 마르코프적이기는 해요. 가장 가까운 곳에서 일 어난 사태에 따라 대응을 바꾸고 있으니까요.

가타야마 바꿔 말하면 임기응변적이고 임시방편적인 대응, 찰나 적인 언동만 되풀이하고 있는 것으로 보입니다.

사토 2016년 12월에 이나다 도모미(稻田朋美) 방위 대신이 폐기 했다고 말한 남수단의 유엔 평화 유지 활동에 파견한 육상 자위 대 부대의 보고가 몇 주 후에 나옵니다.[11] 이는 가장 가까운 여론 조사만을 보고 판단했다는 증거지요.

가타야마 2017년 9월의 중의원 해산도 야당 의원의 불륜 의혹이 나 북한 미사일에 의한 국민 불안이라는 상황에서 해결한 것이니 까요. 비상시나 긴급할 때는 찰나적 대응이 필요해집니다만, 일 상적으로 그렇게 해서는 곤란합니다. 9.11 이후 위기의 시대에 무엇이 필요해지는 걸까요. 그것은 자민당과 민주당, 우와 좌라

---

11   남수단에서 PKO 활동에 종사하는 육상 자위대에 관한 보고가 조직적으로 은폐되 었던 문제. 보고에는 남수단의 육상 자위대가 주둔하는 주바에서 〈전투〉가 벌어졌던 일이 기록되어 있었고, 훗날 정보 공개로 판명되었다. 조직적 은폐에 이나다가 관련되어 있었는 지 해명하지 않은 채 2017년 7월 그녀는 방위 대신에서 경질되었다 — 원주.

는 논의로는 절대 보이지 않습니다.

사토 말씀한 것처럼 자민이나 민주가 아니라 어젠다(검토 과제)로 봐야 하겠지요. 그렇게 하면 헤이세이라는 시대의 분절점이 보일 겁니다.

〈참의원 여소 야대 국회〉여서 다행이었다

사토 새해가 밝아 2010년 1월, JAL에 회사 갱생법이 적용되었어요.[12] 업적이 악화한 팬 아메리칸 항공을 파산시킨 미국과는 달리 경제 합리성에 반한 결단이었죠.

가타야마 일본 항공이라는 브랜드를 지키려고 했을지도 모릅니다. 2015년에는 도시바의 회계 부정과 거액 손실이 발각되었습니다.[13] 하지만 반도체 부문 등 도시바의 핵심을 일본이 에워싸서 보호한다는 이야기는 없었어요. 왜 JAL은 지키고 도시바는 지키지 않은 걸까요. 뒤죽박죽입니다. 당면한 경제상의 숫자만을 보고 찰나적 판단을 했을 뿐인 걸까요?

사토 그렇겠지요. 반도체 없는 도시바가 앞으로 어떻게 될지, 험

---

12 일본 항공은 2010년 1월 경영 부진과 채무 초과를 이유로 도쿄 지방 법원에 회사 갱생법 절차를 신청했다. 기업 재생 지원 기구의 지원을 받아 경영 재건을 꾀한 것이다. 교세라 창업자인 이나모리 가즈오가 회장에 취임하여 재생 코스를 밟았다. 2012년 9월 도쿄 증권 거래소 제1부에 다시 상장했다 ― 원주.

13 일본의 가전 메이커의 대표격이던 도시바는 2015년 회계 부정이 판명되었다. 그 후에도 미국 원전 사업의 수렁에 빠져 다액의 부채를 안아 경영 파산 직전에 몰린다. 2017년 9월 애지중지하던 사업인 도시바 자회사 〈도시바 메모리〉를, 미국 투자 펀드를 축으로 하는 한미일 연합에 약 2조 엔 규모에 매각한다. 명맥은 유지했지만 도시바의 주력 사업 대부분을 매각한 현재의 경영 재건에는 암운이 드리우고 있다 ― 원주.

난한 도정이 이어질 거라고 생각합니다.

가타야마 2010년 5월에 후텐마 기지를 나고시 헤노코로 이전한다는 미일 양 정부의 공동 성명이 발표되었습니다. 그런데 다음 달에 하토야마는 후텐마 문제 실패에 대한 책임을 지고 사임하지요. 7월의 참의원 선거에서는 자민당이 압승하여 국회에 〈뒤틀림〉이 생겼습니다.

사토 〈참의원 여소 야대 국회〉는 오자와의 방식을 자민당이 흉내 낸 것입니다.

2007년 참의원 선거에서는 민주당이 승리하여 〈참의원 여소 야대 국회〉가 만들어졌어요. 참의원 여소 야대 국회에서는 중의원에서 가결된 법안이 참의원에서 부결되는 경우가 많았습니다. 알기 쉽게 말하자면 정권을 무너뜨리기 위해 참의원에서는 오기로라도 법안을 통과시키지 않지요. 결정할 수 없는 정치라고 비판받아 정권은 곧 버티지 못하고 주저앉습니다. 오자와는 그 방법으로 정권 교체를 이루었어요. 그렇다고 해도 민주 정치에서는 여소 야대가 당연하다고 할 수 있지만 말이지요.

가타야마 그렇습니다. 〈참의원 여소 야대 국회〉여도 괜찮다고 생각합니다. 참의원 여소 야대 국회에는 차분하고 신중하게 논의할 수 있다는 장점도 있어요. 결정할 수 없는 정치라고는 하지만, 말을 바꾸면 〈숙의〉나 〈숙려〉라고도 할 수 있지요. 서로 의견을 내면 타협점도 찾을 수 있습니다.

하지만 정치가와 대중 매체들은, 〈결정할 수 없는 정치〉는 안 된다는 부정적 캠페인을 벌여요. 일본이 55년 체제로 나름 안정되었던 시대에는 한 번의 국회로 법안을 통과시키려는 발상은 없었습니다. 여당이 다수여도 재검토하여 몇 번인가 국회를 거쳐 결정하는 일이 많았지요. 그 무렵에는 〈결정할 수 없는 정치〉 같은 말을 하지 않았다고 생각합니다.

〈금방 결정할 수 있는 정치〉가 유효한 것은 비상시이고, 그렇지 않으면 금방 결정할 수 있는 정치는 〈나중에 후회해 봤자 소용없는 것〉이며 단지 무서울 뿐인 것 같습니다. 그런데 〈결정할 수 없는 정치〉는 늘 나쁜 것처럼 쉽게 딱지를 붙여 버려서, 다들 사고는 정지한 채 분위기로 〈결정할 수 있는 정치〉를 바라고 맙니다.

사토 그 폐해가 크지요. 이 시기부터 자신의 입장에 서서 논의를 하는 경우가 늘어난 것 같습니다. 2017년에 성립한 〈테러 등 준비죄〉의 논의를 보면 이해하기 쉬워요.

아베 정권은 〈공모죄〉를 제출해도 소용없었기 때문에 테러 대책을 전면에 내세운 〈테러 등 준비죄〉로 라벨을 바꿔 붙이고 법안을 통과시키려고 했습니다. 〈공모죄〉와 〈테러 등 준비죄〉 중 어떤 말을 쓰느냐에 따라 찬성인가 반대인가, 아베 지지인가 반대인가 하는 입장이 명확해집니다.

가타야마 처음부터 입장이 존재한 논의는 다른 의견에 귀를 기울이는 태도라고 할 수 없습니다. 〈숙의〉나 〈숙려〉는 고사하고 상대 의견을 반영하여 타협점을 찾는 것도 불가능하지요.

사토 최근 들어 빈발하는 이슬람의 테러는 공산주의 과격파들과 본질적으로 다른 〈신앙적 행동〉입니다. 유효한 테러 대책을 세우기 위해서는 인간의 마음속으로 들어가지 않을 수 없습니다. 하지만 그래서는 지금까지의 인권 기준을 넘어설 우려가 있지요.

그것도 고려하여 정치적 위치나 당의 구속[14]을 벗어나 서로 진심으로 이야기하지 않으면 안 되는데도 건성으로 하고 있습니다. 의논 과정을 보여 주면 국민도 그 중요성을 이해하고 반드시 생각하기 시작할 겁니다.

가타야마 하토야마 내각이 〈최소한 현 바깥〉이라고 말한 오키나와의 기지 문제를 해결하지 못하고 퇴진하자, 2010년 6월 간 나오토 정권이 발족합니다.[15]

사토 하토야마의 〈최소한 현 바깥〉은 졸속이었지만 그 이상으로 제가 문제시하는 것은 간 정권하의 오키나와 정책입니다.

2011년 6월 미일 협의에서 간은 V자형의 활주로 건설에 동의했습니다. 만약 그것이 없었다면 헤노코 기지 건설에 착공하지 못했을 겁니다. 어떤 설계도로 할 것인가에 대해 합의만 하지 않으면, 만들 수 없으니까요. 그러므로 아무도 거기에 뛰어들지 못했어요. 현재도 계속되고 있는 기지 문제의 원점은 거기에 있습니다.

간 정권은 3.11 대응만 강조하지만, 사실 아주 중요한 몇 가지 결정을 했습니다. 소비세 10퍼센트 인상을 언급하기도 하고,

---

14 정당의 결정에 기반하여 당 소속 의원의 의회 활동을 구속하는 일. 의원 내각제를 채택하는 나라에서 당의 구속이 강하다.

15 민주당 대표인 간 나오토가 내각 총리 대신에 임명되어 발족한 내각. 야마구치현 출신의 간은 〈기병대 내각〉이라 명명했다. 센카쿠 열도의 중국 어선 충돌 사건이나 동일본 대지진이라는 위기에 직면했다 ─ 원주.

TPP 협의 개시를 표명한 것도 간 정권입니다. 아베 정권의 어젠다는 간 정권하에서 만들어졌어요. 그래서 그 방면의 외국인 연구자는 간 정권과 아베 정권은 무척 닮았다고 보고 있습니다.

가타야마 그렇군요. 간 나오토와 아베 신조는 양 극단에 있는 사람으로 보입니다만 정책은 거의 같지요. 그렇다면 간 정권은 극단적으로 정책을 전환하여 민주당 정권의 장기화를 노렸던 걸까요? 그것을 위해 현실주의 노선으로 이동하여 자민당의 특기를 빼앗으려고 한 걸까요?

사토 간은 3.11의 원전 봉쇄와 재해 부흥에 전념하고, 나머지는 몽땅 관료에게 맡겼습니다. 다시 말해 재무 관료, 외무 관료, 방위 관료 들이 현실적 사고방식으로 움직였지요.

가타야마 행정 파쇼라고도 할 수 있겠네요. 재해가 있고 정권이 약체화한 시기에 관료들이 독주했죠. 간 정권에서부터 아베 정권까지가 그 행정의 연속성 위에 올라 있습니다. 그래서 비슷한 걸까요?

사토 말씀한 것처럼 간 정권도 아베 정권도 관료가 만든 프레임 안에서 움직입니다. 아직도 거기에서 벗어나지 못했지요.

구(舊) 제국 해군을 계승하는 해상 보안청

가타야마 이야기가 포스트 3.11로 비약했지만, 다시 돌아보면 간 내각은 지금까지 없었던 일본의 위기에 직면한 정권이었어요.

우선 2010년 9월, 센카쿠 열도 부근에서 중국 어선과 해상 보안청의 순시선이 충돌했습니다. 중국 각지에서 반일 데모가 일어났고,[16] 한편 일본에서도 11월에 해상 보안관이 순시선과 어선의 충돌 장면을 유튜브에 올렸습니다. 데모는 모르겠지만 해상 보안관이 영상을 유출하는 일은 얼마 전까지는 생각할 수 없는 일이었어요. 일부에서는 극구 찬양하는 풍조도 있었지만, 대체 해상 보안청이 어떻게 된 일인가, 하고 놀란 사람도 많았을 것입니다.

사토 잇시키 마사하루(一色正春) 보안관이지요. 이는 다모가미 전 항공 막료장과도 통하는 문제입니다.

항공 자위대는 물론이고 해상 보안청도 무기를 소지하고 있습니다. 무기를 갖고 있는 관청의 공무원은 어떤 이유가 있어도 규칙과 통제에 따르지 않으면 안 됩니다. 방위 관료는 제3차 아베 정권의 이나다 방위 대신을 떠받치려고 하지 않았어요. 사임 요인이 되었던 보고 은폐도 방위성에서 유출한 거라고들 합니다. 그들이 야당 의원이나 매스컴에서 추궁당하는 이나다 대신을, 자질이 없으니까 고소하다며 보고 있었다면 굉장히 무서운 일이지요.

가타야마 모반을 일으킬지도 모르는 인물을 조직의 최고 자리에 앉힌 것이 애초에 잘못된 일이지요. 게다가 무기를 가진 조직이라면 더더욱 그렇습니다.

사토 맞습니다. 무기를 가진 사람들이 자신의 의사로 움직이려

---

16 센카쿠 열도 부근에서 순시선에 충돌한 중국 어선의 선장을 체포. 중국에 대한 배려로 석방한 것에 대한 항의 데모가 일본에서 일어났다. 한편 체포라는 일본 주권이 미치는 형태에서의 해결에 반발한 중국에서는 대규모 반일 데모가 일어나 일본계 기업이나 슈퍼마켓이 습격당했다 — 원주.

는 것만은 절대로 막아야 합니다. 일본은 국민개병주의가 아니므로 무기를 쓸 수 있는 사람은 극히 제한되어 있어요. 해상 보안청은 기관포도 사용할 수 있습니다.

가타야마　해상 보안청은 북한의 배를 가라앉혔어요. 실전을 경험했지요. 게다가 해상 보안청은 해상 자위대보다 구 제국 해군의 계보를 현저하게 잇고 있습니다. 보안관들도 그것을 의식하고 있는 게 아닐까요.

사토　지적한 대로 해상 보안청 사람들의 의식은 독립된 군대입니다. 그들은 자신들을 연안 경비대라고 생각하지 않아요. 한편 해상 자위대는 미국의 제7함대의 일부라는 교육을 주입받고 있습니다. 해상 보안청은 자위대와 지휘명령 체계가 다릅니다.

가타야마　무기를 갖고 독립된 지휘명령 체계를 가진다면 해상 보안청도 쿠데타를 일으킬 능력이 충분히 있습니다.

사토　해상 보안청은 쓸 만합니다. 육사에서의 요격 훈련도 하고 있어서 육상 전투도 가능하지요.

가타야마　해상 보안청 쿠데타, 소설로 만들면 베스트셀러가 될 것 같네요. 영화로 만들어도 좋을 겁니다. 「우미자루」에 나온 연약한 해상 보안청이 아니라 추리 작가 고바야시 규조(小林久三)가 그린 「황제가 없는 8월」의 해상 보안청 버전이지요.

사토　해상 보안청은 비행기를 갖고 있고 독자적인 통신 계통도 있습니다. 헌병대가 없으니 움직임을 포착하기가 힘듭니다. 전국에 네트워크가 있어서 일본 전역의 TV 방송국이나 신문사를 실력으로 제압할 수도 있어요.

가타야마 가슴이 설레네요. (웃음) 자위대보다는 해상 보안청의 쿠데타가 더 현실성이 있어 보입니다. 자위대는 독자적으로 움직일 수 없을 것이고, 만약 실행에 옮겨도 미군에 사전 파악되어 제압당하겠지요. 하지만 해상 보안청이라면 통신이 다르니까 미군이 수신할 염려도 없네요.

하야부사 귀환은 미담이 아니다

사토 사실 2010년에 일본 군사력의 크기가 가시화된 사건이 있었습니다. 6월에 소행성 이토카와를 관측한 탐사기 하야부사[17]가 약 7년 만에 지구로 돌아왔지요. 이것으로 일본이 대기권 밖에서 임의의 장소에 뭐든지 떨어뜨릴 수 있는 능력을 가졌다는 사실을 전 세계에 알렸어요.

가타야마 북한의 미사일 따위는 비교도 되지 않는 궁극의 무기네요. 미담으로 퍼졌지만 다른 측면도 있습니다. 왜냐하면 우주 개발 이야기는 미소 우주 개발 경쟁에서 출발했고 모두 군사와 연결되어 있으니까요.

　1980년대 이시하라 신타로의 장편소설『일본의 돌연한 죽음, 망국(日本の突然の死−亡国)』에서는 일본이 독자적 기술에 의존하여 자주적 방어 노선으로 달려갔고 미일 관계가 약해져 오히려

17　우치노우라 우주 공간 관측소에서 2003년 5월에 쏘아 올린 소행성 탐사기. 2005년에 소행성 이토카와에 도달하여 착륙에 성공했다. 2010년 6월 13일에 대기권으로 재진입하여 완전히 타버렸다. 그러나 소행성의 샘플이 들어 있는 캡슐을 오스트레일리아의 사막에 연착륙시키는 데 성공했다 — 원주.

망국에 이르는 스토리가 생생하게 나타났어요.

사토 그렇습니다. 국내외로 일본의 잠재적 군사력의 크기를 과시했어요. 한국은 아직도 대기권 밖으로 인공위성을 쏘아 올리는 능력이 없습니다. 북한은 2017년이 되어서야 비로소 대륙 간 탄도 미사일을 대기권에 재진입시켰습니다. 하지만 그것뿐이었지요.

일본은 하야부사를 소행성까지 보내 거기서 작업하고 7년 후에 정확히 돌아오게 했습니다. 우라늄 농축 폭탄을 탑재한 탐사기를 우주에 쏘아 올려 필요할 때 필요한 장소에 떨어뜨릴 수 있지요. 그리고 탐사기를 이용하여 각국의 위성을 떨어뜨리는 것도 가능해졌습니다. 이건 굉장한 기술입니다.

가타야마 하야부사가 귀환한 3개월 후인 2010년 9월, 문서 위조 사건으로 체포되었던 후생 노동성 관료였던 무라키 아쓰코(村木厚子) 피고에게 무죄 판결이 내려졌어요.[18] 여기서 검찰에 대한 비판이 심해집니다. 사토 씨도 생각하는 바가 있지 않습니까?

사토 애초에 사건은 2004년으로 거슬러 올라갑니다. 당시 기획과장이었던 무라키가 장애인 우편 할인 제도 적용에 필요한 거짓 증명서를 발행하도록 부하에게 지시했다고 하여 기소되었습니다. 그녀는 일관되게 부정했어요. 결과적으로 오사카 지검 특수부의 주임 검사가 증거인 플로피 디스크의 날짜를 고쳐 썼다는

---

18 장애자 단체를 위한 우편 할인 제도를 악용하여 실체가 없는 단체 명의로 일반 기업의 광고 우편을 대신해 주고 차액 중 일부를 착복한 사건. 2009년에 후생 노동성 국장인 무라키 아쓰코가 관여했다고 하여 체포, 기소되었지만 무죄 판결이 나왔다. 그 후 검찰의 증거 조작이 발각되어 담당 검사가 체포된다 ― 원주.

것이 밝혀져 무죄가 되었지요.

일본에서는 기소되면 99.9퍼센트 유죄가 됩니다. 그런 가운데 검사가 기소한 후에 무죄일지도 모른다는 인상을 갖게 되면 어떻게 될까요. 그들은 법무 관료입니다. 만약 유죄로 만들지 못하면 출세가 막힙니다. 아마 증거를 만지고 싶어질 거예요. 이 증거 날조 사건은 빙산의 일각이겠지요.

다만 저는 그래도 특수부는 필요하다고 생각합니다. 특수부를 없애도 정치 사건은 반드시 일어납니다. 그때 과연 경찰이 수사하고 적발할 수 있을까요? 독립성을 가진 특수부를 남겨 두어야 합니다. 이런 이야기를 했더니 은퇴한 검사들이 〈잘 알고 있네요〉라고 하더군요. 저는 특수부에 체포되었기 때문에 알고 있습니다.

가타야마 (웃음) 웃을 일이 아닙니다만, 사토 씨만이 가질 수밖에 없는 관점이네요.

사토 그 사건으로 무라키 아쓰코는 잔 다르크처럼 인기를 얻게 되었지만 그녀에게도 책임은 있었습니다. 거짓 증명서에 무라키의 과장 도장이 찍혀 있었어요. 부하가 멋대로 찍을 수 있었을까 하는 의문이 남지요. 어쨌든 부하에게 관인을 사용하게 한 상사로서 응분의 책임을 묻지 않으면 안 됩니다.

〈준(準)폭력단〉 탄생의 배경

가타야마 무라키의 무죄 판결도 뉴스에 활발하게 보도되었습니다만, 그해는 배우 이치카와 에비조(市川海老蔵) 사건도 예능 미디어를 떠들썩하게 했지요. 니시아자부에서 관동 연합[19]이라는 준폭력단 남자에게 이치카와 에비조가 폭행을 당했습니다. 준폭력단이라는 불량배 집단의 존재가 드러나게 되었지요.

사토 준폭력단의 대두도 조금 전 화제에서 나온 겉과 속의 경계가 없어진 맥락에서 말할 수 있지 않을까요?

가타야마 저도 같은 인상입니다. 예전에 불량배는 야쿠자에게 꼼짝 못하고 억눌려 있었습니다. 하지만 폭력단 대책법의 시행 등으로 야쿠자의 힘이 약해졌죠. 그것과 반비례하여 야쿠자의 통솔을 받지 않는 폭력적인 집단이 대두했어요. 원래라면 에비조와 불량배가 롯폰기에서 옥신각신하고 있을 때 야쿠자가 나와서 〈니들이 나댈 곳이 아니야〉 하며 중재했을 겁니다.

야쿠자의 세력권 안에서는 불량배가 멋대로 할 수 없습니다. 옛날이라면 싸움을 중재한 야쿠자가 에비조에게 은혜를 갚으라며 뭔가 요구하는 것까지 일련의 각본이랄까 상정된 패턴이었겠지요. 그런데 야쿠자의 약체화로 그 질서가 무너지고 말았습니다.

준폭력단이 갑자기 등장한 것처럼 생각하는 사람이 있을지도

---

19 폭력단에는 소속되어 있지 않지만 범죄를 되풀이하는 준폭력단. 원래는 1973년에 결성된, 도쿄 세타가야구나 스기나미구 등의 폭주족에 뿌리를 두고 있다. 2003년에 해산. 하지만 그 후에도 보이스 피싱 사기나 각성제 판매 등의 위법 행위를 했다. 아울러 준폭력단이란 〈그레이 존〉이나 〈반쯤 비뚤어졌다〉는 것에서 유래하며, 폭력단에 속하지 않으면서 위법 행위를 생업으로 한다. 가타야마는 〈전후 불량배나 학생 야쿠자가 폭력단으로 통합되었다. 헤이세이에 들어와 폭력단의 힘이 약해진 결과 다시 불량배가 세력을 키웠을 뿐이지 새로운 존재는 아니다〉라고 해설한다 — 원주.

모르지만 옛날부터 폭력단에 소속하지 않은, 불량 그룹의 연장선상에 있는 불량배는 존재했습니다. 불량배 영화라고 하면 도에이 영화사에서 우메미쓰 다쓰오(梅宮辰夫) 주연의 「불량배 두목」 시리즈가 있었어요. 불량배 두목인 우메미쓰는 〈우리는 야쿠자가 아니야〉라고 말합니다. 현실에서는 폭주족으로 알려져 있는 흐름이지요.

거기서 거슬러 올라가면 훗날 배우가 된 전후 초기의 야쿠자 안도 노보루(安藤昇)가 이끄는 안도파가 있습니다. 그들은 학생 야쿠자로 불렸는데 야쿠자와 술잔을 나누지 않으면 야쿠자가 될 수 없어서 처음에는 학생 불량배였던 것이지요.

이 에비조 사건으로 드러난 것은 불량배와 야쿠자 그리고 예능인과 일반 사람의 세력권이나 공존이 어느새 알 수 없게 되었다는 점입니다.

사토　쇼와 시대까지는 야쿠자와 예능 관계자가 접촉하는 가게가 제한되어 있었을 겁니다. 하지만 헤이세이가 되자 야쿠자도 준폭력단도 예능인도 원자화된 개인들이기 때문에 누가 어떤 가게에 있어도 자유롭게 되었지요. 적이 가는 가게와 야쿠자가 노는 가게 사이에 있던 관문이 없어졌다고 해도 좋을 겁니다.

가타야마　예능계와 야쿠자는 옛날부터 뒤에서 연결되어 있기는 했지만 그것이 공개적으로 문제되지 않도록 잘 제어하고 있었습니다. 그것은 단순히 야쿠자가 애써 그렇게 한 것이 아니라 사회 통념상 상식으로 여겨졌었죠.

예컨대 1959년 블루 스카이 사건을 들 수 있습니다. 가수 미

소라 히바리(美空ひばり)의 후원자는 3대째 야마구치파의 두목인 다오카 가즈오(田岡一雄)였습니다. 야마구치파의 예능 프로덕션인 고베 예능사에 미소라 히바리가 소속되어 있었지요. 미소라 히바리가 요코하마의 나이트클럽 블루 스카이에서 다오카 등과 술을 마시고 있을 때 학정회(鶴政会) 그러니까 훗날 이나가와파의 야쿠자가 〈한 곡 불러 봐〉라고 강요했습니다.

이 야쿠자는 주위에 다오카가 있다는 것을 모르고 있었고, 야마구치파 쪽도 시비를 거는 쪽이 그 지역인 가나가와의 거대 조직에 속해 있는 야쿠자인 것을 잘 모르고 있어서 호기 있게 위협하여 물러나게 했어요. 미소라 히바리가 완전하게 얽힌 그 사건은 하마터면 관동과 관서의 항쟁으로 발전할 뻔했지요.

상당히 위태로운 상황에서, 나중에는 도에이의 야쿠자 영화 소재가 되기도 했던 큰 사건이지만 미소라 히바라의 예능 활동에 일단 아무런 영향도 주지 않았습니다. 다시 말해 사회로서도 경찰로서도 매스 미디어로서도 상정한 범위 내의 사태였던 것이지요.

야쿠자가 예능인에게 관여하지 않으면, 부를 낳는 인기 예능인은 어디서 무슨 일을 당할지 알 수 없었습니다. 경찰이나 건실한 사람에게는 주의가 두루 미치지 않습니다. 야쿠자가 야쿠자로부터 예능인을 지켜 주지 않으면 예능 활동 같은 건 위험해서 할 수가 없어요. 그것을 사회가 알고 있는 것이지요. 야쿠자와 예능계, 사회와 공권력의 관계는 그런 것이었습니다.

사토 만약 에비조 사건이 쇼와 시대에 일어났다면, 그의 가부키

공연 제작사인 쇼치쿠가 서둘러 대응해서 매스컴을 향해 다른 이야기를 만들어 내 완전히 막았을 겁니다. 헤이세이에는 그것이 통하지 않지요.

가타야마 하지만 에비조는 그 상황을 역이용해서 제대로 반격했어요. 에비조와 마오 부부는 자신들이 직접 정보를 알리는 등 인터넷을 잘 이용하여 결국 새로운 비즈니스 모델을 확립했습니다.

사토 2017년 6월 투병 끝에 세상을 떠난 고바야시 마오(小林麻央)의 보도에서 에비조 사건을 언급하는 미디어는 한 곳도 없었습니다. 옛날 미디어는 오점이 있으면 죽어도 쫓아갔지만 금기가 되었어요.

가타야마 미담 일색이었지요. 에비조 사건을 기억하는 사람도 고바야시 마오가 남편을 갱생시켰다고 생각하는 듯한 줄거리로 보도되었어요. 마오 덕분에 훌륭한 아버지가 되어 아들과 함께 공연하고 있다고 말이지요.

이것은 에비조 측에서 언급하지 말아 달라고 한 것이 아니라 미디어가 자율적으로 규제한 것이 아닐까 싶습니다. 물론 고바야시 마오의 이야기는 너무나도 눈물샘을 자극하는 것이어서 저도 평상심을 유지할 수 없었죠. 그렇지만 관동 연합은 잘 기억하고 있어서 그때 바로 언급하지는 않는다고 해도 부부의 발자취를 돌아볼 때 빼놓을 수 없는 부분이라고 생각합니다.

하지만 호감도가 높은 에비조 부부의 오점을 다시 거론하면 시청자에게 비난당하는 것은 뻔한 일입니다. 그래서 언급하지 않지요. 다들 순간순간의 시청률이나 호감도로 판단하여, 수년 전에 큰 소동이 벌어졌던 사건을 다루려고 하지 않았지요. 건전하지 못하다는 생각도 들어요. 하지만 블루 스카이 사건을 언급하지 않는 것과 같은 이야기가 상황을 바꿔 반복되고 있다고 느낍니다.

사토 순간 지지율만 신경 쓰고 임시방편이나 찰나적인 대응으로 시종하는 아베 정권에도 해당되는 문제지요.

저는 헤이세이의 찰나주의를 상징하는 것이 〈라인 문화〉라고 느끼고 있습니다. 이메일이라면 이틀 동안 답장을 보내지 않아도 문제가 없어요. 하지만 라인을 읽었으면서 하루 동안 답을 하지 않으면 원망을 삽니다. 살인 사건으로 발전할 가능성까지 있지요.

가타야마 나를 무시하는 거야, 하면서 말이지요. 있을 수 있습니다. 또는 라인을 보지 않고 있으면 죽은 건가, 하고 걱정하기도 해요. 헤이세이는 미디어도 정권도 개인도 모두 찰나 혹은 순간의 대응을 요구하는 시대인 셈이지요.

프랑스의 사상가 폴 비릴리오는 일찍부터 현대의 정치와 사회를 속도의 문제에서, 그것도 그다지 긍정적이지 않은 방향에서 논하려고 했습니다만, 역시 그 부분에 대해 확신하지 않았나 생각합니다.

〈3.11〉은 일본 현대사의 분기점

사토 2011년은 헤이세이사, 아니 일본 현대사의 분기점이라고도 할 수 있는 3.11이 일어난 해입니다. 본론에 앞서 3.11에 이르기까지를 살펴보도록 하겠습니다.

먼저 1월에 튀니지 민주화 운동이 일어났습니다. 계기는 그 전해 말인 2010년 12월 튀니지의 지방 도시에서 채소를 팔고 있던 청년이 관리에게 뇌물을 요구받아 채소와 저울을 몰수당한 일입니다. 청년은 관청에 세 번이나 찾아가 저울을 돌려 달라고 호소했지만 상대해 주지 않을 뿐 아니라 뇌물을 요구받았어요. 분노한 청년은 항의를 위해 가솔린을 붓고 분신자살을 합니다. 그것이 재스민 혁명[20]의 시작이었지요.

가타야마　분신자살하는 모습을 촬영한 동영상이 페이스북에 올라와 튀니지만이 아니라 전 세계로 퍼져 나갔습니다. 센카쿠 열도에서 해상 보안청의 순시선과 중국 어선이 충돌한 사건과 경위가 비슷합니다. 개인이 전 세계를 향해 정보를 발신할 수 있는 시대이기에 소동이 퍼져 나가 혁명에까지 이르렀습니다.

사토　개인이 평화를 만들어 낼 수는 없지만, 개인이 전쟁을 일으키는 것은 충분히 가능합니다. 그것을 증명하는 사건이었지요. 아마존에서 나비가 날갯짓을 하면 미국에서 회오리가 일어난다는 나비 효과처럼, 관리가 노점상에게 뇌물을 요구한 작은 사건이 세계에 엄청난 격변을 일으키는 계기가 되었지요.

가타야마　일찍이 〈빈자의 핵무기〉라는 말이 있었습니다. 대국에

20　튀니지의 민주화 요구 시위. SNS를 통해 단숨에 퍼져 나가 그다음 달에 독재 정권을 붕괴시켰다. 그리고 이집트나 리비아 등의 혁명으로 이어졌다. 재스민은 튀니지를 대표하는 꽃이다 — 원주.

대항하기 위해 소국은 핵폭탄보다는 값싼 생물 무기나 화학 무기를 가지려 한다는 말입니다. 그것은 이미 과거 이야기로, 현대에는 개인이 스마트폰 등을 사용해 국가와 싸울 수 있습니다.

재스민 혁명에 촉발되어 카이로에서 무바라크 대통령을 사임으로 내몬 이집트 혁명이 일어났어요. 카이로에서 서로 싸우는 모습이나 도망치려고 우왕좌왕하는 사람들의 영상을 인터넷으로 볼 수 있었죠. 누군가가 우연히 그 자리에서 발신한 영상이므로 국가도 제어할 수 없습니다. 영상은 증식하여 전 세계로 퍼져 나갔어요. 얼마 전까지만 해도 상상할 수 없었던 형태로 혁명이 세계 각지로 번져 나간 것입니다. 바로 상정 밖의 사건이지요.

사토 동일본 대지진에서도 〈상정 밖〉이라는 말이 되풀이되었습니다. 하지만 1999년 도카이무라 방사능 누출 사고 이야기를 할 때도 말했지만, 원전 사고는 사토 가즈오의 『원자력 안전의 논리』에서 이미 상정되어 있었습니다(112면 참조).

가타야마 멜트다운, 멜트 스루, 벤트, 전원 상실 등의 리스크는 어떤 순서와 어떤 조합으로 문제가 발생할지 알 수 없습니다. 원전 사고에서는 상정 밖의 일이 반드시 일어난다는 이야기였지요.

사토 그렇습니다. 일본인은 3.11이 기회가 될 거라고 생각했어요. 3.11 이후는 전혀 다른 사회가 될 거라는 걸 아무도 의심하지 않았습니다. 그런데 그로부터 7년이 지났지만 아무것도 바뀌지 않았어요.

가타야마 저도 3.11이 기회가 될 거라고 생각했습니다. 하지만 그 정도의 임팩트로 이 나라는 변하지 않는다고도 할 수 있겠지요. 그렇다면 3.11이란 무엇이었는지, 다시 한번 살펴보기로 하지요. 먼저 사토 씨는 그날 뭘 하고 있었습니까?

사토 저는 작업실에서 미하일 불가코프의 『거장과 마르가리따』를 읽고 있었습니다. 1920년대의 모스크바에 악마가 나타나 대혼란이 일어난다는 장편소설입니다.

가타야마 그것 역시 상징적이네요……. 『거장과 마르가리따』는 오페라나 발레로도 만들어졌습니다. 명작이지요.

사토 작업실은 신주쿠의 아케보노바시에 있는 맨션의 14층입니다만, 첫 번째 진동은 책장의 책이 조금 떨어진 정도였어요. 잠시 후에 온 두 번째 진동으로 책장 자체가 날아가 냉장고에 부딪쳤습니다. 냉장고는 소리를 내며 부서지더군요. 엄청난 일이 일어났구나, 생각하며 밖을 내다봤더니 오다이바 쪽에서 검은 연기가 피어오르고 있었습니다.

가타야마 도쿄만 건너편의 지바현 이치하라 정유 공단에서 난 연기였을 겁니다. 아케보노바시에서도 보였군요.

사토 네, 그 검은 연기가 인상에 남아 있습니다. 30분쯤 상황을 보고 있으니 야스쿠니 거리에 사람이 잔뜩 몰려들어 정체가 시작되었어요.

가타야마 저는 집이 있는 이바라키현에서 조반선을 타고 진보초로 가고 있었습니다. 출판사와 상의할 일이 있었거든요. 지바현의 아비코역에 정차하고 있을 때 흔들리기 시작했습니다. 어라, 하고 생각하는 중에 점점 심해졌지요. 엉거주춤한 자세로 앞좌석을 붙잡고 있었습니다. 특별 객차를 타고 있었는데 같은 객차에는 다른 승객이 거의 없었어요. 시간대가 그랬으니까요. 진동이 잦아들자 다행히 역에 정차 중이어서 갇히지는 않고 바로 전차에서 내렸습니다.

그때 광경이 잊히지가 않아요. 그만큼의 진동이었지요. 전차는 더 이상 움직일 리가 없었습니다. 하지만 차량을 보니 다들 탄 채 내리려고 하지 않는 거예요. 정상성 선입견[21]이 굉장하다고 생각했습니다. 사람은 비상시에 직면하면 〈여기 있으면 안 돼〉라는 선입견이 작동하여 빨리 도망쳐야 하는데도 일상의 범주로 믿으려고 하지요.

아비코역에서 진보초로 가는 것은 이제 불가능하다고 생각한 저는 바로 집에 돌아가기로 했습니다. 맨 먼저 역 밖으로 빠져나왔기에 택시 승강장에는 줄도 없고 택시가 쭉 늘어서 있었어요. 〈그래, 웬일로 올바른 행동을 했네〉 하며 자신을 칭찬하고 싶어졌지요. 이와 관련하여 말하자면, 마라톤의 아리모리 유코(有森裕子) 선수가 했던 〈처음으로 자신을 칭찬하고 싶습니다〉라는 말은 1996년 애틀랜타 올림픽 때였으니까 헤이세이 시대네요.

그건 그렇고, 택시를 타자 운전사가 〈이 지진은 도쿠시마에서 일어난 거래요〉라고 말했어요. 나중에 생각하면 후쿠시마인가 뭔가를 라디오에서 잘못 들었겠지요. 그러고 보니 그때 택시는 라디오를 틀어 놓고 있지 않았습니다. 시끄럽다는 손님이 늘어나서 옛날에 비해 라디오를 끄고 있는 운전사가 많은 것 같아요.

---

21 사고나 재해가 일어났을 때 별일 아닐 거라고 자기 편한 대로 해석하여 사태의 심각성을 제대로 파악하지 못하는 심리 현상이다.

그래서 도쿠시마라는 이야기를 저는 순간적으로 곧이들어서 관동이 이렇게 흔들렸다면 서일본은 괴멸 상태가 아닐까 하고 생각했어요. 이미 침몰한 정도가 아닐까 하고 말이지요. 그럴 때 두 번째의 큰 진동이 와서 택시는 멈춰 섰습니다.

사토 그 두 번째 진동이 컸지요. 이바라키였다면 원전에 대한 불안은 없었습니까?

가타야마 이바라키는 진도 6이었습니다만, 그래도 생각이 거기까지 미치지는 않았어요. 도카이무라 방사능 누출 사고 때도 그 정도로 공포가 심했는데 대지진 때는 원전이 생각나지 않았습니다. 저도 원전의 안전 신화에 중독되어 있었겠지요.

지바현에서 이바라키현으로 들어와 도네가와강을 건너간 지점에서부터 진동의 피해가 눈에 띄게 커지더군요. 지붕의 기와가 여기저기에 떨어져 있었어요. 집이 무너지지나 않았을까 하는 불안감 속에 서둘러 귀가했습니다.

집은 그럭저럭 무사했지만 근처의 전봇대가 쓰러져 밤까지 정전이었어요. 깜깜한 가운데 개를 안고 함께 여진에 흔들리며, 손으로 돌려 충전하는 라디오로 정보를 들었습니다. 대비가 너무 없었어요. 한심했지요. 손으로 돌려 충전하는 라디오는 계속 돌리지 않으면 금방 전원이 나가서 들리지 않습니다. 곧 지쳤지요.

사토 서고는 괜찮았습니까?

가타야마 진동 방향이 좋았나 봐요. 그리고 정확히 고정하지 않은 책장을 딱 붙여 늘어놓았던 엉터리 방식이 오히려 다행이었던지 서로 부딪치며 상쇄를 한 것 같았어요. 쓰러진 책장은 하나도

헤이세이와 대지진

1993년 7월 12일	홋카이도 남서 앞바다 지진	• 규모: M7.8 • 사망(행방불명): 202(28)명
1995년 1월 17일	한신·아와지 대지진	• 규모: M7.3 • 사망(행방불명): 6,434(3)명 • 자원봉사자: 137만 7천 명
2004년 10월 23일	니가타현 주에쓰 지진	• 규모: M6.8 • 사망: 68명 • 자원봉사자: 9만 5천 명
2007년 3월 25일	노토 반도 지진	• 규모: M6.9 • 사망: 1명 • 자원봉사자: 1만 5천 명
2007년 7월 16일	니가타현 주에쓰 앞바다 지진	• 규모: M6.8 • 사망: 15명 • 자원봉사자: 2만 9천 명
2011년 3월 11일	동일본 대지진	• 규모: M9.0 • 사망(행방불명): 1만 9,630명(2,569)명 • 자원봉사자: 151만 8천 명
2016년 4월 14일 (전진) 2016년 4월 16일 (본진)	구마모토 지진	• 규모: M7.3 • 사망: 259명 • 자원봉사자: 12만 명

없었습니다. CD장은 가벼워서 시원하게 다 쓰러져 바닥이 보이지 않게 되었지만요.

밤이 되어서야 비로소 정전이 복구되어 TV를 보자 게센누마가 불타고 있었습니다. 원전 뉴스도 알게 되었죠. 차츰 이건 위험하겠구나, 하는 생각이 들어 핏기가 가셨습니다. 그럴 때 집 전화가 울렸어요. 작곡가인 하야시 히카루 씨였어요. 〈가타야마 씨, 살아 있었군요〉라고 말했는데, 멍한 목소리였습니다. 아마 책장에 깔려 압사했을 거라고 상상했을 거예요. (웃음) 하지만 하야시 씨뿐이었습니다. 걱정해서 전화를 해준 사람은요. 게다가 하야시 씨는 합창곡「원폭 소경」이나 영화음악「제5후쿠류마루」등으로 알려져 있는 〈반핵 작곡가〉입니다. 그러고는 얼마 지나지 않아 넘어져 머리를 다치는 바람에 세상을 떠나고 말았습니다. 뭐랄까, 지금 생각해도 무척 신기한 비상시의 하룻밤이었죠.

만약 자민당 정권이었다면

사토 사실 간 정권에 대해서 저는 그런 조건에서 잘한 것이 아닐까 생각합니다.

대단한 역설이기도 합니다만, 만약 자민당 정권이었다면 일본 전체가 협력해 가는 체제를 만들 수 없었을 겁니다. 야당인 민주당은 자민당 정권이 지속한 원전 정책을 비난하며 정쟁에 에너지를 쏟았을 거예요.

그런데 정권이 교체되어 공수가 역전된 시기였습니다. 원전 정책을 추진한 자민당은 민주당 정권을 공격할 수 없지요. 그래서 민주당은 일본 전체가 사고 대응에 힘을 쏟도록 할 수 있었습니다.

가타야마 간 총리의 경우도 〈이라칸(화를 잘 내는 간)〉이라고 야유를 받았지만, 이제 정말 일본은 망가질지 모른다는 위기감이 있었어요. 비상시이므로 원전에 직접 찾아가는 선택을 했습니다. 지나치다는 비판도 이해할 수 있지만 1945년 8월 15일 이래 가장 큰 비상사태라고 인식하고 있었겠지요.

사토 말씀한 것처럼 도쿄 대학 공대 출신자인 간은 원전 사고의 심각함을 이해하고 있었습니다. 행동거지에는 문제가 있었을지 모르지만 다른 지도자였다면 상황이 좀 더 심해졌을 가능성도 있었겠지요.

그러나 하토야마의 마르코프 연쇄 이론이었다면 좋았을 거라거나 그 후의 노다였다면 어땠을까, 또는 아베나 아소였을 경우에는 무슨 일이 일어났을까, 간보다 좋은 결과를 얻을 수 있었을지는 아무도 모릅니다.

가타야마 씨는 센다이 출신이지요. 3.11은 도호쿠와 도쿄의 역사적 관계도 드러낸 재해였습니다. 도호쿠 사람은 도쿄 사람과는 또 다른 견해를 갖고 있지 않을까요?

가타야마 센다이는 태어난 곳일 뿐이라고 말할 수 있지만, 전체적으로 인생의 10퍼센트 정도는 센다이에서 보냈다는 계산이 나오니 도호쿠는 다소 안다고 생각합니다. 하지만 3.11로 도쿄라고 할까요, 새삼 중앙에 대한 환멸을 맛본 도호쿠 사람이 많았겠지요.

거슬러 올라가면 도호쿠는 보신(戊辰) 전쟁[22]에서 패배했습니다. 아니, 고대부터 야마토 조정이 도호쿠에 에조(蝦夷)[23] 토벌의

---

22   일본의 내전으로 1868년부터 1869년에 걸쳐 벌어진 도막파와 막부의 전쟁에서 도막파가 승리함으로써, 정국을 조슈번과 사쓰마번 세력이 주도하게 되어 메이지 유신이 본격적으로 시작된다.
23   야마토 조정으로부터 이어지는 역대 중앙 정권이 볼 때 일본 열도의 동북(현재의

병사를 보내기도 해서, 항상 떨어진 지역으로서의 원한을 품는 상황에 놓여 있었죠. 도호쿠 사람은 내내 도쿄에 대해 석연치 않은 감정을 품고 있었어요. 센다이는 조금 다른 의식이 있긴 하지만요. 그런데 도쿄에 전력을 공급하는 후쿠시마 제1원전이 폭발했습니다. 결국 도호쿠에는 오랫동안 사람이 살 수 없는 지역까지 생겼지요. 도호쿠 전력의 오나가와 원전이 어떻게든 제어된 것은 위안이 되었지만 말이지요.

사실 저의 조부는 도호쿠 전력에서 1940년대부터 오랫동안 비서 과장을 했습니다. 도호쿠 전력의 시라스 지로(白洲次郎) 회장의 사진 같은 걸 보면 후쿠시마의 깊은 산속에 있는 수력 발전소 건설 현장에서 조부가 시라스 회장 바로 뒤에서 가방을 들고 있더군요.

제가 어렸을 때 조부를 따라 도호쿠 전력의 본사 건물에 간 적이 몇 번 있었습니다. 그곳 1층 로비에 완성 예정인 오나가와 원전의 미니어처가 케이스에 들어 있었지요. 그 앞에서 조부와 친하게 지냈던 자민당의 정치가 아이치 기이치(愛知揆一)가 어린 저의 머리를 쓰다듬어 주기도 했습니다. 다나카 내각 무렵이었지요. 조부는 도호쿠 전력도 원전을 만들면 도호쿠를 발전시킬 수 있다고 했어요. 3.11이 있고 얼마 후 그 일을 떠올리고 하늘을 올려다보며 감상적으로 눈물을 흘렸습니다. 조부모는 이와테현 출신으로 도호쿠의 발전에 꿈을 걸고 있었고, 조부로부터는 도쿄

관동 지방과 도호쿠 지방)이나 북방(현재의 사할린과 홋카이도) 등에 사는 사람들에 대한 호칭이다.

중심으로 생각하지 않는 태도를 꽤 많이 배웠어요.

그 꿈의 결과가 좋지 않은 형태로 나오고 말았지요. 조부가 살아 있다면 어떻게 봤을까, 하고 생각했어요. 분했을까, 그렇지 않았을까, 원통함을 지그시 참았을까, 한동안 그런 생각만 했습니다.

아무튼 부서진 원전을 처리하는 기술도 아직 없어요. 부흥도 원상 복구 같은 이야기가 중심이고, 도호쿠에 새롭게 사는 기쁨을 준다는 말은 그다지 들리지 않습니다. 도쿄와 도호쿠의 일그러진 관계가 가시화되어 도호쿠 사람들에게 내밀어졌지요. 게다가 부흥은 어느새 도쿄 올림픽 같은 이야기로 싹 바뀌었습니다.

사토 간은 기병대(奇兵隊) 내각으로 명명했습니다. 기병대가 후쿠시마로 들어가는 것은 미국 남북 전쟁에서 북군이 부른 행진곡 「공화국 전투 찬가」를 개사한 「올챙이는 개구리 새끼」를 부르며 애틀랜타로 가는 것이니까요.

가타야마 기병대가 후쿠시마에서 뭔가를 하려고 해도 잘될 리가 없습니다. 지역 감정이 남은 아이즈에서는 아직도 삿초(사쓰마번과 조슈번의 준말) 이야기를 하지 말라고 하니까요.

사토 하지만 아직도 관저에서는 조슈 인맥이 세력을 떨치고 있습니다. 조슈 출신의 관료가 중용되고 있지요. 정치가가 처음 만난 관료에게 뭐라고 물어볼 것 같아요? 〈자네, 어디 출신인가?〉입니다. 관료가 되면 옛날 번이 어딘지가 무척 중요하죠.

가타야마 아베 총리가 바로 조슈 출신이고, 아베 정권을 떠받치는 일본회의[24]의 원류인 오다무라 도라지로(小田村寅二郎)와 오다무라 시로(小田村四郎)도 조슈 출신입니다. 오다무라 형제는 요시다 쇼인(吉田松陰)[25]의 친척이니까요. 도호쿠 부활을 얼마나 현실성을 갖고 생각하고 있는지가 의문이지요.

사토 3.11에서도 동일본과 서일본의 온도 차가 확실히 있었습니다. 저는 도시샤 대학에서 학생들을 가르치고 있는데, 3.11이라고 해도 관서 학생들은 별로 실감하지 못합니다.

가타야마 당연하지만 실제로 진동을 체험했는지가 굉장히 중요합니다. 3.11 후에 1923년의 관동 대지진에 대해 다시 살펴봤습니다. 보험 회사에는 화재 보험의 지불을 요구하는 사람들이 연일 쇄도해서 큰 소동이 벌어져요. 하지만 도쿄에 본사가 있는 보험 회사와 달리 서일본에 본사가 있는 보험 회사는 딱딱하게 대응합니다. 남의 일인 거지요. 관서가 비협력적으로 나와 서로 보조가 맞지 않자 도쿄에서 손해 보험 업계의 거물인 가가미 겐키치(各務鎌吉)가 조정을 위해 관서로 가요. 그러자 보험 계약자가 〈가가미가 관서로 도망쳤다〉라며 뒤쫓아 갑니다. 동일본은 뜨거워지고 서일본은 차갑습니다. 역사는 되풀이되지요.

동과 서의 온도 차가 노골적으로 드러나는 한편, 피해 지역이나 피해자의 연대를 강조하는 〈유대〉라는 수상쩍은 말이 유행했

24 헌법 개정을 호소해 온 〈일본을 지키는 국민 회의〉와 〈일본을 지키는 모임〉이 1997년 합병하여 발족한 조직. 전 도도부현에 지방 본부를 두고 〈명예로운 나라 만들기〉를 목표로 헌법 개정 운동을 전개한다. 회원은 약 4만 명. 산하 조직인 〈국회 의원 간담회〉의 가맹 국회의원은 약 290명이며, 아베 총리나 아소 다로 전 총리가 특별 고문이다. 보수계의 신흥 종교 단체 〈생장(生長)의 집〉 출신의 전 활동가들이 조직 운영을 맡고 있다. 가타야마가 본문에서 언급한 오다무라 도라지로는 이 단체의 〈핵심 조직〉이라고도 하는 일본 청년단 협의회의 사상적 지주이고, 그의 동생 시로는 전 다쿠쇼쿠 대학 총장으로 일본회의 부회장을 역임했다. 둘 다 고인이다 ─ 원주.

25 에도 시대 말기의 사상가이자 교육자로 메이지 유신의 정신적 지도자로 추앙받는다. 아베와 자민당 정권에서 정신적 지주로 떠받드는 인물이기도 하다.

습니다.

사토　하지만 곧 쓰이지 않게 되었습니다. 미디어는 〈자율 규제〉나 〈조심성 없음〉[26]이라는 말을 빈번하게 사용했지요.

가타야마　어리석게도 공공 장소에서는 〈조심성 없는 일〉이라며 서던 올 스타즈의 「쓰나미」 등 쓰나미를 연상시키는 노래도 흐르지 않게 되었지요. 한편 인터넷 공간에서는 쓰나미의 영상도 마음껏 볼 수 있고, 아무튼 뒤죽박죽입니다.

사토　TV가 자율 규제를 하자 야마구치파를 예찬하는 V 시네마만 볼 수 있게 되는 것과 같은 구조지요.

가타야마　자율 규제로 은행이나 신주쿠의 밤이 어두워졌다, 하는 이야기도 있었지요. 다시 돌아보면 3.11 전에 긴자가 어두워진 것은 1973년과 1979년의 오일 쇼크 때였습니다. 오일 쇼크가 일어났기 때문에 일본 전역에 원전이 늘었죠. 그리고 원전 사고로 다시 어두워졌어요. 업의 깊이를 느낍니다.

사토　하지만 밤이 어두워진 것은 일시적이고 3.11의 결과 일본의 밤은 밝아졌습니다. 무슨 일인가 하면 LED가 보급되었거든요. 전력 소비도 적어서 거리 조명도 늘어났어요. 게다가 3.11을 계기로 충전지가 보급되었습니다.

　도쿄 구치소에 있던 2002년부터 2003년은 망간 전지밖에 살 수 없었지만 지금은 어디서든 충전식 전지를 살 수 있어요.

가타야마　대지진을 계기로 비축 의식이 높아졌지요. 계획 정전도

26　정확한 용어는 불근신(不謹慎)으로, 후쿠시마 원전 사고 이후 나타난 국가적 재앙에 대해 함께 대응하지 않는 사람을 〈불근신〉으로 규정하고 낙인 찍히는 일이 일어났다.

있었으니까요.

사토 대지진 후의 계획 정전은 일본의 중심과 그 이외 지역에 노골적으로 선이 그어진 경계를 떠오르게 했습니다. 지요다구, 미나토구, 주오구, 신주쿠구 등 일본의 중심은 계획 정전이 이루어지지 않았어요. 지역에 우선순위가 있다는 게 밝혀진 것입니다.

가타야마 게다가 롯폰기 힐스 등 부유층이 사는 게이티드 시티에는 자가발전 능력이 있습니다. 격차가 분명히 겉으로 드러났다고도 할 수 있겠지요.

그래도 동일본에 있었던 사람은 부유층도 가난한 사람도 모두 혹독한 현실에 직면했습니다. 저는 이바라키현민이라서 원전 사고 확산에 따라 강제 퇴거될지도 모른다고 한동안 계속해서 진지하게 생각했어요.

자원봉사 붐을 끊다

사토 혹독한 상황에 놓이기는 했지만 도시 패닉은 일어나지 않았습니다. 에다노 유키오(枝野幸男)[27] 관방 장관이 정보를 일원적으로 관리하기도 했지요. 또한 매스 미디어도 도시 패닉이 일어나지 않도록 자기 검열을 했습니다. 대지진 직후 하행 신칸센은 좌석을 구할 수 없는 상황이었는데 보도되지 않았어요. 이건 아

---

27 간 내각의 관방 장관. 3.11 때는 대변인 역할을 하여 연일 원전 사고 상황을 설명하는 모습을 해외 미디어에서는 〈일본의 잭 바우어(미국 드라마 「24」의 주인공)〉라고 평했다. 2017년 중의원 선거에서 입헌 민주당을 만들어 당수가 된다 — 원주.

주 중요했습니다.

　이름을 말하면 지장이 있으니까 말하지 않겠지만, 대형 미디어 간부는 가족을 규슈나 오키나와로 피난시켰으니까요. 그는 원전 사고의 심각함을 알고 있었던 겁니다. 저는 원전 사고 후 보도 통제를 보면서, 이 나라는 비상시에 익찬(翼贊) 체제[28]가 되는구나, 하고 생각했어요.

가타야마　미디어가 반복한 〈유대〉나 〈자율 규제〉 그리고 〈조심성 없음〉이 그렇습니다. 다들 도망치거나 내버리거나 하지 않도록 익찬적인 정보로 조작한 것이에요. 그래서 패닉도 일어나지 않고 경착륙했던 거지요.

　올바른 정보를 전해야 할지 아닐지, 1973년 영화 「일본 침몰」에서도 그것이 중요한 장면이 되었습니다. 원작 소설에도 똑같은 장면이 있는데, 영화에서는 하시모토 시노부(橋本忍)의 시나리오가 그것을 포착해 큰 장면으로 만들었어요. 시마다 쇼고(島田正吾)가 연기하는 정계의 흑막 인물인 와타리 노인이 일본 침몰을 국민에게 알려야 할지 어떨지, 어떤 위기 대책을 해야 할지 고민하는 총리 역의 단바 데쓰로에게 〈이대로 아무것도 하지 않는 게 좋네〉라고 말합니다. 학자에게 생각해 보라고 했더니 그런 의견이 나왔다고 하면서요. 섣불리 전했다가 국민이 조직적으로 해외로 도피하려고 하면 패닉이 일어날 뿐이라면서 말이지요. 깨닫고 도피할 수 있는 사람만이라도 도피하면 됩니다. 그때 단바 데쓰

28　일본 제국의 국민 통합 단일 기구였던 다이쇼 익찬회를 중심으로 하는 제2차 세계대전 중의 정치 체제. 〈익찬〉은 도와서 올바른 데로 이끌어 간다는 뜻이다.

로가 〈아무것도 하지 않는 게 좋다고요?〉라며 몸을 앞으로 내밀고 씁쓸하게 얼굴을 일그러뜨립니다.

3.11 때 저는 그 장면이 되살아났어요. 그때 간 총리가 품은 위기의식을 직접적으로 보도했다면 다들 앞을 다투어 도망치려고 해서 패닉이 일어났겠지요.

사토 아무것도 하지 않겠다는 결단도 분명히 있겠지요. 반대로 〈유대〉라는 말에 촉발되어 3.11 때도 수많은 자원봉사자가 피해 지역으로 들어갔습니다. 자원봉사자는 현대의 익찬이라고 할 수 있습니다. 아무도 강제하지 않는데 자발적으로 나라를 위해 봉사하지요. 보도 통제만이 아니라 자원봉사자의 움직임을 봐도 익찬 체제를 만들 수 있는 사회라는 것을 알 수 있어요.

그렇다고 해도 자원봉사 원년이라고 하는 한신·아와지 대지진과는 달리 3.11은 자위대를 예찬한 재해이기도 했습니다.

가타야마 3.11 때는 원전 사고도 있어서 시민이 간단히 피해 지역으로 들어갈 수 없었습니다. 한신·아와지 대지진은 하나의 경험으로서 도움이 되었지만, 대규모의 피해가 아오모리현에서 이바라키현까지 해안 지역을 중심으로 너무 광범위한 지역에 미쳤기 때문에 개인 차원의 자원봉사로는 한계가 있었어요. 국가 차원의 대응이 전면에 드러났고, 피해 지역에서 활동하는 국가의 실체적 조직으로서는 자위대가 압도적으로 두드러졌습니다.

사토 일본인은 3.11 때 처음으로 생명보다는 직무 수행을 우선하지 않으면 안 되는 무한 책임을 지게 되었습니다. 전후의 가치관은 개인주의, 생명 지상주의, 게다가 합리주의입니다. 그 가치관에 따르면 도쿄 전력의 직원도 자위대원도 직업 선택의 자유가 있으니 〈저는 오늘 그만두겠습니다〉라고 말할 수 있어요. 게다가 도쿄 전력도 자위대도 〈생명을 버리고 이 일을 하라〉고 명령할 수 없지요.

가타야마   원전 사고는, 사람의 생명은 지구보다 무겁다는 전후에 뿌리박힌 사고가 통용되지 않는 상황이었습니다. 평화 국가든 뭐든 원전이 존재하면 누군가는 목숨을 걸어야 하는 시스템을 구축해야 하는 현실을 보여 준 것이지요.

사토   게다가 목숨을 거는 사람에게는 일정한 기술과 지식, 도덕성과 열의가 요구되었습니다. 그렇게 말하면 전시 특공대와 관련시켜 생각하는 사람도 있을지 모릅니다. 그러나 특공대와 달리 그 모델로서는 미우라 아야코(三浦綾子)의 『시오카리 언덕(塩狩峠)』이라고 생각합니다.

가타야마   『시오카리 언덕』은 실화가 기초가 된 소설이지요. 메이지 말기 홋카이도의 시오카리 언덕을 달리는 기차의 맨 끝 차량이 뒤로 밀려나 폭주하기 시작합니다. 철도원인 주인공이 선로로 뛰어들어 생명과 맞바꾸어 승객을 구하죠. 미우라 아야코가 기독교인이어서 그리스도교 소설로 읽혀 왔습니다. 영화로도 만들어졌는데 지금도 볼 수 있나요?

사토   DVD가 나와 있습니다. 다만 그리스도교 소설로 읽으면 본질을 알 수 없게 됩니다.

주인공은 철도원이고 차장이었습니다. 기차의 브레이크 조작을 알고 있지요. 주인공은 차량의 브레이크를 걸고 스피드를 떨어뜨리지만 완전히 멈추지는 않습니다. 최종적으로 자신이 뛰어들어 사람을 구하겠다는 결단을 내리죠. 그는 신앙으로서의 자기희생이 아니라 테크노크라트(기술 관료)로서의 책무를 다한 것입니다. 직업적 양심을 묻는 소설이었지요.

가타야마 원전 사고에서 작업원은 바로 테크노크라트의 책무에 직면했습니다. 그렇다면 역시 원전에서 일하는 사람들의 지위나 명예 그리고 보수가 좀 더 높지 않으면 안 됩니다. 전쟁 이상으로 목숨을 걸지 않으면 안 되는 산업이니까요. 그렇게 되면, 죽고 난 후 신으로 모십니다, 하는 야스쿠니 신사에서 하는 것과 다르지 않게 된다는 점도 있지요.

재해 문학의 발흥

사토 『시오카리 언덕』은 1966년에 나온 소설이었는데 3.11 이후에는 자연재해나 원전을 테마로 한 소설이 다수 쓰여 〈재해 문학〉으로 불렸습니다.[29]

가타야마 확실히 문학은 3.11에 솔직하게 반응했습니다. 오랜만에 일본인이 있는 그대로 실감하는 상황이었으니까요. 그중에서

---

29 대담에서 다룬 작품 외에도 후쿠시마에 살며 재해 직후부터 트위터로 계속 발표한 시를 모은 와고 료이치의 『시의 돌팔매(詩の礫)』, 사망자가 죽은 것을 이해하지 못하는 내용을 그린 이토 세이코의 『상상 라디오』, 쓰나미에 휩쓸린 가공의 마을 역사를 그린 구마가이 다쓰야의 「센가우미 사가」 시리즈, 다이버가 바다에 수장된 행방불명자의 유품을 찾는 덴도 아라타의 『문나이트 다이버』, 원전 사고로부터 피난하는 모자의 갈등을 그린 가네하라 히토미의 『가지지 못한 자(持たざる者)』, 재해 후 사회의 우경화를 모티프로 한 요시무라 만이치의 『볼라드병(ボラード病)』 등이 있다 — 원주.

도 쓰시마 유코(津島佑子)는 2016년 세상을 떠날 때까지 일종의 모성을 통해 3.11 후의 위기감을 그렸습니다.[30]

사토 저에게 가장 인상에 남은 작품은 가와카미 히로미(川上弘美)의 『신 2011(神樣 2011)』입니다.[31]

가타야마 여성들이 큰 반응을 보인 소설이었지요.

사토 또 하나는 강상중의 『마음』입니다.[32] 이는 아들의 자살과 관련시킨 소설인데, 시신 인양 자원봉사를 테마로 3.11의 죽음과 진지하게 마주한 작품이었습니다.

가타야마 저는 3.11에서, 정치사상사가 마루야마 마사오(丸山眞男)가 마르크스주의 철학자인 우메모토 가쓰미(梅本克己) 등과 대담한 『현대 일본의 혁신 사상(現代日本の革新思想)』이라는 책을 떠올렸습니다.

사토 씨는 3.11이야말로 일본 사회가 변할 수 있는 기회가 될 가능성이 있었다고 지적했는데, 저도 제2의 패전이라 부를 수 있는 커다란 전기라고 생각했어요. 하지만 일본은 아무것도 바뀌지 않았습니다. 그것은 왜일까요? 전기(電氣)가 있었기 때문이 아닐까요?

---

30 다자이 오사무의 둘째 딸인 쓰시마 유코는 2013년에 발표한 『야마네코 돔(ヤマネコ・ドーム)』에서 고아들의 반생을 통해 일본의 전후나 재해 그리고 방사능 피해를 마주했다 — 원주.

31 후쿠시마를 배경으로 한 『신 2011』은 가와카미의 데뷔작 『신』에 등장했던 〈나〉와 〈곰〉이 한 아이가 사라진 강가를 산책하면서 방호복을 입은 사람들을 보게 되는 동화풍의 짧은 소설 — 원주.

32 정치학자 강상중은 『재일 강상중』, 『고민하는 힘』 등 여러 베스트셀러를 냈다. 『마음』에서는 나쓰메 소세키의 『마음』을 모티프로 선생님과 청년의 교류를 통해 동일본 대지진의 죽음과 강상중 자신의 장남이 한 자살을 응시한다 — 원주.

마루야마 마사오는 독일의 사회학자 막스 베버의 러시아 혁명론을 언급하면서 러시아 혁명은 모스크바나 페테르부르크에 전기나 수도, 가스 등의 사회 인프라가 없었기 때문에 수행할 수 있었다고 말합니다. 아직 램프나 물을 길어 생활하고 있었죠. 근대 생활은 전기나 가스, 수도가 하루라도 멈추면 성립하지 않습니다. 근대 사회의 도시 생활자는 전기, 가스, 수도가 멈추는 것을 가장 두려워하지요. 인프라 유지에 가장 큰 관심을 갖는다고 말한 겁니다.

인프라가 멈추는 소란 상태는 민중의 지지를 얻을 수 없습니다. 고도 자본주의 국가의 시민은 전기나 가스나 수도를 자기 육체의 피와 같다고 생각하므로, 멈추게 되면 거기에 대한 대응만으로 머릿속이 가득 차서 정치나 경제 그리고 사회의 큰 이야기는 거들떠보지 않게 됩니다. 따라서 마루야마는 고도 자본주의 국가에서 폭력 혁명을 일으켜도 실패한다고 말합니다.

여기에 우메모토 가쓰미는 반론하지요. 그런데 3.11을 보자 마루야마가 옳았다는 것이 증명된 것 같았습니다. 원전이 폭발할지도 모르는 상황인데 냉장고를 쓸 수 없게 되면 어떡하나, 하고 계획 정전에 대한 걱정이 앞섰잖아요. 정전되면 컴퓨터가 어떻게 된다거나 원고도 전기에 의존하고 있으니 글을 쓸 수 없게 될까, 하고 저도 그런 생각으로 머리가 가득 찼습니다.

후쿠시마의 일부가 살 수 없게 되는 큰일이 일어났음에도 불구하고 가치관은 변하지 않았습니다. 생활을 유지하는 것이 무엇보다 앞서지요. 문명 생활이 다다른 곳입니다.

탈원전은 왜 좌절했는가

사토 민주당 정권은 3.11을 겪고 나서 2030년까지 탈원전을 하겠다고 했지만 좌절하고 말았습니다. 거기에는 세 가지 요인이 있어요.

첫째는 중동 정세의 불안정화로 화석 연료가 안정적으로 들어오지 않게 되었다는 점입니다.

둘째는 미러 관계의 악화입니다. 정치적 요인으로 러시아에서 화석 연료를 수입할 수 없게 되고 말았습니다.

셋째는 일본의 구조적 문제입니다. 만약 원전을 그만두면 원자력과 관련된 일은 폐로밖에 없게 되죠. 도쿄 대학이나 교토 대학, 도쿄 공업 대학의 원자 물리학에 우수한 학생이 모이지 않게 됩니다.

그렇게 되면 뭐가 문제일까요. 만일의 경우 핵무기를 만드는 능력을 잃어버리게 됩니다. 현재 일본은 핵무기를 만들 의사가 없어요. 하지만 능력은 있지요. 이것으로 타국의 위협에 대한 억지력은 확보할 수 있습니다. 탈원전은 그 능력을 내려놓는 것을 의미합니다. 엘리트층이 공유하는 이런 두려움이 원전 유지의 원동력이 되고 있습니다.

가타야마 게다가 일본은 탐사기 하야부사를 갖고 있으니 그 기술로 정밀도가 높은 핵미사일을 만들어 전 세계에 위협을 줄 수 있습니다. 세 번째 요인은 아무도 공공연하게 말하지 않지만 가장 중요한 포인트일지 모릅니다. 3.11은 원전 유지와 맞바꾸어 누군가가 목숨을 걸지 않으면 안 되는 구조와 핵무장(능력 유지)이라는 전후 일본의 두 가지 금기를 드러냈습니다.

〈핵무장하지 않으면 국가가 아니다〉, 1980년대에 사회학자 시미즈 이쿠타로(清水幾太郎)는 이렇게 말하여 강력한 비난을 받았지만, 핵무장을 강조한 그의 『일본이여, 국가가 되어라(日本よ国家たれ)』의 문제가 없어진 것은 아닙니다. 미일 안보가 없어진다면 그 후 일본의 안전 보장은 어떻게 될까요. 일본 헌법의 전문에서 강조해서 말한 것처럼 〈평화를 사랑하는 모든 국민의 공정과 신의〉를 기대하면 평온무사하게 살 수 있을까요. 리얼리스트인 시미즈 이쿠타로는 그런 환상을 갖고 있지 않았습니다. 국제 사회의 철칙은 강한 나라가 약한 나라를 꺾지요. 겉치레 말이 통할 여지가 없어요. 일본은 〈경제 대국〉에 상응하는 규모의 군비를 갖추지 않으면 마음 놓고 살 수 없다고 생각했습니다.

지금 바로 그것을 묻고 있는 것입니다. 미국이 미일 안보 조약을 끊으려고 하면 〈우린 핵무장할 거야〉라는 위협 카드를 갖고 있지 않으면 안 됩니다.

사토 핵 확산 금지 조약이 무너졌을 경우, 니제르에서 우라늄을 살 수 있게 됩니다. 또는 그 무렵 우호국이 되어 있다면 북한에서도 입수할 수 있을지 모릅니다.

가타야마 일본이 북한과 군사 동맹을 맺고 미국과 싸운다는, 사실 저는 그런 SF적인 공상을 하는 일이 있습니다.

사토 현재의 동아시아 정세에 따라 북한으로부터의 우라늄 수입이 꼭 꿈 같은 일만은 아닙니다. 그렇게 생각하면 탈원전도 핵

폐기도 유토피아적 몽상이라 할 수 있겠지요. 결국 탈원전 데모에 40만 명이 모였지만 아무것도 바꿀 수 없었으니까요.

가타야마 재스민 혁명의 튀니지나 카이로 정도로 고조되지 않으면 사회는 변하지 않겠지요. 1970년대에는 국철의 노동조합이 주도한 파업으로 열차 운행이 중단되었습니다. 도쿄에서도 당시처럼 모두가 총파업 같은 원전 항의 운동을 전개할 정도가 아니면 안 되겠지요. 하지만 노동조합의 힘이 약해지고 있는 현대에서는 어렵습니다. 그거야말로 꿈 이야기겠지요.

사토 말씀한 것처럼 총파업 같은 보이콧이라면 자본주의 사회에 부담을 줄 수 있습니다. 하지만 지금의 데모는 스포츠 페스티벌의 연장선에 있는 의식으로 참가하기 때문에 거기까지 가지 못합니다.

또 한 가지로 보수파의 반원전 운동도 있었지만 신기하게도 고조되지는 않았어요.

가타야마 저도 그것은 궁금했습니다. 농본주의[33] 이데올로기가 좀 더 강했다면 반원전의 움직임이 활발해졌을 겁니다.

사토 아름다운 일본을 방사능으로 오염시키는 것은 괘씸하기 짝이 없다고 말이지요.

가타야마 맞습니다. 1945년까지 일본 우익에는 농본주의적 이데올로기가 확실히 뿌리박고 있었지요. 국토의 상실이나 농산물의 오염은 우익으로서 절대 용납할 수 없는 것이었습니다. 하지만

---

33 농업이나 농촌 사회를 나라의 기반으로 삼는 사고. 자본주의의 대극에 있으며 전쟁 중의 일본에서는 군국주의와 연결되었다 ─ 원주.

현재는 농업 인구가 너무 줄어들어 농협도 약해졌어요. 역시 중간 단체의 해체와 약체화로 문제가 이어집니다.

사토 여기서 아주 흥미로운 것은 2015년 4월의 총리 관저 드론 사건입니다. 전에 자위대원이었던 남자가 방사능에 오염된 후쿠시마의 흙을 실은 드론을 총리 관저에 띄웠습니다. 그는 농본주의적 사고로 반원전을 호소했어요. 하지만 정부는 정신에 이상이 있는 사람의 소행이었다고 정보를 차단시켰습니다.

가타야마 찬동하는 사람이 나오는 것을 두려워했겠지요. 정부의 포위도 있고 해서 농본주의적 반원전 운동에는 아무도 반응하지 않았습니다. 국토 상실의 위기인데 농본주의의 에토스가 소멸해 가고 있는 것이지요.

사토 만화가 고바야시 요시노리(小林よしのり)가 사상가이자 아시아주의자 도야마 미쓰루(頭山滿)의 평전을 그렸지만, 현대의 보수층에 호소한다면 사회사상가 곤도 세이쿄(権藤成卿)가 아닐까 싶습니다. 곤도 세이쿄라면 농본주의적 사상이어서 일본인의 저류에 흐르는 본질을 포착할 가능성이 있어요.

가타야마 곤도 세이쿄라고 하면 〈사직(社稷)〉이지요. 곤도는 메이지의 국가주의나 관료 제도, 자본주의 등을 비판하고 고대 중국에 존재했던 〈사직〉이라는, 독자적 자치를 행하는 원시 사회의 실현을 호소한 인물입니다. 단적으로 말하면 곤도는 아나키스트인데, 마을이 한데 모이고 나머지는 천황만 있으면 된다고 생각했지요. 그의 사상은 혈맹단 사건이나 5.15 사건 그리고 농촌 구제 운동에 큰 영향을 끼쳤습니다.[34]

사토 전후 곤도 세이쿄의 저작은 흑색전선사라는 출판사에서 발행되었습니다. 1970년대에 미쓰비시 중공업 폭파 사건 등 연속적인 기업 폭파 사건을 일으킨 동아시아 반일 무장 전선[35] 역시 곤도 세이쿄의 사상적 흐름을 이어받았죠. 이 사람들의 일부는 분명히 농본주의적 이데올로기로 활동했습니다.

가타야마 흑색전선사에서 나온 검은 책은 저도 모았습니다. 표지도 뒤표지도 아주 시커멨는데, 와세다 대학 근처의 헌책방에서 팔았습니다. 신좌익 정치가들이 읽었겠지요. 농본주의에서 천황을 떼어 내면 생태적 신좌익과 사이가 좋아집니다.

혈맹단의 멤버이자 당시 도쿄 제국 대학의 학생이었던 요쓰모토 요시타카(四元義隆)는 후일 호소카와 모리히로 총리의 브레인이 되어 배후 인물로 불렸어요. 그는 곤도 세이쿄에게 심취해 있었지요. 만년의 인터뷰에서도 〈곤도이즘은 나의 중심에 있다〉고 말했습니다.

사토 홋카이도의 입헌 민주당 소속의 중의원 의원이고 농수성 출신인 아라이 사토시(荒井聰)는 요쓰모토 요시타카의 사위지요. 그 발상의 뿌리에도 농본주의가 있습니다.

34 우익 단체 혈맹단 사건은 1932년 2월부터 3월에 걸쳐 발생한 연속적 암살 사건. 정재계 요인인 이노우에 준노스케와 단 다쿠마가 암살당했다. 5.15 사건은 1932년 5월 15일 일어난 반란 사건으로, 무장한 해군 청년 장교들이 총리 관저에 난입하여 내각 총리 대신 이누카이 쓰요시를 살해한 일.

35 주로 1970년대에 활동한 무장 투쟁파 좌익 그룹. 8명이 희생된 미쓰비시 중공업 빌딩 폭파를 비롯하여 아시아 침략에 가담한 것으로 간주된 기업에 대해 연속 폭파 사건을 일으켰다 — 원주.

최후에는 보수의 힘에 의존한 민주당

가타야마   3.11을 경험한 간 내각은 사토 씨가 지적한 것처럼 관료 주도로 TPP[36] 그리고 소비 증세를 결정하고 오키나와의 헤노코 V자 활주로 건설에 합의합니다. 그리고 9월에 퇴진하여 노다 내각이 탄생했지요.[37]

사토   이는 자민당 정권의 준비라고도 할 수 있는 총리 지명이었습니다. 노다 요시히코(野田佳彦)는 민주당 중에서도 자타 공히 인정하는 보수파입니다. 일찍이 노다는 〈야스쿠니에 모셔져 있는 A급 전범이 일본 국내법적으로는 범죄자가 아니다〉라는 의견서를 국회에 제출했습니다. 극우 평론가 사쿠라이 요시코(櫻井よしこ)도 절찬했지요. 다시 말해 민주당은 당내에 있는 마지막 보수의 힘을 사용하지 않을 수 없었습니다.

가타야마   저는 노다 내각이 되고 나서 그때까지의 비상시 체제적인 분위기가 확 변한 것처럼 느꼈습니다. 최우선 과제였을 원전 문제가 내팽개쳐지고 TPP 참가가 화제의 중심이 되었지요. 노다 정권의 정책은 자민당 정권과 차이가 없습니다. 그렇게 되면 선택은 단순한 기분이나 인기 문제가 되지요. 냉전 구조 붕괴 후의 보수

---

36   일본이나 미국, 오스트레일리아 등 환태평양의 12개국이 체결을 목표로 교섭을 하는 경제 연계 협정. 원칙적으로 전 품목의 관세를 철폐한다. 2015년 이에 대체적으로 합의했지만 2017년 1월 미국은 트럼프 정권 탄생과 동시에 이탈. 미국을 제외한 11개국이 2018년 3월에 체결했다—원주.

37   민주당 대표의 노다 요시히코가 2011년 9월 내각 총리 대신에 임명되어 발족한 내각. 노다는 〈미꾸라지 내각〉이라고 명명했다. 이는 아이다 미쓰오의 시 한 구절에서 유래한 단어. 사토는 〈노다는 배려심이 많은 사람이라고들 하는데, 매일 한 장씩 떼는 화장실 달력에 쓰인 아이다 미쓰오의 시에서 인간관계를 배우는 타입〉이라고 평한다—원주.

양대 정당론이 과연 유효했는지 의문이 깊어지는 시대였습니다.

그런데 노다 정권, 즉 민주당 말기는 동아시아의 격동기이기도 했습니다. 이 부분도 보기로 하지요.

우선 2011년 12월에 북한의 김정일이 세상을 떠났습니다. 뒤를 이은 김정은이 동아시아에 혼란을 가져왔지요. 이 지도자 교체로 북한 안에서는 뭐가 바뀌었을까요?

사토 김정은의 등장은 유훈(遺訓) 정치의 종료를 의미했습니다. 북한은 김정일 시대까지는 미라가 나라를 움직이고 있었어요. 다시 말해 사후에도 발행이 이어진 김일성 전집을 기초로 정치가 이루어졌던 것입니다. 하지만 김정은은 2012년에 102권으로 김일성 전집의 발행을 멈췄습니다.

또한 김일성 시대에는 연두에 김일성 자신이 메시지를 발표했어요. 김정일 시대가 되자 유훈 정치로 일관하며 아무런 코멘트도 내지 않았습니다. 그런데 김정은은 스스로 TV에 나와 말합니다. 유훈을 지키지 않고 스스로 판단하게 되었지요.

가타야마 그것이 현재의 북한이 안고 있는 위태로움의 원인입니다.

사토 그렇습니다. 북한 정권은 틀림없이 언젠가 붕괴합니다. 김정은은 리비아가 핵무기를 내려놨기 때문에 무너졌다고 착각하고 있습니다. 리비아는 핵무기를 내려놨기 때문에 무너진 것이 아닙니다. 정권을 가장 뒤흔든 것은 대량 소비 문명입니다. 국민도 중요한 자리에 있는 사람도 욕망을 이길 수 없게 되지요.

만약 북미 관계가 정상화되고 북일 국교가 회복되면 무슨 일이 일어날까요? 미일 기업은 하루 1백~2백 엔 정도의 북한 노동력을 눈여겨보겠지요. 값싼 노동력을 목적으로 점차 북한에 기업이 진출합니다. 동시에 대량 소비 문명이 파고들어 가면 북한 내부에서부터 무너져 정권을 유지할 수 없게 되는 거지요.

가타야마 중국에서는 후진타오에서 시진핑으로의 체제 이양기[38]이기도 해서 중일 관계도 크게 바뀌었어요. 먼저 2012년 9월에 센카쿠 열도가 국유화되어 중국에서 격렬한 반일 데모를 벌였습니다. 계기는 4월의 이시하라 신타로의 강연이었죠. 그는 워싱턴에서 센카쿠 열도를 매수할 계획을 분명히 말했습니다.

사토 이시하라에게는 시나리오가 있었다고 생각합니다. 도의 예산으로 사겠다는 주장을 했거든요. 하지만 도 의회가 부결하여 그것으로 끝났습니다. 하지만 당시 부지사였던 이노세 나오키가 센카쿠 구입을 위한 기부금을 모금했어요. 이것이 문제를 키웠습니다.

가타야마 상당히 모였지요.

사토 14억 엔입니다. 회계 장부에 기재되지 않은 것으로 14억 엔이나 모은 행정 기관 같은 건 있을 수 없습니다. 게다가 익명으로도 받았어요. 누구 돈인지 내역도 모르는 겁니다.

가타야마 더구나 국유화되었으니 쓰이지도 않았어요. 돌려주려고 해도 돌려줄 수가 없는 거지요. 그 14억 엔은 어떻게 되었습니까?

사토 사무 경비로 쓴 8천만 엔을 뺀 13억 엔 남짓이 도쿄도의 기

---

38 중국 공산당 중앙 위원회 전체 회의에서 2007년 정치국 상무 위원에 선출된 시진 핑이 중앙 서기처 서기에 취임. 라이벌로 보였던 리커창을 누르고 후진타오 이후의 가장 유력한 후보자가 된다. 유력한 후견인이 없었기 때문에 권력을 장악하기까지 수많은 권력 투쟁을 전개했다—원주.

금이 되었어요. 센카쿠 열도의 선착장 등 시설 정비에 쓴다고 합니다. 나라는 센카쿠 열도에 시설을 만들 생각이 없기 때문에 막대한 돈이 잠자고 있는 거지요.

다만 오키나와 문제에서 저는 센카쿠 기금에 무척 도움을 받았습니다. 오키나와에서 오나가 다케시(翁長雄志) 당시 지사가 헤노코 기지 건설 반대를 호소하면 무슨 일이 일어날까요, 오키나와는 나라에서 공금을 받고 있습니다, 국민의 세금을 썼는데도 국책인 기지 이전에 반대해도 되는가, 하는 논의가 반드시 일어납니다. 그렇다면 기금을 만들면 문제없는 거 아니겠느냐, 하고 오나가 지사에게 말했지요.

도쿄도가 오키나와의 센카쿠 열도를 소유하기 위해 기부금을 모금했다, 그렇다면 오키나와가 자신들을 위해 돈을 모으는 게 뭐가 나쁘겠는가, 부정당할 이유가 없다고 말이지요. 그래서 저도 헤노코 기금의 공동 대표로서 이름을 올리게 되었습니다.

가타야마　도의 센카쿠 기금이 전례가 된 것이군요. 자치 단체가 뭔가 저지르기 위한 전략과 전술을 이시하라와 이노세 콤비가 제공했네요. 그거 참 대단합니다.

신뢰를 잃은 정권의 말로

사토　2012년 10월, 교토 대학의 야마나카 신야(山中伸弥) 교수가 노벨 생리학·의학상을 수상했습니다.

저에게는 무척 신기했어요. 일본인은 야마나카 교수의 iPS 세포[39]를 환영함에도 불구하고 왜 유전자 조작 식물을 두려워할까, iPS 세포도 세포의 유전자를 조작하는 것입니다. 왜 한쪽만이 절찬받고 다른 한쪽은 혐오되는 걸까요. 이건 어떤 논리, 이치일까요?

저한테는 이해할 수 없는 큰 수수께끼입니다.

가타야마 논리가 아니라 감각이겠지요. 신좌익과 농본주의적 사고로 유전자 조작 식물을 무서워하지만, 만화가 이시노모리 쇼타로(石ノ森章太郎)의 사이보그 세계관으로 자란 세대는 감각적으로 iPS 세포를 환영합니다. 이 흐름이 이어지면 이시노모리 쇼타로적인 인조인간을 받아들이겠지요.

하지만 실제로 그렇게 되면 어떨까요? 끝까지 파고들어 생각하면 무서우니까 사고를 정지하여 감각으로 판단하지요. 사실은 정확히 논의하지 않으면 안 되는 문제입니다.

사토 말씀한 대로입니다. 이 재생 의료는 격차와도 직결된 문제로 생각할 필요가 있어요. 돈이 위력을 발휘하여 최첨단 재생 의료의 혜택을 받는 부유층은 1백 년이고 2백 년이고 계속 살 수 있습니다. 반면 돈이 없는 사람들은 제대로 된 치료도 받지 못하고 40대나 50대에 죽어 갑니다.

이건 SF나 가공의 이야기가 아니에요. 그런 시대가 바로 눈앞에 와 있습니다.

가타야마 마쓰모토 레이지(松本零士)가 그린 『은하철도 999』의

---

39. 재생 의료에 이용되는 것이 기대되는 만능 세포. 피부 등의 세포에서 만들 수 있고 몸의 다양한 조직이나 장기의 세포로 변화한다. 교토 대학 교수인 야마나카 신야가 2006년에 생쥐로, 이듬해에는 사람으로 iPS 세포 제작에 성공. 2012년 노벨 생리학·의학상을 수상했다 ─ 원주.

헤이세이 이후의 일본인 및 일본 출신의 노벨상 수상자

1994년	오에 겐자부로(문학)	**2012년**	야마나카 신야(생리학·의학)
2000년	시라카와 히데키(화학)	**2014년**	아카사키 이사무(물리학)
2001년	노요리 료지(화학)		아마노 히로시(물리학)
2002년	고시바 마사토시(물리학)		나카무라 슈지(물리학)
	다나카 고이치(화학)	**2015년**	가지타 다카아키(물리학)
2008년	고바야시 마코토(물리학)		오무라 사토시(생리학·의학)
	마스카와 도시히데(물리학)	**2016년**	오스미 요시노리
	난부 요이치로(물리학)		(생리학·의학)
	시모무라 오사무(화학)	**2018년**	혼조 다스쿠(생리학·의학)
2010년	네기시 에이이치(화학)		
	스즈키 아키라(화학)		

세계가 현실이 되는 것입니다.[40] 돈이 있는 사람은 기계 인간이 되어 계속 살 수 있고, 가난한 사람은 기계 인간의 오락으로 살해당하고 맙니다. 그런 의미에서는 헤이세이 이후의 사회를 예견한 작품이라고도 할 수 있어요.

그리고 iPS 세포가 실용화되면 궁극의 격차 사회가 완성됩니다. 『가면 라이더』나 『은하철도 999』가 만들어진 1970년대에는 설마 그런 사회가 도래할 거라고는 아무도 진지하게 받아들이지 않았겠지만 말이지요.

---

40 『은하철도 999』가 그린 세계에서는 부자가 기계 신체를 가져 영원한 목숨을 손에 넣고 가난한 사람이 박해를 받는다. 주인공 소년은 기계 신체를 무료로 주는 별을 목표로 은하 초특급 999를 타고 여행을 한다 — 원주.

2012년 말 중의원 선거에서 다시 정권에 복귀하다.

제6장
돌아온 아베 신조 그리고 전후 70년

헤이세이 25년 → 27년(2013~2015)

헤이세이 25년(2013)

1월	• 부흥 특별세가 도입됨. • 알제리의 천연가스 시설이 이슬람계 무장 조직에 점거되어 일본인 기술자 중 다수의 사상자가 나옴.	정권의 대응은 재빨랐다. 당시 정무관이 우연히 크로아티아에 있어서 곧바로 알제리에 달려갈 수 있었던 이유가 크다. **사토**
3월	• 일본 은행 총재에 구로다 하루히코 취임. • 시진핑이 중국 제7대 국가 주석에 취임.	
4월	• 구로다 일본 은행 총재가 대규모 금융 완화를 발표. • 선거 운동에 인터넷 활용이 해금됨.	
6월	• 미국 국가 안전 보장국NSA의 전 직원 에드워드 스노든이 개인 정보 수집 수법을 고발. • 후지산이 세계 문화 유산에 등록됨.	
7월	• 소프트뱅크, 미국의 대형 통신사 스프린트 매수. • 참의원 선거에서 자민당 압승, 민주당 대패. 여소야대 해소로 〈아베 일강〉 체제가 확립됨.	정권의 의도는 명백하다. 올림픽이라는 큰 재료를 투하해 3.11을 잊게 하려는 것이다. **가타야마**
9월	• 2020년 하계 올림픽 개최지가 도쿄로 결정.	정부와 반대파의 논의가 맞물리지 않았다. 전쟁을 모르는 반대파의 약함이 부각되었을 뿐이다. **가타야마**
12월	• 특정 비밀 보호법이 성립. • 이노세 나오키 도지사가 의료 법인 도쿠슈카이 그룹으로부터 5천만 엔을 차입한 문제로 사의를 표명.	

유행어	유행가	영화	책
• 〈지금이잖아!〉[1] • 〈오·모·테·나·시〉[2] • 〈두 배로 갚기〉[3]	• AKB48, 「사랑하는 포천 쿠키」 • EXILE, 「EXILE 프라이드~이런 세상을 사랑하기 위하여」 • 아마노 하루코, 고이즈미 교코, 「파도 소리의 기억」	• 미야자키 하야오, 「바람이 분다」 • 고레에다 히로카즈, 「그렇게 아버지가 된다」 • 시라이시 가즈야, 「흉악」 • 이시이 유야, 「행복한 사전」	• 무라카미 하루키, 「색채가 없는 다자키 쓰쿠루와 그가 순례를 떠난 해」

1 입시 학원 광고에 등장한 〈(공부를) 언제 할까? 지금이잖아!〉라는 대사.
2 국제 올림픽 위원회의 IOC 총회에서 인기 아나운서 다키가와 크리스텔이 도쿄에 올림픽을 유치하는 옵서버로서 단상에 올라가 프랑스어로 〈일본의 오모테나시(환대)〉라는 것을 소개하여 이 말이 유행어가 되었다.
3 드라마 「한자와 나오키」에서 주인공 한자와가 반격할 때의 대사 〈당하면 되갚아 준

헤이세이 26년(2014)

1월	• 〈일본판 NSC〉, 즉 국가 안전 보장 회의의 사무국인 국가 안전 보장국이 발족. 초대 국장은 전 외무성 사무 차관 야치 쇼타로.
	• 이화학 연구소가 STAP 세포 발표. 그 후 오보카타 하루코의 날조 소동.
2월	• 작곡가 사무라고우치 마모루의 유령 작가 사건이 보도됨(자신의 곡을 현대 음악가에게 대신 만들게 함).
	• 도지사 선거에서 마스조에 요이치 당선.
3월	• 러시아가 우크라이나에 속해 있던 크림반도를 편입.
4월	• 소비세 8퍼센트로 인상.
	• 한국에서 세월호 침몰.
6월	• 알카에다계 과격파 조직이 〈이슬람 국가IS〉 수립을 선언.
7월	• 집단적 자위권의 행사 용인, 내각 회의 결정.
9월	• 아사히 신문사가 〈요시다 증언〉 보도(위안부 문제) 및 〈요시다 조서〉 보도(원전)에 대해 정정, 사죄.
11월	• 오키나와현 지사 선거, 오나가 다케시 당선.

학자나 연구자가 자리를 얻는 것, 또는 연구비를 확보하는 것이 힘든 시대. 일하는 방식의 모델이 붕괴되었다는 관점에서 보면 그녀가 연금술을 사용하지 않을 수 없는 상황을 이해할 수 있을 것 같기도 하다. **가타야마**

일본의 클래식 업계는 신용을 잃고 말았다. 그러나 헤이세이 시대에 일본인에게 가장 큰 영향을 끼친 교향곡이었다는 사실은 변하지 않는다. 정확히 검토하고 평가해서 일본 음악사에 남겨야 한다. **가타야마**

『아사히 신문』은 소동 후 판매점들에 사죄하고 수건을 나눠주었다. 도쿄에서 수건이 없어졌다고 할 정도로 사죄를 철저히 했다. 그런 위기관리는 평가하고 싶다. **사토**

유행어	유행가	영화	책
• 〈안 돼요~ 안 돼, 안 돼〉[4]	• AKB48, 「래브라도레 트리버」	• 오미보, 「그곳에서만 빛난다」	• 미즈노 게이야, 나가누마 나오키, 『인생은 지금부터 시작』
• 〈집단적 자위권〉		• 요시다 다이하치, 「종이 달」	
• 〈카프 여자〉[5]	• 3대째 J 솔 브라더스 프롬 EXILE TRIBE, 「R.Y.U.S.E.I」	• 야기 류이치, 야마자키 다카시, 「도라에몽 스탠 바이 미」	

다. 두 배로 갚아 준다!〉가 크게 유행했다.

4　여성 개그 콤비인 일본 에레키테르 연합의 콩트에 등장하는 대사. 2014년 유행어 대상을 수상했다.

5　프로 야구 구단인 히로시마 도요 카프의 여성 팬.

헤이세이 27년(2015)

1월	• IS에 의해 일본인 2명이 억류된 일이 밝혀짐. 일본 정부에 몸값 요구, 그 후 살해됨.
3월	• 호쿠리쿠 신칸센 개통. • 튀니지의 박물관에서 습격 사건. 일본인 3명 사망.
4월	• 아베 총리, 일본의 총리로서 미 의회 상하 양원 합동 회의에서 첫 연설.
5월	• 〈오사카도 구상〉이 오사카시 주민 투표에서 각하. 하시모토 시장이 정계 은퇴를 발표.
7월	• 도시바의 거액 회계 부정이 표면화.
8월	• 아베 총리가 「전후 70년 담화」를 발표. • 야마구치파가 〈6대째 야마구치파〉와 〈고베 야마구치파〉로 분열.
9월	• 안보 관련 법안 성립. 국회 앞에서 대규모 안보 법안 반대 집회가 일어남.
11월	• 일본 우정 그룹 3사가 주식을 상장함.
12월	• 신국립 경기장 디자인, 건축가 자하 하디드 안이 좌절된 후 구마 겐고 안으로 결정. • 위안부 문제에 관한 한일 합의.

중동으로 들어간 고토 겐지가 그리스도교도였던 것이 중요하다. 나는 종교인으로서의 내재적 논리를 이해할 수 있다. **사토**

하시모토 도루가 추진하고 있던 도 구상의 경우도, 상속세 100퍼센트 징수 발언의 경우도 그저 표를 모으기 위한 화제 만들기용으로만 생각된다. 참신한 의견에 곧장 달려들고, 그 이야기는 어느새 사라졌다. **가타야마**

애국자가 기뻐하는 문구가 있다면 자유주의자가 기뻐하는 문구도 있다. 정합성은 없지만 아무도 진심으로 화를 내지 않게 되었다. **가타야마**

사회가 야쿠자화하는 것과 동시에 야쿠자 조직도 와해되고 말았다. **사토**

유행어	유행가	영화	책
• 〈싹쓸이 쇼핑〉[6] • 〈트리플 쓰리〉[7] • 〈아베 정치를 용서할 수 없다〉[8]	• 게스노 키와미 오토메, 「나 이외엔 내가 아니야」 • 세카이 노 오와리, 「드래곤 나이트」 • 구마무시, 「따뜻하니까♪」	• 고레에다 히로카즈, 「바닷마을 다이어리」 • 호소다 마모루, 「괴물의 아이」 • 스즈키 마사유키, 「히어로」	• 마타요시 나오키, 「불꽃」

6 일본의 많은 미디어가, 2015년 2월 춘절 휴가를 온 중국인 관광객이 고액 상품에서 일용품까지 다양한 상품을 대량으로 구입하는 모습을 〈싹쓸이 쇼핑〉으로 표현하며 다뤘다.

7 일본 프로 야구에서 타자가 한 시즌에 〈3할 타율, 30홈런, 30도루〉 이상의 성적을 기록하는 것. 2015년 소프트뱅크의 야나기타 유키와 야쿠르트의 야마다 데쓰토 선수가 트리플 쓰리를 달성했다.

8 내각 총리 대신인 아베 신조와 제2차 아베 내각의 정책에 대한 비난을 담은 문구. 작가 사와치 히사에가 자신의 블로그에 〈아베 정치를 용서할 수 없다〉는 붓글씨를 올리고 누

아베 일강을 지탱하는 니힐리즘

사토 2012년 12월, 중의원 선거에서 자민당이 대승하여 제2차 아베 정권이 발족했습니다. 지금까지 이야기해 온 격차 사회도 신자유주의도 제2차 아베 정권이 되고 나서 가속화했어요.

제2차 아베 정권이란 뭘까요? 우선은 탄생 경위에서부터 추적해 보기로 하지요.

하토야마 정권이 무너진 후 간 내각과 노다 내각은 당초 지지율이 50퍼센트를 넘었습니다. 하지만 노다 총리는 〈해산 약속을 깨고 거짓말쟁이라는 말을 듣고 싶지 않다〉며 자폭하듯이 지는 선거에 돌진했어요. 떳떳하다거나 정직하다기보다 노다 역시 하시모토 도루와 마찬가지로 정말 하고 싶은 일이 없는 정치가였다고 할 수 있습니다.

실현하고 싶은 일이 있다면 검은 땅콩[9]으로 불리든 막후 조종자로 불리든 권력의 자리에 달라붙어 영향력을 끼칠 수 있는 지위를 확보하려고 합니다. 그것이 제가 생각하는 정치가의 본래 모습입니다. 하지만 노다에게는 정치가로서 가장 필요한 자질이 결여되어 있었던 거지요.

가타야마 민주당에서 자민당으로의 정권 교체는 1990년대부터 계속된 양당제가 환상으로 끝난 현실을 보여 주었습니다. 양당제

구나 인쇄할 수 있도록 했다.

9 미국 록히드사가 항공기 판매를 위해 일본 정계에 다액의 뇌물을 보낸 록히드 사건 때 쓰인 은어. 록히드사에 건넨 영수증에 땅콩 1백 개 등의 암호가 쓰여 있었다. 땅콩 한 개가 1백만 엔이었다고 한다 ─ 원주.

같은 건 그림의 떡이었다는 것이 밝혀진 셈이지요. 그래서 아무도 야당을 믿을 수 없게 된 것입니다.

문제는 그 불신감을 불식시키지 못하고 다시 일어서지 못한 채 현재에 이르렀다는 사실입니다. 결국 보수 양대 정당론이 초래한 것은 아베 일강(安倍一强)이라는 소프트 파시즘뿐이었어요.

사토 이 상황을 분석한 것이 독일 사회학자 니클라스 루만입니다.

복잡한 시스템 사회를 성립시키기 위해서 뭐가 필요할까요. 루만은 저서 『신뢰Vertrauen』에서 사회의 복잡성을 감축해야 한다고 지적하며 거기서 가장 유효한 것이 〈신뢰〉라고 결론짓습니다.

요컨대 우리는 횡단보도가 파란불일 때는 차가 돌진해 오지 않을 거라고 믿기 때문에 길을 건넙니다. 그리고 일단 신뢰가 확립되면 다소 배반당해도 그 신뢰는 유지되죠. 하지만 신뢰의 지속에는 한계가 있습니다. 몇 번이고 사고가 일어나는 교차로에서는 횡단보도가 파란불이어도 조심하지요. 사고가 너무 잦으면 그 교차로를 사용하지 않게 될지도 모릅니다. 그것과 마찬가지로 한도를 넘어 계속 배반하면 이번에는 뭘 해도 그 신뢰를 돌이킬 수 없습니다.

지금까지 봐온 것처럼 오키나와 문제나 센카쿠 열도 어선 충돌 사건 그리고 동일본 대지진의 대응을 본 국민의 인내가 한계에 달했습니다. 잃어버린 3년으로 민주당은 국민의 신뢰를 완전히 잃어버린 거라고 생각합니다.

가타야마 당초에는 민주당 정권에 대한 기대가 컸어요. 그 반동으로 기대가 환멸로 변하고 말았지요. 그 환멸이 낳은 것이 니힐리즘입니다.

뭘 해도 의미가 없어요. 무슨 일이 일어나도 아무것도 변하지 않습니다. 현재의 아베 일강을 지탱하고 있는 것은 민주당 정권 이후의 사회에 퍼진 니힐리즘 분위기입니다. 그만큼 정치에 대한 환멸이 컸다고 할 수 있지 않을까요.

사토 그 견해에 동의합니다.

한 번 정권을 내던진 아베가 다시 정상에 섰고, 게다가 장기 정권을 운영하고 있습니다. 다시 생각해 보면 그 요인은 두 가지뿐이에요. 하나는 야당의 약체화입니다. 또 하나는 사임의 원인이 되었던 궤양성 대장염의 신약 개발이지요. 정치 수법이 변했다거나 과거를 반성했다거나 하며 그럴싸하게 옹호하는 사람도 있지만 전혀 관계가 없다고 생각합니다.

가타야마 약한 야당과 신약 덕분에 장기 정권이 가능하다는 설명은 무척 단순하면서도 이해하기 쉬워요. 아베 내각의 본질을 단적으로 표현하고 있으니까요.

정치가로서 변모를 이뤘는가

사토 정보의 세계에서 인물을 조사할 때는 스무 살 전후를 철저하게 조사합니다. 그 시기에 인격이 완성되거든요. 스무 살에 난봉꾼이었던 사람은 쉰 살이 되어도 여자를 좋아합니다. 스무 살에 거짓말쟁이는 쉰 살이 되어도 거짓말을 하지요. 죽을지도 모르는 큰 병이 걸리거나 투옥되거나 하지 않는 한 인격은 변하지 않습니다. 아울러 그의 스무 살 전후는 세이케이 대학에서 친구들에게 둘러싸인 채 행복한 학창 생활을 보낸 때입니다. 그러므로 아베가 쉰 살이 넘어 변하는 일은 없습니다. 인간으로서는 제1차 정권 때로부터 아무것도 변하지 않았어요.

가타야마 씨는 아베 총리를 어떻게 보고 있습니까?

가타야마 저한테는 무사상의 기회주의자로 보입니다. 그의 발언에서 철학이나 이데올로기가 느껴지지 않으니까요. 부분, 부분에는 사상이나 역사관이 있고, 지지하는 사람도 반대하는 사람도 그 부분, 부분에 반응하여 훌륭하다거나 괘씸하다고 말합니다만, 전체를 보면 앞뒤가 맞지 않는 것뿐이에요. 외교라면 일본 독자 노선과 대미 종속 노선과 다극화 노선이 혼재해 있고, 경제에서도 케인스주의인지 하이에크주의인지 통화주의인지 역시 혼재되어 있으며, 문화적으로도 사정에 따라 개국적이기도 하고 쇄국적이기도 합니다.

헌법 개정에서도 뭘 바꾸고 싶은 건지 확실한 주장이 부족해요. 교육이나 의료나 고령화 사회 대책에서도 민간에 맡기는 자기 책임 노선과 복지 국가의 지속 노선이 적당히 뒤섞여 있고, 지지 세력 모두의 요구를 왜곡되게 합쳐서 모순에도 무감각한 것처럼 여겨집니다.

아베노믹스의 3개의 화살[10] 같은 경우도 결국 어느 것이 어떻

---

10 아베와 이코노믹스를 합친 조어인 아베노믹스는 2012년에 탄생한 제2차 아베 내각의 경제 정책이다. 일본 은행에 의한 대규모 금융 완화, 정부에 의한 재빠른 재정 지출, 규제 완화 등이라는 성장 전략의 세 화살로 디플레이션으로부터의 탈출을 목표로 한다고 선언했지만 그 효용에 대해서는 부정적 의견이 많다 — 원주.

게 되었는지 평가를 하기도 전에 〈1억 총활약 사회〉라든가 하는 다음 이야기를 시작하잖아요.

경제 성장이 막혀 버린 지금의 선진 자본주의 국가에 특효약이 될 경제 정책 같은 건 없기 때문에, 3개의 화살이라는 이야기 자체가 어디까지 진심이었는지 저는 잘 모르겠습니다. 그래도 그렇게 내세운 이상 납득할 만한 평가를 하고, 거기에 대한 논쟁이 없으면 안 됩니다. 그것이 정책이라는 것일 텐데, 〈진행 도중〉이라는 상투적인 말과 복잡화하는 경제 현상을 점점 더 복잡하게 하고 어리둥절한 숫자를 늘어놓으며, 아베노믹스가 성공하고 있는지 실패하고 있는지에 대한 일치된 논의조차 전개되고 있지 않는 형편이지요.

역설적으로 말하자면 어느 정도의 사상성과 일관성이 있어 결과에 대한 평가도 용이한 경제 정책을 실시해도 지금과 같은 자본주의 상황에서는 실패율이 높고, 책임을 진다고 분명히 말해도 정권은 금세 끝나고 맙니다. 그런데 아베 정권은 처음부터 일관성을 포기했습니다. 그것이 장기 정권으로 연결된 게 아닐까요. 모호함과 찰나성의 조합으로 만들어져 있어 비판자가 정권에 사상적 실체가 있다고 생각하여 주먹을 치켜들어도 안개 같은 것이어서 공격할 수가 없습니다.

사토 한편으로 상황 변화에는 굉장히 강하다고도 할 수 있습니다. 좋게 말하면 유연하게, 나쁘게 말하면 임기응변으로 대응하며 변화를 이겨 내 왔어요. 가타야마 씨가 지적한 것처럼 거기에 일관성이나 사상은 없습니다. 굳이 말하자면 포스트모더니즘을 체현한 정치가인 셈이지요.

가타야마 그것도 헤이세이적이라고 말할 수 있겠네요. 좋게 말하자면 임기응변이니까 아무도 아베 정권을 무너뜨릴 수 없습니다. 말에 내용이 없는 이상 발언이 휙휙 변하니까 추궁할 수도 없으니까요.

사토 씨는 아베 신조를 어떻게 평가하십니까?

사토 기본적으로 좋은 사람 아닌가요? 교토적으로 말하면 〈좋은 사람, 좋은 사람, 아무튼 좋은 사람〉이 되겠지요. 좋은 사람이고 정이 많으니까 친구를 소중히 하고 의견에도 귀를 기울입니다. 그리고 표리부동하지 않습니다. 기본적으로는 발언에 대한 성실성도 있어요.

하지만 아베 총리는 실증성과 객관성을 무시하고 자신이 바라는 대로 세계를 이해하는 반지성주의자입니다. 그래서 정치가는 지식을 쌓으면 쌓을수록 악인이 됩니다만, 그는 좋은 사람인 그대로 있을 수 있겠지요. 그에게 국가 전략이나 안전 보장, 경제 정책을 요구하는 것은 어물전에서 아스파라가스를 찾는 것과 같은 일이지요.

가타야마 〈디플레이션으로부터의 탈출〉, 〈부의 확대〉를 소리 높여 되풀이하는 아베노믹스가 바로 그렇습니다. 트리클 다운[11]이 일어나지 않았다는 결과가 나왔지만 철회하지 않았지요. 게다가

11 부유층이 부유해지면 빈곤층에도 자연스럽게 부가 골고루 미친다는 사고. 아베 정권은 대기업을 우대하는 경제 정책을 펴서 경제가 활성화되면 저소득층도 윤택해진다고 호소한다 — 원주.

아베를 포함한 각료 누구도 뒤처리를 생각하지 않습니다. 그런데도 제대로 된 저항 세력도 없어요. 정말 한심한 이야기지요.

그렇지만 2012년의 제2차 아베 정권 발족으로부터 7년이나 속임수가 통하고 있으니 어떤 의미에서 아베노믹스는 대단한 슬로건이기는 하지요.

사토 성과가 거의 나오지 않는데도 아직도 부르짖고 있으니까요. 아베노믹스가 뭘 초래할까요? 확실히 부유층은 더욱 풍족해졌습니다. 하지만 압도적 다수의 국민에게 어떤 경제 정책인지 전해지지 않아요. 아베 자신도 이해하지 못했을지 모릅니다.

어처구니없는 것이 아베노믹스에서 파생한 노동 정책입니다. 아베 정권이 되고 나서 관제 춘투(官製春鬪)[12]가 이루어지게 되었지요.

가타야마 관제 춘투 이야기를 들었을 때 정말 믿을 수 없는 세상이 되었다고 생각했습니다. 법적인 근거도 없이 국가가 기업에게 급료를 올리라고 하는 거니까요. 이유를 알 수 없어요. 미쳤다고 해도 좋을 정도입니다. 이 국가 체제가 어떻게 된 것인지, 머리를 싸쥐고 말았죠.

확실히 이상 사태일 텐데도 미디어는 아베노믹스에 대해 무비판입니다. 아니, 무비판이라면 모르겠지만 오히려 호의적으로 보도하죠. 이것도 큰 문제입니다.

---

12 아베 정권은 2013년 노사정 회의를 열고 경제계에 임금 인상을 요청했다. 이를 받아들여 중소 기업을 포함한 수많은 기업이 임금을 인상했다. 그 이후 미디어에서 사용하게 된 말이다 — 원주.

사토　아베 총리가 마르크스 경제학도 근대 경제학도 배우지 않았던 강점이지요. 마르크스 경제학에서 임금론은 생산론에 속하지 분배론이 아닙니다. 그런데 그는 분배론이라고 생각하고 있습니다. 분배는 자본가 사이 또는 자본가와 지방 사이에서 행해집니다. 임금은 노동력을 재생산하기 위해 필요한 물건이나 서비스를 구입하는 대가로 구성되므로, 노동자와 자본가의 교섭으로 결정된다는 것이 자본주의 기본이었을 겁니다. 하지만 국가의 개입으로 노동자의 임금을 바꿀 수 있다고 믿고 있어요. 이는 파시즘의 임금론입니다.

총리 스스로 노동절에 참가한다거나 기업의 사내 유보금을 토해 내도록 요청합니다. 이는 이탈리아 파시즘을 주도한 무솔리니를 상기하는 방식입니다.

옛날 마르크스 경제학자인 우노 고조(宇野弘蔵)는 파시즘의 특징이 무이론이라고 했습니다. 다시 말해 이론이 없기 때문에 이론에 구속되지 않는 거지요.

가타야마　아베 정권을 보수나 우익이라고 해석하기 때문에 실체가 보이지 않는 거지요. 아베 정권에는 이론도 조리도 없습니다. 역시 이 말 외에는 달리 생각할 수 없겠지요. 왜냐하면 일본회의의 지원을 받아 공명당과 연립 정권을 세우는 일은 있을 수 없으니까요. 아무리 생각해도 이치에 맞지 않습니다. 국민도 이해할 수 없을 겁니다. 그런데도 일종의 현실주의에 의해 그 구도가 성립해 있어요.

일본회의가 납득하는 것과 공명당이 납득하는 것 양쪽을 적당히 실행합니다. 모순은 모순으로 적나라해져도 신경 쓰지 않고 방치해서 그런 건가, 하고 생각하는 중에 또 다른 말을 하기 때문에 깜짝 놀라 앞의 모순을 잊고 마는 겁니다. 이는 〈무(無)의 정치〉일지도 모릅니다. 역시 대단한 정권이라고 할 수 있습니다.

치안 유지법보다 국방 보안법에 가깝다

사토 다만 앞에서 말한 대로 아베 정권은 이데올로기나 사상이 없는 만큼 돌발적인 사건에는 강합니다.

한 가지 예를 들자면 2013년 1월 16일에 일어난, 일본인 10명을 포함한 약 40명이 희생된 알제리의 테러입니다.[13] 이 사건 때 아베 정권은 굉장히 기민했어요.

정무관인 기우치 미노루(城內実)가 우연히 크로아티아에 있어서 곧장 알제리로 달려갈 수 있었던 것도 중요했죠. 그는 아주 우수한 외교관인 데다 아버지가 경찰청 장관이었습니다. 경비 공안적 관점도 가진, 흔치 않은 외교관이었지요. 현장에서는 진위가 불문명한 수상쩍은 정보가 점점 들어왔는데 그는 스스로 정밀하게 심사하여 쓸데없는 정보를 도쿄로 보내지 않았습니다. 정보를 다룬 경험이 없으면 무서워서 취사선택할 수 없게 되지요.

가타야마 그가 사건 직후에 대응할 수 있었던 것은 불행 중 다행이었지요. 알제리 사건에서는 평범하게 일하는 일반 일본인이 테

---

13 알제리 남부의 천연가스 채굴 시설에서 발생한 인질 사건. 약 30명의 이슬람 과격파가 공장 시설을 습격하여 1백 명 이상을 인질로 잡고 농성했다 — 원주.

러의 표적이 되었습니다. 9.11 이후의 국제적인 비상사태 사회에서는 일본인도 사건에 휩쓸릴 수 있다는 현실을 우리에게 보여주었지요. 그리고 2015년에는 튀니지의 박물관 습격 사건으로 3명의 일본인이 희생되고, 다시 2016년에는 방글라데시 다카의 레스토랑에서 일본인 7명이 살해된 사건도 일어났습니다.[14] 일본에서도 전쟁이나 테러가 남의 일이 아니라는 분위기가 조성되어 갔지요.

2013년 말에 특정 비밀 보호법이 성립한 것도 그렇게 조성된 분위기와 무관하지 않을 겁니다. 그 법이 성립하는 과정에서는 대규모 반대 운동이 있었습니다. 반대 운동에 참가한 사람들은 공산주의자나 사회주의자만이 아니라 리버럴한 일반 시민도 탄압 대상이 되지 않을까 우려했어요. 그들은 치안 유지법에 비유하며 특정 비밀 보호법의 위험성을 호소했습니다.

사토 하지만 저는 반대파의 논의나 주장이 어긋나 있다고 느꼈습니다.

특정 비밀 보호법은 리버럴파에 대한 단속이 아니라 타국을 침략할 준비로써 제정되었습니다. 다시 말해 특정 비밀 보호법은 치안 유지법보다 1937년에 근본적으로 개정된 군기 보호법과

---

14 튀니지의 수도 튀니스에서 2015년 3월 18일 일어난 박물관 총기 난사 사건으로 일본인 3명을 포함한 외국인 관광객 21명과 튀니지인 1명이 사망했다. 사살된 범인 2명은 이슬람 과격파로 보였다. 2016년 7월 1일, 방글라데시 수도 다카에서 일어난 사건은 무장 집단이 외국인에게 인기 많은 레스토랑을 습격해 JICA(일본 국제 협력 기구) 관계자인 일본인 7명과 이탈리아인을 포함한 22명을 살해한 일이다. 사건 후 IS가 범행 성명을 냈다 — 원주.

1941년에 성립된 국방 보안법에 가깝습니다.[15]

전수 방위(專守防衛)[16]에 철저할 뿐이라면 특정 비밀 보호법은 필요하지 않습니다. 하지만 타국을 공격할 경우에는 군사적 비밀이나 기술적 정보를 감출 필요가 있어요. 그것을 위한 법률이 군기 보호법이고 국방 보안법이었습니다.

가타야마 그렇군요. 침략 전쟁 준비가 착착 진행되고 있는데도 반대파는 넓은 시야로 문제를 포착할 수 없었다는 것이네요. 아니, 아직 전쟁에 대한 위기감을 갖지 않았다고 하는 편이 나을지도 모르겠습니다. 자신들이 탄압당할지도 모른다는 점에서 상상이나 사고가 멈춰 버리고 만 것이네요. 그래서 정권과 반대파의 논의가 맞물리지 않았던 것이로군요.

사토 그렇게 생각합니다.

만약 제가 반대파였다면 1941년에 일어난 미야자와·레인 사건을 예로 들어 위험성을 호소했을 겁니다. 태평양 전쟁 개전 직후, 당시 홋카이도 대학 학생이었던 미야자와 히로유키(宮澤弘幸)는 미국인 영어 교사 해럴드 레인에게 여행 중에 우연히 본 네무로 비행장에 대한 정보를 이야기했다고 여겨졌습니다. 미야자와와 레인은 스파이 혐의로 특고 경찰에게 체포되죠. (홋카이도

---

15 군사상의 기밀을 지키기 위한 군기 보호법은 1899년에 제정되었고, 1937년에 개정되어 적용 범위가 넓어졌다. 군인만이 아니라 군사 시설을 촬영한 일반인에게도 죄를 물었다. 최고형은 사형. 국방 보안법은 1941년에 국가 기밀, 특히 정치상의 기밀 보호를 목적으로 제정한 법률이며 전시 체제의 강화를 목적으로 했다—원주.

16 전후 일본 방위 전략의 기본적 자세로, 상대로부터 무력 공격을 받았을 때 비로소 방위력을 행사하고, 그 방위력 행사의 양태도 자위를 위해 필요한 최소한도에 머물게 하며, 보유하는 방위력도 자위를 위해 필요한 최소한도의 것으로 한정한다는 것.

대학 학생의 행위가 일상적 대화였음에도 불구하고) 두 사람은 군기 보호법을 위반한 죄로 고발당한 것입니다. 특정 비밀 보호법의 위협이 일반인에게 미친다고 하면 이런 경우이겠지요.

가타야마 중요한 지적이네요. 전쟁이 시작되면 무슨 일이 일어날까, 그것을 생각할 필요가 있습니다. 전쟁을 모르는 반대파의 허약성을 부각시켰다고 할 수도 있지요.

사토 그렇습니다. 침략 전쟁을 하기 위해서는 무엇이 필요할까요? 방위 전쟁에 사상적 준비는 필요 없습니다. 오는 적은 내쫓을 수밖에 없으니까요. 그것은 자연권[17]으로 설명할 수 있습니다.

하지만 침략 전쟁에는 사상이 필요해집니다. 다나베 하지메, 다나카 지가쿠, 오카와 슈메이(大川周明)[18] 같은 지성이 논리와 철학을 구축하지 않으면 침략 전쟁을 할 수 없습니다.

가타야마 그렇지만 아베 정권이 침략의 논리나 철학을 갖고 있다고는 생각되지 않습니다. 법적인 준비는 하고 있겠지만요. 아베 정권에는 오카와 슈메이는커녕 야스오카 마사히로(安岡正篤)[19]도 없습니다. 보수파에게 전쟁을 할 수 있다는 포즈를 보이려고 했을 뿐인 것 같아요.

사토 그래서 반대로 안심하는 거지요. 저도 아베 정권이 침략의

---

17 태어날 때부터 모든 인간이 가지는 권리. 자연권은 국가 이전에 존재하고 국가에 의해 주어진 권리가 아니라고 한다. 물론 국가도 침해할 수 없다 — 원주.

18 국수주의 운동가로 남만주 철도 주식회사에 입사하여 군부에 접근, 육군 간부가 쿠데타를 계획한 3월 사건과 5.15 사건에 관여했다. A급 전범이 되었지만 정신 이상으로 면소되었다 — 원주.

19 사상가. 국가주의 단체에 참가한 후 사숙(私塾) 긴케이 학원을 설립했으며 우익의 혁신적인 관료에게 강한 영향을 주었다. 종전 때 천황의 항복 조서를 라디오로 보낸 〈옥음방송〉의 첨삭을 맡았으며, 전후에도 역대 총리의 지도자 역할을 했다 — 원주.

사상을 구축할 수 있다고는 생각하지 않습니다.

〈피의 올림픽〉이 시작되다

가타야마 그런데 여기서 약간 정치에서 떨어져 2013년 사회의
동향을 보도록 하지요.

2013년은 「아마짱」 붐이 일어났지요.[20] 4월에 시작한 NHK의
아침 드라마 「아마짱」이 도호쿠 부흥과 결부되어 인기를 얻었습
니다. 저는 이따금 보는 정도였지만 아이돌을 목표로 하는 주인
공을 통해 도쿄와 도호쿠의 관계를 잘 표현한 드라마였다고 생각
해요. 왕년의 아이돌인 고이즈미 교코(小泉今日子)나 야쿠시마루
히로코(藥師丸ひろ子)도 절묘한 배역을 맡아 폭넓은 세대를 붙잡
은 것이 이유겠지요.

지진 피해와 관련하여 말하자면 9월에 2020년 도쿄 올림픽의
개최가 결정되었습니다. 다키가와 크리스텔(滝川クリステル)의
〈오모테나시〉[21]가 미디어에 엄청나게 다뤄졌습니다만, 정권의
의도는 명백합니다. 올림픽이라는 큰 재료를 투하하여 3.11을 잊
게 하려고 한 것이지요.

---

20 소극적인 고등학생이 산리쿠 지방의 어느 가공 마을로 이주하여 해녀가 되기로 결
심. 그 후 도쿄에서 아이돌을 목표로 한다는 이야기. 주민들이 놀랄 때 하는 방언 〈제제제〉
가 유행어 대상으로 뽑히는 등 사회 현상이 되었다—원주.

21 〈도쿄는 여러분을 유니크하게 맞이할 겁니다. 일본어로는 그것을 오모테나시(환
대)라는 한 단어로 표현할 수 있습니다. 그것은 보답을 요구하지 않는 환대의 정신, 그것은
선조 대대로 계승되면서 일본의 초현대적 문화에도 깊이 뿌리박고 있습니다〉고 발언했다
—원주.

사토 올림픽을 유치하지 못하면 여러 외국에서 일본은 원전 사고를 제대로 수습하지 못한 것으로 보입니다. 정치 엘리트들은 올림픽 개최 결정이 대외적으로 원전 사고에 종지부를 찍는다는 논리로 유치를 위해 움직였어요.

가타야마 그것은 올림픽 유치 프레젠테이션에서 아베 총리가 말한 〈언더 컨트롤〉이라는 말로 상징되었지요. 컨트롤이란, 무엇을 어떤 수준에서 통제하고 있다는 걸까요? 해석을 모두에게 위임한 발언이라서 사람들은 선의로 해석한 것 같습니다만.

사토 원전 사고를 봉쇄했다고 분명히 말하여 불안을 불식시키려고 했지만 과연 그 근거가 있었을까요? 봉쇄가 성공했다니, 일본인도 외국인도 모두 믿지 않았지요. 일본은 얼마나 무책임한 나라인가, 하는 인상을 심어 주게 되었습니다.

가타야마 올림픽 유치는 명백하게 도호쿠를 버리는 것처럼 느껴졌습니다. 도호쿠는 도카이도 지역에 비하면 역시 2차적인 지역이라고 생각되었겠지요. 그런 곳에 돈을 쏟아부어 부흥시키는 데도 한계가 있습니다. 도호쿠 부흥을 다년에 걸쳐 일본 정치 사회의 최전면에 내세워도 이익이 적지요. 도쿄 올림픽이라는 밝은 화제가 국가 전체에는 더 이익이 된다고 판단했겠지요. 리니어 신칸센에 거금이 투입되는 곳도 도카이도입니다. 도호쿠에 연고가 있는 사람으로서 허무하기도 하지만 말이지요.

사토 이번 올림픽은 도요타를 비롯한 우량 기업이 관여하려고 하지 않았습니다. 이를테면 질이 좋지 않은 안건이 되고 말았지요. 게이오 대학 상학부 교수인 기쿠자와 겐슈(菊澤研宗)는『조직

의 부조리(組織の不条理)』의 문고판 후기에서 올림픽에 대해 이렇게 썼습니다.

〈의뢰인이 대리인에게 모호한 예산에 기초한 계획의 실행을 의뢰했다고 하자. 이때 좋은 대리인은 예산의 모호함에 위험을 느끼고 의뢰인에게 다가가지 않는 것이 합리적이라고 생각한다. 한편 나쁜 대리인은 반대로 모호한 예산의 허점을 이용하여 이익을 얻을 수 있다고 생각하기 때문에 의뢰인에게 다가가는 것이 합리적이 된다. 그리하여 모호한 예산 아래에서는 좋은 대리인이 도태되고 나쁜 대리인만이 살아남는다는 역도태가 발생한다. 이런 부조리 현상이 일본의 임팔 작전[22]에서 일어난 것처럼 도쿄 올림픽 개최 예산을 둘러싸고서도 일어난 것처럼 보인다.〉

이처럼 도쿄 올림픽을 임팔 작전과 나란한 아날로지(유추)로서 역도태의 사례로 들고 있습니다. 저는 도쿄 올림픽이 역도태 사회의 출발이 되는 게 아닐까, 하고 생각해요.

가타야마 정치가는 올림픽을 개최하면 경기가 좋아진다고 합니다. 하지만 올림픽은 아무리 봐도 불투명한 미래를 속이기 위한 찰나적인 이벤트에 지나지 않습니다. 그렇게 생각하면 우량 기업이 손을 내밀지 않는 게 당연하지요.

하지만 올림픽에 속는 사람은 아주 많습니다. 지금의 올림픽은 죽을 때까지 쓸 수 있는 저축이 있고 연금을 받을 수 있는 사람이 즐기는 이벤트로서 2020년까지 시간을 때우기 위한 것 이

22　제2차 세계 대전 당시 일본군의 임팔 작전(1944년 3월 인도 임팔에 쳐들어간 일본군은 보급선을 무시한 탓에 3만 명이 숨졌다)은 무모한 작전의 대명사.

상의 뭔가가 있는 걸까요?

그것은 백발의 사람들이 〈호헌(護憲)〉을 외치고 있는 구도와 비슷한 점도 있습니다. 현실적으로 일본을 생각했다면 얼마든지 할 일이 있었을 거예요. 하지만 그건 대체로 어둡고 힘든 이야기이고 성실하게 힘을 써도 좋은 해답이 나오지 않을지도 모릅니다. 그래서 손대지 않고 뒤로 미뤄 둔 채 조금 앞에 즐거운 일을 할당하고 속이는 거지요. 그런 사기에 몰려드는 것은 궁지에 몰린 기업과 다음에 당선될지도 모르는 정치가뿐입니다. 이런 구도인 것이지요.

현재 일어나고 있는 것은 1964년의 도쿄 올림픽과는 정반대 현상입니다. 저번 올림픽에서는 전후의 고도성장으로 다들 경기 상승을 믿을 수 있었기에 분위기가 고조될 수 있었습니다. 그리고 그 4년 후인 1968년에는 메이지 1백 년을 맞이했지요. 메이지의 일본인이 훌륭했기 때문에 지금도 고도 경제 성장을 하고 있다고 역사를 긍정적으로 연속시켜 일본과 일본인의 존재 증명을 얻을 수 있는 시대였습니다.

사토 확실히 가정용 컬러텔레비전이 보급되어 가족이 함께 본 저번 올림픽과는 전혀 다르지요.

앞에서 나온 만화가 히가시무라 아키코는 도쿄 올림픽 개최가 정해졌을 때 〈혼자 도쿄 올림픽을 보는 건 싫다〉라고 생각했습니다. 그것이 『도쿄 후회 망상 아가씨』를 그린 계기가 되었다고 합니다.

올림픽을 1년 앞둔 지금, 저는 1931년에 나온 작가 나카야마 다다나오(中山忠直)의 『일본인의 우수함 연구(日本人の偉さの研

〈오·모·테·나·시〉의 실태

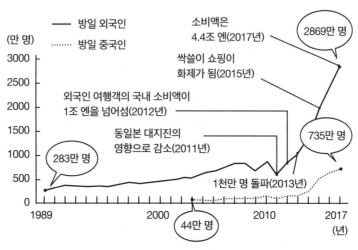

(만 명)

—— 방일 외국인
······ 방일 중국인

소비액은
4.4조 엔(2017년)

2869만 명

싹쓸이 쇼핑이
화제가 됨(2015년)

외국인 여행객의 국내 소비액이
1조 엔을 넘어섬(2012년)

동일본 대지진의
영향으로 감소(2011년)

283만 명

735만 명

1천만 명 돌파(2013년)

44만 명

1989   2000   2010   2017
(년)

* 2018년은 방일 외국인 3119만 명, 방일 중국인은 838만 명
출처: 일본 정부 관광국

究)』를 떠올렸습니다. 그는 1940년에 개최될 예정이었던 도쿄 올
림픽에 들뜬 일본인을 몹시 비판했어요. 이런 올림픽은 실현될
수 없다, 앞으로는 전쟁이라는 이름의 〈피의 올림픽〉이 시작될
거라고 예언했죠.

가타야마　요즘 시대와 무척 겹치네요.

사토　게다가 각국이 스포츠로 겨뤄 내셔널리즘을 승화시키려
한다고 해도 〈IS〉는 국가로서 승인받지 못했기 때문에 나오지 못
합니다.

가타야마　국민 국가의 붕괴가 세계를 혼란시키고 있는데 국가끼
리 겨룬다는 것도 어이없는 이야기지요.

사토　도쿄 올림픽에서 또 하나 주목해야 하는 것이 관청의 문제입니다. 지금까지 올림픽은 문부 과학성의 관할이었지만 신국립 경기장 문제[23]가 일어나 국토 교통성으로 옮겨졌습니다. 관할하는 관청이 바뀌는 것은 이권의 이동을 의미합니다. 그런데 이걸 비판하는 미디어가 전혀 없습니다.

「도망치는 건 부끄럽지만 도움이 된다」와 후유히코 씨

가타야마　이권의 이동이 쉬워진 것도, 예전에는 사회에 엄연히 존재하고 있던 관문이나 경계가 신자유주의 탓에 없어진 영향이겠지요.

　예컨대 관저 주도가 된 결과 지금까지 있을 수 없었던 일이 〈총리의 의향으로〉 아무렇지 않게 일어나고 있습니다. 총리나 그 주변 사람들과의 관계만으로 편의를 받을 수 있는 모리토모 학원과 가케 학원 문제도 동일한 구도의 문제겠지요.

　그 구도는 소련 붕괴 후의 러시아와 겹칩니다. 질서가 붕괴된 직후 남은 이권에 수많은 사람이 몰려들었지요. 그리고 이권을 탐할 만큼 탐하면 재빨리 도망쳐 아무도 없게 되었습니다. 올림픽에 몰려든 나쁜 대리인도 돈을 벌 만큼 벌고 나면 다들 도망치

23　도쿄 올림픽의 주경기장으로 사용하기 위해 국립 가스미오카 육상 경기장을 전면적으로 개축하기로 했다. 공모전에서는 이라크 출신 자하 하디드의 안이 채택되었지만 건축비가 올라 여러 번 바뀌거나 뒤집혔다. 건축비 예산을 둘러싸고 도쿄도와 문부 과학성이 대립했다. 결국 자하 안은 각하되고 다시 공모전을 실시하여 다이세이 건설과 건축가 구마 겐고의 안이 채택되었다 — 원주.

고 없어지겠지요.

사토 충분히 생각할 수 있는 시나리오네요. 여기서 〈도망치다〉를 키워드로 헤이세이 사회를 생각해 보기로 하지요.

2016년에 「도망치는 건 부끄럽지만 도움이 된다」가 붐을 일으켰습니다.[24] 대학원을 나와 임상 심리 자격을 땄지만 취직난으로 파견 사원이 된 아라가키 유이(新垣結衣)가 연기하는 모리야마가, 교토 대학 출신의 시스템 엔지니어이지만 35년간 한 번도 애인이 없었던 쓰자키와 계약 결혼을 하는 드라마입니다.

저는 「도망치는 건 부끄럽지만 도움이 된다」를 1992년 TV 드라마 「쭉 당신을 좋아했다」[25]와 겹쳐서 봤습니다. 「도망치는 건 부끄럽지만 도움이 된다」에서 호시노 겐(星野源)이 연기한 〈프로 독신〉을 자칭하는 까탈스러운 쓰자키와 「쭉 당신을 좋아했다」에서 사노 시로(佐野史郎)가 연기한 후유히코 씨는 사실 닮았습니다. 둘 다 고학력이고 오타쿠 기질이 있어요. 25년 전에 후유히코 씨는 기분 나쁘다며 미움을 받았지만, 쓰자키는 수입도 직장도 있으며 가족도 소중히 여기고 좋지 않느냐는 평가를 받습니다.

가타야마 현대 여성은 남자가 다소 오타쿠 같아도, 마더 콤플렉스를 갖고 있어도 살아남을 수 있다면, 도망칠 수 있다면 괜찮다

24 대학원을 나왔지만 파견 사원이 된 여성과 고학력이지만 까탈스러운 남성의 계약 결혼을 그린 우미노 쓰나미의 만화가 2016년 동명의 드라마로 만들어져 인기를 얻었다. 사토는 〈대학원을 나와도 제대로 된 일자리를 얻을 수 없는 현대 사회와 교육에 대한 통렬한 빈정거림으로 봤다〉고 말한다 — 원주.
25 특수한 마더 콤플렉스를 가진 남자와의 결혼 생활을 그린 연애 서스펜스. 도쿄 대학 출신의 〈후유히코〉라는 아들이자 남편 캐릭터가 주목을 받아 〈후유히코 씨〉와 〈마더 콤플렉스〉가 유행어가 되었다 — 원주.

고 생각하겠지요. 25년 전에는 없던 감각이지요.

사토 그렇습니다. 히키코모리 기질이 있어도 마더 콤플렉스를 갖고 있어도 돈만 갖고 있다면 괜찮다는 거지요. 돈벌이를 할 수 있으면 괜찮다고 생각하게 된 겁니다. 그렇게 생각하면 「도망치는 건 부끄럽지만 도움이 된다」는 신자유주의 분위기를 반영한 드라마라고 할 수도 있습니다.

가타야마 앞에서도 말했지만, 경제가 오름세인 시기에는 평생의 수입을 계산하고 결혼이나 자택을 구입할 시기를 역산해 갑니다.

그러나 경제가 내림세가 되면 〈최저 생활 연구〉가 시작됩니다. 빈곤 조사로 유명한 영국의 시봄 라운트리가 쓴 『빈곤과 진보 *Poverty and Progress*』 등이 그렇습니다. 일본에서도 전시에는 생활을 최소한으로라도 유지하기 위한 사회 조사가 활발하게 이루어졌어요. 왜냐하면 자유 매매에서 통제 배급으로 바뀌게 되면 배급량을 정하지 않으면 안 되니까요. 그렇게 해서 최저선에 관심이 모이게 됩니다. 「도쿄 후회 망상 아가씨」나 「도망치는 건 부끄럽지만 도움이 된다」와도 통하는 것인데, 막다른 곳에 몰린 사람들은 이 정도의 수입이 있으면 어떻게든 살아갈 수 있을 거라고 스스로 계산하기 시작합니다. 그 최저선을 지키는 투쟁이 살아가는 일이 되는 거지요.

사토 사회학자인 야마다 마사히로(山田昌弘)가 2017년 발표한 『저변으로의 경쟁(低辺への競爭)』이 바로 그렇습니다. 예전에 야마다가 제창한 패러사이트 싱글[26]이 20년 후에 〈저변으로의 경쟁〉을 시작하죠. 40대 남성 3분의 1이 결혼할 수 없습니다. 40대

여성인 패러사이트 싱글도 심각합니다. 집과 부모의 연금이 없어지면 생활 보호를 받거나 노숙자로 전락할 수밖에 없습니다.

가타야마 그건 현실성이 느껴지네요. 독신인 자신은 부모가 세상을 떠나면 어떻게 될까, 그렇게 생각하면 아무라도 좋으니까 매달릴 수밖에 없게 되겠지요.

그렇다고 정부의 고용 확대 정책이나 사회 보장은 기대할 수 없습니다. 1930년대에 세계 공황을 극복하기 위해 미국에서 행한 뉴딜 정책 같은 대규모 공공 사업도 가능할 리가 없어요. 쏘아 올린 불꽃같은 올림픽이 고작입니다. 다음은 오사카 만국 박람회 유치인가요? 상당한 수의 일본인이 세상 살아가기가 힘들다는 것을 실감하기 시작했습니다.

저는 이 철퇴 감각의 확산에는 학력 사회의 붕괴가 관련되어 있다는 생각이 듭니다.

사토 「도망치는 건 부끄럽지만 도움이 된다」의 모리야마가 바로 그렇습니다. 대학원을 나와도 파견 사원으로밖에 일할 수 없지요. 그 드라마에서는 학력 사회의 붕괴를 잘 담아 냈습니다.

가타야마 예전에는 학력에 걸맞은 취직이나 결혼 그리고 수입이 있었습니다. 사회적 지위가 보장되어 있었지요. 그래서 교육에 자본을 투자하면 알기 쉬운 보답이 있었어요.

하지만 버블이 붕괴된 후 고용 형태가 변하고 모델이 무너졌

---

26 사회인이 되어도 부모에게 의존하며 생활하는 독신. 부모에게 기생(패러사이트)한다는 의미. 부모에게 가사를 맡기고 수입을 자유롭게 쓰기 때문에 경제적으로 풍요로운 생활을 한다. 야마다 마사히로가 1999년 발표한 『패러사이트 싱글의 시대』로 화제가 되었다─원주.

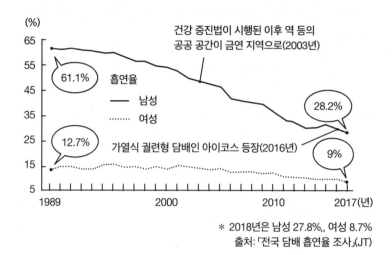

높아지는 〈건강 지향〉

(%)

건강 증진법이 시행된 이후 역 등의
공공 공간이 금연 지역으로(2003년)

61.1%

흡연율

──── 남성

······· 여성

12.7%   가열식 궐련형 담배인 아이코스 등장(2016년)

28.2%

9%

1989   2000   2010   2017(년)

* 2018년은 남성 27.8%,, 여성 8.7%
출처: 「전국 담배 흡연율 조사」(JT)

습니다. 그렇다면 더욱 높은 학력을 손에 넣으면 어떻게든 되는 게 아닐까, 하고 생각한 젊은이들이 대학원에 진학했어요. 하지만 대학원이라는 학력은 아무런 도움도 되지 못했습니다. 그렇게 해서 「도망치는 건 부끄럽지만 도움이 된다」와 같은 고학력 워킹 푸어가 등장한 것입니다.

사토   지금은 대학원을 나오면 고용해 주지 않기 때문에 이력을 속이고 편의점에서 아르바이트를 하는 시대가 되었으니까요.

헤이세이가 시작된 시점에서 우리는 아이들에게 자신과 동등하거나 그 이상의 교육을 받게 할 수 있을 거라고 믿었습니다. 하지만 지금은 아이들에게 자신과 동등한 교육을 받게 하는 건 어려워졌지요. 아이들에게 교육을 받게 하는, 쇼와 때는 당연했던 일이 헤이세이에 들어와서는 환상이 되고 있습니다. 헤이세이를 통해 교육에 대한 일본인의 의식이 크게 바뀌었습니다.

가타야마 학력 사회의 붕괴에 더해 대학을 졸업하여 안정되게 일한다는 모델이 무너진 것도 교육에 대한 의식 변화에 박차를 가하고 있습니다. 고학력을 손에 넣어도 정년까지 일할 수 있는 기업이 지금 일본에 얼마나 있을까요? 그렇다면 관청은 어떨까요? 이제는 관청에서 열심히 일해 출세를 해도, 관련 기관에 재취업하는 게 금지되어 있습니다. 도대체 무엇을 위해 고생해서 공부했는지 알 수 없게 된 것이지요.

사토 성공했다고 여기는 여성들도 행복한지 어떤지 알 수 없습니다. 「도망치는 건 부끄럽지만 도움이 된다」에서는 부드럽게 다뤘습니다만, 무서워서 다룰 수 없는 것이 이시다 유리코(石田ゆり子)가 연기한 쉰 살 전후의 독신 커리어 우먼입니다. 만화에서는 한 번도 남자를 경험해보지 못한 채 폐경한 여성으로 그려졌습니다. 그것이 남녀 고용 기회 균등법 후에 등장한 일 잘하는 커리어 우먼이나 『네, 아직 혼자입니다』[27]에 그려진, 나름대로 부유한 독신 여성이 도달한 곳의 한 가지 현실이었죠.

일본인은 〈오보카타〉에게서 무엇을 보았는가

사토 학력 사회의 파괴에 공헌한 것이 2014년 새해부터 시작된

---

27 사카이 준코가 2003년 발표한 대표작. 일본어 원제에 쓰인 〈싸움에 진 개〉에 30대 이상의 미혼인 여성을 자학적으로 비유하여 많은 여성 독자의 공감을 얻었다 — 원주.

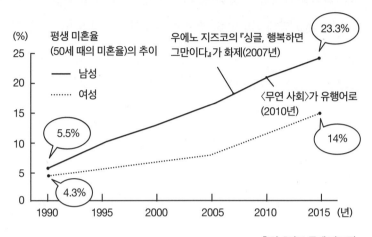

〈독신〉이 늘어나고 있다
(연간 3만 명이 고독사를 한다는 추계도, 70%가 남성)

(%) 평생 미혼율
(50세 때의 미혼율)의 추이
—— 남성
······ 여성

우에노 지즈코의 『싱글, 행복하면 그만이다』가 화제(2007년)

23.3%

5.5%

〈무연 사회〉가 유행어로
(2010년)

14%

4.3%

1990 1995 2000 2005 2010 2015 (년)

출처: 「인구 통계 자료집」
(국립 사회 보장, 인구 문제 연구소)

STAP 세포 소동입니다.[28] 오보카타 하루코는 AO 입시로 와세다 대학에 입학하여 박사 과정까지 수료했습니다.

오보카타를 비금속에서 금속을 만들어 내는 연금술사라고 생각하면 그 소동은 이해하기 쉬워요. 연금술에서는 수백 번, 수천 번이나 성공했다는 보고가 있습니다. 하지만 칼 융은 『심리학과 연금술』에서, 연금술 연구실에서 멤버가 연금술사에 의해 심리적으로 지배되었을 때만 연금술은 성공했다고 합니다.

28   이화학 연구소의 오보카타 하루코가 신형 만능 세포를 발표했지만, 그 후 논문의 무단 인용이나 이미지 재사용 등의 지적이 잇따랐다. 날조했다는 지적에 대해 오보카타는 기자 회견에서 〈2백 회 이상 성공했다〉고 주장했다 ― 원주.

오보카타는 연구실 내의 자장을 바꿔 주위 사람의 심리를 지배하는 특수한 능력을 갖고 있었습니다. 그래서 면접을 중시하는 AO 입시로 합격할 수 있었고, 이화학 연구소 사람들도 STAP 세포가 있다고 믿게 되었지요. 학력을 실추시키는 사건이기도 했습니다.

가타야마 일하는 방식의 모델이 붕괴했다는 관점에서 보면 그녀가 연금술을 사용하지 않을 수 없었던 상황을 알 것 같기도 합니다.

오보카타도 계약 사원 같은 입장에서 연구에 종사하고 있었지요. 연구를 계속하고 싶어도 장기적으로 고용되는 것은 어렵습니다. 결과를 내지 않으면 계약이 갱신되지 않으니까요. 그렇게 되면 연구실에 계속 남기 위해서 연금술을 사용해서라도 결과를 내어 계약을 갱신할 수밖에 없습니다. 자신이 몰두하고 싶은 연구보다 어쨌든 다음 번 계약을 갱신하는 일이 목표입니다. 그래서 연구 성과를 날조하는 거지요. 그런 일의 되풀이가 아니었을까, 하는 생각이 듭니다.

사토 아마 그랬겠지요. 저는 그녀 부모의 위기관리에 감명을 받았습니다. 그녀는 STAP 세포 발견 당초 미디어에서도 꽤 인기가 있었지만 부모는 한 번도 공개적인 자리에 나오지 않았습니다.

그런 보도의 경우 부모가 등장하여 〈우리 하루코는……〉 어쩌고저쩌고하며 자랑스럽게 이야기하는 것이 보통입니다. 아마도 부모는 알고 있어서 나오지 않았을 겁니다. 〈하루코가 또 큰일을 저질렀구나. 이번에는 스케일이 너무 커서 큰일이 나겠어〉 하고 말이지요.

　소동이 일단락되자 그녀는 고단샤에서 『그날(あの日)』[29]을 발행하고 『부인 공론(婦人公論)』에서 「오보카타 하루코 일기」의 연재도 시작했습니다. 그것은 원칙적으로 『부인 공론』 편집부에서 편집장을 포함해 편집자들이 그녀의 주장을 믿고 있었다는 이야기가 됩니다.

가타야마　지금도 주위 사람의 심리를 지배하고 있는 거겠지요. 그런 의미에서는 대단한 재능입니다.

클래식 역사에 남을 만한 대작 소동

사토　STAP 세포 발견 다음 달에는 사무라고치 마모루의 유령 작가 사건이 보도되기 시작했습니다.[30] 해외의 선행 연구를 복사하거나 짜깁기한 논문으로 박사 학위를 취득한 오보카타 소동과 통하는 사건입니다. 음악 업계의 구조에 문제가 있었던 건가요?

가타야마　전제로서 클래식 음악계에는 교향곡이 전인적 표현이라는 신화가 있습니다. 베토벤 이래의 신화입니다만, 세계관 같은 전체성을 예술 음악으로 표현하는 최상의 악곡 분야가 교향곡

29　고단샤에서 2016년 1월 간행한 오보카타 하루코의 수기. STAP 세포에 대한 비판에 반론하는 내용이다. 『그날』을 읽은 사토는 〈오보카타는 자신이 현실을 삼키거나 현실에 자신이 삼켜지거나 하는 승부를 걸고 있다〉고 느꼈다 ― 원주.

30　작곡가인 니가키 다카시가 청각 장애 작곡가로서 현대의 베토벤이라 칭해지는 사무라고치 마모루의 곡을 18년에 걸쳐 대작해 왔다고 고백했다. 사무라고치도 유령 작가의 존재를 인정했다. 가타야마는 〈똑같은 수준의 교향곡이 다수 있는 가운데 작품을 팔기 위해서는 청각 장애 작곡가라는 알기 쉬운 스토리가 필요했던 것이 아닐까〉라고 말한다 ― 원주.

이라고 말이지요. 사무라고치도 교향곡을 만들면 훌륭한 예술가로 평가받을 거라는 환상을 가졌겠지요.

하지만 교향곡은 교향악단을 위해, 게다가 모든 것을 자력으로 쓰는 것이 도리이고, 연주 시간도 30분이나 1시간은 필요합니다. 기본적인 악상을 생각하고, 그 전개와 구성 그리고 조합의 방식을 생각하고, 하모니와 폴리포니를 생각하고, 오케스트라에서 쓰는 모든 악기에 정통하여 각 부분을 완성해 나가야 합니다. 이만저만한 일이 아니지요. 전문적 학습과 몇 년의 실제 경험이 필요합니다. 설령 재능이 있다고 해도 말이지요. 사무라고치의 경우 거기까지는 무리였습니다. 그래서 재능은 있지만 인정받지 못한 현대 음악 작곡가를 유령 작가로 내세운 것이지요.

사실 어떤 사람을 통해 사무라고치의 데모 테이프가 저한테도 온 적이 있었습니다. 아직 완전히 무명이었을 무렵에요. 들어봤는데 이건 좀, 하고 생각해서 전혀 손을 대지 않았지요.

하지만 오보카타를 담당하는 편집자와 마찬가지로 그를 믿고 응원한 사람이 있었겠지요. 귀가 들리지 않는 장애를 가졌지만 분투하고 있다, 베토벤과 완전히 같은 처지인 현대의 천재다, 이렇게 생각하고 오랫동안 후원한 것이지요.

사무라고치가 머리를 벽에 부딪치며 작곡하는 모습이 TV에 자주 나왔습니다만 아무리 봐도 수상쩍었어요. 그래도 다들 믿습니다. 신기한 일이지요.

사토 그건 NHK의 다큐멘터리 영상이었지요. 진상을 알고 보면 뻔한 연극이지만 다들 믿었습니다.

다만 사무라고치는 0에서 1을 만드는 능력을 갖고 있었어요. 그리고 그 1을 100으로 늘려 줄 파트너가 있었지요.

가타야마　공동 작품으로 발표했으면 좋았겠지만, 그렇게 해서는 천재 신화가 성립하지 않지요. 그리고 원래 클래식 음악계에서 공동 작품은 환영받지 못합니다. 근대 소설이나 회화와 마찬가지로 전부 혼자 만든 것으로 믿어지는 데서 작품의 가치가 생겨나거든요. 예컨대 중국의 문화 대혁명 시대에는 피아노 협주곡 「황하」가 집단 창작이라는 형태로 발표되었습니다.

지금도 연주되고 있지만, 작곡가가 복수라서 클래식 음악계에서는 아무래도 이상한 곡 취급을 합니다. 사무라고치로서는 한 사람의 작업이라는 전제를 끝까지 지킬 필요가 있었던 거지요.

사토　사무라고치의 경우는 캐릭터까지 공들여 만들었습니다.

다만 보여 주는 방법에 따라서는, 두 사람 다 상처받지 않는 방법이 있었을 것 같아요. 예컨대 사무라고치는 핸디캡이 있어 악보를 소리로 변환할 수 없다, 자신의 경우에는 음악을 전문적으로 배울 기회도 없었다, 하는 이야기를 만드는 거지요. 그런 사무라고치를 원조하는 현대 음악가로서 니가키 다카시(新垣隆)를 등장시킵니다.

소동이 일어나기 전에, 사무라고치라는 개인으로 작품을 발표했지만 〈실은 공동 작품이었습니다〉라고 고백하는 겁니다. 그렇게 하면 두 사람 다 상처받지 않고 팬들을 배신하는 일도 없었겠지요.

가타야마　그런 줄거리라면 곤경을 타개했을지도 모르지요. 하지만 유령 작가인 니가키 다카시는 고발하지 않을 수 없는 상황까지 내몰리고 말았습니다. 사무라고치도 연금술을 지나치게 많이 쓴 것이 아니었을까 싶어요.

사토 보도대로라고 한다면 아이에게까지 연금술을 강요하려고 했지요.

가타야마 사건 후 사무라고치를 추적한 모리 다쓰야(森達也)의 영화 「페이크」[31]를 봤지만, 뭐가 진실이고 뭐가 거짓말인지 구별하는 것이 무척 어려웠습니다.

사무라고치 소동 후에 남은 것은 사무라고치의 교향곡이 지금까지 일본인이 가장 많이 들은 일본인의 교향곡이 되었다는 사실뿐입니다. 전전이라면 일본인 작곡가도 뛰어난 교향곡을 많이 만들어 왔는데 그런 것에 눈길 한번 주지 않았던 수많은 음악 팬이 고난 스토리와 본인의 강렬한 캐릭터 연출이 들어간 사무라고치의 교향곡에 달려들어 감격의 눈물까지 흘리는 장면에서는 고통스럽기까지 했습니다.

사토 일본의 클래식 세계에서는 사무라고치의 교향곡을 없었던 것으로 취급하는 거 아닌가요?

가타야마 아마 그럴 겁니다. 클래식 업계는 사기꾼을 간파하지 못했다며 신용을 잃고 말았지요. 그렇다 하더라도 헤이세이 시대의 일본인에게 가장 영향을 끼친 교향곡이었던 사실은 변하지

---

31 논픽션 작가이자 다큐멘터리 영화감독인 모리 다쓰야가 유령 작가 소동 후의 사무라고치 마모루를 추적한 작품이다. 니가키 다카시와 그가 처음 대작을 고발한『주간 분슌』의 작가 그리고 사무라고치를 다룬 TV 프로그램 등을 냉소적으로 찍은 장면이 있다. 2016년 공개 — 원주.

않으니 제대로 평가하고 반성하여 일본 음악사에 남겨야 합니다. 니가키가 상당히 잘 만든, 인기를 얻기 위한 교향곡으로서는 작품 자체가 나름대로 괜찮은 거였으니까요.

사토   일본인은 역사의 치부에서 배우려고 하지 않습니다.『국체의 본의(国体の本義)』[32] 역시 그렇습니다. 지금은 헌책으로 구할 수밖에 없는 책이지요.

가타야마   『국체의 본의』에서는 신화를 읽고 천황에 대한 절대 복종을 주장했습니다. 일본의 역사는『국체의 본의』를 빼고는 말할 수 없지요.

저는 학교에서도 가르쳐야 한다고 생각합니다. 하지만 악영향을 두려워해서인지, 전쟁에 이르게 된 반성에서인지 지금은 없었던 것이 되고 말았습니다.

『국체의 본의』는 요즘 시대에 무슨 일이 일어나고 있는지, 왜 오늘날 같은 사회가 되었는지를 생각하는 데 힌트가 될 겁니다. 고단샤 학술 문고나 이와나미 문고에 수록하면 좋을 것 같아요.

사토   그러네요. 예컨대『국체의 본의』에 더해 국법학자 오토 쾰로이터의『나치 독일의 헌법론』[33]을 읽으면 현행 헌법에 손을 대지 않고 실질적으로 헌법 개정을 하는 것도 가능하다는 것을 알

32   천황 중심의 국체 유지, 일본 정신의 지도자 양성, 국민 교화를 목적으로 문부성이 1937년에 편집, 발행한 출판물.『고사기』,『일본서기』, 신화를 기초로 천황에 대한 절대적 복종을 주장하고 사회주의, 공산주의, 민주주의, 개인주의 등을 부정했다 — 원주.

33   오토 쾰로이터는〈나치 헌법〉은 실제로 존재하지 않고 법률이나 해석에 의해 성문화되어 있지 않아도 확립할 수 있다고 주장했다. 사토는〈당시에 가장 민주적이었던 바이마르 헌법을 개정하지 않고 헌법과 다른 법률이나 해석을 만들어 냈던 것이 나치의 방식이었다〉고 해설한다 — 원주.

게 됩니다. 바이마르 헌법과 모순된 법률이나 법령을 점점 더해 가면 귀착점이 사실상의 나치 헌법이라는 것을 이해할 수 있지요.

가타야마 그런 것에 흥미를 가지면 우익이 아니냐고 의심받습니다. 그래서 책을 읽지 않고 공부도 하지 않고 순진하게 자라는 거지요. 그러면 이번에는 국가에 간단히 속게 됩니다. 헤이세이 시대에 자란 젊은 세대는 국가의 방식이나 사회 풍조에 위화감을 느껴도 비판하는 방법을 모릅니다. 그런 상황이 된 것 같습니다.

정치의 V 시네마화

가타야마 2014년 7월에 집단적 자위권[34] 행사 용인이 내각 회의에서 결정되었습니다. 이것도 특정 비밀 보호법과 마찬가지로 아베 정권이 행한 전쟁 준비의 하나로 말해집니다.

사토 집단적 자위권의 각의 결정과 소비세 인상을 전후한 논의에서 공명당의 정치적 우위가 확립되었습니다. 우선 소비세는 2014년 4월에 8퍼센트가 되었어요. 그것이 10퍼센트가 될 때는 일부 생활 필수품에 드는 세금을 줄이는 〈경감 세율〉 도입이 모색되었지요. 이를 적극적으로 제언한 것은 공명당이었습니다.

그래서 관저와 재무성은 소비세 인상과 더불어 마이 넘버 카

---

34 동맹국이나 밀접한 관계에 있는 나라가 공격받았을 때 자국의 안전이 위협받았다고 간주하고 반격할 권리. 역대 내각은 〈보유하고 있지만 헌법 9조와의 관계로 행사할 수 없다〉고 해석하고 있었다. 그러나 2014년 7월 아베 내각의 내각 회의 결정으로 해석을 변경. 일정한 조건하에서 집단적 자위권의 행사를 용인했다 — 원주.

드[35]를 사용해 소비세 일부를 환급해 주는 독자적 안을 생각했어요. 하지만 공명당은 소비자의 부담 경감이 제한적이라며 반대했지요. 그러자 아베 총리는 곧바로 그 이야기를 철회하고 〈공명당과 잘 의논하여〉라고 말했습니다. 관저와 재무성이 정한 것을 공명당이 뒤집는다는 것은, 지금까지 가스미가세키의 상식으로는 있을 수 없는 일이었습니다.

그러고 나서 무슨 일이 일어났을까요. 관료의 공명당 순회가 일어났지요. 지금은 법안이나 정책을 자민당보다 먼저 공명당에 설명하는 관료도 많습니다. 정책의 이해력도 높아서, 관료는 공명당 의원을 중시하게 된 것이지요.

가타야마 그런 점에서 아베 정권은 공명당의 족쇄를 차고 있는 듯한 상황이 되고 말았지요.

사토 그렇습니다. 아베 정권은 집단적 자위권 용인에서도 공명당을 무시할 수 없었지요. 당초 관저는 예전에 오자와 이치로가 말했던 9조를 개정하여 자위대를 군대로 하는 〈보통 국가〉 노선으로 나아가려고 했습니다. 하지만 결국 공명당의 이해를 얻지 못했습니다.

『공명 신문(公明新聞)』에 보도되었는데, 야마구치 나쓰오(山口那津男) 공명당 대표는 아베 총리에게 행사 용인은 한정적이라는 걸 인정하게 한 후 각의 결정안 이상의 일은 헌법 개정이 필요하

35　모든 주민이 신청하면 무료로 받을 수 있는 플라스틱제 카드. 겉면에는 본인의 사진과 이름, 주소, 생년월일, 성별이 기재되어 있어 신분 증명서로도 이용할 수 있다. 또한 뒷면에는 마이 넘버가 기재되어 있어 세금, 사회 보장, 재해 대책의 법령에서 정해진 절차를 진행할 때의 번호 확인에 이용할 수 있다.

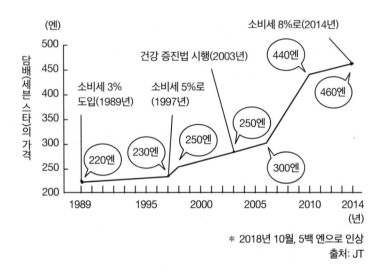

담배 한 갑의 가격

(소비 감소로 세수가 떨어지는 것을 막기 위해 단계적으로 가격 상승이 이루어짐)

(엔)

소비세 8%로(2014년)

건강 증진법 시행(2003년)

440엔

460엔

소비세 3% 도입(1989년)

소비세 5%로 (1997년)

250엔

250엔

220엔

230엔

300엔

담배(세븐스타)의 가격

500
450
400
350
300
250
200

1989   1995   2000   2005   2010   2014
(년)

* 2018년 10월, 5백 엔으로 인상
출처: JT

다는 언질을 했습니다. 공명당이라는 존재로 인해 집단적 자위권으로 자위대를 움직일 수 있는 여지는 좁아지고 말았죠.

만약 이 각의 결정이 없었다면 NSC[36]의 결정만으로 미군과 함께 일본의 이지스함을 기동할 수 있게 되었을 겁니다.

가타야마 아베 정권의 소원인 헌법 개정을 실현하기 위해서는 공명당과 결별할 수밖에 없습니다. 하지만 결별하면 선거에서 이길

---

36 국가 안전 보장 회의. 미국의 조직에서 배워 일본판 NSC로 불린다. 국가 안전 보장에 관한 긴급 사무에 대한 조치를 검토한다. 총리가 의장을 역임하고 관방 장관, 외상, 방위상으로 구성되는 〈4대신 회합〉과 재무상, 경산상 등이 가세한 〈9대신 회합〉이 있다. 국가 안전 보장 회의를 지원하는 국가 안전 보장국의 초대 국장은 외무성 출신의 야치 쇼타로였다—원주.

수 없지요. 헤이세이도 끝나 가고, 작은 정당이었던 공명당은 무시할 수 없는 존재가 되었어요. 정계가 카오스 상태가 된 것의 상징이지만, 오월동주(吳越同舟)[37]의 장점은 있겠지요. 국회의 여야 대립보다는 당내 조정이 정치의 프로세스로서 더욱 중요하고 극적이 된 것 같기도 합니다.

사토 얼마 전에 본 모토미야 야스카제(本宮泰風)와 오자와 히토시(小沢仁志)가 나오는 「일본 통일」[38]이라는 V 시네마가 지금의 자민당과 공명당의 관계와 겹쳐졌습니다. 고베로 간 요코하마의 불량배가 산노미야에서 날뛰다가 그곳의 광역 폭력단에 들어가 고베를 거점으로 일본을 제패해 갑니다. 바로 작은 조직이 큰 조직을 삼키는 이야기이지요.

가타야마 정치의 V 시네마화네요. (웃음) 작은 것이 큰 것을 삼킬지 어떨지, 앞으로가 볼만하겠네요.

사토 시간이 조금 앞으로 갑니다만, 2017년 가을 중의원 선거 후의 정당 분포를 30센티미터 잣대로 옮겨 놓으면 다음과 같이 됩니다.

우선 오른쪽 끝에서 5센티미터 지점에 자민당, 일본 유신회, 희망의당이 있습니다. 그리고 오른쪽 끝에서 7센티미터 지점에 있는 것이 입헌 민주당입니다. 사실 입헌 민주당은 리버럴도 좌

---

37 서로 적의를 품은 사람들이 한자리에 있게 된 경우나 서로 협력하여야 하는 상황을 비유적으로 이르는 말.

38 지난 2013년부터 발표되고 있는 V 시네마(극장 개봉을 전제로 하지 않고 대여 비디오 전용의 영화) 시리즈. 현지 야쿠자를 해산으로 내몬 요코하마의 불량배가 광역 폭력단 안에서 출세하고 일본 전국의 항쟁에 관여해 가는 협객 이야기. 2019년 2월에 32편이 발매되었다 — 원주.

2017년 가을 중의원 선거 후의 정계 지도

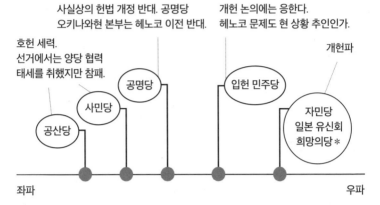

사실상의 헌법 개정 반대. 공명당
오키나와현 본부는 헤노코 이전 반대.

개헌 논의에는 응한다.
헤노코 문제도 현 상황 추인인가.

호헌 세력.
선거에서는 양당 협력
태세를 취했지만 참패.

개헌파

공명당

사민당

입헌 민주당

공산당

자민당
일본 유신회
희망의당 *

좌파   우파

＊ 그 후 해산하여 국민 민주당으로.
당내 다른 리버럴파는 입헌 민주당으로 옮겨 갔다.

파도 아닙니다. 에다노 유키오 대표는 헌법 개정 논의에 응하겠다고 말했습니다. 개정을 전제로 논의하는 거니까 입헌 민주당은 개헌 정당이지요. 그리고 오키나와의 헤노코 문제에서도 입헌 민주당은 현 상황을 추인했습니다. 그러니까 공명당보다 보수적이라고 할 수 있지요.

가타야마 2017년 선거에서 입헌 민주당은 리버럴층의 표를 모았습니다. 하지만 정당 이름에 〈입헌〉을 붙이고 있다고 해서 〈좌〉라고 생각하는 것은 큰 착각입니다.

사토 그렇습니다. 입헌이라는 건 테러로 국가 개조를 하지 않고 헌법 질서를 지킨다는 정도의 의미이니까요.

가타야마 그만큼 좌파가 쇠약해지고 우익에 치우친 세상이 되었

다고 할 수 있겠지요.

사토 그렇다면 좌파의 지도는 어떨까요? 왼쪽 끝에서 5센티미터 지점에 있는 것이 공산당. 5센티미터 더 가서 왼쪽 끝에서 10센티미터 지점에 사민당이 있습니다. 입헌 민주당보다 왼쪽이고 사민당보다는 오른쪽에 위치하는 것이 공명당입니다.

공명당은 사실상 헌법 개정 반대입니다. 게다가 공명당의 오키나와현 본부는 헤노코 반대, 후텐마 폐쇄, 해병대 철수를 요구하고 있지요.

가타야마 확실히 입헌 민주당보다 공명당이 훨씬 왼쪽에 있네요. 정당 분포를 다시 보니 무서울 정도로 오른쪽에 편중되어 있습니다.

사토 좌파가 쇠약해진 결과 정국이 흔들리기 쉽게 되었지요. 아베 정권에 대한 지지율이 낮은데도 자민당의 의석수가 많아요. 대단히 견고해 보입니다만 무슨 일이 있으면 파벌 투쟁으로 발전할 가능성을 항상 안고 있습니다.

『아사히 신문』은 마치 일본 육군

가타야마 2014년 9월, 좌파의 쇠약에 박차를 가한 사건이 있었어요. 아사히 신문사가 위안부 문제의 〈요시다 증언〉 보도[39]와 원전

---

39 『아사히 신문』은 1982년, 전시 일본 통치하에 있던 한국의 제주도에서 〈2백 명의 젊은 조선인 여성을《끌어왔다》〉는 사회 운동가 요시다 세이지의 증언을 보도했다. 그 이후 강제 연행의 유력한 증언으로서 다뤄졌지만, 2014년에 요시다 증언은 허위였다고 하며 일련의 위안부 보도를 취소했다 — 원주.

사고 문제의 〈요시다 조서〉[40] 오보로 사죄했지요. 특히 〈요시다 증언〉 문제는 일본 우경화의 상징이었습니다.

사토 리버럴인 아사히 신문사에서도 사죄하지 않을 수 없을 만큼 사회의 주류가 우중(右中) 방향으로 치우쳤다는 것이 가시화되었지요.

가타야마 게다가 위안부 문제의 발단을 만든 기자가 퇴직 후에 자신은 기사를 날조하지 않았다는 수기를 간행했지요. 마치 구일본 육군처럼 기자가 자기 멋대로 행동하여 아사히 신문사 내의 통제가 이루어질 수 없게 되었습니다.

사토 이 지적대로 〈요시다 증언〉에서는 아사히 신문사라는 조직이 안고 있는 문제도 노골적으로 드러났습니다.

저널리스트 이케가미 아키라(池上彰)의 칼럼 게재 문제가 있었지요.[41] 이케가미가 『아사히 신문』의 연재 칼럼에서 위안부 보도 검증에 대해 쓰려고 했더니 게재를 거부당해 연재가 중지될 뻔했어요.

사실 이는 편집권을 둘러싼 단순한 문제입니다. 집필자인 이케가미가 분노하여 다른 보도 기관에 정보를 누설한다면 그 이

40　공표하지 않고 있던 후쿠시마 제1원전의 전 소장 요시다 마사오의 증언 기록을 2014년 5월 『아사히 신문』이 독자적으로 입수, 2014년 5월 20일 「소장 명령에 위반, 원전 철수」라는 제목으로 최고 책임자의 의향을 무시하고 제1원전에서 현장 작업원이 철수한 것처럼 보도했다. 사실과 다르다고 하여 정부가 조서 전문을 공개했다. 당시 아사히 신문사의 사장 기무라 다다카즈는 사죄에 내몰렸다 ― 원주.

41　이케가미가 『아사히 신문』에 연재하는 자신의 칼럼에 〈위안부 보도 문제로 아사히 신문사는 사죄해야 한다〉는 원고를 보냈지만 아사히 신문사가 이대로는 게재할 수 없다며 거절했다. 이케가미는 연재 중지를 요청했다. 아사히 신문사의 대응은 대외만이 아니라 사내에서도 비판받았다 ― 원주.

야기는 드러나게 되지요. 그런 경우라면 지금까지도 있었습니다. 드문 이야기는 아니었지요.

하지만 이번에 그 정보를 『주간 분슌』에 흘린 것이 아사히 신문사의 기자라고 합니다. 그리고 그는 사내에서 정의의 사자처럼 취급받았지요. 편집권은 신문사나 출판사의 생명 줄입니다. 편집권에 관한 비밀을 외부에 흘린다는 건 보통은 생각할 수 없는 일이죠. 그리고 그 기자가 사내에서 칭찬받는 것도 얼마 전이라면 믿을 수 없는 이야기예요.

가타야마　조직의 규율이 무너져 버린 것이군요.

사토　하지만 한편으로 저는 아사히 신문사의 위기관리를 좋게 평가하고 있습니다. 『아사히 신문』은 니시야마 사건[42]에서 배운 것을 위안부 문제의 위기관리에서 살린 거라고 생각합니다.

1971년에 마이니치 신문사의 니시야마 다키치(西山太吉) 기자가 불륜 관계를 맺고 있던 외무성의 여성 직원으로부터 오키나와 반환 협정의 기밀 정보를 입수하여 일본 사회당의 국회의원에게 누설했습니다. 그 니시야마 사건을 계기로 신문 판매점에서 『마이니치 신문』이 단숨에 사라졌죠. 아사히 신문사는 니시야마 사건의 전철을 밟지 않기 위해 위안부 문제 후 판매점에 사죄하며 수건을 배포했습니다. 도쿄도 내에서 수건이 없어졌다고 할 정도

42　오키나와 반환(1972년) 직전에 미군이 부담해야 할 토지의 원상 회복 비용 등을 일본 측이 떠맡기로 한 밀약을 『마이니치 신문』 기자인 니시야마 다키치가 특종으로 보도했다. 니시야마는 외무성의 여성 직원과 성적 관계를 맺은 후 기밀 전보문을 반출하게 했다. 니시야마는 국가 공무원법 위반으로 체포되었고, 『마이니치 신문』은 여론의 비판을 받았다 ─ 원주.

로 판매점에 사죄하며 다니는 일을 철저하게 했어요.

가타야마 그것이 『아사히 신문』의 강점이라고 할 수 있지요. 전성기보다는 줄었다고 해도 독자는 아직도 많습니다.

사토 『산케이 신문(産経新聞)』은 밀어내기 부수를 포함하여 150만 부라고 합니다. 『아사히 신문』은 밀어내기 부수를 정리해도 6백만 부나 되니까요.

가타야마 그 후 아사히 신문사는 경비 절감 등을 하며 조직을 슬림화했지요. 옛날 기자들한테는 대신문의 방자함 같은 것이 있었지만 지금은 상당히 검소하고 알뜰해진 것처럼 보입니다.

사토 확실히 기자가 궁상맞아졌지요. (웃음)

실제로 신문 기자의 라이프 스타일은 크게 변했습니다. 헤이세이 초기 대신문의 기자라면 자기 집을 살 수 있고 아이들 교육에도 충분히 투자할 수 있었어요. 집과 교육 양쪽 다 선택할 수 있었지요. 하지만 지금은 어느 한쪽을 선택하지 않으면 안 될 정도로 임금이 떨어졌습니다. 이야기를 듣자니 아사히 신문사에서는 아이의 교육을 선택하는 기자가 늘었다고 합니다. 그 사람들도 위기감을 안고 있는 것 같습니다.

올 오키나와는 어디로 가는가?

가타야마 『아사히 신문』의 문제가 분출한 3개월 후인 12월에는 오키나와현 지사에 오나가 다케시가 당선했습니다.[43] 사토 씨는 개인적으로 오나가 지사(당시)와도 친합니다. 오나가 지사의 등장으로 기지를 둘러싼 상황이 크게 변했지요.

사토 오키나와의 오나가 지사는 집단적 자위권을 지지하고 있고 미일 동맹은 필요하며 물론 오키나와는 일본에 속하지 않으면 안 된다고 생각하고 있습니다. 다만 헤노코로의 기지 이전은 부담이 너무 크기 때문에 반대한다는 입장입니다.

오나가 지사는 원래 현의회 의원이던 시절 자민당의 오키나와 현 연합 조직 간사장을 했습니다. 오키나와 문제를 간단하게 말하자면, 자민당 정권은 오나가 지사의 행정을 〈적〉이라고 할 수 없습니다. 다만 현실적으로 골은 깊지요.

가타야마 관점을 바꿔서 보면 정부가 헤노코를 포기하면 오나가 지사와 손잡고 가데나 기지도 나하 군항도 유지할 수 있어요.

사토 말씀대로 아베 정권은 오나가 지사 대신에 기지 이전을 용인하는 파를 받들 수밖에 없다고 생각해요. 정권은 헤노코의 바다에 토사를 매립하면 오키나와는 저항을 포기할 거라고 생각하는 거지요. 아군으로서 한패가 될 수 있을 오나가 지사를 첫 번째 적으로만 보고 있습니다.

한편 오키나와에서는, 지금은 인내하며 1백 년 후에 기지를 부수고 원상회복하겠다는 정도의 마음으로 저항을 계속하고 있어요. 오키나와 출신의 아쿠타가와상 작가 오시로 다쓰히로(大城立裕)[44]는 「헤노코 원망(辺野古遠望)」이라는 단편소설에서 저항하

---

43 오키나와 현의회 의원과 나하 시장을 거쳐 오키나와현 지사 선거에 입후보한 오나가는 〈미군 기지의 현 내 이전 반대〉 등을 내세워 2014년 처음으로 당선됐다. 오키나와현의 보수와 혁신의 벽을 넘어선 정치 세력인 〈올 오키나와〉는 오나가의 당선으로 실현되었다. 그는 임기 중이던 2018년 췌장암으로 세상을 떠났다 ─ 원주.

는 것은 인내하는 것이라고 썼습니다. 그런 생각이 오키나와 사람들에게 내재하는 분리 독립 기운으로 이어지고 있지요.

가타야마　하지만 아베 정권에 그런 연쇄 관계는 보이지 않습니다. 단기적 결과를 요구하기 때문에 중장기적 시야를 가질 수 없는 거지요.

본토에 사는 일반 사람들도 역사적 사건이나 부채감도 잊어버리고 오키나와를 변경으로, 차별의 대상으로 보게 되었습니다. 그런 시선에 노출되면 오키나와 사람이 분노하는 건 뻔합니다. 왜 일본과 함께가 아니면 안 되는가, 하고 반발하는 것은 당연하지요.

사토　그렇습니다. 오나가 지사는 차별이 지나치면 본토와 오키나와가 분리하여 미일 동맹이 근본에서부터 무너질 거라며 걱정했어요. 그는 그런 큰 틀을 지키는 일이 자신의 역할이라고 생각했습니다.

〈일본 본토에 놓인 미군 기지라는 성가신 시설을 오키나와로 가져가고, 일본 본토는 평화와 번영을 유지한다.〉 전후의 이런 발걸음이 오키나와와 일본 본토 사이의 〈왜곡〉을 낳고 그것이 구조적 차별이 되고 말았습니다.

오키나와인은 중앙 정부의 그런 방식을 생생히 보고, 메이지 정부에 의한 1872년부터 1879년에 걸쳐 이루어진 일련의 류큐

44　딸이 미군에게 강간당한 주인공을 통해 국제 친선의 기만을 폭로하는 「칵테일 파티」로 오키나와 출신 작가로서 처음 아쿠타가와상을 수상했다. 그 이후 오키나와가 안고 있는 모순을 그린 소설이나 에세이를 발표했다 — 원주.

처분[45] 또는 1609년 사쓰마번의 류큐 침공[46]이라는 기억과 현 상황을 결부시켜 생각합니다. 그 근본에 있는 것은, 일본인과 앞으로 함께 걸어간다면 자신들은 과연 살아남을 수 있을까, 하는 존재론적 불안입니다.

가타야마 이런 흐름 안에 있는 오키나와와 중앙 정부의 관계를 가시화한 사람이 오나가 지사라고 할 수 있겠지요. 앞으로 오나가 지사는 오키나와 문제를 어떻게 진정시켜 갈 거라고 생각합니까?

사토 오나가 지사의 방침을 한마디로 설명하자면 오키나와 내셔널리즘입니다. 오나가 지사를 비롯한 오키나와의 경제 엘리트들은 대중 동원에 성공하고, 올 오키나와[47]를 실현시켰어요. 그리고 중앙 정부에 반발하면 할수록 오나가 지사는 점점 내셔널리즘에 경도될 수밖에 없습니다. 기지 반대 운동으로 기동대나 해상보안청과의 충돌로 부상자가 나왔습니다. 이미 피는 흘렸지요. 다음 터닝 포인트는 사망자가 나올지 어떨지, 만약 오키나와 측에 사망자가 나온다면 독립의 기운은 단숨에 높아지겠지요.

45 메이지 정부가 오키나와를 강제적으로 일본 국가에 편입한 조치를 가리킨다. 1872년 류큐국을 없애고 류쿠번으로 하여 중앙 정부 관할하에 두었다. 그리고 1875년에는 중국과의 관계 단절을 요구했다. 반대 운동을 누르고 1879년에 오키나와현을 설치하면서 류큐 왕국은 약 5백 년의 역사를 끝내고 일본의 한 현이 되었다 — 원주.

46 에도 막부의 허가를 받은 사쓰마번은 1609년 총 3천 명의 군대로 류큐를 침공했다. 오키나와 본도의 슈리성을 공격하여 류큐 왕국의 쇼네이왕을 항복시켰다. 류큐 왕국은 사쓰마번의 지배 아래 놓이게 되는 한편 중국과의 교역을 계속했다 — 원주.

47 미군 후텐마 비행장에 미 해병대의 수직 이착륙 수송기 V-22을 배치한 일에 반대하기 위해 오키나와현 내의 보수와 개혁 세력이 공동으로 투쟁한 2012년경부터 자주 썼던 말. 오나가가 호소하는 〈이데올로기보다 아이덴티티〉, 〈오키나와의 마음을 하나로〉라는 슬로건 아래 보혁 일체의 세력을 목표로 했다 — 원주.

가타야마 카탈루냐 독립[48]과 비슷한 구도네요. 그것은 대일본 제국 탄생기로 되돌아가는 일이라고 할 수 있습니다.

사토 오키나와가 류큐 처분 이전으로 돌아간다는 말인가요.

하지만 오키나와 측에만 사망자가 나올 거라고는 할 수 없습니다. 최악의 상황을 말하자면 본토에서 들어간 과격파들이 경찰관을 죽여 버리는 일입니다. 그런 사건이 일어나면 일본 국내 여론이 어떻게 폭발할지 상상할 수가 없어요. 아베 정권이라면 오키나와현에 의한 자치를 그만두게 하고 중앙 정부가 직접 통치할 가능성도 있겠지요. 여론도 아베 정권을 밀어 줄 겁니다. 내란이 일어나도 이상하지 않겠지요.

가타야마 일본과는 함께 있을 수 없다, 뭔가를 계기로 방아쇠가 당겨지면 독립을 향해 단숨에 움직이기 시작한다, 하는 오키나와 전체로 퍼져 있는 이런 분위기는 1970년대에 다케나카 로(竹中 労)가 『류큐 공화국(琉球共和国)』에서 호소한 오키나와 독립론과는 또 다른 건가요?[49]

사토 저는 약간 다르다고 생각합니다. 1970년대에는 없었던 요소로서 창가학회나 공명당의 영향력 확대가 있습니다. 공명당이 정권과 오키나와 사이의 완충재로 기능한다면 오키나와의 독립

---

48 스페인 동북부 카탈루냐주에서 독립을 묻는 주민 투표가 2017년 10월에 실시되었다. 스페인 중앙 정부의 개입으로 투표율은 43퍼센트에 머물렀지만 찬성은 90퍼센트를 넘었다. 독자적인 문화나 언어를 가진 카탈루냐는 이전부터 분리와 독립의 기운이 강했다 — 원주.

49 르포라이터 다케나카 로가 1972년 발표한 『류큐 공화국』은 반환 전인 1969년부터 오키나와에 다니며 그 지방 민요 음악가나 류큐 독립당 활동가와의 교류를 기록했다. 다케나카는 〈오키나와는 일본이 아니다〉라고 호소했다 — 원주.

이 아니라 다양성의 일부로서 일본으로 통합되어 가는 시나리오도 있을 수 있어요. 미리 생각해 두는 결론으로서 연방제 역시 현실성을 떠어 갑니다.

가타야마 조금 전의 지적처럼 공명당의 자세는 일관되게 헤노코 반대와 후텐마 폐쇄입니다. 그리고 해병대 철수도 언급하고 있습니다. 그렇게 생각하면 기지 문제에서 오나가 지사보다 한발 더 나아간 것으로 보이기도 합니다.

사토 공명당은 헤노코와 후텐마가 없어지면 해병대의 의미가 없어진다는 논리로 생각하고 있습니다. 왜냐하면 헤노코와 후텐마가 없어지면 〈해병대의 발〉인 공항이 없어지는 거니까요. 헤노코 반대와 후텐마 폐쇄를 추진하면 필연적으로 해병대는 현 바깥으로 철퇴하지 않을 수 없습니다.

가타야마 그렇군요. 간단한 흐름이네요. 하지만 현재 오키나와현의 행정과 관저의 대립을 보면 그런 의견을 냉정하게 논의할 수 없을 만큼 과열되고 있습니다. 헤이세이라는 시대에 들어와 쇼와 시대에는 감춰져 있던 오키나와와 본토의 일그러진 관계, 뒤틀린 오키나와가 서서히 드러났지요. 그리고 헤이세이 말기에 오키나와의 상황은 본토 사람이 생각하는 것 이상으로 전례가 없을 만큼 절박합니다. 오키나와 독립이 현실성을 띠고 논해지고 있으니까요.

사토 지금 오키나와의 기지가 안고 있는 문제를 일본 각지에 있는 미군 기지와 비교해서 생각하면 이해하기 쉽습니다. 예컨대 북한의 미사일이 미사와 기지나 요코타 기지에 발사된다면 일본

헤이세이와 오키나와

1989년	히메유리 평화 기념 자료관 개관.
1990년	오키나와 지사 선거에서 오타 마사히데 당선.
1992년	아무로 나미에, 가수 활동을 시작함.
1995년	9월 4일, 미군 3명에 의한 소녀 폭행 사건.
	10월 21일, 오키나와 현민 총 궐기 대회가 개최됨.
1997년	미일 정부, 미일 방위 협력을 위한 지침(신가이드라인)에 합의.
1998년	오키나와 지사 선거에서 이나미네 게이이치 당선.
2000년	오키나와 주요국 정상 회담(G8) 개최.
2001년	중앙 성청 재편에 의해 오키나와 개발청이 내각부 오키나와 진흥국으로.
	NHK 연속 TV 소설 「주라 씨」 방영.
2002년	오키나와 주라우미 수족관 개관.
2004년	오키나와 국제 대학에 미군 헬기 추락.
2006년	오키나와 지사 선거에서 나카이마 히로카즈가 당선.
2009년	민주당 정권 시작.
	헤노코 이전을 〈최소한 현 바깥〉이라고 말했던 하토야마 유키오가 총리로.
2010년	미일 양 정부, 헤노코 이전 설치 합의(하토야마 내각 총사퇴).
2013년	나카이마 지사, 헤노코 이전 설치를 승인.
2014년	오키나와 지사 선거에서 오나가 다케시 당선.
2016년	오키나와현 우루마시에서 미군 군속인 남자가 20세 여성을 강간 살해.
2018년	8월, 오나가가 임기 중에 췌장암으로 사망.
	9월, 후계 지사에 다마키 데니가 당선.
2019년	2월, 헤노코 이전 설치를 묻는 현민 투표를 실시.

전국에서 미일 동맹을 강화하여 반격하자는 기운이 높아질 것입니다.[50]

하지만 오키나와의 기지가 피해를 당한 경우만은 다른 움직임이 일어납니다. 가데나 기지가 북한의 표적이 된다면 확실하게 일어날 일이 있습니다. 오키나와인은 미일 안보 조약이 있으니까 전쟁에 휩쓸릴 거라고 생각하는 거지요. 그때는 오키나와에서 미군 기지를 없애자, 하는 기지 반대 움직임이 더욱 심해지겠지요.

가타야마 그만큼 본토와 오키나와에는 온도 차가 있습니다. 선거 하나만 봐도 중앙과는 다른 흐름을 보이거든요.

오나가가 오키나와현 지사에 취임한 지 4일 후인 2014년 12월 14일에 중의원 선거가 이루어져 자민당이 압승하고 아베 정권의 기반이 더욱 강화되었습니다. 다만 오키나와에서는 4개의 소선거구에서 모두 야당 의원이 당선했었지요. 바로 올 오키나와의 승리였습니다.

사토 저는 그 3년 후인 2017년 가을 중의원 선거에서도 네 선거구 중 올 오키나와가 세 선거구에서 승리한 사실에 주목하고 싶습니다.

가타야마 선거 2주쯤 전에 미군의 운송 헬기가 추락하여 불탄 사고가 일어났습니다. 그 영향도 컸던 게 아닐까요.

사토 물론 헬기 추락이 큰 영향을 끼쳤던 것은 틀림없습니다. 하지만 제가 궁금했던 것은 본토와의 보도 차이입니다. 2017년 중

---

50 미사와 기지는 아오모리현에, 요코타 기지는 도쿄 근처 다마현에 있다.

의원 선거에서 네 선거구 중 한 곳에서 기지 반대파 후보가 낙선하고 그 대신 자민당 의원이 당선했습니다. 그 결과를 보고 본토에서는 올 오키나와의 한 귀퉁이가 무너졌다고 보도했어요.

그때까지는 기지 찬성파인 자민당 의원 4명 전원이 비례로 부활 당선했습니다.[51] 하지만 이번에는 소선거구에서 한 사람이 당선하고 비례 부활은 한 사람뿐이었습니다. 비례 부활이 불가능할 만큼 큰 격차로 패한 것이지요. 객관적인 숫자로는 기지 찬성파가 두 사람 줄었습니다. 올 오키나와가 더욱 강해졌다고 생각하는 것이 자연스러워요.

가타야마 아, 그렇군요. 올 오키나와의 기운이 높아졌는데도 본토의 보도는 정면으로 다루지 않는다니, 여기서도 역시 본토와 오키나와의 단절을 알 수가 있네요.

사토 다만 올 오키나와 측도 대단히 견고한 것은 아닙니다. 2018년 2월 4일에 투개표한 나고시 시장 선거에서는 헤노코 이전 설치에 반대하는 현직 이나미네 스스무(稲嶺進)가 아베 정권이 미는 오구치 다케토요(渡具知武豊)에게 패했습니다.

패인 중 하나는 공명당의 동향이었습니다. 저번에는 자율 투표였지만 이번에는 추천으로 돌린 것이 컸어요. 정권은 또 공명당에 빚을 진 형태가 되었지요. 하지만 저는 그것만이 아닐 거라고 봅니다. 올 오키나와가 미는 이나미네 측에는 〈헤노코 이전 설

---

51 일본에서는 선거 때 소선거구 비례 대표 병립제가 있기 때문에 한 후보가 소선거구제와 비례 대표제에 중복하여 입후보할 수 있다. 따라서 소선거구에서 낙선한 후보가 비례 대표 선거에서 부활 당선하는 경우가 있는 것이다.

치 반대〉라는 명확한 슬로건이 있었습니다. 하지만 반대로 말하면 그것밖에 없었던 것이지요. 선거전에서 실수도 많았습니다. 이나미네는 나고시의 리조트 진흥을 위해 중국에서 판다를 빌려오겠다고 표명하여 물의를 일으켰죠. 시설비와 사료값이 수억 엔이나 든다고 하니까 당연하지요. 이것으로 생활에 절실한 불안감을 지닌 젊은이들이 떠났습니다.

아무튼 오키나와와 중앙 정부만이 아니라 오키나와 내의 〈단절〉도 겉으로 드러나고 있습니다. 2018년 11월 오키나와현 지사 선거에서는 그것을 다시 통합할지 어떨지에 오나가 지사의 재선이 달려 있었습니다(2018년 8월, 오나가는 임기 중에 췌장암으로 세상을 떠났다. 9월, 후임 지사로 다마키 데니가 당선되었다).

헤이세이의 키워드는 〈호러〉

사토 저는 2014년을 말할 때 「요괴 워치」[52] 붐을 빼놓아서는 안된다고 생각합니다.

가타야마 애니메이션이나 게임의 그 「요괴 워치」 말인가요?

사토 그렇습니다. 「요괴 워치」가 헤이세이라는 시대의 어떤 측면을 상징하고 있는 게 아닐까 해서요. 스토리는 여름 방학에 주인공 소년 게이타가 곤충을 잡으러 가서 우연히 위스퍼라는 요정

52　닌텐도 3DS 전용 게임 소프트웨어로 2013년 발매되었고, 이듬해 TV와 애니메이션 프로그램으로 만들어졌다. 요괴를 수집하고 배틀을 시키고 합성하는 것이 게임의 줄거리. 주인공이 마을을 돌아다니며 요괴와 친구가 되거나 문제를 해결하기도 한다 — 원주.

을 만나는 데서 시작합니다.

여기서 중요한 것은 〈우연〉입니다. 「요괴 워치」는 모두 우연이 지배하는 이야기로 바꿔 말할 수 있어요. 제대로 말하지 못했거나 말썽에 휘말리거나 하는 사람의 원인은 요괴가 붙어 있어서입니다. 말썽에 필연은 없고 본인의 노력 여하도 상관없습니다.

가타야마 아, 그렇군요. 그렇게 생각해 보면 일관성이 없는 정치가의 판단도 요괴에 홀려 있었다고 생각하면 이해할 수 있을 것 같네요. 좋은 사람이 되거나 악인이 되거나 하는 것, 사상이나 주장, 입장이 휙휙 바뀌는 것도 우연히 요괴가 들러붙거나 떨어졌기 때문이고요. 들러붙은 요괴가 떨어지고 다른 요괴가 들러붙었기 때문이라고 말이지요.

사토 고이케 유리코의 움직임이 바로 그렇지요.

2016년 도지사에 입후보하고 그 1년 후에 정권 교체를 목표로 〈희망의당〉 당수가 되었습니다. 그리고 선거에 지자 당수에서 물러났지요. 분명히 비합리적이지만 그때마다 요괴에 홀려 있었다고 생각하면 이해할 수 있죠. (쓴웃음)

가타야마 확실히 요괴의 소행이라고 생각하지 않으면 이해할 수 없는 움직임이기는 했습니다. 게다가 찰나, 찰나에 홀리는 요괴가 바뀌는 초찰나주의도 체현하고 있지요.

사토 맞습니다. 예전의 애니메이션이나 만화는 노력이 평가를 받았지요. 예컨대 『거인의 별』은 어렸을 때부터의 노력과 분발로 정상에 오릅니다. 찰나주의나 우연과는 전혀 다른 이야기였지요.

가타야마 『거인의 별』이나 『내일의 죠』를 비롯한, 스포츠 근성을 다룬 가지하라 잇키(梶原一騎)의 이야기는 끈질긴 근성을 발휘하거나 맹렬한 단련 끝의 결과가 문제시되고 거기에 부모라든가 인과응보 이야기가 얽혀 듭니다. 지극히 역사적이고 노력주의적이며 정신성이 풍부했습니다. 노력과는 다르지만 『도라에몽』도 노비타의 고손자인 세와시가 미래에서 도라에몽을 보내는 것이지요. 낯선 사람이 우연히 도라에몽을 놔두고 가는 게 아닙니다. 우연이 아니라 혈연에 의한 인과 관계가 강조되었지요. 좀 더 거슬러 올라가면 쓰루야 난보쿠(鶴屋南北)[53]를 비롯한 에도 시대의 가부키 괴담은 선조로부터의 인연이나 한이라는 인과 관계로 성립해 있습니다.

하지만 헤이세이의 호러가 되면 사토 씨가 「요괴 워치」에서 해명한 대로, 우연성이 무척 강해진 듯해요. 살고 있는 집에 우연히 혼령이 있다거나 우연히 주운 뭔가에 혼령이 붙었다거나 하는 것이지요.

사토 저는 그것이 아키하바라 사건을 일으킨 가토 도모히로를 낳은 사회 풍토인 것 같습니다. 가토 도모히로도 인생의 행불행에 얼굴이나 학력은 관계없다, 모든 것은 운이라고 생각했다고 합니다.

가타야마 혼령이 붙어 조종당해 달라지거나 변한다, 모든 것이 홀린 혼령에 달렸다는 것은 프랑스의 민족학자 마르셀 모스가 태

---

53 에도 시대의 가부키 작자. 막부 말기의 세태를 포착하여 괴담물을 중심으로 잔인하고 외설적이며 해학이 뒤섞인 작품을 썼다. 대표작으로 『도카이도 요쓰야 괴담(東海道四谷怪談)』이 있다 ─ 원주.

평양의 섬 원주민에게 공통되는 주술적 관념으로서 마나Mana[54]라는, 외재하는 영적인 힘을 다룬 것을 생각나게 합니다. 마나가 사람에게 들리거나 들리지 않거나 하면서 그 사람의 능력이나 성향이 달라지죠.

「도망치는 건 부끄럽지만 도움이 된다」에서는 대학원에서 임상 심리사 자격을 따도 파견 계약 해지를 당합니다. 노력하면 보상받는 사회가 아니게 되고 인과는 끊어집니다. 불교적 인과율의 세계관보다는 마나적인 우연한 세계관이 우월해지는 거지요. 「요괴 워치」가 위화감 없이 받아들여지는 헤이세이 시대가 나타나게 된 겁니다.

저는 헤이세이 전체의 키워드 중 하나로 〈호러〉를 들고 싶습니다. 『링』을 쓴 스즈키 고지(鈴木光司)의 호러 소설이나 「링」과 「검은 물 밑에서」를 만든 나카타 히데오(中田秀夫) 감독의 호러 영화. 그리고 호러 게임들, 「링」이라든가 「주온」이라든가 「사일런트 힐」 같은 것이지요.

쇼와의 「고질라」 시리즈는, 쇼와 시대에는 단지 오락으로 보여 낮게 취급되는 경향이 있었지만, 지금은 전후 일본의 대표적인 문화 형상으로 인식되고 있습니다. 헤이세이에서 그것에 상당하는 것을 찾는다면, 동시대에는 가볍게 보였다는 생각도 듭니다만 역시 호러가 아닐까요. 조리를 세워 설명하기 힘든 헤이세이라는 시대 분위기에 호러는 문화적으로 대응하는 것이니까요.

---

54   멜라네시아를 비롯한 태평양의 여러 섬 민족에게서 볼 수 있는 초자연적인 힘. 인간이나 물체 따위에 깃들어 있고, 붙거나 옮겨 다니며 사람들에게 공포감을 일으킨다.

그런데 민속학자 야나기타 구니오(柳田国男)는, 마나가 일본에서는 능위(천황의 위세)가 아닐까, 하는 말을 했다고 합니다. 천황의 능위라고 할 때의 그 능위로, 이 능위에 따라 양이(洋夷), 개국, 옥음 방송, 자기 멋대로 조리가 서지 않는 일도 서게 하는 것이 일본이라고 말이지요. 민속학자이자 국문학자인 오리구치 시노부(折口信夫)의 경우에도 마나 즉 능위의 근원이 외재적 영력(靈力)이어야 한다면 그것은 천황의 혼령이라는 이야기가 됩니다. 천황에게는 천황령이 들러붙어 있으니까 천황인 거라고 말이지요. 그렇게 되면 현대 사회뿐만 아니라 일본의 사회 풍토에는 인과 관계도 단절되어 있어 노력할 의미나 필요가 없고 모든 것은 운, 요괴나 혼령에 들렸느냐의 여부로 설명할 수 있지요.

원래 이런 사고에 친숙해 있었으므로, 헤이세이에는 그것이 직접적으로 나왔습니다. 그 부조리야말로 일본인에게 가장 자연스럽게 쉬이 들어오는 것이라서 일본인은 아베 정권을 좋아하는 거라고 생각할 수 있을지도 모릅니다. 그렇다면 이 사회 풍토는 초근대적이고 포스트모던적이며 호러 그 자체인 것이지요.

사토 맞습니다. 인생에 운이나 우연이 크게 영향을 미치니까 타인의 불행을 바라게 됩니다. 약 1년 후인 2016년 1월에 베키가 게스(비열) 불륜[55]으로 비난을 받았는데, 이런 사회 분위기를 상

---

55 탤런트인 베키와 밴드 〈게스노 키와미 오토메(비열하기 그지없는 소녀)〉의 리더 가와타니 에논의 불륜 소동을 『주간 분슌』이 보도한 2016년부터 사용되기 시작한 말. 그 후 예능계나 정계에서 발각된 불륜을 보도하는 가운데 정착했다 — 원주.

헤이세이의 히트 붐

1989년	게임 보이(닌텐도)
1990년	슈퍼 패미콤(닌텐도)
1991년	나이트클럽 줄리아나 도쿄 오픈 / 드라마「101번째의 프러포즈」
1993년	삐삐(무선 호출기)
1994년	플레이스테이션(소니)
1995년	윈도우 95(마이크로소프트)
1996년	드라마「롱 버케이션」
1997년	다마고치(반다이)
1998년	65엔 버거(맥도널드)
1999년	〈i모드〉 서비스 개시(도코모) / 초대 아이보(소니)
2001년	유니버설 스튜디오 재팬, 도쿄 디즈니시 개원
2002년	축구 한일 월드컵
2003년	롯폰기 힐스 개업
2004년	〈믹시〉 서비스 개시
2005년	AKB48 데뷔
2007년	도쿄 미드타운 개업
2008년	iPhone 3G(애플)가 일본에서 발매
2009년	3대째 프리우스(도요타 자동차)
2010년	인스타그램 서비스 개시
2011년	LINE 서비스 개시

2012년	도쿄 스카이트리 개업
2013년	드라마「한자와 나오키」
2014년	「요괴 워치」(레벨 파이브)
2015년	드론
2016년	「포케몬 GO」/ 영화「너의 이름은」
2017년	닌텐도 스위치(닌텐도)
2018년	은퇴에 따른 아무로 나미에 붐

징합니다. 다들 타인의 불행이 기쁜 거지요. 그 반년 후 마스조에 요이치(舛添要一)의 정치 자금에 대한 〈공사(公私) 혼동〉 문제[56]가 『주간 분슌』에 보도되었습니다. 최종적으로 사임할 때까지 도민의 분노가 끓어오른 것도 같은 원리라고 생각합니다. 그리고 마스조에가 미움을 받은 이유는 〈지적 엘리트〉였다는 점이 큰 것 같습니다.

가타야마 대중 사회의 한 특성이긴 합니다만, 그것이 적나라해진 것이지요.

상승 국면의 사회라면 타자를 공격하지 않아도 자신이 올라갈 수 있는 희망이 있습니다. 지금은 희망이 없습니다. 괜찮은 생활을 하며 인기가 많은 연예인도 우연히 스카우트되었을 뿐입니다.

56 마스조에 요이치 도쿄 도지사의 해외 출장비가 너무 많다는 비판을 계기로 공금의 용도가 주목을 받았다. 매 주말 공용차로 별장에 다닌다거나 가족 여행의 호텔비나 음식비, 미술품 구입 등을 정치 자금 수지 보고서(도지사 시절이 아니라 신당 개혁 대표 시절의 것)에 계산하여 올린 일이 〈공사 혼동〉으로 문제시되었다. 6월에 도지사를 사임 — 원주.

나와 별로 다르지 않은데, 하고 시기나 질투의 대상이 되는 거지요. 거기에 인연이나 인과 관계는 없습니다.

인과가 무너진 세계에 아미노(사회 질서의 붕괴)가 생기고 그것이 만성화됩니다. 그런 사회에서도 자신의 생활비만은 확보하여 살아남지 않으면 안 됩니다. 그것과 더불어 다들 불행해지면 좋겠다는 파괴 원망까지 만연하고 있어요.

고토 겐지는 왜 시리아로 갔는가

가타야마 해가 바뀌어 2015년 1월, 전 일본, 아니 전 세계를 놀라게 한 사건이 일어났습니다. 시리아에서 억류되어 있던 저널리스트 고토 겐지와 그의 친구 유카와 하루나(湯川遥菜)가 IS에 살해당했습니다.

2004년에 일었던 자기 책임론 부분(158면)에서도 고토에 대해 다뤘습니다만, 그 사건을 어떻게 보고 있습니까?

사토 고토는 자신이 죽으면 자기 책임 사회인 일본에서 무슨 일이 일어날지 예상하고 있었고, 시리아로 들어가기 전에 무슨 일이 일어나든 자신들 책임이라는 영상 메시지를 남겼습니다. 그 시점에 일본에서는 자기 책임 사회가 완성되었다고 할 수 있어요.

또 한 가지, 이 사건을 이해할 때 가장 중요한 것은 고토가 그리스도교도였다는 점입니다. 사실 고토는 저와 교파가 같은 프로테스탄트의 일본 기독교단에 소속되어 있어요. 그러므로 저는 종교인으로서 고토의 내재적 논리를 이해할 수 있습니다.

생전에 고토는 『크리스천 투데이』라는 인터넷 신문의 인터뷰에서 세례를 받은 후 여러 가지 신기한 체험을 했다고 말했습니다. 위기적 상황에서 신의 힘으로 구원받았다고 말이지요.

가타야마　그런 말을 했군요.

사토　같은 그리스도교도인 저는 그런 감각을 알 수 있습니다. 그것은 저만이 아니라 일신교인 IS 사람들이나 유대교 신자도 이해할 수 있을 겁니다.

친교가 있던 유카와 하루나가 IS에 억류되었을 때 누구 한 사람 그를 도우려고 하지 않았습니다. 돕기는커녕 이상한 놈이 붙잡혔다, 하고 다들 비웃었고 정부도 손을 내밀려고 하지 않았어요. 그래서 고토는 자신이 돕지 않으면 안 된다고 생각했겠지요.

가타야마　그것은 남의 불행을 바라는 원망이 만연한 사회와도 관련되네요.

사토　그런 사회였기에 그는 생명의 위험을 무릅쓰고 시리아로 향했습니다. 저는 고토가 신의 말을 들은 것이 아닐까, 하고 생각합니다. 99마리의 양을 남겨 두고 방황하는 한 마리 양을 찾으러 가야 한다, 이것이 너의 역할이다, 네가 하지 않고 누가 하겠느냐, 하고 말입니다.

그래서 그의 행동은 전 세계, 특히 그리스도교 세계에 큰 감명을 주었습니다.

가타야마　해외에서 〈I am Kenji〉[57]라는 종이를 들고 고토의 석방

57　고토 겐지의 석방을 요구하는 운동. 2015년 1월 하순에 시작되자 전 세계에서 사람들이 〈나는 겐지다〉라는 메시지 카드를 든 사진을 SNS에 투고했다 — 원주.

을 호소하는 움직임이 일었던 배경에는 그리스도교도의 공감이 있었던 거로군요.

사토　하지만 일본의 미디어는 그리스도교만이 아니라 이슬람교에 대해서도 지식이 부족해서 안이한 세속의 논리로 슬쩍 바꿨습니다.

돈 때문에 시리아로 간 거 아니냐, 또는 공명심이 있었던 거 아니냐, 그냥 〈바보 같은 놈〉이었던 거 아니냐, 하고 말이지요. 특히 인터넷 공간에서는 그런 단순 논리에 몰아넣고 생각하려고 했습니다. 하지만 그런 이유로 목숨을 걸지는 않지요.

가타야마　그것을 〈자기 책임〉이나 〈바보 같은 놈〉으로 정리해 버리는 일본 사회는 큰 문제를 안고 있네요.

메이지 시대까지 일본에는 의(義)를 위해 목숨을 거는 무사도적인 에토스가 구 사족(士族)에게는 남아 있었을 것이고, 그 응용 확대 편으로서 국민개병 시대의 군인 정신이 널리 퍼졌습니다. 그러나 역시 패전의 반동이겠지요. 의에 목숨을 바치는 정신은 경멸의 대상이 되고, 이데올로기나 신념 그리고 가치관을 끝까지 믿는 사람에 대해 굉장히 부정적 평가를 내린다거나 무시하게 되었습니다. 고토의 죽음도 그렇지만, 그것이 한 인간이 살아가는 삶의 태도라고 하는 담론을 펴칠 수 있는 사람이 거의 없어요.

메이지 시대의 일본에는 무사도와 연계하는 형태로 그리스도교가 널리 퍼졌습니다. 그런데 그것은 일신교의 일본적 대체물로서 에도 시대에 창안되고 메이지 국가에 의해 포교된 〈천황교〉와 부딪쳤고, 그 천황교도 패전으로 변질되어 아무래도 도덕적인 배경이 없어지고 말았어요. 유교도 불교도 신도도 현대 일본인의 내면에 작용하여 정신적 기축이 되었다고는 할 수 없습니다. 탈종교라는 점에서도 일본인은 인류의 첨단을 달리는 게 아닐까요. 그만큼 종교에 관리되는 세계를 이해할 수 없게 되었습니다.

그런 의미에서는 세계의 첨단이라기보다 세계의 고아라고 말할 수 있을지도 모릅니다. 그리스도교 세계나 이슬람교 세계를 전혀 이해하지 못하게 되었지요. 미국도 종교 없이는 알 수 없는데 말이지요.

사토 그런 부분을 진지하게 생각하고 있는 사람이 사상가인 가라타니 고진(柄谷行人)입니다. 그는 2017년에 『사카구치 안고론(坂口安吾論)』을 발표했어요. 가라타니는 무뢰파(無賴派)[58]였던 사카구치 안고가 안심할 수 있었던 풍경이 니가타의 모래사장뿐이었다고 지적합니다. 아무것도 없는 무기질의 풍경에 안심을 느끼는 사카구치 안고의 저류에는 유물론[59]이 뿌리내리고 있다고 말이지요.

다시 말해 신을 철저하게 믿는 길을 선택하지 않는다면 유물론에 기댈 수밖에 없습니다. 자기 자신도 물질 하나에 지나지 않는다는 강인한 사고와 정신을 가질 수 있다면, 다가오는 위기에

58　제2차 세계 대전 종결 직후의 혼란기에 반속, 반권위, 반도덕적 언동으로 시대를 상징하게 된 일군의 작가들을 말한다. 통상 이시카와 준, 사카구치 안고, 다자이 오사무, 단 가즈오 등을 가리킨다.

59　세계를 구성하는 것은 물질이고, 정신은 물질에서 파생한다는 철학의 사고법. 그 역의 사고가 관념론이다 ― 원주.

대치하며 극복할 가능성이 있는 거라고 말이지요.

가타야마 철학자 와쓰지 데쓰로(和辻哲郎)에 따르자면 사카구치 안고는 사막형 인간이라는 것입니다. 와쓰지는 『인간과 풍토』에서 문화나 예술, 관습 등을 낳는 환경을 몬순형, 사막형, 목장형으로 분류했습니다. 일본은 몬순형일 테지만 지금의 이야기를 끝까지 파고들면 일본에도 사막이 존재한다는 논의로 이어집니다.

사토 그렇습니다. 현재는 사어가 되었지만 사물의 실태나 본질을 묻는 존재론적 연구에서 사카구치 안고 같은 인물이 내포하는 의미를 확인해야 합니다.

최근에 역시 옛날에 죽은 〈실존주의〉[60]라는 말을 제대로 되살린 사람이 만화가 이토 준지(伊藤潤二)[61]입니다. 다자이 오사무의 『인간 실격』을 호러 만화로 다시 그렸지요.

가타야마 쇼와 시대에 죽은 실존주의는 헤이세이 시대에 되살아났지요. 한 사람, 한 사람이 존재의 근거도 목표도 잃어버리고, 그런데도 아무튼 실제적으로 존재하고 있다는, 그저 존재하고 있을 뿐이라는 실존에까지 내몰리기 시작한 것이 버블 붕괴 후의 인간 상황 아닐까요. 최저 생활, 꿈, 희망이 없어도 살아남고 싶다는 것은 이제 실존의 외침이지요.

---

60 인간의 삶(실존)을 중심 테마로 하는 철학의 입장. 철학에서 시작하여 제2차 세계 대전 후 문학, 예술 등으로 폭넓게 펼쳐졌다. 니체, 하이데거, 사르트르 등이 대표자다 — 원주.

61 호러 만화가. 대표작으로 『토미에』, 『소용돌이』가 있다. 사토를 모델로 한, 북방 영토 반환에 진력하면서도 국책 수사로 체포된 전 외교관이 주인공인 『우국의 라스푸틴』도 그렸다 — 원주.

실존주의는 어둡다는 이유로 1970년대, 1980년대에 쫓겨난 과정이 있었는데, 시대가 어두워지면 어둠 속에 사는 것은 실존이니까 하니야 유타카(殖谷雄高)[62]가 다시 읽히는 것일지도 모릅니다. 전쟁 경험과 인간 불신이 낳은 실존주의의 시대가 하강 국면과 국가 사회 불신의 시대에 나오는 것입니다.

〈역사는 반복된다. 한 번은 비극으로, 그다음에는 희극으로〉라는 마르크스의 명언도 있기 때문에 이번 실존주의는 코미디나 희극일지 모르지만 말이지요.

화제에 오른 호러 만화나 호러 영화와 결부시켜 말하자면 우연히 홀린 혼령에 죽임을 당하는 사람도 있지만 혼령이나 저주를 뿌리치는 사람도 등장합니다. 호러 영화의 맥락으로는 인간으로서의 실존이 시험당한 결과 살아남는 사람도 있다는 것이지요. 존재에 근거가 없어도, 그래도 살고 있다는 경험이 자신감이 되어 자기 회복한다는 것이 실존주의적 사고의 긍정적인 전개 형태겠지요. 그렇게 되면 희망의 원리입니다. 철학이나 사상이 없어도 희망은 있을 수 있다는 것이 신 없는 시대에서 실존주의의 밝음이지요.

사토 그렇군요. 잊고 있던 실존주의가 헤이세이 시대의 희망이 될 수도 있겠네요. 그런 맥락에서 말하자면 이제 사어가 되고 있는 〈목적론〉[63]도 하나의 희망이라고 말할 수 있을지도 모릅니다.

---

62   소설가이자 평론가. 전전 공산당에 입당하고 농민 운동에 관계하지만 검거를 계기로 전향한다. 전후에는 스탈린주의 비판을 전개하고 1960년대 안보 세대에 큰 영향을 준다. 주요 작품으로『어둠속의 검은 말(闇のなかの黒い馬)』,『사령(死靈)』등이 있다 — 원주.
63   철학에서 모든 사물은 어떤 목적을 달성하기 위해 나온 거라는 입장을 가리킨다.

실태나 본질을 주시하는 존재론에 비해 목적론은 최종적으로 어디로 향하고 있는지를 묻습니다. 목적론에는 뭐든지 간에 끝이 존재합니다.

헤이세이라는 포스트모던이 끝나고 다시 모던의 시대로 회귀하는 걸까요. 아니면 아주 새로운 시대가 도래하는 걸까요. 헤이세이 시대의 끝에 큰 변동이 있을 것 같습니다.

가타야마 실존주의와 목적론에서 제가 연상한 것은 한반도에서 귀환한 오야부 하루히코(大藪春彦)[64]와 만주에서 돌아온 아베 고보(安部公房)[65]입니다. 난민이 된 그들은 대륙에서 살아 돌아오는 과정에서 강렬한 실존을 포착합니다. 사느냐 죽느냐의 체험을 작품에 반영한 것이지요.

2014년에 영화화된 후쿠자와 데쓰조(福澤徹三)의 『도쿄 난민(東京難民)』[66]이라는 소설이 있었습니다만, 현대 일본인은 어떤 의미에서는 난민이 되어 고통과 함께 실존이나 자신의 존재 의의를 다시 붙잡으려 하는지도 모른다, 거기에 헤이세이라는 시대의 희망이 있는 게 아닐까, 하고 말하지요. 떨어져도 여전히 살아 있

역사나 인간의 행동, 자연 현상도 목적이라는 관점에서 규정할 수 있게 된다 — 원주.

64 경성에서 1935년 태어났다. 일본으로 귀환한 체험이 국가 권력에 대한 불신감과 반발심을 심어 창작 활동에 영향을 끼쳤다고 한다. 첫 작품인 『야수는 죽어야 한다(野獸死すべし)』가 에도가와 란포에게 절찬을 받아 데뷔했다. 대표작으로 『부활하는 황금 늑대(蘇える金狼)』 등이 있다 — 원주.

65 생후 얼마 지나지 않아 만주 펑톈(현재의 선양)으로 건너간다. 펑톈에서 맞이한 패전 때의 혼란 체험을 『짐승들은 고향을 향한다(けものたちは故郷をめざす)』에서 그린다. 1951년 『벽』으로 아쿠타가와상을 수상하여 주목을 받았다. 연극 그룹 〈아베 고보 스튜디오〉를 결성하여 연출도 했다 — 원주.

66 소설은 2011년에 나왔다. 부모가 빚을 지고 실종된 대학생의 인생 유전을 그린다. 2014년에 나카무라 아오이 주연으로 영화화되었다 — 원주.

다는 경험에서 다시 살아나는 겁니다. 다나베 하지메의 『참회도의 철학』도 그것입니다.

사토 전쟁 귀환자와 헤이세이의 난민 같은 일본인이, 실존주의를 통과하면 서로 겹쳐진다는 관점은 무척 흥미롭네요.

아베 담화는 〈전후 체제〉의 추인이다

가타야마 2015년에 전후 70년을 맞이했습니다. 8월 14일에는 아베 총리가 「전후 70년 담화」를 발표했지요.[67] 좌파냐 우파냐에 따라 그 담화에 대한 해석 방식이 다르지 않을까요? 사토 씨는 어떻게 봤습니까?

사토 1995년의 무라야마 담화에서는 〈일본은 멀지 않은 과거의 한 시기〉에 국책을 그르쳤다고 하여 일부러 역사의 분절을 모호하게 했습니다. 한편 아베 담화는 〈만주 사변〉으로 나아가야 할 길을 그르쳤다는 것을 명확히 했습니다.

그렇다면 〈만주 경영〉을 주도한 기시 노부스케(岸信介)의 책임을 어떻게 생각하는 걸까요?

아시다시피 아베 총리는 평소 외조부인 기시 노부스케를 존경한다고 말합니다. 첫 번째 해석으로 아베 담화는 지금까지 자신의 생각이 잘못되었다고 반성한 결과로 이해할 수도 있지요. 그

---

67 전후 70년의 종전 기념으로 아베 신조 총리가 담화를 발표했다. 국내외의 주목을 받는 가운데 전쟁 중의 행위에 대해 〈반성〉이나 〈사죄〉를 표하면서도 〈전쟁과 아무 관계가 없는 우리의 아이나 손자 그리고 그 후 세대의 아이들에게 사죄라는 숙명을 계속 짊어지도록 해서는 안 된다고〉고 말했다 ─ 원주.

「전후 70년 담화」의 요지

- 종전 70년을 맞아 역사의 교훈으로부터 미래를 향한 지혜를 배우지 않으면 안 된다.

- 19세기 식민지 지배의 파도가 아시아에도 들이닥쳐 그 위기감이 일본 근대화의 원동력이 되었다. 러일 전쟁은 아시아와 아프리카 사람들에게 용기를 북돋워 주었다.

- 제1차 세계 대전을 거쳐 식민주의에 제동이 걸려 전쟁 자체를 위법화하는 조류가 생겨났다. 일본도 보조를 맞췄다. 그러나 서구의 여러 나라가 식민지 경제를 둘러싼 경제 블록화를 진행하자 일본 경제는 큰 타격을 입었다.

- 만주 사변 그리고 국제 연맹 탈퇴. 일본은 국제 사회가 장렬한 희생 위에 구축하려고 한 〈새로운 국제 질서〉의 〈도전자〉가 되었다.

- 가야 할 침로를 그르쳐 전쟁의 길로 나아갔다. 그리고 70년 전. 일본은 패전했다.

- 두 번 다시 전쟁의 참화를 되풀이해서는 안 된다.

- 우리 나라는 지난 대전에서의 행동에 대해 통절한 반성과 진심 어린 사죄의 마음을 표명해 왔다.

- 그 생각을 실제 행동으로 보여 주기 위해 동남아시아의 나라들, 타이완, 한국, 중국 등 이웃 나라 사람이 걸어온 고난의 역사를 가슴에 새기고 그 평화와 번영을 위해 힘을 다해 왔다. 이러한 역대 내각의 입장은 앞으로도 흔들리지 않을 것이다.

- 일본에서는 전후에 태어난 세대가 인구의 80퍼센트를 넘는다. 우리의 아이와 손자 그리고 그 뒤 세대의 아이들에게 사죄를 계속하는 숙명을 짊어지게 해서는 안 된다.

- 우리 나라는 자유, 민주주의, 인권이라는 기본적 가치를 견지하고 그 가치를 공유하는 국가들과 손잡고 〈적극적 평화주의〉로 세계에 공헌할 것이다.

것은 그것대로 정치가로서의 신념을 추궁받을지 모릅니다.

두 번째 해석은 공명당이나 유식자를 향해 자신의 생각과 다른 발언을 했다고 볼 수도 있습니다. 다만 그렇게 해서는 발화 주체의 성실성을 추궁받게 됩니다. 어느 쪽이든 문제인 거지요.

게다가 영어 번역으로는 회개하다는 의미의 〈repentance〉[68]라는 단어를 썼기 때문에 무라야마 담화보다 한발 더 들어간 반성을 보여 주었다고 받아들일 수도 있습니다.

가타야마 깊이 생각하지 않고 여러 가지 요망을 짜깁기해서 그대로 적은 거라는 생각도 드는데요.

사토 확실히 그럴 가능성도 있습니다. 제3의 해석으로는, 아베가 담화 내용을 이해하지 못했다는 것입니다. 그거라면 발화 주체의 지적 수준이 문제가 되겠지요.

가타야마 반성했다거나 공명당 등을 미리 헤아렸다거나 아니면 문장을 이해하지 못했다거나, 사토 씨는 어떤 가능성이 높다고 생각합니까?

사토 공명당이나 유식자들을 배려한 두 번째라고 생각하고 싶지만 세 번째인 내용을 이해하지 못했던 것 같기도 합니다.

가타야마 저도 세 번째 같다는 생각이 듭니다. 아무튼 이렇게 지조가 없는 것이 아베 총리의 그다운 점이겠지요. 나카소네 야스히로 총리는 풍향계라는 말을 들었습니다만, 아베 총리의 경우는 나카소네 같은 권모술수를 초월하여 정합성을 완전히 포기하고 있

---

68 원문: 지난 대전에 대한 깊은 회오와 함께 우리 나라는 그렇게 다짐했습니다. 영역: With deep repentance for the war, Japan made that pledge ― 원주.

는 것처럼 느껴지기도 합니다. 이상한 것은 만주 사변 이후를 부정한 아베 신조의 발언에 대해 보수파가 아무 말도 하지 않는다는 점입니다. 〈대동아 전쟁〉도 부정한다는 것이니까요. 옛날이라면 과장이 아니라 우익에게 습격을 당해도 이상하지 않은 발언입니다.

사토 전후 체제에서의 탈각을 목표로 하고 있을 아베 총리가 전후 체제를 추인(追認)한 것이니까요.

가타야마 그가 말하는 전후 체제란 뭘까요. 다소 분명하지는 않지만 종래의 일반적인 사고에 따르면 역시 다음과 같겠지요. 전쟁에 져서 일본은 미국으로부터 헌법, 전후 민주주의, 교육, 개인주의적 가치관 등 다양한 것을 강요받았고, 또 도쿄 재판에서는 전승국의 형편에 따라 일방적으로 심판을 받았다, 그것을 없는 것으로 하고 전전 일본의 연장선상에서 지금의 일본을 다시 만들고 싶다, 일본회의가 아베 총리의 심장이라면 이런 줄거리가 될 겁니다. 탈미국이라고 바꿔 말할 수도 있겠지요.

사토 그렇게 정의한다면 「전후 70년 담화」는 어떤 의미에서 조리가 서는 것일지도 모르겠네요. 전후 체제를 탈각하는 것은, 다시 말해 전전 일본으로 연결하는 것이니까요. 구체적으로는 만주 사변 이전의 일본으로 돌아가지 않으면 안 된다, 그것을 위해서는 조부의 공적에 욕을 보이는 것도 불사하겠다, 하고 말이지요. 하지만 이건 제가 너무 깊이 읽은 것일 가능성이 높고, 아베가 거기까지 깊이 생각했을지 어떨지는 모르겠네요.

가타야마 그런 고도의 담화였을 가능성도 남아 있지요. (쓴웃음)

다만 결국은 모두가 기뻐하는 어구를 한마디씩 넣어서 이어 붙인 담화였습니다. 국제 연맹이나 파리 부전 조약을 절대시하고 거기에서 일본이 밀려난 것이 잘못이라는 최근 국제 정치학자들의 논조 그대로인 점도 있고 또한 애국자나 리버럴들이 기뻐할 만한 어구도 있어요. 중요한 〈탈미국〉의 경우에도 트럼프 정권과의 밀월 등을 보면 역시 앞뒤가 맞지 않아요.

정합성은 없지만 아무도 진심으로 화내지 못하는 것이 되기는 했습니다. 인터넷이라는 것은 모두가 자신들에게 유리한 것밖에 보지 않는 성향을 키워 왔지요. 아마 그 탓에 헤이세이가 되고 나서 정치가뿐 아니라 언론의 짜깁기화가 현저해졌습니다. 아베 담화는 그 전형이고요.

SEALDs 등장과 야마구치파의 분열

사토 아베의 담화가 있고 그다음 달에는 안보 관련법이 성립합니다. 그 과정에서 국회 앞에서는 대규모 반대 집회가 열렸습니다. 여기서 화제가 된 것이 SEALDs(실즈)[69]입니다. 가타야마 선생님의 제자 중에는 없었습니까?

가타야마 SEALDs는 없었습니다만, 이른바 리버럴 느낌의 교원

---

69 정식 명칭은 〈자유와 민주주의를 위한 학생 긴급 행동〉이다. 집단적 자위권을 행사할 수 있도록 하는 안전 보장 관련 법안에 반대하는 학생들이 2015년 5월에 설립했다. 랩 음악에 맞춰 소리를 지르는 데모 등을 했다. 작가 다카하시 겐이치로나 정치학자 야마구치 지로가 운동에 찬성을 표하고 예전에 학생 운동을 경험한 장년층이 데모에 참가하는 등 폭넓은 계층으로 확대되었다. 2016년 8월에 해산했다 — 원주.

이나 학생 중에는 그들을 과대평가하는 사람도 있는 것처럼 보였습니다. 원래라면 어른이 해야 하는 활동에 임하는 훌륭한 젊은이들이라며 고개를 숙이겠지요. 그중에는 별이 빛나는 것처럼 동경의 시선으로 바라보는 어른까지 있었던 것이 인상적이었습니다.

사토 그 시기에 수많은 유식자나 정치가가 SEALDs와 접촉했습니다. 어른이 아이에게 아첨하는 것은 일종의 금지된 수였지요. 하지만 그 금지된 수를 쓰는 어른이 늘었어요. 새끼 원숭이를 미끼로 관광객으로부터 먹이를 얻는 어미 원숭이로 보였습니다.

가타야마 사토 씨는 SEALDs를 어떻게 평가하십니까?

사토 저는 그들의 활동이 새로운 형태의 진학 또는 취업 활동 정도로밖에 보이지 않았습니다.

편차치 50대[70]의 대학생이 활동에 참가하며 미디어가 다뤄 주고 평소 만날 수 없던 지식인과 사귈 수 있지요. 책을 낼 수 있고 미디어에도 소개됩니다. 대학원에도 입학할 수 있었지요. 중심 멤버들은 사회적 지위를 얻을 수 있는 무척 좋은 기회였습니다. 학생들도 진학 또는 취업 활동 정도로밖에 생각하지 않아서, 도쿄 대학이나 교토 대학, 와세다 대학과 게이오 대학의 학생은 놀랄 만큼 적었던 것입니다.

가타야마 이런 데모가 취업 활동에서 〈행동력 있는 학생〉으로 평가받는 것은 1960년 안보 투쟁이나 1970년 안보 투쟁 시대에는 생각할 수도 없었지요.

---

70 대체로 전체 대학의 중간 순위쯤에 해당한다.

사토 한편 주변에 있던 부화뇌동하는 사람들은 민청[71]이 눈독을 들이는 집단이 되고 말았지요. 그런 의미에서 그들을 극구 칭찬한 어른의 책임도 무겁다고 생각합니다.

오키나와에서 SEALDs 활동을 했던 여학생이 어떤 사람을 통해 제게 상담하러 온 적이 있었습니다. 〈여기저기서 슬로건을 외치고 있어 이제 괴롭다〉고 하더군요. 그녀도 다른 멤버와 마찬가지로 본토의 유명 대학원에 진학할 길도 있었지만 제가 보기에는 그 미래가 보이지 않았습니다. 장학금 등으로 빚을 지고 석사 학위를 따는 것은 좋지만 취직도 하지 못하고 길거리에 나앉는 젊은이를 여러 명 알고 있거든요. 결국 그녀가 재적하는 대학 관계자와도 의논하여 그녀는 오키나와의 대학원에 진학하게 되었습니다.

교수들도 열심히 공부하는 그녀를 높이 평가하고 있어요. 여기서 제가 하고 싶은 말은 어른의 책임입니다. 그때 소속 대학에 물어보니 그녀의 활동에 대해 대학 측에 몇 번이나 협박이나 괴롭힘이 있었던 모양입니다. 하지만 대학 측은 현의 경찰과도 의논하면서 철저하게 방어 태세를 취한 것 같아요. 대학 관계자는 그녀를 지키는 일은 대학의 책임이라고 선뜻 말했습니다. 운동 자체를 타박하지도 않고 그렇다고 방임하지도 않으며 학생의 장래로 이어지는 길을 찾아준 것이지요. 그것은 좀처럼 할 수 없는

---

71 일본 민주주의 청년 동맹. 일본 공산당의 지도하에 있는 고등학생, 대학생, 청년 노동자 등 15세에서 30세까지의 청년이 참가하는 전국적 동맹이다. 1949년 설립한 일본 민주 청년단이 1956년에 개칭했다 — 원주.

일이라고 생각합니다.

가타야마 SEALDs의 학생들에게 자신들이 채우지 못한 생각을 의탁한 어른들이 많습니다. 하지만 어른들 대부분은 무책임합니다. 오키나와의 경우에는 교육자의 이상적인 태도가 보이네요. 정말 고개가 숙여집니다.

SEALDs가 미디어를 떠들썩하게 했던 8월, 중간 단체가 붕괴된 헤이세이를 상징하는 뉴스가 있었습니다. 그것은 야마구치파의 분열 소동입니다.[72] 사회가 투명해지는 흐름 속에서 야쿠자가 감당할 수 있는 활동 영역이 결국 없어지고 말았지요.

하지만 투명해졌다고 해도 정의와 공정이 세상에 가득 차 있는 것은 아닙니다. 오히려 야쿠자가 해온 일이 사회로 흡수되고 건실한 사람이 야쿠자가 되는 등 사회가 야쿠자화했습니다. 그렇기 때문에 건실한 사람으로부터 비어져 나온 부분을 담당하던 야쿠자가 살아갈 공간이 사라진 것이지요.

사토 아마 야쿠자를 둘러싼 현 상황은 종교 개혁과 같을 겁니다. 루터는 가톨릭교회의 사제 계급에 대항하기 위해 만인 사제주의를 제창했습니다. 반사제 투쟁을 하는 것이 아니라 전원이 사제가 되면 사제가 특권 계급이 아니게 된다는 이치입니다.

앞에서도 말한 「일본 통일」이라는 V 시네마에서도 항쟁의 원인이 출세 경쟁인 경우가 많습니다. 샐러리맨 사회와 같은 구도

---

72 도도부현의 공안 위원회가 지정하는 폭력단 6대째 야마구치파 산하의 유력 단체가 야마구치파에서 이탈하여 2015년 8월 고베 야마구치파를 결성. 그러나 2017년 4월에 고베 야마구치파도 분열, 임협 야마구치파도 세워 세 조직의 대립이 이어진다 —원주.

에서 항쟁이 일어나지요. 가타야마 씨가 말한 것처럼 사회가 야쿠자화 해가는 것과 동시에 야쿠자 조직도 와해되고 말았어요.

흥미로웠던 것은 야마구치파의 기관지에 게재된 센류(川柳)입니다. 〈손가락 하나로 스마트폰과 나를 부리는 아내〉, 〈술을 마셔 나오는 것은 푸념과 배뿐〉 등의 센류가 최근 인터넷에 올라와 화제가 되었습니다. 저는 야마구치파도 결국 부드러운 노선으로 바뀌었구나, 하고 생각했어요.

가타야마 확실히 야쿠자의 센류로는 생각되지 않네요. 일부러 건실한 사람과 다른 세계를 찾아서 야쿠자가 되는 걸 텐데 그 심정이 너무나도 일반 생활자의 모습과 가까워서 도착적입니다. 그리고 야쿠자의 곤궁한 정도가 전해지네요.

반일 단체는 일본이 무서운가?

가타야마 2015년 12월 말에는 위안부 문제에서 한일 합의가 있었습니다.[73] 하나의 항목이기는 하지만 이를 합의라고 불러도 좋을지 모르겠어요. 오키나와 기지 문제와 마찬가지로 위안부 문제도 헤이세이 이후 우리가 마주해야 하는 과제로서 등장했지요.

사토 애초에 일본 정부가 위안부 문제에서 군의 관여를 인정한

---

73 한일 양 정부가 위안부 문제를 〈최종적이고 또 불가역적으로 해결하는 것〉에 합의했다. 한국 정부가 설립한 재단(화해·치유 재단)에 일본 정부의 예산으로 10억 엔을 일괄 출연한다고 표명했다. 한국 정부는 서울의 일본 대사관 근처의 소녀상을 〈적절히 해결하도록 노력한다〉고 했다. 그러나 2017년 대통령에 취임한 문재인은 〈한일 합의의 내용과 절차 모두 잘못된 것이다〉라고 발언했다. 그리고 2018년 11월에 한국 정부는 이 단체의 해산을 발표하는 등 한일의 균열은 다시 벌어지고 있다 — 원주.

것은 1992년입니다. 그 이듬해의 고노 담화에서 한국에 사죄를 했습니다. 현재 보수파에서 문제시되고 있는 고노 담화입니다만, 사실 일본 정부의 일관된 자세를 보여 주고 있는 것에 지나지 않아요. 그건 관여는 했지만 보상은 하지 않는다는 것이지요.

가타야마 관여는 했지만 보상은 하지 않는다는 자세를 바꾼 것이 한일 합의입니다. 게다가 아베 정권은 전후 한일 외교의 축적을 뒤엎었어요. 일본 정부가 사죄한 이상 위안부 지원을 위해 설립한 재단에 10억 엔을 출연했습니다. 여기서도 애국자나 보수파는 격노한 것이 당연합니다.

그런데도 〈아베 총리는 위안부 문제를 전진시키고 있다〉고 말하는 사람까지 있으니 놀라울 뿐입니다. 이렇게 되면 누가 보수이고 누가 러버럴인지 알 수가 없습니다.

사토 무라야마 내각에서도 아시아 여성 기금이 모은 모금을 전위안부에게 전하는 형식을 취했습니다.

지적한 대로 아베 정권이 한일 합의로 출연한 10억 엔은 세금입니다. 게다가 이는 일본의 국가 책임과 보상을 사실상 인정한 것을 의미합니다. 그렇게 되면 다음으로 한국은 징용 피해자 문제[74]를 들고 나오겠지요.

외교에 종사한 경험이 있는 사람이 보기에 한일 합의는 믿을

---

74 전시에 한반도에서 징용된 한국인이나 유족에게 손해 배상을 요구하는 권리를 둘러싼 문제. 약 70만 명의 징용자가 일본 기업의 공장 등에서 일한 것으로 여겨진다. 한일 모두 징용자 문제에 대해서는 〈해결이 끝났다〉는 입장이지만 최근 전 징용자가 일본 기업에 개인 배상 청구를 해서 일본 기업에 지불을 명하는 판결이 잇따르고 있다. 2018년 10월에 한국 대법원은 일본 기업에 의한 전 징용자에 대한 손해 배상을 처음으로 인정함으로써 한일 사이의 새로운 외교 문제가 되었다 ─ 원주.

수 없는 정치적 결단이었습니다.

가타야마 아베 정권의 역사관은 제1차 세계 대전 후의 타협적인 국제 협조주의와 궤를 같이하고 있는 것으로도 보입니다. 보수도 뭐도 아니지요. 오히려 리버럴이고, 게다가 국가로서의 자존심이나 역사에 대한 경의가 부족합니다.

무엇보다도 문제를 까다롭게 한 것은 한일 합의를 한 박근혜를 대신하여 2017년 한국 대통령 선거에서 재검토를 주장한 문재인이 당선된 일입니다.[75] 그래서 〈불가역적으로〉 해결되었을 문제가 헤이세이 이후의 사회로 미뤄지고 말았어요.

사토 위안부라는 상징을 둘러싼 싸움이라 서로 타협할 수 없습니다.

다만 한국의 반일 단체도 과격화되기는 했지만 지금은 아직 선을 넘지 않았습니다. 그 이유를 저는 이렇게 생각하고 있습니다.

한국의 반일 단체나 민족계 단체는 식민지 시대의 끔찍한 일만을 살펴보겠지요. 그래서일까요, 일본을 상당히 두려워하고 있는 것으로 보이기도 합니다. 과격한 항의 행동을 하는 것처럼 보이나 본채를 공격해 오지는 않습니다.

그 결과 위안부상을 세우는 것은 미국이나 오스트레일리아 등

---

75 한국의 제19대 대통령인 문재인은 박근혜의 파면에 따른 2017년의 대통령 선거에서 좌파계인 〈더불어민주당〉에서 출마하였다. 〈대통령이 되면 우선 김정은 위원장을 만나러 가겠다〉고 공언할 정도의 친북파. 실제로 2018년 4월에 남북 정상 회담을 실현하는 등 그해에 세 번이나 김정은과 회담했다. 사토는 〈국민의 반감을 사서 실각한 박근혜 전 대통령과는 다르다는 것을 보여 주기 위해 위안부 문제를 과격하게 다루고 있다〉고 지적한다 — 원주.

관계없는 장소뿐이지요. 일본에 대한 항의가 목적이라면 원래 일본 어딘가에 땅을 사서 위안부상을 세우면 되는 겁니다.

가타야마 그렇게 되면 외교 문제로 발전하겠지요.

사토 만약 일본 국내에 세운다면 틀림없이 한국을 싫어하는 배외주의자가 파괴하러 갈 겁니다. 그들은 기물 파손으로 기소되겠지요. 그것에 대해 이런 모욕적인 상을 무너뜨리는 것은 당연한 권리라며 일본 국내에서 우파가 소란을 피울 겁니다.

　하지만 기물 파손으로 기소되면 형사 사건으로 입건하지 않을 수 없어요. 물론 한국 여론도 가만있지 않겠지요. 한일의 대립이 결정적이 될 겁니다. 그런 소동이 일본 각지에서 일어나면 한일 관계의 개선 같은 건 바랄 수 없습니다.

가타야마 일본의 국제적 입장도 점점 나빠지겠네요.

　하지만 지금은 그런 최악의 상황까지는 가지 않았습니다. 한국의 민족계 단체가 주저하는 원인이 일본에 대한 두려움이라는 건가요?

사토 뜻밖에 그렇게 되고 있는 거겠지요.

가타야마 마치 자가 중독에 구제받고 있는 것 같습니다. 그런 미묘한 균형으로 선을 유지하고 있다니…….

사토 하지만 그런 두려움도 서서히 마비되어 갈 겁니다. 미국에 세워도 큰 문제가 일어나지 않습니다. 외교적 공세도 없지요. 그렇게 되면 일본도 두려워할 것이 못 된다며 한국의 민족계 단체가 움직이기 시작합니다. 그것에 대해 배외주의적인 일본인이 방해를 하고 기물 파손으로 거듭 기소되면 실형 판결을 받겠지요.

그런 인간이 배외주의에 공감하는 사람들로부터 영웅으로 떠받들어질 겁니다. 한일 관계의 악화만이 아니라 일본 국내의 사회 분열로 이어지는 위험성도 내포하고 있습니다.

하야마 황실 별장 근처를 산책하는 천황과 황후(당시).

제7장
천황은 무엇과 싸우고 있었는가

헤이세이 28년 → 30년(2016~2018)

헤이세이 28년(2016)

2월
- 전 프로야구 선수 기요하라 가즈히로가 각성제 단속법 위반 혐의로 현행범 체포.
- 경영 부진인 샤프, 타이완의 홍하이 산하로.

4월
- 〈조세 피난처〉를 이용하는 기업이나 개인에 대한 기밀 문서인 〈파나마 문서〉 유출로 세계적 소동.
- 미쓰비시 자동차에서 데이터 조작 사건(그 후 미쓰비시 자동차는 닛산·르노의 산하로).
- 오키나와현 우루마시에서 미군의 군속(미군 기지에 근무하는 민간인)이 여성을 살해.

5월
- 이세시마에서 주요 7개국 정상 회의 개최.
- 오바마 미 대통령이 히로시마를 방문.

6월
- 헤이트 스피치 대책법 시행.
- 영국, 국민 투표로 〈EU 탈퇴〉.

7월
- 방글라데시에서 이슬람 과격파에 의한 테러 발생(일본인 사망자 7명).
- 사가미하라시의 장애자 복지 시설에서 전 직원에 의해 19명이 살해됨.
- 도쿄도 지사 선거에서 고이케 유리코 전 방위상이 당선.

8월
- 천황이 생전 〈퇴위〉 의사 표명.

12월
- SMAP 해체.
- 부산의 일본 총영사관 앞에 위안부상 설치.

- 오나가 지사가 오바바 대통령에게 직접 항의한다고 관저에 전해도 스가 관방 장관이 상대해 주지 않았다. 사건의 본질은 오키나와 차별에 있다. **사토**

- 이세시마를 개최지로 한 것은 신사 본청이나 일본회의의 오랜 소망에 따른 것이 아닐까. **가타야마**

- 우리는 범인인 우에마쓰 사토시가 제기한 우생 사상적인 생명관에 반대하는 논리를 가질 수 있을까. **사토**

- 붕어와 개원을 세트로 하면 전후 민주주의도 순식간에 메이지나 다이쇼의 끝과 같아지고 만다. 그것을 피하기 위해 〈양위〉라는 형태를 선택한 것이 아닐까. **가타야마**

유행어	유행가	영화	책
• 〈신 내리다〉[1]	• 게야키자카46, 「침묵하는 다수」	• 신카이 마코토, 「너의 이름은」	• 이시하라 신타로, 『천재(天才)』
• 〈게스 불륜〉	• 래드윔프스, 「전전전세」	• 안노 히데아키, 「신 고질라」	
• 〈보육원 떨어진 일본 죽어라〉[2]	• 니시노 가나, 「취급 설명서」	• 가타부치 스나오, 「이 세상의 한구석에」	

---

1 프로야구 교류전에서 두 시합 연속 끝내기 홈런을 친 히로시마의 스즈키 세이야 선수에 대해 오가타 고이치 감독이 〈요즘 말로 하면 신 내린 거죠〉라고 표현하였다.

2 아이가 보육원 추첨에서 떨어진 어머니가 그 분노를 적은 인터넷 블로그의 제목.

헤이세이 29년(2017)

2월
- 미 대통령 도널드 트럼프 취임.
- 김정남이 쿠알라룸푸르에서 암살됨.
- 학교 법인 〈모리토모 학원〉에 국유지를 매각한 문제가 보도되기 시작.

3월
- 한국의 박근혜 대통령이 파면됨.

7월
- 도의회 선거에서 도민 퍼스트회가 압승.
- 이나다 도모미 방위상, 육상 자위대 〈활동 보고서 은폐〉 문제를 책임지고 사임.

9월
- 닛산 자동차의 완성 검사 위조가 판명됨.

10월
- 고베 제강소의 알루미늄이나 구리 제품의 일부에서 품질 데이터의 조작이 발견됨.
- 민진당(중의원)이 희망의당과 입헌 민주당으로 분열. 중의원 선거에서 자민당 압승.
- 가나가와현 자마시에서 9명의 절단 시체가 발견됨.

11월
- 트럼프 대통령의 첫 방일.
- 몽골인 스모 선수에 대한 폭행 사건으로 하루마후지 선수가 은퇴.

12월
- 하부 요시하루가 장기계의 첫 영세 7관을 달성.

원자화된 현재의 일본 사회에서는 중간 단체가 표를 모을 수 없다. 그러므로 역사적 압승과 역사적 참패가 반복된다. **가타야마**

방위성에서 누설해서 문제가 발각되었다. 그들이 매스컴으로부터 추궁받은 이나다 장관을 보고 통쾌하다고 생각했다면 무서운 일이다. **사토**

스모 세계가 안고 있는 문제를 몽골인에게만 강요하면 스모 자체가 성립되지 않는다. **가타야마**

예능계에도 스모계에도 로컬 룰이 있었다. 하지만 헤이세이에 들어 그것이 허용되지 않는 사회가 되고 말았다. **사토**

유행어	유행가	영화	책
• 〈인스타바에〉[3] • 〈촌탁(忖度)〉[4] • 〈○○ 퍼스트〉[5]	• 호시노 겐, 「사랑」 • 노기자카46, 「인플루언서」 • 게야키자카46, 「불협화음」	• 쓰키가와 쇼, 「너의 췌장을 먹고 싶어」 • 이리에 유, 「22년 후의 고백」[6] • 후쿠다 유이치, 「은혼」	• 사토 아이코, 「90세, 뭐가 경사라고」

3 인스타그램에 사진을 올릴 때 보기 좋거나 돋보인다는 의미.

4 다른 사람의 마음을 미루어 헤아린다는 뜻. 2017년에 일어난 모리토모 학원 문제에서 이 말이 자주 사용된 것을 계기로 유행어가 되었다. 원래는 나쁜 말이 아니었으나 권위나 힘이 있는 상대에게 아첨을 하거나 특별히 봐준다는 등 부정적 의미로 사용되는 기회가 늘었다.

5 환자 퍼스트, 고객 퍼스트 등 ○○ 퍼스트가 유행했다. 〈도민 퍼스트〉라고 말한 고이케 유리코 지사의 발언이 가장 유명하다.

6 한국 영화 「내가 살인범이다」(2012)를 리메이크한 작품.

헤이세이 30년(2018)

1월	• 보수 평론가 니시베 스스무가 다마가와강에 투신하여 자살.
	• 가상 통화 〈NEM〉이 580억 엔분 유출.
2월	• 후미히토의 장녀 마코 공주가 결혼 연기.
	• 평창 동계 올림픽에서 일본이 역대 최대 메달 수인 13개를 획득.
3월	• 구로다 하루히코 일본 은행 총재 연임.
	• 모리토모 학원으로의 국유지 매각에 관한 〈공문서 위조〉를 『아사히 신문』이 특종 보도.
4월	• 김정은의 방한(남측 평화의 집)으로 남북 정상 회담 실현.
6월	• 사상 첫 북미 정상 회담.
7월	• 도쿄 의과 대학 부정 입시 발각.
	• 옴 진리교 사건의 확정 사형수 13인 전원의 형이 집행됨.
9월	• 아무로 나미에 은퇴.
	• 자민당 총재 선거에서 아베 총리 3선.
11월	• 닛산 회장 카를로스 곤 체포.
12월	• 개정 출입국 관리법 가결.
	• 한국 해군 레이더 조사 문제로 한일 관계 악화.

국유지 매매를 특례로 처리한 것을 보여 주는 문언을 공문서에서 삭제한 행위는 극히 악질이다. 매매 판단에 관련된 아주 중요한 사실을 없었던 것으로 만들었다. 이는 국민에 대한 배신 행위다. [사토]

아무로 나미에가 국민적인 아이돌인가 하면 다소 의문이 남는다. 가치관이 다양화된 시대에 국민 전원이 열광하는 아이돌은 존재할 수 없다. 노래나 문학이 국민을 묶어 주는 시대는 끝났다. [가타야마]

미시적 시점에서 보면 국가 대 자본의 싸움이다. 카를로스 곤은 국경을 넘는 글로벌 자본의 체현자인데 그것에 대해 국가가 개입한 구도다. [사토]

* 2018년 4월 이후의 사건은 제8장에서 다룬다.

유행어	유행가	영화	책
• 〈그러네~〉[7]	• 요네즈 겐시, 「레몬」	• 고레에다 히로카즈, 「어느 가족」	• 요시노 겐자부로, 하가 쇼이치, 『만화, 그대들 어떻게 살 것인가』
• 〈밥 논법〉[8]	• ISSA, 「U.S.A」	• 우에다 신이치로, 「카메라를 멈추면 안 돼」	
• 〈슈퍼 자원봉사자〉	• 호시노 겐, 「도라에몽」		

7 평창 동계 올림픽 컬링 일본 대표팀의 선수가 경기 중에 말한 홋카이도 사투리.

8 재량 노동제에 관한 국회 심의 중에서 가토 가쓰노부 후생 노동상(당시)이 했던, 논점을 바꿔치기한 뻔질뻔질한 답변 논법을 가리킨다.

메르켈은 이세시마 주요국 정상 회의가 싫었다

가타야마 앞 장에서 일본 사회의 분단에 대해 이야기했습니다만, 2016년 4월 오키나와현 우루마시에서 일어난 미군 군속에 의한 여성 살해 사건도 그 상징이라고 할 수 있겠지요.

제2장의 1995년 오키나와 미군 소녀 폭행 사건과 비교(88면 참조)하며 말했는데, 그렇게 헤이세이를 다시 돌아보면 본토와 오키나와의 깊은 분단이 점차 노골적으로 드러납니다.

사토 그렇군요. 그리고 이 사건은 분단과 함께 오키나와에 대한 차별도 분명히 했습니다.

우루마 사건의 본질을 차별이라고 생각하면 본토와 오키나와의 관계나 오키나와인의 심정을 이해할 수 있는 게 아닐까 싶어요. 사건을 듣고 오나가 지사가 오바마 대통령에게 직접 항의하겠다는 뜻을 관저에 전해도 〈그건 나라의 전권 사항이니까〉라며 스가 관방 장관(현 총리)이 상대해 주지 않았습니다.

하지만 이를 도쿄로 바꿔 놓고 생각해 봅시다. 일본에 있는 미군 시설인 미나미아자부의 뉴산노 호텔[9]에 근무하던 군속이 밤 8시에 아자부 거리를 걸어가는 일본인 여성을 강간 목적으로 살해하고, 시체를 슈트 케이스에 넣어 다카오산 근처에 버린 사건이 발각됩니다. 그때 일본 정부는 어떻게 할 것 같습니까?

---

9 도쿄도 미나미구 미나미아자부에 있는 미군 관계자의 숙박 시설. 일본인은 물론 미국인도 민간인은 출입할 수 없다. 미 해군 정보부나 CIA의 거점이 있고 미일 정보의 집적지로 여겨진다 — 원주.

가타야마 물론 격렬하게 항의하겠지요. 그것은 우루마 사건 때의 항의에 비할 것이 아닐 겁니다. 그렇지 않으면 여론이 용납하지 않을 테니까요. 그렇게 생각하면 우루마 사건 때의 대응은 오키나와 사람들 눈에 무척 차별적으로 비쳤겠네요.

사토 그렇습니다. 오키나와에서는 미군의 범죄인데도 불구하고 반미가 아니라 반아베 정권의 기운이 높아지겠지요. 그것은 차별적 처리라고 느끼기 때문입니다. 만약 도쿄에서 일어난다면 정부가 똑같은 대응으로 끝내겠느냐, 하고 말이지요. 오키나와 사람들에게는 일본 정부의 대응 하나하나가 차별로 보입니다. 본토와 오키나와에서는 사건에 대한 인식이 다른 거지요.

차별을 느끼는 것은 가해자가 아니라 피해자 측입니다. 가해자인 본토 사람이 차별을 느끼지 못할 정도로 오키나와 차별이 구조화되어 있다고도 할 수 있겠지요.

가타야마 사토 씨가 예로 든 사건이 도쿄에서 일어났다면 오바마 대통령의 방일은 어떻게 되었을까요? 이세시마 주요국 정상 회의가 열린 것은 사건이 발각된 지 10일 후입니다.[10]

사토 일본 정부의 대응은 틀림없이 달랐을 거라고 생각합니다. 폭발하는 여론의 상황에 따라 방일 후의 예정이나 방일 일정 자체를 바꿀 필요에 몰렸을지도 모르지요.

하지만 결국 우루마 사건 때는 이세시마 주요국 정상 회의에

---

10 미에현 이세시마시에서 2016년 5월 개최된 제42회 주요국 정상 회의. 의제는 세계 경제의 안정화와 북한의 위험 등이었다. 의장국인 일본, 미국, 프랑스, 독일, 영국, 이탈리아, 캐나다, 이렇게 7개국 외에 EU 대표자가 참석했다 — 원주.

서 오바마 대통령으로부터 〈진심 어린 애도와 깊은 유감의 뜻〉을 끌어내는 데서 그쳤습니다.

제가 이세시마 주요국 정상 회의에서 인상에 남은 것은 독일 총리인 메르켈의 표정입니다. 그녀는 목사의 딸이므로 이세 신궁에 발을 들여놓는 데 저항감이 있었을 거예요.

가타야마 씨는 각국 정상의 이세 신궁 참배를 어떻게 봤습니까?

가타야마　이세시마를 개최지로 정한 것은 아베 정권을 지탱해 온 신사 본청이나 일본회의의 오랜 소망이었겠지요.

제가 이세시마 주요국 정상 회의에서 떠올린 것은 육군 중장이었던 사토 고지로(佐藤鋼次郎)[11]입니다. 그는 만년인 1923년 『메이지 신궁 참회 이야기(明治神宮懺悔物語)』라는 사상 소설을 썼어요. 러시아 혁명 후 사회주의와 자본주의의 최종 전쟁이 일어난다는 시대상 아래 서양인들이 도쿄에 모여 기탄없이 논의를 합니다.

하지만 최후에는 일본인에게 이런 식으로 논파당하죠. 이기주의나 개인주의, 욕망 추구형의 서양 자본주의는 세상을 파괴해 갈 뿐이고 공동체나 상호 부조, 종교적인 감정이 없으면 인간 사회는 꾸려 나갈 수 없다, 그런 근대의 모순을 해결하는 사상을 메이지 천황이 보여 주었고, 메이지 신궁은 그 메이지 천황을 모시

11　청일 전쟁과 러일 전쟁에 출정. 뤼순 요새 참모장 등을 거쳐 청나라 주둔군 사령관을 지냈고 제1차 세계 대전에도 참전했다. 1916년 육군 중장을 지냈다. 오카와 슈메이 등 우익 사상가와 폭넓게 교류했다—원주.

고 있는 것이라고 말이지요.

서양인들은 마지막에 메이지 신궁에서 참회합니다. 게다가 메이지 천황이야말로 미래 세계의 지도 원리의 체현자라고 인정합니다. 천황을 중심으로 하는 일본적 가치관이 세계를 지배해요. 혼란된 세계에 화해를 가져오는 것은 일본뿐이라는 거지요.

현재의 일본회의도 이세 신궁을 방문함으로써 외국 정상이 뭔가에 눈뜨는 것을 기대한 게 아닐까요? 근대 국가로서 제대로 된 방식이라고는 도저히 생각되지 않고, 결과는 메르켈의 찌푸린 얼굴로 끝나긴 했지만요.

사토 그 의도는 부정할 수 없겠지요. 이세 신궁에서의 각성을 진심으로 기대했다고 해도 이상하지 않습니다.

하지만 환대의 면에서는 각국 정상도 불만은 없었을 거예요. 전복과 스테이크를 메인으로 한 요리로, 과거에 일본에서 했던 정상 회의 중에서는 최고였지요. 교토 미야코 호텔에서 정상 회의의 저녁 식사와 같은 요리를 먹을 수 있어서 저도 가봤습니다. 그런데 3일 전에 예약하지 않으면 재료를 갖출 수 없다고 하더군요.

가타야마 외부적으로는 이세의 맛있는 요리로 대접하는 것이고, 내부적으로는 아마테라스 오미카미(天照大神) 앞에 각국 정상을 무릎 꿇게 한다는 일구이언 외교네요.

사토 그렇겠지요.

이세시마 주요국 정상 회의가 끝난 후 오바마 대통령이 히로시마를 방문했습니다. 사실 여기에는 의미가 있었어요. 차기 대통령의 유력한 후보 중의 한 사람으로 올라온 트럼프가 중국이나 북한에 대한 억지력으로서 한일의 핵 보유를 용인하겠다는 발언을 했습니다. 히로시마 방문에는 그 핵 용인 발언을 견제하는 의미가 있었던 것이지요.

그 답례의 의미도 있어서 반년 후인 12월에 진주만에서 오바마와 아베의 마지막 미일 정상 회담이 실현되었습니다.

가타야마 그렇군요. 히로시마 방문의 배후 인물이 세계를 혼란시키는 트럼프 대통령의 탄생이었다는 것은 아이러니네요.

원호 재정의 시대에 가세하고 싶은 공산당

사토 오바마가 히로시마를 방문하고 그 두 달 후인 2016년 8월 8일, 현재의 천황이 상징으로서의 직무에 대한 「말씀」(영상 메시지)을 했습니다. 〈양위〉와 「말씀」, 이 두 가지가 헤이세이사의 핵심이 된다고 생각하니 차분히 이야기해 보지요. 가타야마 씨는 어떻게 받아들였습니까?

가타야마 옛날식으로 말하자면 〈승조필근(承詔必謹)〉[12]이겠네요. 조칙을 받들어 그대로 해야 한다고 생각했지요. 그렇지만 저는 대일본 제국 헌법을 신봉하는 자가 아니고, 조칙의 내용과 상관없이 천황의 말씀대로 해야 한다고 생각하는 것도 아닙니다. 무엇보다 내용에 공감한 것입니다.

12 왕의 조칙을 받들어 모신다는 뜻.

「말씀」에 대해서는 몇 가지 이야기해야 하는 것이 있습니다만, 우선 한 가지 들자면 국민의 반응을 보고 일본 사회가 완전히 변했다고 느꼈습니다.

쇼와 천황의 붕어를 떠올려 보세요. 언론계에는 천황제 강화를 호소하는 목소리가 나오는 반면 천황제와 일본 제국주의의 부정적 관련성을 강조하는 논조도 있었고, 천황제를 폐지하고 공화제로 이행할 것을 주장하는 사람도 있었지요. 그런 의미에서는 쇼와 시대까지 천황이 전후의 상징으로서 기능하고 있었던 것입니다.

쇼와 천황은 예전의 현인신(現人神)이라는 강력한 카리스마를 갖고 있었어요. 하지만 현재의 천황에게는 그것이 없습니다. 쇼와 8년(1933년)에 태어난 아키히토 천황은 순수하게 전후 민주주의 안에서 자랐어요. 아동 문학가였던 미국인 엘리자베스 바이닝 부인이 가정 교사였고, 다이쇼 시대에 유럽으로 유학한 친영국파이자 반마르크스주의 경제학자인 고이즈미 신조(小泉信三)가 교육을 책임졌습니다.[13] 전후의 리버럴하고 이상적인 하이브리드 교육을 받은 것이지요. 본인 또한 그것을 자각하고 있습니다.

그러므로 우경화한 헤이세이 사회에서 천황제 반대와 반아베 정권의 움직임이 연결되지 않습니다.

13 엘리자베스 바이닝은 1946년 연합군 최고 사령부에 의해 황태자 가정 교사로 뽑혀 4년간 영어 교육 등을 맡았다. 전 게이오 대학 총장인 고이즈미 신조는 영국 고전파 경제학 연구와 마르크스주의 비판으로 유명하다. 전후에는 황태자 아키히토의 교육과 황실 근대화에 힘썼다 — 원주.

반대로 아키히토 천황을 내세워 평화, 전후 민주주의, 일본 헌법을 옹호해 가려고 생각하는 리버럴 언론인도 적지 않습니다. 아키히토 천황의 존재나 행동을 반아베 정권으로 연결해서 논하는 사람도 늘고 있지요. 논의가 천황=일본 제국주의가 아니게 된 것입니다. 그런 의미에서는 인간 천황과 상징 천황을 연결하여 전후 민주주의와 성격이 잘 맞는 천황의 모습을 모색해 온 쇼와 천황과 아키히토 천황의 전략이 하나의 커다란 승리를 얻었다고 해도 좋겠지요.

그리고 원호의 문제도 있습니다. 메이지, 다이쇼, 쇼와는 천황의 붕어로 원호가 변하는 체험을 국민에게 심어 주고 끝났습니다. 아키히토 천황은 그 국민적 체험의 재현을, 살아 있는 동안 양위함으로써 스스로 내려놓았습니다. 앞으로 그 영향이 어떻게 될까요.

사토 지적한 대로 양위는 역사의 흐름을 바꾸는 카이로스, 즉 기회가 되겠지요. 양위로 역사의 분절을 바꿔 버렸으니까요.

가타야마 퇴위한 천황은 상황(上皇)[14]이 됩니다. 원호와 천황은 바뀌어도 전 천황이 상황이 되어 헤이세이 시대의 가치관을 상징하는 상황으로서, 상징 천황이라는 말을 따르자면 상징 상황이라는 표현도 가능할지 모르겠지만, 헤이세이를 상징화하는 상황으로 군림하게 되면 이중 권위라기보다는 이중 가치가 됩니다. 다음 원호가 되어도 헤이세이적인 것이 끝나지 않았다고 생각하

---

14 자리를 물려주고 들어 앉은 황제를 이르던 말.

상징으로서의 직무에 대한 천황의 「말씀」 발췌

- 나도 여든을 넘어 체력적인 면 등에서 여러 가지 제약을 느끼는 일도 있어 지난 수년간 천황으로서 자신이 걸어온 길을 되돌아봄과 동시에 장래 자신의 모습이나 직무에 대해 생각하게 되었습니다.

- 사회 고령화가 진행되는 가운데 천황 또한 고령이 된 경우 어떤 모습이 바람직한가, 천황이라는 입장에서 볼 때 현행 황실 제도에 대해 구체적으로 언급하는 것은 삼가면서 내가 개인적으로 지금까지 생각해 온 것을 말하고자 합니다.

- 즉위 이래 나는 국사 행위를 하며 일본 헌법 아래에서 상징으로 위치 지어진 천황의 바람직한 모습을 매일 모색하며 지내 왔습니다.

- 천황의 고령화에 따른 대처 방식이 국사 행위나 상징으로서의 그 행위를 한없이 축소시켜 가는 것에는 무리가 있을 것입니다.

- 그리고 지금까지의 황실 규범으로서 천황의 종언에 임해서는 무거운 안치 행사가 거의 두 달에 걸쳐 연일 이어지고 그 후 장례와 관련된 행사가 1년간 계속됩니다. (중략) 행사와 관련된 사람들, 특히 남은 가족은 굉장히 혹독한 상황에 놓이지 않을 수 없습니다.

- 앞으로도 황실이 언제나 국민과 함께 있고 서로 힘을 합쳐 이 나라의 미래를 구축해 갈 수 있도록, 그리고 상징 천황의 직무가 끊어지는 일 없이 늘 안정적으로 이어지는 것을 생각하여 내 마음을 이야기했습니다.

- 국민의 이해를 얻을 수 있기를 간절히 바랍니다.

는 국민이 어떻게든 많아지겠지요. 죽음에 의한 시간 단절이 없는 만큼 여러 가지 것들이 모호한 느낌이 되는 게 아닐까요. 상황은 일본 역사를 거슬러 올라가면 얼마든지 있습니다만, 일세일원(一世一元)이라는 근대 천황제가 되고 나서는 처음이니까요.

사토 그래서 포인트가 되는 것이 어떻게 역성혁명 사상을 피할까 하는 것입니다. 역성혁명이란 천자(제왕)의 덕이 없어지면 덕을 가진 사람이 새로운 천자가 된다는 고대 중국의 사고입니다.

스스로의 판단으로 한 양위가 허용되면 느슨한 형태의 역성혁명을 생각하는 사람이 나와도 이상하지 않습니다. 예를 들어 리먼 쇼크급의 경제 위기나 동일본 대지진급의 재해가 일어날 때마다 개원을 하는 것도 가능하겠지요.

가타야마 막부 말에도 안세이(安政), 만엔(万延), 분큐(文久), 겐지(元治), 게이오(慶応)로 빈번하게 개원을 했습니다. 페리 내항 이래의 국난이 좀처럼 해결되지 않았을 때 곧바로 개원을 했고, 뭐, 이유는 알 수 없지요. 그러던 것을 천황의 생사와 관련시켜 일원화하여 원호를 사용하면 천황과 함께 살고 있다는 것을 싫든 좋든 의식하지 않을 수 없게 됩니다. 그리고 개원으로 새로운 원호를 사용하면 전 천황의 붕어와 새로운 천황의 즉위에 의한 구분을 무의식중에라도 확인하게 되지요. 개원이 반드시 장례라는 거대한 국가 종교적 의전과 결부시켜 온 일이 역시 중대합니다.

그렇게 해서 근대 일본인이 공유하여 쌓아 온 시간 의식이 이번에 확실히 무너질 겁니다. 그 뒤에는 어떻게 될까요. 천황제는 패전 시기에 필적할 만큼 유동화할 거예요. 어쩐지 자명한 것이 아니게 되어 천황이나 원호가 국민 의식에서 다시 정의되는 시대로 들어가겠지요.

사토 아주 흥미로웠던 것은 공산당 기관지인『신문 아카하타(しんぶん赤旗)』가 양위나 개원 논의에 맞춰 원호를 병기하기 시작한

일입니다.[15] 이것도 큰 변화지요.

가타야마 공산당도 천황과 원호를 다시 정의해야 하는 시대에 정의하는 자로서 참가하고 싶다는 의사 표명일까요.

쇼와 천황의 「인간 선언」과의 비교

가타야마 또 한 가지 제가 생각하는 것이 쇼와 천황의 「인간 선언」[16]과 아키히토 천황이 8월 8일에 했던 「말씀」의 관련성입니다.

「인간 선언」은 신도를 국가 종교에서 분리하고자 하는 연합군 최고 사령부의 의향에 따라 이루어졌습니다. 그때까지는 신화에 의해 의미를 가지며 국민이 어떻게 생각하든 신화로 신성이 보증되는 존재였던 천황을, 신화보다는 국민과의 상호 신뢰 관계를 나날이 구축해 감으로써, 다시 말해 천황의 지위를 국민에게 신뢰받는 훌륭한 인간으로서 나날이 인정받게 함으로써 천황이라는 것의 존속을 꾀했습니다. 그것이 「인간 선언」의 주지겠지요.

그러면 인간 천황이란 뭘까요. 「인간 선언」 뒤에 만들어진 전

15   날짜란에 쇼와까지는 1면 윗부분 위에 서기를, 아래에 원호를 괄호에 넣어 표기했다. 헤이세이가 되고 나서 〈원호를 표기하는 의미가 없어졌다〉고 하며 서기만을 표기했으나 〈서기를 원호로 환산하는 것이 불편하다〉는 독자의 목소리를 반영하여 2017년 4월 1일부터 날짜란에 원호 표기를 부활시켰다. 기사에서는 여전히 서기만을 표기하지만 옛 사건을 설명할 때는 이해하기 쉽도록 〈서기(원호)〉라는 식으로 표기하기도 한다.

16   쇼와 천황이 1946년 1월 1일에 발표한 조서의 통칭. 천황 스스로 자신의 신격을 부정했다. 태평양 전쟁의 패전 후 교육 민주화 일환으로서 연합군 최고 사령부에 의해 천황의 신격을 부정하는 조서를 발표할 구상이 세워졌다. 궁내성 관계자나 총리인 시데하라 기주로의 검토를 거쳐 천황의 발의로 5개조 서약문이 더해져 조서안이 완성되었다 — 원주.

후 헌법에서는 인간 천황이라는 표현은 없고, 상징 천황이라는 것이 되었습니다. 저는 어렸을 때 어른들한테 상징 천황은 공허한 것이라거나 그저 있을 뿐인 존재라고 배웠어요.

하지만 상징 천황은 국민의 총의에 기초하여 존재한다고 헌법에 정해져 있습니다. 그렇다면 총의는 어떻게 형성되고 지속하는 걸까요. 그 설명은 「인간 선언」에서 찾을 수밖에 없습니다. 천황이 인간적으로 행동하여 국민에게 계속 신뢰를 받는다는 뜻입니다.

그러므로 〈인간 선언〉을 한 쇼와 천황은 샐러리맨풍의 양복차림으로, 때로는 한데에 서서 머리가 흐트러지는 것에도 아랑곳하지 않고 전국을 돌아다니며 국민에게 계속 손을 흔들었습니다. 일반 국민 측에까지 다가갔던 거지요. 그렇게 등신대의 인간 천황을 국민 앞에 드러내며 신뢰 관계를 맺으려고 했습니다.

아키히토 천황은 쇼와 천황이 국민과 접촉하며 직접 신뢰 관계를 다시 쌓는 퍼포먼스에 분골쇄신한 부분을 강력하게 이어받았습니다. 아키히토 천황은 오직 「인간 선언」을 충실하게 추구하려고 애써 온 것이지요.

하지만 쇼와 천황은 특히 붕어와 〈장례〉라는 압도적이고도 신비적인 드라마에 의해, 게다가 원래 쇼와 20년(1945년)까지 갖고 있던 현인신으로서의 카리스마가 전후가 되었다고 해서 갑자기 사라진 것은 아니므로, 마지막에는 역시 신 쪽으로 다시 다가간 것 같습니다. 적어도 저 개인의 인상으로는요. 아키히토 천황은 그것을 피하고 싶은 거겠지요.

붕어와 개원을 세트로 하면 전후 민주주의도 순식간에 메이지 나 다이쇼의 끝과 같아지고 맙니다. 그것을 피하는 것이 미완의 인간 천황상을 완성하는 것으로 이어집니다. 그러므로 양위라는 형태를 선택했겠지요.

사토   그렇군요. 잘 알겠습니다.

가타야마   아키히토 천황은 천황과 전근대적 신비성의 결부를 거부하고 근대 민주주의의 합리적 세계나 인간적 세계에 적합하도록 천황상을 변경해 왔습니다. 그래서 오키나와를 생각하면 천황의 우아한 궁정 전통과는 관계가 없을 오키나와의 단시형 가요인 류가(琉歌)에 흥미를 보이고 여기저기 재해 지역을 찾아다녔습니다. 공허한 것이나 그저 있을 뿐인 존재로는 국민과의 신뢰를 쌓을 수 없으니까요.

하지만 이런 천황상을 유지하고 계속 보여 주기 위해서는 체력이 필요합니다. 고령이 되어 움직이기 힘들어지면, 이를테면 행동주의적 천황상을 실현할 수 없습니다. 그 결과가 「말씀」으로 나온 것이지요.

「말씀」의 옥음 방송(영상 메시지)은 8월에 나왔습니다. 아버지인 쇼와 천황이 했던 8월 15일의 옥음 방송[17]을 의식하고 있는 것으로 느껴졌어요. 8월 15일의 종전 조서에서 「인간 선언」을 거쳐 「말씀」으로. 부자 2대의 「인간 선언」을 완성시켰다고도 할 수 있

---

17   쇼와 천황에 의한 전쟁 종결 선언. NHK가 1945년 8월 15일 정오부터 라디오로 천황 스스로 「포츠담 선언」의 수락과 종전을 국민에게 전했다. 〈옥음〉은 천황의 육성을 의미한다. 천황의 목소리를 일반 국민이 라디오를 통해 들은 것은 역사상 처음이었다 ─ 원주.

지 않을까 싶습니다.

그런데 부자 2대의 〈인간 선언〉으로 인간 천황이 된 것인데, 이는 아직도 〈천황〉이니까 성립하는 이야기라고도 할 수 있겠네요.

인간 천황의 〈인간〉 부분만을 강조한다면 중화 인민 공화국의 한 인민이 되었던 푸이[18]처럼 되면 됩니다. 예전에는 천황이 한 시민이 되는 논의도 있었거든요.

하지만 전후 일본은 일단 그 길을 취하지 않았습니다. 국민 다수파의 목소리도 되지 않았지요. 인간 천황이긴 하지만 현인신이었던 시대의 기억을 간직하고 있어서 의미가 있는 거지요. 인간 천황은 아무래도 그런 형식이 됩니다.

예전에는 신화로 존재가 보증되었던 사람이 지금은 인간으로 변장하여 피해 지역을 찾습니다. 그래서 고맙게 생각하는 사람이 나오는 것이겠지요.

그냥 진짜 인간이 천황이라는 기호를 달고 피해자를 위로하러 가도 고마운 걸까요, 한 개인의 인격만으로 고마움이 나오는 걸까요, 아무리 인간 천황이라고 해도 거기에 마법이 있습니다.

사토 지적한 대로입니다. 그 마법으로 천황제가 성립해 있는 거지요.

---

18 중국 청나라의 마지막 황제인 선통제의 이름. 1911년 시작된 신해혁명으로 퇴위한 푸이는 그 후 일본군의 후원으로 1934년 만주국 황제가 된다. 일본의 패전과 함께 만주국은 무너지고 구 소련군에 의해 억류되었다. 1946년에는 도쿄 재판에 출정. 전범으로서 중국의 무순 전범 관리소에 수용되었지만 나중에 특사로 석방되어 베이징에서 살았다 — 원주.

또 한 가지, 고바야시 요시노리의 2009년 만화『천황론(天皇論)』이 전후 민주주의를 체현한 평면적인 천황의 이미지를 널리 퍼지게 하는 데 큰 역할을 했습니다.

다만 우리 같은 신학을 공부한 사람이 보면 현인신이라는 천황의 모습은 거칠게 보입니다. 신학에는 신인론(神人論)[19]이라는 분야가 있습니다. 그리스도교에서는 아버지인 신, 아들인 그리스도 그리고 성령은 신이 세 가지 모습으로 나타난 것이라 보고 있지요.

예수 그리스도는 신이기도 하지만 인간이기도 합니다. 다만 거기에도 몇 가지 설이 있지요.

신격과 인격이 서로 겹친다고 생각하는 것이 정통파이고, 그리스도는 인간이 아니라 신이라고 생각하는 이단파는 단성론(單性論)이라 불립니다. 또한 네스토리우스파라는 교파에서는 그리스도의 신격과 인격은 완전히 분리되어 있지만 한 점에서 접하고 있다고 생각합니다.

이를 천황으로 치환하면 1930년대부터 전시 중에는 단성론이었습니다. 그리고 인간 선언을 한 후에는 네스토리우스파가 말하는 분리된 신격과 인격이 접한 존재가 되었지요. 그런데 지난 몇 년 동안 정통파처럼 서로 겹치는 모습을 찾는 사람들이 일부에서 보이는 것 같습니다. 이는 19세기 후반 메이지 유신부터 1920년대까지의 천황으로 회귀하는 것이지요.

19 러시아 솔로비요프의 중심 사상으로, 신과 인간의 영적 합일로 인간의 자기 소외 문제를 해결하고자 하는 이론.

신학에서 천황제를 해독하면……

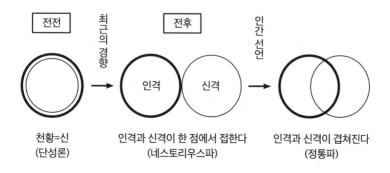

전전
최근의 경향
전후
인간 선언

인격 신격

인격 신격

천황=신
(단성론)

인격과 신격이 한 점에서 접한다
(네스토리우스파)

인격과 신격이 겹쳐진다
(정통파)

가타야마 천황제를 그리스도교와 겹쳐 놓고 생각하는 관점은 굉장히 중요합니다. 메이지 이후 천황의 모습에는『고사기』나『일본서기』등의 해석도 물론 포함되어 있습니다. 하지만 그 이상으로 에도 시대에 그리스도교를 아는 유학자나 국학자의 사고로부터 받은 영향이 컸어요.

예컨대 에도 시대 국학자 모토오리 노리나가(本居宣長) 같은 사람은, 아마테라스 오미카미는 태양 그 자체이고 천황은 태양의 분신이라고 생각했습니다. 유교의 하늘(天)과 그리스도교의 신 그리고 중국 황제와 일본 천황……. 각각의 특이성과 공통성을 서로 비교하며 근대의 천황상을 만들어 낸 것이지요.

사토 말씀한 대로입니다. 천황을 둘러싼 논의는 일본 특유의 것이라 생각되는 경향이 있지만, 그건 아닙니다. 전전의 천황이 단성론에 들어맞고, 「인간 선언」 후가 네스토리우스파의 그리스도

론과 중첩된 것처럼 천황을 그리스도교의 프레임으로 말하는 것
도 가능합니다. 현인신도 일본 특유의 존재는 아닙니다. 크리스
마스도 현인신인 그리스도의 탄생을 축하하는 행사지요.

다른 예도 들어 보기로 하지요. 그리스도교에서는 부패한 신
부가 한 의식이 무효인지 유효한지 옛날부터 의견을 다퉈 왔습니
다. 무효로 간주하는 견해를 인효론(人效論)이라 하고, 행위 자체
가 중요한 것이므로 신부가 부패한지 아닌지는 관계없다고 생각
하는 것이 사효론(事效論)입니다.[20] 이와 관련하여 말하자면 정
통파는 사효론을, 이단파는 인효론을 취합니다.

사효론과 인효론에 천황의 논의를 옮겨 놓으면 어떻게 될까
요. 아키히토 천황의 의향이나 인간성을 살린 평화나 민주주의를
중시하는 것이 인효론이고, 어떤 천황도 그저 기도만 하면 된다
고 생각하는 것이 사효론입니다.

가타야마 인간 천황은 인효론에 가깝습니다. 유교적으로 천황의
내적 덕을 계속 물으며 역대 천황의 가치를 정하는 입장, 남북조
시대의 무장 기타바타케 지카후사(北畠親房)도 전기 미토학(水戸
學)[21]도 그렇다고 생각합니다만, 이것들 또한 인효론이겠지요. 하
지만 아마도 그리스도교에 대항하는 것을 의식한 모토오리의 국
학이나 후기 미토학의 경우는 사효론적 방향이 되겠지요. 그 사

20 그리스도교에서 옛날부터 논의되어 온 사고. 사효론은 집행된 의식 자체에 의미가
있다고 생각하고, 인효론은 의식의 유효성은 그것을 집행한 신부의 인격에 좌우된다고 여
긴다 — 원주.
21 미토 지역을 중심으로 형성된 유학 사상이다. 전기 미토학은 주자학을 바탕으로
역사를 연구하는 데 중점을 두었고 후기 미토학은 천황의 권위를 바탕으로 막부 중심의 정
치 개혁을 시행해야 한다고 주장했다.

효론 쪽이 메이지의 천황제 디자인에 의해 강하게 이어집니다. 그 반동으로서의 인간 천황론은 인효론적이라고도 할 수 있는데, 상징 천황을 단순한 기호로 보고 싶은 사람들은 사효론적인 것이 겠지요.

어쨌든 에도 시대부터 천황을 위치 짓는 방식에 대한 논의는 그리스도교와 우연히 비슷한 것이 아니라 의식적으로 비슷하게 했다고 생각해야 합니다. 위기에 빠졌을 때 초월자가 개입한다는 사고도 그리스도교 세계만이 아니라 일본에도 있거든요.

사토 그렇습니다. 위기일 때 신 또는 초월자가 인간 세계에 개입하는 것은 우리 인간에게 넣어진 보편적 의식이라고 생각합니다.

그런 의미에서도 저는 양위에 관한 「말씀」과 〈3.11의 영상 메시지〉[22]는 세트로 생각하고 있습니다. 3.11의 영상 메시지에서 소방대원과 경찰관과 해상 보안관 그리고 자위대 대원을 격려했습니다. 현행 헌법 체계를 넘어선 내용이었지요.

쓰나미와 원전 사고로 일본은 8월 15일 이래의 가장 큰 비상 사태에 빠져 있었습니다. 그렇다면 「말씀」이 나온 2016년은 무슨 위기였을까요. 일본의 〈분단〉일 겁니다. 정치는 좌우가 대립하고 상하의 격차도 커졌으니까요.

저는 3.11부터 양위까지의 과정이 1945년의 8월 15일에 해당

---

22 다음은 2011년 3월 16일 발표한 「말씀」 중 발췌. 〈이번 도호쿠 지방의 태평양 앞바다에서 일어난 지진은 매그니튜드 9.0이라는 유례없는 규모의 거대 지진이고, 피해 지역의 비참한 상황에 심히 마음이 아픕니다. (중략) 자위대, 경찰, 소방대, 해상 보안청을 비롯한 국가나 지방 자치체 사람들, 여러 외국에서 구조를 위해 방일한 사람들, 국내의 다양한 구조 조직에 속한 사람들이 여진이 계속되는 위험한 상황 속에서도 불철주야 구조 활동을 진행하고 있는 노력에 감사하고 그 노고를 깊이 치하하고 싶습니다〉─원주.

한다고 생각하고 있습니다. 다시 말해 일본의 위기에 천황이 등장하는 이야기인 거지요.

독재자, 또는 신을 찾기 시작한 세계

가타야마 위험하다고 하면 그건 일본만의 현상이 아니겠지요.

사토 네, 인상적이었던 것이, 이야기가 조금 앞으로 갑니다만 2017년 11월에 있었던 트럼프의 동아시아 순방입니다.[23] 중국에서 트럼프를 맞이한 시진핑은 고궁(자금성)을 안내했습니다. 고궁은 중국 공산당의 고관조차 들어갈 수 없는 장소입니다. 신성한 장소인 것이지요. 그곳을 마치 자기 것처럼 미 대통령에게 안내했습니다. 그것은 시진핑이 황제가 되어 하늘과 연결되었다고 볼 수도 있는 일입니다. 중국에서 황제란 현인신입니다. 한편 트럼프도 선서할 때는 반드시 성서를 앞에 두지요. 이것도 신과 연결하는 행위입니다.

가타야마 자신감이 과도한 트럼프도 중국을 장악한 것처럼 보이는 시진핑도 현재의 세계 정세에서는 한 치 앞이 어떻게 될지 모릅니다. 그런 불안이 어딘가에 있으니까 신과 연결하려고 하는 거겠지요. 그런 불안이 전 세계를 뒤덮고 있습니다. 그런 탓에 공화제로 이행하는 논의가 진행되지 않는 거지요.

---

23 일주일 이상에 걸쳐 아시아를 순방했는데, 방문한 도시는 도쿄, 서울, 베이징, 다낭, 하노이, 마닐라였다. 지난 사반세기 동안 미 대통령으로서 가장 긴 아시아 체재였다 ─원주.

공화제는 인간의 이성적 논의나 이성적 합의에 의존하여 여러 가지 일을 결정하거나 해결하는 것이 최선이고, 그렇게 할 수 있다고 믿음으로써 성립하는 제도입니다. 하지만 세계적으로 위기가 깊어져 보통 인간에게 무엇이 가능할까, 하는 자신감이 흔들리고 인간의 이성을 넘은 신의 존재를 무의식적으로 찾고 있는 게 아닐까요.

사토 저도 같은 생각입니다. 그리고 다른 관점에서 보면 그것은 좌익의 패배를 의미합니다.

애초에 프랑스 혁명기 의회에서 인간의 이성을 존중하는 사람들이 왼쪽에 앉았습니다. 이성을 믿고 있기에 올바른 정보를 기초로 성실하게 논의하면 결론에 이를 수 있다고 생각했던 거지요. 그에 비해 우파의 입장을 가진 사람들은 왕이나 귀족, 교회 또는 신 등 이성 바깥에 있는 예지를 인정했습니다.

헤이세이가 되어 전 세계적으로 위기의 시대에 들어섰고, 동시에 좌익의 힘이 쇠약해졌어요. 독재적인 국가가 늘어나고 극우 세력이 대두하고 있지요. 그들은 이성 바깥의 초월적인 힘을 찾고 있습니다.

가타야마 아베 정권도 예외가 아니지요.

사토 2014년의 중의원 선거에서 압승한 후 아베 정권은 거의 독재 경향을 강화했습니다.

국외로 눈을 돌리면 러시아의 푸틴도 중국의 시진핑도 독재 체제를 점점 강화하고 있습니다. 소국 중에서도 체코나 오스트리아의 극우 정당이 세력을 키워 나가고 있지요.[24]

가타야마 씨는 전 세계적으로 독재가 많아지는 현상을 어떻게 보고 있습니까?

가타야마　차분히 논의해서 안정된 사회를 지속시키는 것이 성숙한 민주주의 사회입니다. 평화로운 시대라면 끝까지 논의를 해서 다양한 선택을 시도할 수 있었겠지만, 전 세계에서 테러가 빈번하게 일어나는 가운데 일본에서는 원전 사고가 발생하고 북한도 핵미사일을 포기하려고 하지 않습니다.

입장이 다른 국가끼리 또는 정당끼리 의논하여 이해를 집약시켜 가는 모델에 현실성이 없어져 역사의 수레바퀴는 반대 방향으로 돌기 시작했어요. 오랜 시간에 걸쳐 논의해도 타협점이 보이지 않습니다. 논의하면 할수록 분열하고 말지요. 근대 세계의 이상적 목표였던 민주주의가 무력한 짐이 되었습니다. 앉아서 죽음을 기다리는 선택지도 있겠지만요.

사토　그건 가타야마 씨가 앞에서 말한 「일본 침몰」에서의 〈아무것도 하지 않는 게 나아〉라는 선택이군요. 하지만 현실적으로는 처음부터 아무것도 하지 않을 수는 없습니다.

가타야마　그래서 논의보다는 억지로 의사 결정을 하는 독재자에게 끌리는 게 아니겠습니까? 정말 막다른 곳에 몰린 지금은 초월적 존재를 필요로 하게 되었지요. 그것은 신일지도 모르고 초월적 독재자일지도 모릅니다.

24　체코에서는 2017년 10월 하원 선거에서 신당 SPD(자유와 직접 민주주의)가 제3당으로 크게 약진했다. 이 당은 일본계 사업가가 당수이며 〈반EU〉를 주창하는 극우 정당이다. 오스트리아에서도 2017년 10월에 있었던 하원 선거에서 전 나치당원이 설립한 자유당이 제3당으로 약진하여 제1당인 중도 우파인 국민당과 연립 내각을 구성하게 되었다 — 원주.

일본에서 말하자면 일본회의가 그렇겠지요. 그들은 전후 민주주의를 원망하고 초월적 천황 주권으로의 복귀를 목표로 해왔습니다. 복고주의자인 그들이나 반지성주의인 아베 정권은 지금 시대와의 궁합이 아주 좋아요. 전후 민주주의적인 밋밋한 아키히토 천황을 내세워 아베 정권이나 일본회의에 대항해도 한계가 있습니다.

사토　동감입니다. 지적한 대로 민주주의의 의사 결정에는 시간이 걸립니다. 하지만 현재는 그 시간의 경과를 견딜 수 없어 하지요. 그러므로 의사 결정에 시간이 걸리지 않는 독재 체제를 찾고 마는 겁니다. 그리고 그것이 세계의 트렌드가 되고 있습니다.

일본에서도 국민은 아베 정권에게 독재에 가까운 권력을 주어야 한다고 생각하게 되었습니다. 아베 일강 시대는 국민의 집합적 민주주의가 성립시키고 있는 거지요.

가타야마　데모크라시의 붕괴, 의회제 민주주의의 기능 부전이지요.

일본이라면 1925년의 보통 선거법 제정, 또는 세계적으로 보면 프랑스 혁명 이래라고 생각해도 좋다고 생각합니다만, 지금 민주주의는 붕괴될 위기에 처해 있습니다.

지금까지도 비상시나 전간기(戰間期)가 오래 지속된 시기가 있었죠. 그래도 선거를 거쳐 논의를 하여 이익을 분배하는 식으로 나름대로 민주주의 사회를 성립시켜 왔어요. 하지만 현재는 그런 여유가 없습니다. 게다가 경제도 하강 국면인 시대입니다.

이제는 누구나 민주주의로는 제대로 되지 않을 거라고 생각하기 시작했습니다.

사토 전 세계 국가의 상호 의존이 심해진 결과 전 세계적으로 민주주의의 한계를 느끼고 있지요.

가타야마 각국의 상호 의존에 더해 자본주의의 성숙 정도도 비슷하기에 세계적으로 같은 문제를 안고 있습니다. 그 문제가 연쇄적이며 동시다발로 분출하고 있는 상황이지요.

사토 그렇다면 그것은 다른 형태의 민주주의가 등장할 징후라고도 할 수 있습니다. 일본에서는 의원 정수의 축소를 외쳐 왔고요.

2017년 가을의 중의원 선거에서 한 표의 격차[25]를 이유로 중의원 의원을 475명에서 465명으로 줄였습니다. 하지만 그것에 대한 비판은 없었지요. 아니, 국민은 쌍수를 들고 환영했습니다. 바보 같은 의원에게 쓸데없는 세금을 쓰고 싶지 않다고 생각했겠지요. 그런 마음을 모르는 것은 아닙니다. 하지만 그렇다면 정수가 450명이 되고, 400명이 되면 어떨까요? 무비판에 찬성할 수 있습니까?

가타야마 일본에서는 리버럴파가 특히 의원 수가 너무 많다고 생각하고 있습니다. 정말 그런지 생각해 볼 필요가 있지요.

민주주의의 이상은 국민 전원이 정치에 참여하는 것입니다.

---

25 선거 때 지역에 따라 한 표의 무게가 달라지는 불균형한 상태를 가리킨다. 2017년 1월의 『아사히 신문』 조사에 따르면 중의원 선거구에서 인구가 가장 적은 돗토리 1구(28만 4,574명)와 가장 많은 시즈오카 5구(55만 6,405명)의 격차는 1.955배다. 그래서 구획 변경이나 의원 정수의 조정이 요구되고 있다 — 원주.

그렇다면 의원 수는 많을수록 좋습니다. 적은 것이 좋다는 생각은 위험하지요. 특히 홋카이도나 시코쿠처럼 지역 사회가 붕괴되고 있는 지역은 많은 대표가 필요합니다. 하지만 화제에 오르는 것은 의원 정수의 축소뿐이에요.

사토 그렇습니다. 만약 적은 게 좋다고 한다면 정수 100명이면 어떨까, 50명, 10명이면 어떨까. 이런 식으로 생각해 나간다면, 일본은 의회제 민주주의에서 대통령이 절대적 권력을 쥔 독재적 민주주의로 향하게 됩니다. 독재적 민주주의를 다른 표현으로 하면 행정권의 우위라고 말할 수 있겠지요. 논의 과정을 견딜 수 없으니 입법부인 국회에서의 논의를 단축하고 행정부인 내각부에서 모든 것을 결정해 버리는 거지요.

그것은 이나다 도모미를 보면 쉽게 알 수 있습니다. 행정부에 있었을 때는 훼예포럼이 있어 방위 관료들로부터 비판받았어도 항상 주목을 끌어 포스트 아베라는 말까지 들었습니다. 방위 대신을 사임한 후에는 이제 뉴스에도 나오지 않지요.

가타야마 정말 그러네요. 그래서 생각나는 것은 천황 기관설 사건입니다.[26] 천황 기관설 사건이라는 말을 들으면, 리버럴파는 천황을 신격화하다니 괘씸하다는 이야기를 합니다. 하지만 그 사건의 본질은 입법 대 행정의 대립이지요. 행정부의 힘을 강화하기 위해 천황 기관설을 부정한 활동이었다고 해석하지 않으면 안 됩

---

26 대일본 제국 헌법상 천황의 지위에 관한 학설인 천황 기관설은 천황이 국가의 최고 기관이고 통치권은 국가에 있는 것으로 한다. 내각과 의회의 지위를 강화하려는 미노베 다쓰키치가 주창했는데 국체에 반한다며 비난을 받았다. 1935년 미노베는 귀족원 의원을 사직할 수밖에 없었다—원주.

니다.

사토 앞으로도 행정부의 우위가 계속된다면 범죄 혐의가 없어도 행정부가 통신 감청을 할 수 있느냐 없느냐를 판단하는 행정 감청이라는 사고 방식이 나오겠지요. 지금은 범죄 혐의가 있는 인물의 신병을 구속하거나 남의 주거에 출입하기 위해서는 법원의 영장이 필요합니다. 하지만 테러 대책 분야에서는 영장을 받을 시간적 여유가 없다는 이유로 행정 감청을 인정하게 합니다. 그렇게 되면 뭐든지 가능하게 되지요. 행정 명령 하나로 시민이 구속되고 마는 겁니다.

가타야마 각 성청이 헌병을 갖게 되는 상태가 되는 거지요. 전전에는 실제로 외무성 경찰(영사관 경찰)이 존재했었습니다. 헤이세이 이후에는 갑자기 외무성 경찰이 생겨 일반 시민이 체포되는 시대가 될지도 모릅니다.

사토 여기서 한발 더 나아가 생각하고 싶은 것이 일본에서 독재적인 민주주의가 어디까지 가능할까 하는 점입니다. 전전에도 익찬 정치를 목표로 했지만 실현되지 못했습니다.

가타야마 일본인은 일반 유권자가 뽑는 총리 선거나 대통령제에 대해 무의식적 저항감이 있습니다. 우리의 무의식을 지배하고 독재적 민주주의를 부정하는 멍에가 천황제겠지요. 천황은 전후의 민주주의, 평화를 존중하고 있기 때문에 더욱 그렇습니다.

그렇다면 〈양위〉 후인 헤이세이 이후에는 어떻게 될까요. 황태자(현 천황)에게 신성한 천황상을 짊어지게 하려는 걸까요. 그게 가능할까요.

천황 신화를 공유하지 않는 영역

사토 그것은 저도 관심이 많은 부분입니다.

메이지 천황과 쇼와 천황은 겹치는 부분이 많습니다. 아키히토 천황은 다이쇼 천황과 유비적으로 파악할 수 있습니다. 그렇다면 황태자는 어떨까요. 아버지의 특징을 이어받은 걸까요. 쇼와 천황과 비슷해질까요.

가타야마 답은 곧 나오겠지요. 또 거기에 따른 일본인의 천황관도 저절로 변하겠지요.

사토 국민도 천황에 대한 의식이 바뀌게 될 것은 틀림없습니다. 지금 국민은 천황을 강하게 의식하고 있지 않습니다. 하지만 그것이 천황관의 희박화를 의미한다고는 생각하지 않아요.

가타야마 천황이 국민 사이에서 무의식화되고 있습니다. 그것은 역으로 침투해 있다는 걸까요? 확실히 천황이 당연하다는 상태가 되어 있어 찬성하는 경우도 반대하는 경우도 이제 열기가 없지요. 「말씀」이후의 양위 문제도 매스컴이 논의를 환기해도 어떻게 논의할까, 하는 전제를 해결해 갈 에너지조차 국민에게는 없는 것 같았습니다. 특례법을 심의하는 장이었던 국회도 그런 유의 논의는 전혀 하지 않았어요.

사토 금기시되어 있는 것은 아니지만 관심이 없다는 것은 그만큼 일본인의 마음속으로 들어와 있는 거라고 생각합니다. 그렇다고 종교화하고 있다는 것이 아니라 습관이나 문화 속에 깊이 들어와 있다는 의미입니다.

2017년 12월에 시부야의 영화관 유로 스페이스에서 니혼 대학 예술학부 영화학과 학생들이 〈영화와 천황〉이라는 제목으로 영화제를 기획했습니다.[27] 전후 영화에서 천황이 어떻게 그려지고 있는가를 보려는 이벤트였습니다. 「메이지 천황과 러일 전쟁」이나 「일본은 패하지 않았다」 또는 「일본의 가장 긴 하루」[28]라든가 「고독한 사람」, 「태양」 그리고 「가자 가자 신군」 같은 작품도 있었습니다.

저는 그 토크쇼에 출연했습니다. 제가 담당한 것은 「군기는 똥구덩이 아래에」[29]였습니다.

가타야마 영화를 선택한 센스가 좋네요.

사토 그렇습니다. 원래 두 배 정도의 목록을 만든 후에 좁혔다고 합니다. 하지만 이만큼 골고루 다양한 입각점을 가진 영화를 갖출 수 있었던 것은 학생들 자신이 거기에서 특정한 입장을 느끼지 않았기 때문입니다. 오히려 학생들은 천황에 대한 동정을 갖고 있습니다. 그것은 왜일까, 하는 것을 영화제를 통해 그들 자신이 리뷰해 보고 싶었던 것 같아요. 이벤트가 끝난 후 학생들과 술집에서 이야기를 나눌 때 〈앞으로 천황제가 점점 좁아질 거라고

27 『아사히 신문』 문화부 출신으로 현재는 니혼 대학 예술학부 교수인 고가 후토시가 영화 비즈니스에 관한 수업의 일환으로 학생들에게 기획하게 했다. 사토는 〈영화를 빌려 와 상영하는 것은 누구나 할 수 있다. 그러므로 고가 교수는 학생들에게 기획서를 만들어 흥행시켜 보라고 말한 모양이다. 그것도 이윤이 나는 형태로. 그러므로 나에 대한 학생들의 제안도 제대로 된 것이었다〉고 말한다 ─ 원주.
28 오카다 기하치 감독의 1967년 작품. 태평양 전쟁이 끝난 날 「포츠담 선언」의 수락이 결정되었을 때부터 옥음 방송이 흘러나올 때까지의 24시간을 그린다 ─ 원주.
29 후카사쿠 긴지 감독의 1972년 영화. 군법 위반자로서 일방적으로 처형된 병사를 중심으로 전쟁의 비참함을 그린다. 원작은 나오키상을 수상한 유키 쇼지의 동명 소설. 사토는 〈지금이라면 금기시되어 제작하는 게 어려울지 모른다〉고 말한다 ─ 원주.

생각합니다만 사토 씨는 어떻게 될 것 같습니까?〉라고 묻더군요. 저는 〈확실히 일본 안에서는 좁아지고 있는데, 일본에는 몇몇 외부 공간이 있습니다. 하나는 오키나와, 또 하나는 아이누 그리고 창가학회입니다. 이 셋은 천황 신화를 공유하고 있지 않은 영역입니다. 이 영역과의 알력이 어떻게 될지가 천황제의 미래를 좌우하겠지요〉라고 대답했습니다.

일본인에게 천황관은 어떻게 변할까요. 그러니까 세상 바깥과의 알력을 조정할 수 있는 형태가 될지, 반대로 그 세상 바깥에 있는 사람들을 비국민으로 만들어 가는 형태가 될지, 역시 이것이 하나의 포인트가 될 것 같습니다.

가타야마　세 번째인 창가학회는 어떤지 모르겠습니다만, 첫 번째와 두 번째에 관해서는 아키히토 천황이 의식적으로 다가갔던 것 같습니다. 다만 지금까지 말한 것처럼 아직도 오키나와와의 단절은 존재하고 아이누에 대한 이해는 전혀 개선되지 못했습니다. 다음 천황은 이렇게 외부 공간과 관계하는 방식을 갱신하지 않으면 안 됩니다. 만세일계(万世一系)[30]라는 것만으로는 지속성에 그늘이 보일 것 같습니다.

「신 고질라」, 『기사단장 죽이기』, 『편의점 인간』

가타야마　영화라고 하면 2016년에 공개된 안노 히데아키(庵野秀

30　천황의 혈통이 한 번도 단절된 적 없이 2천 년 이상 이어져 왔다는 뜻으로, 천황제 국가 이데올로기의 근간을 이루는 대표적 요소.

明)[31]의 「신 고질라」가 인상에 남아 있어요.

이 대담에서 헤이세이 시대를, 시계열의 축적으로 성립되지 않는 죽 같은 시대, 또는 맥락을 잃은 다양한 문제가 느닷없이 분출하는 포스트모던의 시대, 패치워크의 시대라고도 말해 왔습니다. 그런데 사실 안노 히데아키 감독의 작품이 그 시대의 상징인 것 같습니다.

「에반게리온」은 인과 관계도 시간 감각도 맥락도 없는 이야기였고, 「신 고질라」도 다양한 영화를 인용한 콜라주적인 작품이었습니다. 「신 고질라」를 본 사람이라면 이치카와 곤(市川崑)의 빠른 말투 연출이나 오카모토 기하치(岡本喜八)의 전쟁물처럼 여유를 주지 않고 다그치는 리듬, 신구(1973년과 2006년)의 「일본 침몰」도 연상될 겁니다. 마지막에 기타노마루 공원의 과학 기술관이 나오는 장면은 원폭 영화 「태양을 훔친 남자」[32]를 의식했다고 역설하는 사람도 있었습니다.

다들 뭔가 자신이 알고 있는 것과 서로 맞물리도록 소재가 흩어져 있어요. 1954년 첫 번째 「고질라」를 가장 많이 참조했겠지만, 미소 냉전이 뒤얽힌 1984년판 「고질라」는 그다지 유명한 작품이 아니어도 정부 각료가 많이 나와 활약하는 최초의 고질라

---

31 오사카 예술 대학을 다니던 학창 시절부터 자율 제작 애니메이션 등에서 두각을 드러냈다. 애니메이터인 이타노 이치로나 미야자키 하야오 밑에서 일하며 1988년 SF 로봇 애니메이션 「톱을 노려라!」로 감독 데뷔했다. 대표작으로 1995년의 「신세기 에반게리온」이 있다 — 원주.

32 하세가와 가즈히코 감독의 1979년 작품. 도카이무라에서 훔친 플루토늄으로 원폭을 만들어 일본 정부를 협박하는 중학교 교사와 그를 쫓는 형사가 등장한다. 원자 폭탄 제조나 황거 앞 버스 탈취 등 금기를 두려워하지 않는 내용으로 인기를 모았다 — 원주.

영화입니다. 그것은 「신 고질라」가 미일 안보를 하나의 포인트로 하고 있는 것과 겹쳐요. 고질라가 진화하여 변형되는 것에서는, 「고질라 대 헤도라」에서 모양이 변해 가는 헤도라를 떠올리는 사람도 있을 겁니다. 게다가 3.11과 후쿠시마 원전 사고를 테마로 하여 고질라에게 덮어씌우기 때문에 옛날 영화를 모르는 사람도 2011년의 기억만 있다면 파국을 자기 일에 겹쳐 생생하게 추체험하고 마지막에는 카타르시스를 느낄 수 있도록 만들어졌습니다. 꼬리지느러미에서 광선을 쏘아 멀리에 있는 적을 격파하는 것은 고질라가 아니라 다이에이 영화사의 「대괴수 결투 가메라 대 바르곤」에서 가져왔겠지요. 이런 것을 말하면 한이 없습니다.

사토 저는 보지 않았는데, 아키히토 천황 같은 존재가 등장하지는 않습니까?

가타야마 천황이 등장하는 장면은 없습니다. 황실도 나오지 않아요. 하지만 토포스(장소성)로서의 기타노마루 공원을 「일본의 가장 긴 하루」와 연결시키는 사람은 많습니다.

아무튼 마지막에는 황거 지역을 지휘 본부로 한 작전이 성공하여 고질라의 동결에 성공합니다. 결국 고질라가 발하는 방사성 물질의 반감기가 굉장히 짧아서 도쿄도 괜찮다는 해피엔드로 끝납니다. 그렇다면 황거도 천황도 지켜 낸 이야기로 볼 수 있을지 모르지요. 다만 영화 자체는 현실성이 넘치는 전반에 비해 후반은 거의 황당무계한 꿈속 이야기로밖에 생각되지 않습니다. 저는 전반이 현실이고 후반을 허구로 해석하고 있어요. 전반은 원전 사고를 제어하지 못하고 끝내 파국에 이른 회한의 이야기이고,

후반은 이처럼 완벽하게 제어할 수 있어서 다행이었다는 꿈 이야기인 것이지요. 이런 대비로 만들어졌다고 생각하지 않으면 이해되지 않는 영화입니다.

소설로 말하자면 이해에 유행한 작품은 무라카미 하루키의 『기사단장 죽이기』였습니다. 다만 헤이세이라는 맥락에서 그를 이야기하는 것은 어려울지도 모르겠어요.

그의 작품과 근본적으로 통하는 것은 불과 반걸음의 성장을 장대한 장치로 전개하는 성장 소설적 구성입니다. 『기사단장 죽이기』도 성숙한 여성을 사랑할 수 없는 남자가 조금은 사랑할 수 있게 되었다는 이야기지요.

그것은 헤이세이적이라기보다는 쇼와의 끝, 즉 무라카미 하루키가 등장한 1980년대 분위기를 띤 소설이라고 생각합니다.

사토   확실히 무라카미의 작품으로 헤이세이를 말하는 것은 어렵겠지요. 저는 무라카미 하루키 자체가 일본을 보고 쓰지 않게 되었다고 느끼고 있습니다. 그 작품의 구성은 단테의 『신곡』[33]과 비슷하지요. 하루키는 일본보다는 세계, 특히 유럽을 보고 있는 거 아닌가요.

이번에는 그의 작품이 어렵다는 이야기도 많았습니다. 그래서 그 상하권을 다 읽을 수 없다고 말이지요. 특히 하권에는 또 여느 때의 〈구멍〉이 나와 읽을 수 없다는 의견도 있었습니다. 사실 그

---

33   이탈리아의 시인 단테의 대표작으로 1307년부터 1321년에 걸쳐 쓰였다. 지옥편, 연옥편, 천국편의 3부로 구성되었다. 단테 자신이 주인공이 되어 세 세계를 둘러싼 환상 이야기를 축으로 신앙에 의한 영혼 구제와 행복으로의 도정을 그린다 — 원주.

건 『신곡』을 읽었다면 재미있을 겁니다. 구멍 속의 세계가 단테가 그린 연옥 같으니까요.

어쩌면 『색채가 없는 다자키 쓰쿠루와 그가 순례를 떠난 해』[34]의 경우도 신주쿠역의 특급이 출발하는 플랫폼이 상징적 〈점〉이 되어 있기 때문에 그것은 목적론적 구성이 되었습니다. 그리스어 텔로스는 끝, 목적, 완성을 동시에 의미합니다. 다자키 쓰쿠루의 인생 목적은 신주쿠역에 집약되어 있습니다. 그런 의미에서 그리스도교적 문학이지요.

가타야마 그 밖에 2016년이라면 헤이세이를 말할 때 빼놓을 수 없는 작품은 없습니까?

사토 역시 무라타 사야카(村田沙耶香)의 『편의점 인간』이지요.[35] 기분 나쁘고 재미있었습니다. 동거 상대를 욕조에서 사육하고 세면기에 먹이를 줍니다.

가타야마 저는 그녀가 그 전에 쓴 진지한 SF가 뛰어나다고 생각했어요. 물론 『편의점 인간』이 훨씬 더 화제가 되었지만요.

사토 사소설적 이야기이니까요.

가타야마 실제로 그녀는 18년이나 편의점에서 일했다고 합니다. 소설은 편의점에서만 살아갈 희망을 발견하는 매뉴얼 인간을 그렸지요. 편의점 노동 이외에 밝은 미래가 없는 느낌으로 쓴 것이

---

34 무라카미 하루키의 13번째 장편소설. 다자키 쓰쿠루는 대학 시절 4명의 친구로부터 갑자기 절연을 당한다. 죽음을 의식하며 살아온 그는 연상의 연인에게 재촉을 받고 절연의 원인을 찾는다. 발매 후 7일 만에 1백만 부를 돌파하는 베스트셀러가 되었다 — 원주.

35 이 작품으로 무라타 사야카는 아쿠타가와상을 수상했다. 사토는 〈타자 부재의 자가 중독적인 세계를 그린 『편의점 인간』에 젊은 세대가 공감을 보이는 것이 걱정된다〉고 말한다 — 원주.

굉장했습니다.

사토 그렇지요. 이야기 마지막에 들른 편의점에서 멋대로 몸이 움직여 일을 시작합니다. 그리고 주인공은 자신의 손도 발도 편의점을 위해 존재한다고 생각해요.

제가 『편의점 인간』을 읽고 떠올린 것은 감옥이었어요. 손님이 호주머니에 손을 넣어 동전을 꺼내려고 하는 도입부에서 주인공은 동전 소리를 듣고 담배나 신문을 사는 손님이라고 추측하는 장면이 나옵니다. 그 부분을 읽을 때 기시감이 들더군요. 도쿄 구치소에서 간수가 열쇠 꾸러미를 꺼내는 소리와 타이밍으로 자신의 방이 열릴지 어떨지 알 수 있게 되거든요.

그리고 주인공이 동거 상대에게 주는 먹이. 감옥에서는 〈배식!〉이라는 구호와 함께 작은 창으로 식사가 들어옵니다. 편의점과 감옥 사이에 아날로지가 있구나, 하고 생각했습니다. 사실 사회의 감옥화를 표현한 소설이기도 하다고 느꼈지요.

가타야마 마치 푸코나 솔제니친의 작품 같은 이야기네요.[36]

사토 그렇습니다. 『편의점 인간』에는 나 같은 사람이 아이를 낳아도 되는가, 하는 대사도 있습니다. 그 소설에는 우생 사상도 들어 있고요.

가타야마 그녀의 전작 『소멸세계』도 인공 수정으로 아이를 낳게 되어 부부 사이의 섹스가 금기시된 세계를 그린 SF였습니다. 어

---

36 프랑스의 철학자 미셸 푸코는 『감시와 처벌: 감옥의 탄생』에서 근대 시스템이 권력에 의해 항상 감시되는 구조를 밝혔고, 러시아의 작가 솔제니친은 『수용소군도』를 통해 소련에서 강제 수용소에 투옥된 반혁명 분자로 간주된 사람들에 대한 강제 노동이나 처형의 실태를 고발했다 — 원주.

디까지 의식하고 있는지는 모르겠지만 그녀는 근미래의 관리 사회를 그리려고 했어요. 『편의점 인간』은 그녀 자신의 편의점 근무 경험을 녹여 낸 것이지요.

로컬 룰 소멸이 부른 기업의 불상사

사토 그렇다면 현대는 이미 편의점형 관리 사회가 되었다고 말할 수 있을지도 모르겠습니다.

그 이야기에서 겹치는 것은 2016년 사회 문제가 된 덴쓰의 여성 사원이 과로사한 사건입니다.[37] 이 사건의 영향으로 각 회사가 매뉴얼에 따라 과로사를 방지하는 노동 방식을 정했습니다. 하지만 현실적으로는 덴쓰에서도 중앙 관청에서도 정규직 신입 사원을 오전 9시~오후 5시로 교육할 수 있는가 하는 문제가 남았어요. 물론 과로사할 때까지 일을 시키는 일은 없겠지만, 헤이세이가 끝나면 다시 새로운 노동 방식이 모색되겠지요.

저는 새로운 노동 방식도, 2016년 세상을 떠들썩하게 한 베키의 게스 불륜도, 그 이듬해인 2017년에 일어난 할리우드의 성희롱 스캔들도, 스모 선수 하루마후지(日馬富士)의 폭행 사건도 근저에서 통하고 있다고 느꼈습니다.

예컨대 스모계에는 독자적 규칙이 있습니다. 할리우드나 예능

---

37 대형 광고 회사 덴쓰에서 2015년 말, 입사 9개월째인 24세의 사원이 자살한 사건. 결국 과로사로 인정되었다. 가혹한 노동 환경에 놓인 젊은 층의 〈과로 자살〉이라는 새로운 문제를 제기하여 아베 정권의 〈노동 개혁〉을 진행시켰다 — 원주.

계나 덴쓰에도 로컬 룰이 있었지요. 그런데 헤이세이 시대에 들어와 규칙이나 로컬 룰이 허용되지 않는 사회가 되었습니다. 모든 업계가 평준화되었지요.

AV도 같은 맥락에서 말할 수 있을지 모릅니다. 성인 영화 분야에서 표현의 자유와 규제의 문제가 표면화되었습니다. 지금까지 우리는 영화의 연장선상에서 AV를 생각해 왔어요. 하지만 전 AV 배우였던 스즈키 스즈미(鈴木涼美)가 AV는 표현의 자유가 아니라 매춘의 연장선상에 있다는 석사 논문을 썼습니다.[38] 그것을 계기로 매매춘을 성폭력으로 파악하는 것이 주류가 되고 있어요.

가타야마 여성 인권이라는 관점에서 보면 세계적으로도 그렇게 되는 것은 알 수 있습니다. 사토 씨가 말한 것처럼 세계적인 평면화 속에서 AV 업계도 로컬 룰이 통용되지 않게 되었어요. 헤이세이 시대 이후에는 공식적 활동의 영역에서 사라지지 않을 수 없겠지요.

사토 외부 세계와 이어짐으로써 위법성이 백일하에 드러나고만 것입니다. 그것은 닛산의 무자격 검사 문제도 같습니다.[39] 닛산에서는 30년 이상이나 제대로 된 검사가 이루어지지 않았던 것이지요. 헤이세이 시대 동안 제대로 된 검사가 이루어지지 않

---

38   사회학자인 스즈키는 게이오 대학 재학 중 AV에 데뷔했고 그 후 도쿄 대학 대학원을 거쳐 일본 경제 신문사에 근무했다. 여성이 성을 상품화하는 의미를 묻는 석사 논문을 기초로 한 『AV 여배우의 사회학(AV女優の社会学)』이 주목을 받았다 ― 원주.

39   닛산 자동차는 2017년 10월, 출하 전에 신차의 안전성을 최종 확인하는 〈완성 검사〉를 무자격 종업원에게 시켰다가 발각되었다. 약 116만 대의 대량 리콜 사태를 불렀다 ― 원주.

았다는 것입니다. 뒤집어서 말하면 검사 현장에 있는 사람은, 가장 나이 많은 관리직이 50대 정도라고 한다면 제대로 된 검사를 기억하고 있는 사람이 지금은 한 명도 없을 수 있다는 사실입니다. 그러므로 그들 〈동네〉에서는 그걸 위법이라고 인식할 수 없었겠지요.

가타야마 바로 얼마 전에 학생들한테 니시다 기타로(西田幾多郎)[40]를 읽게 했습니다. 종교와 문화가 대립하면 다양한 문화는 무너져 갑니다. 니시다 기타로가 말하는 종교란 아무것에도 의존하지 않고 존재할 수 있는 초월적 절대자입니다. 문화는 그 반대인 다양하고 로컬적이지요. 다양한 문화가 죽으면 사회가 일원화되어 절대자의 세계가 됩니다. 그것은 규칙이나 로컬 룰이 허용되지 않게 된 헤이세이 사회와 겹칩니다.

사토 불륜의 경우에도 예전에는 배우 이시다 준이치(石田純一)처럼 〈불륜은 문화다〉라고 대담하게 나올 수 있었습니다. 하지만 지금은 예능계든 어떤 업계든 로컬 룰이 통용되지 않는 데다 지금까지 약자로 여겨진 사람이 미투 운동으로 간단히 외부와 연대하여 권력자에게 대항할 수 있습니다. 가장 간단한 차원에서 말하자면 생활 보수주의가 만연하여 남자가 밖에서 불륜을 하면 곤란합니다. 「도망치는 건 부끄럽지만 도움이 된다」의 모리야마도 계약 결혼을 한 쓰자키가 불륜을 하면 화를 낼 거라고 생각합니다. 집에서 가사만 하고 있는 나는 어떻게 되느냐고 말이지요.

---

40 동양 사상을 근저에 두고 서양 철학과 융합하는 니시다 철학을 수립했다. 〈일본 철학의 지도자〉로 불리며, 『선의 연구』가 대표적이다 ― 원주.

생활을 위해 자유를 희생하지 않으면 안 되는 사람이 늘고 있습니다. 그래서 베키가 그만큼 비난을 당했지요. 헤이세이의 불륜 공격은 생활 보수주의와 밀접하게 연결되어 있습니다.

가타야마 로컬 룰의 소멸이라는 맥락에서는 2016년 12월의 SMAP 해체 소동이 떠오릅니다.[41] 자니스 사무소도 스모 도장이나 야마구치파와 마찬가지로 규칙이 지배하는 조직이었지요. 하지만 야마구치파도 자니스 사무소도 스모 도장도 헤이세이 시대가 되고 나서 놀랄 만큼 평준화 압력에 노출되어 규칙의 지배가 미치지 않게 되었습니다.

사토 그렇게 생각하면 헤이세이란 다양한 단체나 조직이 갖고 있던 규칙이나 로컬 룰이 적용되지 않고 문화가 소실되어 가는 시대였다고 정리할 수 있겠네요.

트럼프의 등장으로 세계의 〈속도〉가 올라갔다

사토 2017년을 돌아볼까요.

누가 뭐래도 2017년은 트럼프를 빼고는 이야기할 수 없을 겁니다. 헤이세이란 미국과의 미일 동맹에 안전 보장을 의존해 온 시대이니까 파란이 많은 요소지요.

또한 트럼프의 대통령 취임이 세계적 독재 경향에 박차를 가

---

41 자니스 사무소에 소속한 국민적 아이돌 그룹 SMAP의 해체를 둘러싼 소동. 기무라 다쿠야를 제외한 4명의 멤버는 매니저의 퇴직을 계기로 독립을 모색했지만 실현되지 않았고 2016년 1월에 사죄 기자 회견을 했다. 그러나 결국 그해 12월에 해체했다. 기무라 다쿠야와 나카이 마사히로는 자니스 사무소에 남고 나머지 3명은 독립했다 ─ 원주.

했습니다.

동아시아 정세에서 보면 김정은과 트럼프는 아주 비슷한 타입의 독재자입니다. 자석의 N극과 N극이 서로 반발하고 있는 형국이지요. 반대로 아베 총리와는 성격이 아주 잘 맞습니다. 그것이 앞으로 문제의 씨앗이지만 말이지요.

가타야마 아베 총리가 반복해서 말하는 전후 체제로부터의 탈각이란 전후 미국이 강요한 헌법이나 전후 민주주의를 리셋하고 싶다는 사고입니다. 달리 말하자면 그것은 미국의 굴레에서 벗어나고 싶다는 것이기도 합니다. 그런데 아베 정권은 미일 동맹을 강화하고 안보 법제를 강행 결정하고, 그것을 미국 의회에서 연설하며 공약했습니다. 아베 정권은 탈미국과 친미국의 모순된 정치를 하고 있는 것이지요.

그리고 트럼프 대통령이 탄생하고 나서는 그 밀월 관계를 전세계에 어필하고 있습니다. 아베는 일본이 독립된 국가로서 미국과 대응한 파트너가 되었다고 말하고 싶을지도 모릅니다. 하지만 애당초 어려운 이야기이죠. 나라의 크기도 다를 뿐 아니라 군사력도 현격하게 다릅니다. 대등해지려면 일본이 엄청난 군사적 지출을 해서 새로운 리스크를 짊어져야만 합니다. 게다가 미국에는 일본을 지켜 주는 이점이 점점 줄어들고 있습니다.

사토 말씀한 대로입니다.

가타야마 일본에서 좀 멀어집니다만, 2월에 북한의 김정남이 쿠알라룸푸르 국제공항에서 암살당했고,[42] 그다음 달인 3월에는 한국의 박근혜가 파면되어[43] 문재인이 대통령이 되었습니다.

2015년의 한일 합의를 이야기할 때도 말했지만, 한일 관계는 더욱 악화되었죠. 저는 세계를 놀라게 한 트럼프 정권 탄생을 계기로 세계 정세가 더욱 빨리 움직이게 된 것 같습니다.

『금환식』을 보라!

사토 일본을 보면 3월에는 모리토모 학원의 토지 부정 취득 의혹이 보도되어 큰 문제가 되었습니다.[44] 모리토모 문제는 아베 총리의 친구가 이사장을 하고 있는 가케 학원의 수의학부 신설 문제로 불똥이 튀었지요.[45]

모리토모 학원의 가고이케 야스노리(籠池泰典)는 유치원 교육

---

42 말레이시아의 쿠알라룸푸르 국제 공항에서 2017년 2월 13일, 김정은의 이복형인 김정남이 독살당했다. 인도네시아 국적과 베트남 국적의 여성 2명이 신경 작용제인 VX 가스를 김정남의 얼굴에 문질러 암살했다. 시체는 3월 30일 북한으로 인도되었다 — 원주.

43 한국의 첫 여성 대통령으로 2013년 취임한 박근혜는 친구 관계에 있던 민간인 여성의 국정 개입이 문제시된다. 2016년 국회의 탄핵 결의가 통과되어 직무가 정지되었고, 2017년 3월 헌법 재판소에서 파면이 결정되고 뇌물 수수 혐의 등으로 체포되었다 — 원주.

44 오사카시의 모리토모 학원이 구입한 초등학교 건설 용지를 둘러싼 문제. 2016년 재무성이 도요나카시의 국유지를 약 8억 2천만 엔 인하한 1억 3400만 엔에 학원에 매각했다. 명예 교장이 아베 총리의 아내 아베 아키에였다는 사실이 보도되자 재무성이 총리의 마음을 미리 헤아려 깎아 주었을 가능성을 지적하게 된다. 이사장인 가고이케 야스노리는 사기죄 등으로 체포되었다. 그 후 『아사히 신문』의 보도로 모리토모 학원과의 국유지 거래에 관한 재무성의 결재 문서가 조작되었다는 것이 판명되어 2018년 3월 9일 당시의 담당 국장이었던 사가와 노부히사가 국세청 장관을 사임하는 소동으로 발전했지만, 본문에서 사토와 가타야마가 지적한 것처럼 유야무야 수습되고 있는 상황이다 — 원주.

45 가케 학원이 운영하는 오카야마 이과대 수의학부를 에히메현 이마바리시에 신설하는 과정에서 일어난 문제. 학원 이사장이 아베 신조 총리의 오랜 친구였다는 데서 학부 신설을 둘러싸고 총리 관저 측의 관여를 엿보게 하는 여러 문서나 증언이 드러났다. 그러나 2018년 4월 당초의 예정대로 개학했다. 가타야마는 〈모리토모·가케 학원 문제는 중간 단체가 붕괴된 결과 일반 사람이 정치의 중추와 간단히 접촉할 수 있게 된 헤이세이 시대를 상징하고 있다〉고 말한다 — 원주.

에 신도를 도입했습니다. 그는 신도는 종교가 아니라고 일관되게 주장했지요. 요컨대 〈신도는 종교가 아니다〉라는 것은 바로 사실상의 국교이고 국민의 관습이므로 신앙에 상관없이 따르지 않으면 안 되게 되는 것입니다. 실제로 신도는 문화나 관습 속에 녹아들어 있다고 할 수 있겠지요.

가타야마 모리토모 문제에서 무엇보다 국민이 놀란 것은 건설 예정인 초등학교의 명예 교장이 아베 아키에(安倍昭惠) 총리 부인이었다는 사실이겠지요. 그녀와 모리토모 학원의 관계가 소동의 핵심입니다.

사토 당초 야당은 아키에 부인이 공인인가 사인인가를 추궁했습니다만, 공격하는 방식이 잘못되었지요.

저라면 우선 아키에 부인 담당 관료의 출근부를 공개하도록 하겠습니다. 아키에 부인이 지방에 갈 때 출근부가 출근으로 되어 있으면 공무입니다.

공무로 도쿄도를 떠난 경우에는 출장 명령이 필요합니다. 이는 행정법의 대원칙인데 출장인 이상 일당과 교통비와 숙박비를 지불해야 하죠. 예산 조치가 취해지지 않은 명령은 중대하고도 명백한 하자가 있으므로 따르지 않아도 됩니다. 그것을 분명히 했다면 아키에 부인이 공인으로서 취급되었다는 것을 알 수 있었을 거예요.

하지만 아마도 아키에 부인 담당 관료에게 지불되었던 것은 내각부에서 지불되는 금일봉이었겠지요.

가타야마 그것은 곧 아키에 부인 담당 관료의 식대와 교통비가 관방 기밀비로 조달되었다는 건가요?

사토 아마도요. 사실 모리토모 학원 문제 안에 숨겨져 있는 것은 관방 기밀비 문제입니다. 간단히 관방 기밀비를 관료에게 건네서 목적도 잘 알 수 없는 일에 엉망으로 쓰고 있어요. 관방 기밀비는 헤이세이 시대 정치의 저류에 항상 흐르고 있습니다.

가타야마 근대 국가의 모습을 갖추고 있다고는 이제 생각되지 않네요. 메이지 정부의 원로들이 나라의 돈을 사용해 멋대로 놀고 있는 것과 같은 구조입니다. 1백 년 전 이상으로 퇴화했군요.

사토 더욱 문제인 것은 금일봉이 국가 공무원 윤리법에 걸릴 가능성이 있다는 점입니다. 국가 공무원은 5,001엔 이상의 돈을 받은 경우에는 문서로 신고하지 않으면 안 됩니다. 러시아인으로부터 돈을 받았는데도 신고하지 않아 해고된 내각 정보 조사실의 관료도 있을 만큼 그 벌칙은 무겁거든요.

또 한 가지, 실비 이상의 금일봉을 지급받았을 경우 확정 신고가 필요합니다. 그렇게 생각하면 아키에 부인 자신은 죄를 범하지 않았을지도 모르지만 주위의 관료에게는 법에 걸리는 일을 시킨 것이지요.

이 일련의 소동으로 제가 생각한 것은 『금환식(金環蝕)』[46]입니다.

가타야마 아아, 총리 부인의 명함이 나오는 것 말이군요. 이케다 하야토(池田勇人) 내각 시절의 구즈류 댐 공사의 낙찰을 둘러싼

---

46 이시카와 다쓰조의 1966년 장편소설. 구즈류 댐 오직 사건을 모델로 보수 정당의 총재 선거에서 발단한 독직 사건을 그렸다 — 원주.

부정 의혹 사건을 모델로 보수 정당의 총재 선거에 얽힌 담합과 사건 은폐의 과정을 그린 소설이죠. 영화로도 만들어졌어요.

바로 아베 아키에 문제와 겹치네요. 아니, 지금 『금환식』을 보면 아키에 문제의 구도를 모두 알 수 있습니다. 많은 사람이 봐주었으면 좋겠네요.

사토 그렇습니다. 저도 모리토모·가케 소동이 일어난 시기에 쓴 서평에서 『금환식』을 빈번하게 거론했어요.

『금환식』에서 댐 건설 발주처의 맨 윗사람에게 관료를 통해 총리 부인의 명함이 전달되는 장면이 있습니다. 명함에 〈저도 다케다 건설에 대해 잘 부탁드립니다〉라고 쓰여 있어요. 물론 총리 부인은 아무런 권력을 갖고 있지 않지만 전력 회사의 사장은 다케다 건설에 발주하라는 명령을 받은 것으로 미루어 헤아립니다. 게다가 명함을 건넨 관료도 사직을 강요당하고 관사에서 떠밀려 죽습니다. 모리토모·가케 문제는 『금환식』의 반복 현상이지요. 더구나 분명히 다나카 가쿠에이를 모델로 한 간사장도 등장합니다.

가타야마 나카타니 이치로(中谷一郎)가 연기한 간사장이지요. 〈자네, 돈은 정치의 윤활유라네〉라는 명대사를 말하죠. 절정은 국회에서의 추궁이지만 유야무야로 끝납니다. 그 부분도 모리토모·가케 문제와 비슷합니다. 결국 진상은 모호한 채이고, 가고이케 부부는 사기죄로 체포되며 가케 학원의 수의학부 신설은 인가되었습니다.

이대로 유야무야 끝나는가 싶었는데 해가 바뀐 2018년 2월에 『아사히 신문』의 보도를 계기로 모리토모 학원에 대한 국유지 매매를 둘러싼 결재 문서에 조작이 있었다는 사실이 밝혀졌습니다.

2018년 3월 현재, 아베 정권은 당시의 담당 국장이었던 사가와 노부히사(佐川宣寿)가 국세청 장관을 사임함으로써 일을 끝내려고 했습니다. 하지만 그 반발이 강했지요. 재무 대신인 아소 다로(麻生太郎)도 책임을 추궁당했지만, 아베 일강에 뭔가의 변화를 초래할지 어떨지는 잘 모르겠습니다.

사토 아키에 부인이나 국회의원들의 이름을 지우고 국유지 판매를 특례로 처리하는 것을 보여 주는 문언을 공문서에서 삭제한 행위는 극히 악질입니다. 매매 판단과 관련된 아주 중요한 사실을 없었던 것으로 한 것이지요. 이는 국민에 대한 배신 행위라고 할 수 있습니다. 현 시점에서 중앙 관청의 직원 18명이 이 결재에 관련되었다고 공표했어요. 외무성에 근무한 저의 경험에서 보자면 이런 문서는 현장 직원만이 아니라 상당히 높은 사람에게까지 배포되었을 가능성이 높습니다.

아직도 어둠은 깊고 재무성에는 여전히 숨기고 싶은 것이 있을 겁니다. 당연히 감독자인 아소 대신과 아베 총리의 책임이 무겁지요.

다만 정치가에 대한 관료의 과도한 아첨은 옛 민주당 정권 시절부터 이어진 〈정치 주도〉가 낳은 부작용입니다. 정쟁 도구로 삼지 않고 국정 조사권을 발동함으로써 여야를 초월하여 진상을 밝혀야 합니다. 정치가와 관료의 부적절한 관계는 헤이세이가 끝날 때까지 청산하지 않으면 안 되니까요.

쇼와를 질질 끌고 가는 고이케 도지사

사토 모리토모·가케 문제가 상징하는 것처럼 아베 정권이 장기화되면서 다양한 곳에서 느슨함이 나오고 있습니다. 예를 들어 아베는 2017년 4월의 외교 방위 위원회에서 〈북한은 사린을 탄두에 달아 착탄시키는 능력을 보유하고 있을 가능성이 있다〉고 말했어요. 이건 있을 수 없는 이야기입니다. 왜냐하면 사린은 열에 극히 약하기 때문에 고열을 내는 탄도 미사일에 탑재하면 독성이 사라지거든요. 사린이 열에 무력하다는 것은 초보적인 화학 지식입니다. 그 전제로서 내각 총리대신이 거짓말을 할 리가 없습니다. 그 정보를 올린 방위성도 거짓말을 하지 않습니다.

그렇다면 이 발언을 어떻게 해석해야 할까요. 근거 없는 억측일지도 모릅니다. 어쩌면 정보원인 미국이, 시리아의 아사드 정권이 신형 사린 탄두를 개발하여 북한에 빼돌렸다고 보고 있는지도 모르지요. 더 파고들어 생각해 보면 시리아에는 신형 사린이나 탄두를 만들 능력이 없습니다. 그렇다면 러시아가 개발한 사린이 아사드 정권을 경유하여 북한으로 건너갔다, 하지만 이것은 점과 선을 억지로 이어서 만든 음모론에 가깝습니다.

가타야마 그런데 총리대신이 일부러 발언했습니다. 지금 사토 씨가 말한 대강의 줄거리라고 해도 그런 음모론을, 한 나라의 대표가 발언해도 좋은 걸까요. 잠깐 멈춰 서서 생각하면 알 수 있을 것 같은 건데 말이지요.

사토 기자도 회견장에서 북한이 신형 사린을 개발한 것이냐고 지적했어야 합니다. 총리만이 아니라 기자도 기초적인 지식을 갖고 있지 못했지요.

가타야마 정치와 매스컴의 지반 침하를 느끼게 해주는 이야기입니다.

정치 이야기를 계속하면 7월에는 도의회 선거에서 고이케 유리코의 도민 퍼스트회가 압승을 거뒀습니다. 그 후 고이케는 희망의당을 만들어 10월의 중의원 선거에 나섰지만 참패를 당했지요.

원자화한 현재의 일본 사회에서는 중간 단체가 표를 모을 수 없습니다. 그래서 뭔가를 계기로 역사적 압승과 역사적 참패가 되풀이됩니다. 이 대담에서도 반복하여 지적한 것입니다. 그리고 헤이세이 시대의 정치를 상징하는 압승과 대패였지요.

도의회 선거에서도 중의원 선거에서도 고이케는 유권자가 안티나 반대 세력이 나와 주기를 바라는 장면에 등장했습니다. 권력에 집착한다면 안티와 저항 세력이라는 허상에 철저해야 했습니다. 만약 그것을 할 수 있다면 헤이세이 시대를 대표하는 정치가가 될 수 있었을지도 모릅니다. 하지만 결국 자기 나름대로 올바르게 조리를 세워 행동하려고 했지요. 그 점에서는 아직 쇼와를 질질 끌고 있는 정치가라는 인상을 갖습니다.

사토 7월의 압승과 10월의 참패는 뭐가 달랐을까요. 제3국의 분석관이 되었다고 가정하고 냉정하게 보고 싶습니다.

우선 그녀의 행동거지가 변한 것은 아니었습니다. 민진당에서 희망의당에 합류하는 의원을 분류하는 〈배제하겠습니다〉라는 발언이 치명상이었다는 지적도 있어요. 하지만 그건 대단한 문제가 아니었습니다. 왜냐하면 정당은 정책의 일부로 만들어진 결사이기에 거기에 반대하는 사람을 배제하는 것은 당연하기 때문입니다.

그렇다면 뭐가 원인이었을까요. 답은 굉장히 간단합니다. 도의회 선거에서는 공명당과 손을 잡았기 때문에 이길 수 있었습니다. 중의원 선거에서는 공명당이 떨어져 나갔으므로 패배했지요. 그것 이외에 아무것도 아닙니다.

공명당에 대해 충분히 말했으니 이 이상은 삼가겠지만, 2017년은 그 모체인 창가학회에 큰 움직임이 있던 해이기도 합니다. 12월에 ICAN(핵무기 폐기 국제 운동)[47]이 노벨 평화상을 수상했습니다. 노르웨이의 수도 오슬로에서 이루어진 시상식에서는 ICAN의 국제 파트너인 창가학회 인터내셔널SGI의 데라사키 평화 운동 총국장이 회견을 했습니다. 『산케이 신문』은 이케다 다이사쿠 SGI 회장이 ICAN에 축전을 보냈다고 보도했지요.

애초에 2006년의 〈SGI의 날〉(창립 기념일)에 이케다 회장은 앞으로 10년 안에 핵무기 폐기의 절차를 결정하겠다고 발언했습니다. ICAN이 만들어진 것이 그 이듬해입니다. 그러므로 처음부터 ICAN의 지원을 계속해 온 창가학회가 염원이었던 노벨 평화상을 수상했다고 말할 수 있는 것입니다.

---

47 오스트리아의 빈에서 2007년 발족한 국제 NGO. 스위스의 제네바와 오스트레일리아의 멜버른에 사무소를 두고 있으며 101개국에 468개의 파트너 단체를 갖고 있다. 핵무기 금지 조약을 실현하기 위해 미디어나 인터넷을 이용한 캠페인을 펼친다 — 원주.

지금으로서 아베 정권은 핵무기 금지 조약에 참여할 생각이 전혀 없습니다. 하지만 아베가 그런 자세를 일관하는 것은 어려워요. 공명당의 야마구치 나쓰오 대표가 ICAN의 지지를 표명한다면 아베는 핵무기 금지 조약에 참여하는 것을 검토하지 않을 수 없기 때문이지요.

가타야마 그렇게 되면 일본의 핵 정책이 근저에서 변할 가능성도 있겠네요.

사토 그렇습니다. 2017년에는 창가학회에 또 한 가지 큰 움직임이 있었습니다.

전 세계의 학회원에게 적용되는 「회헌(会憲)」의 제정입니다. 거기에는 전시의 군부 정부와 연결된 천황제 국가 비판으로 읽을 수 있는 내용도 담겨 있어요. 「회헌」에는 아베 정권의 개헌을 저지한다는 뜻도 강하게 들어 있습니다.

가타야마 그 두 가지를 들면 자민당과 공명당의 관계가 잘될 거라고는 생각되지 않네요. 아니, 일반적으로 생각하면 연립 여당으로서 보조를 맞춰 나갈 수 있을 것 같지가 않습니다. 가까운 미래에 연립의 재편성이나 결별이 있거나 아니면 자민당이 공명당에 눌려 꼼짝 못 하고 시키는 대로 하게 될지도 모르겠네요.

사토 결국은 세 번째인 공명당에 눌려 꼼짝 못 하게 되는 형태가 되겠지요.

또는 뭔가의 스캔들이 계기가 되어, 뿔뿔이 흩어진 자민당과 야당 재편을 포함한 정계 대재편이 일어나게 되겠지요.

모든 범죄는 혁명적이다

가타야마 2016년과 2017년의 사건을 보면 범죄의 양상 자체가 변한 것 같습니다. 2016년 7월에는 가나가와현 사가미하라시의 장애자 복지 시설에서 19명이 살해당한 사건이 일어났고,[48] 그 이듬해 10월에는 가나가와현의 자마시에서 9명이 살해당한 사건이 일어났습니다.[49]

사토 지적한 대로 이 둘은 시대를 상징하는 사건이었지요.

우선 사가미하라의 우에마쓰 사토시(植松聖)는 사상범입니다. 그는 확고한 신념을 갖고 우생 사상을 믿고 있었습니다. 옛날 히라오카 마사아키(平岡正明)가 〈모든 범죄는 혁명적이다〉라고 썼는데[50] 이것도 혁명적 범죄였습니다. 우리는 그가 제기한 우생 사상적 생명관에 반대하는 논리를 갖고 있는 걸까요. 그것을 들이대기만 해온 거 아닐까요.

가타야마 그렇습니다. 그는 신체를 단련하여 장애가 있는 인간을 죽여도 상관없다는 생각에 도달했어요.

거기서 제가 관심을 가진 것은 우에마쓰의 성장 내력입니다.

48 지적 장애자 복지 시설인 쓰쿠이야마 유리엔에 전 직원인 우에마쓰 사토시가 침입하여 입소자 19명을 칼로 찔러 죽이고 26명에게 중경상을 입힌 사건. 그해 2월 우에마쓰는 중의원 의장인 오시마 다다모리에게 지적 장애자 살해를 예고하는 편지를 보냈다 — 원주.

49 가나가와현 자마시에 사는 시라이시 다카히로의 연립 주택에서 모두 9명으로 보이는 시체가 발견되었다. 피해자는 10대에서 20대의 여성 8명, 20대의 남성 1명. 시라이시는 SNS에서 자살을 바라는 여성들과 접촉하고 있었다 — 원주.

50 혁명, 범죄, 재즈, 가요곡 등 폭넓은 분야에서 활동했던 정치 운동가이자 평론가인 히라오카는 1972년 『모든 범죄는 혁명적이다(あらゆる犯罪は革命的である)』에서 범죄를 미연에 방지하는 것이 국가이고, 그런 의미에서 모든 범죄가 체제를 부수는 혁명이라 할 수 있다며 독자적 범죄 혁명론을 주장했다 — 원주.

인터넷상에서도 밝혀져 있지만, 우에마쓰의 조부는 데라하라 노부오(寺原伸夫)라는 작곡가였습니다.

전후의 노랫소리 운동[51] 때 나온 인물로, 1960년대에 소련에서 유학했어요. 그곳에서 소련을 대표하는 작곡가인 아람 하차투리안의 유일한 일본인 제자로서 모스크바 음악원에서 오랫동안 배웠습니다. 하지만 귀국한 후에는 소련과 일본 좌익과의 관계가 그가 소련으로 보내졌을 때와 달라져 있었고, 그의 작곡 활동은 수수한 수준에 그치고 말았지요. 그는 죽을 때까지 〈나는 아람 하차투리안의 제자다〉라고 열심히 말했지만 말입니다.

사토   네, 사회적 영향력에서 손자가 조부를 넘어선 셈이지요.

가타야마   저는 데하라 노부오는 좀 더 평가받을 만한 작곡가라고 생각하고 있습니다. 그런데 원폭을 테마로 한 오페라 「히로시마」나 첼로 협주곡, 칸타타 「맘모스 사냥은 새벽에 시작된다」, 「맨발로 달려라」 등 계속 절규하는 가곡들이 있어요. 그래서 저에게는 아무래도 우에마쓰의 범행과 데라하라 노부오가 즉물적으로 겹치는 데가 있다고 생각됩니다. 하차투리안이라고 하면 가장 유명한 악곡은 「칼춤」입니다. 데라하라가 쓴 하차투리안의 평전 제목도 『칼춤(劍の舞)』이지요. 손자는 오직 칼로 19명을 살해했습니다. 저에게는 〈칼춤〉이라는 말이 각인될 수밖에 없지요. 전후 소일 관계사 엉터리 번외편 같은 이야기지만요.

---

51   전후 일본의 음악 문화 운동. 1948년 세키 아키코를 지도자로 하는 일본 공산당계의 청년 노동자를 중심으로 하는 중앙 합창단에 의해 시작되어 전국적으로 퍼져 나갔다. 1954년에는 원폭 금지 운동과 결합하여 〈일본의 노랫소리〉 운동으로 발전했다 — 원주.

헤이세이 흉악 사건사

1989년   연쇄 여아 유괴 살인 사건(여아 4명 사망 / 도쿄, 사이타마)

여고생 콘크리트 살인 사건(불량 소년 그룹이 여고생을 41일간 감금 살인 / 도쿄)

1997년   도쿄 전력 여사무원 살인 사건(도쿄 전력의 간부 사원이 살해당했지만 범인 불명 / 도쿄)

고베 아동 연쇄 살상 사건(14세 소년에 의해 2명 사망, 3명 부상 / 효고)

1999년   오케가와 스토커 사건(교제를 거절당한 남성들이 도리어 원한을 품고 여대생을 살해 / 도쿄)

2000년   세타가야 일가 살인 사건(일가 4명이 살해당했지만 범인 불명 / 도쿄)

2001년   오사카 교육 대학 부속 이케다 초등학교 사건(초등학생 8명 사망, 15명 부상 / 오사카)

2002년   기타큐슈 감금 살인 사건(가족 사이의 감금과 학대가 이루어져 7명 사망 / 후쿠오카)

2008년   아키하바라 연쇄 무차별 살상 사건(7명 사망, 10명 부상 / 도쿄)

2009년   수도권 연쇄 원인 모를 죽음 사건(30대 여성이 결혼을 위한 활동을 계기로 3명의 남성을 살해 / 도쿄, 지바, 사이타마 등)

아마가사키 연쇄 변사 사건(3건의 가족 납치 사건에 의해 여러 명의 감금, 학대, 살해 / 효고)

2016년   사가미하라 장애자 시설 살상 사건(전 직원이 시설 입소자 19명을 살해 / 가나가와)

2017년   자마시 9명 살해 사건(자살을 원하는 소녀들을 중심으로 9명 살해 / 가나가와)

사토 그는 철저하게 칼로 살해하는 것에 집착하여 45명이나 되는 사람들을 살상했습니다.

상당한 체력과 정신력이 없으면 그렇게까지 할 수 없을 겁니다. 게다가 머리도 나쁘지 않았을 거예요. 그는 문제의식이 앞선 아이였을 거라고 생각합니다. 그 탓인지 입시 공부는 별로 하지 않았어요. 자기 평가보다는 수준이 낮은 대학에 들어갔거든요.

가타야마 그 부분은 아키하바라 사건의 가토와 이어지네요.

또 하나의 사건인 자마시의 9명 살인 사건은 테러와 관련하여 말해야 할 사건 아닐까요?

사토 말씀한 대로입니다.

특히 자마시 사건은 살인 문제 이상으로 앞으로 초래할 영향을 생각하지 않으면 안 됩니다. 왜냐하면 범인인 시라이시 다카히로(白石隆浩)는 자살 지원자를 아주 간단히 모집할 수 있는 능력을 갖고 있었기 때문입니다. 그래서 다시 한번 생각하고 싶은 것이 2017년 5월에 중의원 본회의에서 가결된 테러 등 준비죄 법안(공모죄)입니다.[52] 전전의 치안 유지법이 좋지 않다는 의견은 압니다. 다만 당시 치안 유지법을 제정할 필연성도 있었습니다. 누군가가 마음속으로 체제 전복을 꾀한다고 합시다. 하지만 사고와 행동에는 거리가 있다는 것이 근대적 논리입니다.

---

52 테러 집단, 폭력단, 약물 밀매 조직 등의 조직적 범죄 집단이 범죄를 계획하는 죄. 2017년 조직적 범죄 처벌법 제6조에 〈테러리즘 집단, 그 밖의 조직적 범죄 집단에 의한 실행 준비 행위를 수반하는 중대 범죄 수행 계획〉에 대한 죄로서 추가되었다. 사토는 〈사상이 곧 행동으로 이어지는 범죄의 형태 변화에 대응하기 위해 예방 구금을 광범위하게 도입하는 목적이 있다〉고 지적한다 — 원주.

하지만 전전 코민테른(공산당 인터내셔널)의 지령에 따르고 있었던 공산주의자나 IS의 테러리스트 그리고 옴 진리교는 신앙이 곧 행동으로 이어집니다.

결국 국가 권력이 법을 남용할 위험성과 테러의 위험성을 저울에 올릴 수밖에 없습니다.

2017년 이스라엘의 테러 대책 센터를 창설한 보아즈 가노르[53] 교수와 이야기를 나눌 기회가 있었습니다. 그는 파나티즘(광신적 행위)이 테러를 행하는 것이 아니다, 테러는 명확한 목적이 있는 합리적 운동이라고 정의했어요.

가노르 교수에 따르면 테러리스트에게는 세 가지 타입이 있다고 합니다.

첫째는 아무에게도 말하지 않고 단독으로 행동하는 외로운 늑대 타입. 둘째는 부부나 형제가 행동하는 로컬 네트워크 타입. 이 두 가지 타입이 사용하는 무기는 도끼나 칼 또는 자동차로 폭주하는 일도 있을 수 있습니다. 미국만은 총을 간단히 입수할 수 있어서 예외라고 합니다. 그리고 셋째가 폭탄을 사용하는 타입입니다.

가타야마 첫째와 둘째, 즉 외로운 늑대 그리고 부부나 형제 단위의 테러리스트는 거의 아무와도 커뮤니케이션을 하지 않고 행동하기 때문에 대책을 세우기가 어렵지 않을까요?

---

53 이스라엘의 헤르첼리아 학제간 연구소IDC 소재 국제 대테러 연구소ICT의 창설자이자 현 사무국장. 테러 대책의 권위자. 9.11 테러 전에 알카에다에 의한 테러를 사전에 경고한 일로 세계적으로 이름이 알려졌다 — 원주.

사토 그런데 그 방법이 있는 모양입니다. 그들은 궐기 전에 반드시 표명문을 씁니다. 그래서 이스라엘에서는 인터넷상의 표명문을 발견하는 검색 엔진 개발을 진행하고 있어요. 실제로 표명문이 발견되면 20분 정도에 그것을 쓴 인물에게 비밀경찰이 가서 예방 구금하는 구조가 만들어져 있습니다.

가타야마 이미 성공한 건가요?

사토 그런 것 같습니다. 다만 오인도 많습니다. 지금은 장난이라도 체포하고 있지요.

문제는 세 번째, 그러니까 한 달 전까지는 평범하게 살고 있던 청년이 어느 날 갑자기 폭탄 테러를 행하는 사건입니다. 그들의 배후에는 조직이 있습니다. 가노르 교수는, 최근의 테러 조직은 중간의 정신과 의사를 통해 자살을 원하는 사람을 조직화하고 있다고 합니다. 〈이대로라면 너는 비참한 패배자로 끝난다. 하지만 지하드에 참가하면 영웅으로서 이름을 남기고 천국에 갈 수 있다〉고 말이지요.

이 방법이라면 몇 주 만에 설득할 수 있고, 3~4일에 폭탄 조끼의 사용 방법만 가르쳐 주면 테러리스트로 만들어 낼 수 있는 거지요.

가타야마 죽고 싶은 젊은이를 끌어들이는 건가요. 바로 테러리스트 최단 기간 양성 과정이네요. 자마시의 시라이시가 살인의 쾌락을 얻기 위해 자살을 원하는 젊은이를 불러들였다고 하는데, 만약 그가 젊은이를 조직화하는 테러리스트였다면 어떻게 되었을까요. 보도를 봐도 테러 대책의 관점이 빠져 있네요.

사토 미디어만이 아니라 아마 수사 당국이나 공안 당국에도 그런 관점은 없겠지요. 일본의 위기의식이 얼마나 약하고 취약한지를 느끼게 됩니다.

세상에는 일정한 수의 자살 지원자가 있고 또 극단적 사상을 가진 사람도 있습니다. 분모가 1억 2700만 명이라면 그게 어떻게 될까요.

지금의 국제적 테러리즘의 맥락에 넣어 생각할 필요가 있습니다. 자마시 사건은 체포가 늦었다면 희생자가 더욱 늘어날 위험성도 있었어요. 정부 예산으로 자살자 대책 사이트나 자살 지원자를 유인하여 보살피는 구조를 만드는 것도 하나의 방법이겠지요. 그렇게 하면 적어도 테러로는 가지 않을 테니까요.

가타야마 그것이 적절한 복지겠지요. 게다가 테러 대책으로도 연결됩니다. 나머지는 이를 어떻게 교훈으로 살리느냐 하는 것이겠네요.

사토 자마시 사건의 먼 원인이 된 것은 관용적이지 못한 일본 사회입니다. 시라이시는 유흥업의 호객꾼을 하던 시절에 매춘 방지법 위반 혐의로 체포되었어요. 이 나라에서는 형사 사건으로 끌려가면 좀처럼 재기하기가 힘듭니다. 그래서 자포자기하는 심정으로 범죄로 달려간다고 하지요. 일본 사회의 불관용성이 그를 살인으로 달려가게 했을 가능성도 부정할 수 없습니다.

교훈이라는 점에서 말하자면, 일본의 경우 3명 이상을 살해하면 수사가 엉성해집니다. 아무리 정상 참작을 해도 사형을 면하지 못하고, 심신 미약이나 정신 장애로만 싸울 수 있기 때문입니다.

그래서 사가미하라의 우에마쓰의 경우에도 자마시의 시라이시의 경우에도 심리학자나 범죄학자, 대테러 전문가로 이루어진 프로젝트 팀을 가동할 필요가 있습니다. 용의자로부터 철저하게 청취 조사를 해서 진상 규명을 하지 않으면 안 됩니다. 그것이 다른 무엇보다 교훈이 되겠지요.

북한이 노리는 한국 유엔군 후방 사령부

사토 자마시 사건이 발각된 다음 달인 2017년 11월, 트럼프가 대통령으로서는 처음으로 일본을 방문했습니다. 일본은 환영하는 분위기였지만, 이 방일에서는 트럼프가 요코타 기지에 내린 일에 주목해야 합니다.

왜 하네다 공항이 아니라 요코타 기지를 택한 걸까요. 이야기는 그때로부터 10년 전으로 거슬러 올라갑니다.

2007년 11월에 캠프 자마에 있던 한국 유엔군 후방 사령부를 요코타 기지로 이전했습니다. 실은 한국 전쟁 때 조직된 다국적군의 후방 사령부[54]가 아직도 일본에 있습니다.

가타야마 그건 모르고 있었습니다. 그렇다면 북한은 트럼프의 요코타 기지에서의 연설을 유엔군에 대한 격려로 생각한 게 아닐까

---

54 한국 전쟁이 발발한 1950년 6월에 창설된 다국적군의 후방 사령부. 2007년에 캠프 자마에서 요코타 기지로 이전, 오스트레일리아 공군 소속의 사령관 등 4명이 상주한다. 또한 한국 유엔군 참가국 중 캐나다, 영국, 프랑스, 오스트레일리아, 뉴질랜드, 필리핀, 태국, 터키, 이 8개국의 주재 무관이 재경 대사관에 상주해 있다 ― 원주.

요. 긴박한 동아시아 정세를 보면 너무 부주의한 일이군요.

사토　게다가 한국 전쟁은 아직도 휴전 협정을 맺고 있을 뿐이니까 협정 위반이 있다면 한국 유엔군은 금방 움직일 수 있는 태세에 있습니다. 그래서 요코타에서 한 트럼프의 연설은 북한을 심하게 자극하는 것이었어요.

연설 후 북한 정부가 사실상 관리하고 있는 웹 사이트 〈내 나라〉의 일본어판에는 다음과 같은 기사가 게재되었습니다.

〈지금 일본이 우리의 자위적 정당 방위 조치에 대해 이른바 《위협》이라고 트집을 잡으며 유사시에 한국 전쟁에 투입되는 미제국주의 침략군의 기본 무력을 주둔시켜 합동 군사 훈련에 열을 내고 있는 것은, 미국과 함께 새로운 한국 전쟁을 일으키려는 전쟁 광기다. 하지만 과대망상증에 들떠 있는 일본은 부문별하게 날뛰지 않는 편이 좋을 것이다. 일단 한반도에서 전쟁이 일어나면 일본도 절대 무사하지 못할 것이다. 일본에 있는 미국의 침략 기지와 함께 전쟁에 동원되는 일본의 모든 것이 산산조각이 날지도 모른다. 일본이 군국주의의 마차를 타고 폭주할수록 자멸의 구렁텅이에 한층 깊이 떨어지는 결과밖에 얻을 수 없을 것이다.〉

요컨대 이 기사는 트럼프와 아베 정권이 보낸 신호를 북한이 받아들였다는 답장인 셈이지요.

가타야마　북한 측에서 보면 요코타를 제일 먼저 공격 대상으로 삼는다는 것이군요. 북한이 일본을 표적으로 삼는 이유는 미일 조약이나 미군 기지만이 아니었네요. 하지만 유엔군의 후방 사령부라는 중요한 이야기는 일본에서 전혀 보도되지 않지 않았습니까?

사토 미디어를 포함해 그것을 알아챈 사람은 거의 없었습니다. 한편 무척 흥미로운 것은 외무성의 홈페이지에 슬쩍 한국 유엔군 후방 사령부의 존재나 이전 뉴스가 홍보되어 있습니다. 적극적으로 발표하지는 않지만 잠자코 있는 위험성도 알고 있다는 것이지요. 나중에 알고 있었으면서 왜 말하지 않았느냐는 비난을 듣고 싶지 않은 겁니다. 예전에 근무하던 곳이라 그들의 습성은 잘 알고 있습니다.

가타야마 그런데 극단적 논리가 될지도 모르겠지만, 저는 일본과 북한은 미국을 필요로 한다는 점에서 같다고 생각하고 있습니다.

한국 전쟁의 휴전 이후 북한의 정체성은 미 제국주의로부터의 국가 방위이고 그것만으로 나라를 다스려 왔다고 해도 좋습니다. 북한에서 그만큼 난폭한 짓을 할 수 있었던 것은 미국과 대결하고 있다는 비일상 의식과 상시 임전 태세이기 때문이겠지요.

상당한 허구가 들어가 있다고 해도 북한은 그 이야기를 적극적으로 살리고 있어요. 다만 완전한 허구라고는 말할 수 없습니다. 휴전선 너머에는 〈미국놈들〉과 〈미국의 꼭두각시인 한국 군대〉가 실제로 있으니까요.

〈미국놈들〉이라는 것은 북한의 프로파간다 영화 특유의 표현이지만 〈미국놈들〉과 늘 서로 노려보고 있지 않으면 임전 국가 북한은 성립하지 않습니다. 미국이 아시아에서 철퇴한다면 북한이 국가를 통합하는 토대가 무너집니다.

일본이 미국을 필요로 하는 것도 국가를 지킨다는 점에서는 북한과 같습니다. 또한 일본도 미국으로부터 버려지면 곤란하다는 국면에서[55] 북한이 미사일을 쏴주면 미일 안보가 중요하다고 호소하기 쉬워집니다.

핵무장은 비현실적

사토 김정은이 등장한 이후 동아시아는 불안정했지만 2017년 트럼프 정권의 탄생으로 새로운 국면을 맞이했습니다.

트럼프는 방일 후 중국으로 건너가 시진핑과 정상 회담을 했습니다. 여기서 중요한 북미 관계의 움직임이 있었어요. 회담 후 중국 공산당 중앙 대외 연락부장인 쑹타오가 특사로서 북한에 들어갔습니다. 김정은은 만나지 못했지만 북한에 미국의 레드 라인(대북 정책에서 포용 정책을 봉쇄 정책으로 바꾸는 기준선)을 전하러 갔다고 생각됩니다. 지금까지 북한에 의한 ICBM(대륙 간 탄도 유도탄) 개발이 레드 라인이라고 생각되고 있었지만 그렇지 않았지요.

가타야마 트럼프는 레드 라인을 어디에 설정하고 있는 거지요?

사토 미사일 탄두의 대기권 재진입이나 소형화한 핵탄두 개발

---

55 북한의 핵 외교는 김정은의 여동생 김여정의 평창 동계 올림픽 참석을 계기로 일변했다. 2018년 4월, 6월, 9월에 문재인 대통령과 남북 정상 회담이 실시되었고, 트럼프 대통령과의 북미 정상 회담도 싱가포르에서 6월에, 베트남에서 2019년 2월에 열렸다. 또한 김정은은 중국에도 접근하여 체제 보장을 요구하고 있다. 한편 급하게 전개되는 한반도 정세에서 패싱당하고 있는 것은 아베 총리다. 지금까지 일본은 미국과 함께 싸우면서 대북 압박을 강화해 왔다. 미일 동맹은 일본의 안전 보장에서 핵심인 만큼 본문 중에서 가타야마가 언급하는 〈미국으로부터 버려지면 곤란하다〉는 상황이 현실성을 띠기 시작했다 — 원주.

같은 게 아닐까 싶습니다. 현 상황은 레드 라인에 상당히 가까워 졌지요.

가타야마　동아시아 정세가 한창 긴박해진 12월 6일, 트럼프가 〈예루살렘〉을 〈이스라엘의 수도〉로 정식 인정하여 또다시 세계에 충격을 주었습니다.[56] 이는 대북 대책에 어떤 영향을 끼쳤습니까?

사토　우선 전제로서 예루살렘을 수도로 인정하기 며칠 전에 사법 방해 등의 혐의로 기소된 전 보좌관 마이클 플린이 유죄를 인정하고 수사에 협조하기 시작했습니다. 배신한 플린의 증언 탓에 트럼프 자신이나 사위인 재러드 쿠슈너의 러시아 의혹과 탈세 등으로 파급될 우려가 있었지요.

트럼프가 플린이라는 성가신 충치에 골머리를 썩이고 있는 상태였다고 상상해 주십시오. 게다가 앞으로 연일 미디어에 보도되어 치통이 심할 거라는 것은 알고 있습니다. 일반적이라면 이를 치료하려고 하겠지요. 하지만 트럼프는 달랐습니다. 칼로 자신의 엄지발가락을 힘껏 찔렀어요. 발의 통증이 너무 심해서 치통을 느낄 겨를이 없는 거지요. 예루살렘의 수도 인정은 바로 이런 논리입니다.

그렇다면 수도가 예루살렘으로 이전되면 어떻게 되는 걸까요.

56　예루살렘은 유대교, 그리스도교, 이슬람교의 성지다. 이스라엘은 유엔 결의에 반해 1967년 이래 예루살렘의 동쪽 절반을 점거해 왔다. 이스라엘 측은 이 땅을 수도로 정하고 대사관을 두도록 호소해 왔지만 각국은 응하지 않았다. 2017년 12월 6일 트럼프 대통령이 〈예루살렘을 이스라엘의 수도로 인정하고 (서부 텔아비브에 있는) 미국 대사관의 이전을 지시한다〉고 선언하고 실제로 2018년 5월에 이전했다. 2019년 3월에는 이스라엘이 점령하는 고란 고원에 대해서도 미국은 이스라엘의 주권을 공식 인정하여 유럽이나 아랍 국가들의 반발을 불렀다 — 원주.

각국의 미국 대사관이 자폭 테러의 대상이 되고 미국인도 그 대상이 됩니다. 제5차 중동 전쟁으로 발전할 우려도 충분히 있어요.

그렇게 되면 북한에 마음을 쓰고 있을 수 없는 상황이 됩니다. 결과적으로 북한의 핵은 묵인되는 거지요. 이런 흐름이 될 거라고 생각할 수 있습니다.

가타야마 파멸적인 시나리오네요. 미국이 북한의 핵을 용인한다면 일본에서도 핵무장 논의가 일어날 것입니다. 거기에 현실성은 있는 건가요?

사토 결론부터 말하자면 굉장히 어렵습니다. 일본은 NPT(핵 확산 금지 조약)에 가맹했습니다.[57] 일본은 에너지의 20퍼센트를 원전으로 조달할 계획이지요. 핵 개발을 위해 NPT를 탈퇴하면 우라늄 등의 수입을 할 수 없게 됩니다. 핵 개발로 방향을 바꾸면 원전에서 얻는 에너지가 부족해져요. 그렇다고 파리 협정을 준수하는 일본은 석탄도 사용할 수 없습니다. 중동 정세가 불안정하니 석유에도 기댈 수 없어요.

애초에 지금 지상에 핵 기지를 만들어도 전혀 의미를 가질 수 없습니다. 먼저 핵 공격을 받으면 전멸하고 말기 때문입니다. 핵의 억지력을 발휘하기 위해서는 잠수함 발사 탄도 미사일밖에 없습니다. 요컨대 핵 무장에는 원자력 잠수함이 불가결하지요. 원자력 잠수함의 독자 개발에는 최소 10년은 걸릴 겁니다.

---

57 핵 확산 금지 조약은 핵 군축, 원자력의 평화적 이용을 목적으로 하며 미, 영, 러, 중, 프 5개국에만 핵무기 보유를 인정한다. 1970년에 발효. 체결국은 일본을 포함하여 약 190개국이다 — 원주.

가타야마 그렇게 되면 역시 핵무장보다는 미일 동맹의 강화가 현실적이겠군요.

노나카 히로무와 니시베 스스무의 죽음

사토 동아시아 정세도 긴박해졌지만, 국내에서도 연말연시에 걱정이 되는 사건이 일어났습니다.

가타야마 우선 리니어 중앙 신칸센의 건설 공사에서 부정이 있었다고 하여 도쿄 지검 특수부가 오바야시구미 건설사 등을 수색했습니다.[58] 그리고 같은 시기에 도카이도·산요 신칸센의 차체를 받치고 있는 철제 틀에서 균열이 발견되었어요. 차장이 이상한 냄새를 맡고 나고야역에서 운전을 멈춰 사고를 피한 문제입니다. 좀 더 달렸다면 큰 사고로 이어졌을지도 모릅니다. 상당히 위급한 상황이었지요.

사토 JR 서일본은 철제 틀 한 곳에서 양쪽 면적 14센티미터, 바닥 면 약 16센티미터나 되는 ㄷ자 모양의 균열이 있었다고 발표했습니다.[59] 균열이 몇 센티미터만 더 생겼다면 강재가 부러질 가능성도 있었다고 합니다. 그 시간대라면 신칸센이 5분에 한 대는

---

58 JR 도카이의 리니어 신칸센의 건설 공사에 관한 입찰에서 대형 종합 건설 회사 4사(다이세이 건설, 시미즈 건설, 오바야시구미, 가고시마 건설)가 사전에 정보를 교환했다는 의혹이 떠올랐다. 2017년 말 도쿄 지검 특수부와 공정 거래 위원회는 4사의 가택 수사에 들어갔다. 2018년 3월 독점 금지법 혐의로 4사와 가고시마, 다이세이 양사의 담당자 2명이 기소되는 사태로 발전했다. 2019년 3월 시점에 공판이 진행되고 있다 — 원주.

59 JR 서일본은 제조처인 가와사키 중공업이 철제 틀의 바닥 면을 부적절하게 깎은 것이 균열의 원인이라고 들었다. 작업 효율을 높이기 위해 현장 작업 책임자가 판단했다고 한다 — 원주.

통과하기 때문에 만약 탈선 사고가 일어났다면 다른 차량도 휩쓸린 사상 최대의 열차 사고로 발전했을지도 모릅니다. 네 자릿수에 이르는 사망자가 나와도 이상하지 않습니다.

만약 그렇게 되었다면 아베 정권은 휙 날아갔을 거고 도쿄 올림픽도 개최되지 못했을지도 모릅니다. 그런데 불과 몇 센티미터 차이로 구원을 받았지요. 이것을 신들이 지켜준 것으로 볼 것인지, 단지 운이 좋았을 뿐이라고 볼 것인지가 문제겠지요.

가타야마 구사일생으로 간신히 이어진 것이군요. 후쿠시마 원전 사고도 다양한 우연이 더 큰 사태의 악화를 막아 준 것 같고, 역시 신의 나라 일본일지도 모르겠네요.

사토 2018년 1월 말, 580억 엔 상당의 가상 화폐 〈NEM(넴)〉[60]이 대형 거래소인 코인 체크에서 유출되는 사건이 일어났습니다. 저는 가상 통화가 통화로서 유통되지는 않을 거라고 보고 있습니다.

그 대답은 마르크스 경제학에 있습니다. 애초에 화폐는 상품에서 탄생합니다. 매수자에게 상품이 갖는 가치에 기초해 물건과 물건으로 거래가 이루어졌습니다. 하지만 그렇게 해서는 매수자에 의해 가치가 달라지기 때문에 안정된 거래가 이루어질 수 없지요. 그래서 〈일반적 등가물〉이 생겨나고, 그것은 금이나 은 통화가 됩니다. 얼마 후 지폐가 탄생하지요. 가상 통화도 〈일반적

---

60 〈새로운 경제권의 창출〉을 목표로 시작한 가상 통화 프로젝트인 New Economy Movement(새로운 경제 운동)의 약칭. 통화 단위는 XEM(젬). 하지만 프로젝트 이름인 NEM이 코인 이름으로 정착했다. 2018년 1월 가상 통화 거래소 코인 체크에 누군가가 부정한 방법으로 접근하여 약 580억 엔 분의 NEM이 유출했다 — 원주.

등가물)이기는 하지만 투기 대상이 되고 말 겁니다. 화폐만큼의 안정성이 없지요. 퇴장(유통되지 않고 축적되는 것)되고 말기 때문에 유통 기능이 굉장히 낮습니다.

가타야마　가상 통화가 나돌지 않는 이상 사용될 리는 없겠지요. 가상 통화가 유통되면 생활이나 경제가 변한다고 말하는 사람은 많지만, 그건 어렵습니다.

사토　사실 2000년에 가라타니 고진이 NAM이라는 네트워크를 시작하여 가상 통화의 원형을 만들어 유통을 시도했습니다.[61] 그 결과 금으로 뒷받침되지 않는 통화는 성립하지 않는다는 것이 밝혀져 2003년에 해산했습니다. 이를 좀 더 파고들어 가면 국가와 금의 문제에 봉착합니다.

국가와 금의 궁합은 아주 좋습니다. 1킬로그램의 금에 국가가 〈1킬로그램〉이라고 각인하잖아요. 마르크스 경제학에서는 그것을 주화라고 부릅니다. 주화되면 금괴가 닳아 줄어들어 999그램이 되어도, 950그램이 되어도 1킬로그램의 가치를 갖습니다. 이것이 마르크스가 말하는 지폐의 기원입니다.

가타야마　국가가 정식으로 인정하지 않으면 지폐는 의미를 갖지 못하지요. 가상 통화 문제는, 호리에몬이 라이브도어 주식을 분할하여 화폐 대신 쓰려고 했다가 체포된 사건과도 통합니다 (156면 참조). 어렸을 때 금 본위제를 이상하다고 생각했지만 거

61　NAM의 정식 명칭은 New Associationist Movement로 2000년 가라타니 고진의 제창으로 조직된 자본과 국가에 대한 대항 운동이다. 불매를 중심으로 한 자본에 대한 대항 운동과 협동조합의 창출을 활동 기둥으로 삼았다. 지역 통화를 발행하여 멤버 내에서 이용했지만 2003년에 해산했다 ─ 원주

기로 돌아간다는 이야기이기도 합니다.

사토 가상 통화 문제는 모두 마르크스 경제학으로 이해할 수 있습니다. 반대로 마르크스 경제학과는 달리 화폐 본질론이나 화폐 실능론을 다루지 않는 근대 경제학으로는 설명할 수 없지요. 이 일련의 사건은 마르크스 경제학의 승리를 의미합니다.

1월 21일에 니시베 스스무(西部邁)가 자살했습니다만[62] 저는 마르크스와의 맥락에서 더욱 강한 충격을 받았습니다. 니시베 스스무의 자살을 우익의 자살 계보에서 봐서는 안 된다고 생각하고 있어요. 그의 선행 사례는 『자본론』을 번역한 마르크스 경제학자 오카자키 지로(岡崎次郎)입니다. 오카자키는 저서 『마르크스에 기댄 60년(マルクスに憑れて六十年)』에서 쓰시마 다다유키(対馬忠行)가 선수를 쳤다고 썼습니다. 쓰시마는 마르크스주의자로 1979년 페리에서 세토 내해로 뛰어들었습니다. 마르크스의 차녀인 예니 라우라를 흉내 내어 자살한 것이지요. 예니 라우라는 고령이 되어 동지와 함께 일할 수 없게 된 마르스크주의자는 미련 없이 깨끗하게 사라져야 한다고 말하고 남편과 함께 자살했습니다.

역시 오카자키도 예니 라우라를 흉내 내어 쓰시마를 따르듯이 소식을 끊습니다. 이 생명관과 윤리관은 유물론에 기인하고 있어요. 저는 니시베 스스무도 유물론자로서 일생을 마쳤다고 느꼈습

---

62 경제학자이자 평론가인 니시베는 도쿄 대학 재학 중에 분트 집행부로서 1960년 안보 투쟁에서 학생 운동을 지도했다. 1986년 도쿄 대학 교수가 되지만 1988년에 사임. 그 후에는 보수파 평론가로서 활약했다. 주요 저작으로 『경제 윤리학 서설』, 『대중에 대한 반역(大衆への反逆)』 등이 있다. 2018년 1월 21일 다마가와강에 투신하여 목숨을 끊었다. 한편 자살에 관해서는 그것을 방조한 TV 프로그램 관계자들이 체포되었다. 유작으로 『보수의 유언(保守の遺言)』이 있다 — 원주.

니다.

가타야마 그렇군요. 저는 한 번도 만난 적이 없습니다만, 사토 씨는 교제가 있었습니까?

사토 일을 함께한 적은 없지만 서너 번 만났습니다.

앞에서도 말했지만 역시 사람은 스무 살 무렵에 본격적으로 접한 뭔가에서 벗어날 수 없어요. 사상도 음악도 종교도 그러한데 무의식적으로 거기로 회귀하니까요. 니시베 스스무는 대학 시절에 분트(공산주의자 동맹)에 가입했습니다. 그는 원점이었던 분트의 활동가로 돌아가 생을 마친 셈이지요.

가타야마 그렇게 보면 니시베 스스무가 일관되었다는 걸 알 수 있군요.

사토 실질적인 유서가 된 『보수의 진수(保守の真髄)』에서 그는 자신이 분트였던 것을 다시 돌아봅니다. 거기서 공화제에 대해서도 썼습니다. 대중이 군주제를 인정한다면 공화제와 군주제는 양립할 수 있다는 논의를 전개했어요. 그것은 그의 본질이 공화제론자였다는 것을 보여 주어 대단히 흥미로웠습니다.

가타야마 하지만 진정한 보수 사상가라는 평가를 받고 세상을 떠났지요. 저는 거기서 위화감을 느꼈습니다.

사토 저도 그렇게 느꼈습니다. 또 한 가지 위화감은, 미디어가 자살을 취급하는 방식입니다. 이유 여하를 불문하고 자살은 인생의 포기다, 목숨을 소홀히 하는 것은 좋지 않다, 자살을 예찬하는 풍조는 어떻게 된 것인가, 하는 담론은 하나도 없었습니다. 『아사히 신문』에서부터 『산케이 신문』까지 미화해서 보도했습니다.

가타야마 니시베 스스무가 자살하고 그 5일 후인 1월 26일에는 자민당의 노나카 히로무(野中広務)도 세상을 떠났습니다.[63] 사토 씨도 말한 것처럼 2001년에 고이즈미 정권이 탄생한 중의원 선거에서는 노나카 총리 대망론도 나왔습니다. 가정을 말해도 아무 소용이 없지만 만약 총리대신이 되었다면 일본이 어떻게 되었을지 생각하게 됩니다.

사토 씨는 노나카 히로무와도 아는 사이였습니까?

사토 노나카 씨는 잘 알고 있습니다. 저는 그로부터 관방 기밀비를 받은 적이 있습니다.[64]

저는 노나카 씨의 죽음이 쇼와 정치의 종언을 상징하는 것이라고 느꼈습니다. 노나카 씨의 오른팔 같은 역할을 한 사람이 스즈키 무네오 씨였습니다. 두 사람의 관계를 보면 노나카 히로무라는 정치가를 잘 알 수 있어요. 노나카 씨는 당내 영향력은 있지만 손발처럼 움직일 병사가 적었습니다. 한편 스즈키 씨의 경우 병사는 있었지만 당내 영향력이 약했지요. 그래서 두 사람이 짝이 되어 서로의 약점을 보완했습니다.

가타야마 노나카 총리가 탄생한다는 시나리오도 현실적으로 있

---

63 노나카 히로무는 1994년 발족한 무라야마 내각에서 자치상과 국가 공안 위원장에 취임하고 오부치 내각에서는 관방 장관과 오키나와 개발청 장관을 겸직했다. 모리 내각에서 자민당 간사장을 역임했고, 2003년 정치계를 은퇴. 전쟁 체험에 기초한 〈호헌파〉, 〈비둘기파〉로 알려졌다 — 원주.

64 관방 기밀비란 내각 관방 장관이 관리하고 나라의 사업을 원활하게 수행하기 위해 사용하는 것으로 여기는 경비다. 2001년 외무성 직원이 다액의 기밀비를 사적으로 유용한 사건이 발각되었으나 당시의 자민당 정권은 그 존재를 부정했다. 하지만 2010년 민주당 정권하에서 유용 사실이 밝혀졌다. 아울러 노나카 히로무는 TBS 프로그램에서 자신이 관방 장관이었던 시절 관방 기밀비를 정치 평론가에게 나눠 줬다고 증언했다 — 원주.

었겠네요?

사토 그 가능성은 충분히 있었습니다. 지지하는 정치가도 있었고요. 하지만 노나카 씨는 스스로 물러났습니다. 나 같은 출신의 사람, 그러니까 피차별 부락[65] 출신자가 정상이 되어서는 안 된다고 하면서 말이지요.

가타야마 노나카도 니시베 스스무와 마찬가지로 자신의 원점으로 돌아갔다고고도 할 수 있겠군요.

사토 말씀한 대로 노나카 씨는 피차별 부락 문제를 마지막까지 안고 있었다고 생각합니다. 그가 예전에 학대받은 존재였으니 정상이 되어야 한다고 스즈키 씨도 등을 떠밀었지만, 본인은 받아들이지 않았어요.

그런 관계였기에 스즈키 씨가 실각한 후 노나카 씨는 빈껍데기처럼 되고 영향력이 줄어들어 공식적인 무대에서 모습을 감췄습니다.

가타야마 굳이 가정을 말하자면 노나카 총리의 탄생으로 일본의 권력 구조가 크게 변할 가능성도 있었군요.

사토 그때까지 피차별 부락 출신으로 노나카 씨 이상으로 올라간 정치인은 마쓰모토 지이치로(松本治一郎)[66]뿐이었으니까 크게 변했겠지요. 그렇다 하더라도 마쓰모토 지이치로가 정계에서 힘

---

65 에도 시대에 최하층 신분이었던 천민(백정 등)의 자손이, 법령상 신분은 해방되었지만 아직 사회적으로 차별과 박해를 받아 집단적으로 살고 있는 곳.

66 부락 해방 운동의 지도자이자 아버지로 전후에는 부락 해방 동맹을 설립했다. 1948년 참의원 초대 부의장을 맡은 마쓰모토는 국회 개회식에서 쇼와 천황 알현을 거부하는 〈게걸음 거부 사건〉을 일으켰다. 〈게걸음〉이란 천황에게 엉덩이를 보이지 않도록 천황에게 머리를 향한 채 옆으로 퇴장하는 관례다 ― 원주.

을 가질 수 있었던 것은 분명히 전후 점령군의 정책이었습니다.

사실 노나카 씨가 안고 있던 문제 뒤에는 피차별 부락과 천황에 관한 일본의 차별 구조가 숨어 있어요. 그래서 〈부락 출신자를 일본의 총리로 만들 수는 없지〉라고 말했다는 아소 다로에 대해 노나카 씨는 굉장히 화를 냈습니다.

가타야마 노나카 히로무는 부락 문제 외에 전쟁 문제와 자민당의 파벌 문제도 짊어지고 있었습니다. 그런 의미에서 사토 씨의 지적처럼 쇼와 정치가였지요. 예전의 자민당은 부락, 전쟁, 오키나와 등 다양한 문제를 포괄하는 일본의 축도 같은 정당이었습니다. 옛날 좋은 시절 자민당의 마지막 상징이 노나카 히로무였지요. 하지만 지금은 보수적 색깔을 극단적으로 강조하는 정당으로 변질되어 버렸습니다.

사토 지금 가타야마 씨가 좋게 평가하는 정치인은 있습니까?

가타야마 딱히 이 사람, 하는 정치인은 없습니다. 예컨대 입헌 민주당의 후쿠야마 데쓰로(福山哲郎)[67] 같은 사람은 성실하다는 느낌이지만, 나라를 맡길 수 있느냐고 묻는다면…… 글쎄요. 사토 씨는 어떻게 생각합니까? 헤이세이 시대 이후를 맡길 수 있는 정치인이 있습니까?

사토 글쎄요……. 요즘 인기 있는 고이즈미 신지로(小泉進次郎)의 경우에도 잡종보다는 페르시아 고양이나 샴 고양이가 좋다는

---

67 입헌 민주당에 소속한 참의원 의원. 1998년의 참의원 선거 때 교토 선거구에서 처음으로 당선. 민주당에 입당하여 참의원 환경 위원장, 지구 온난화 대책 본부 사무 총장, 정조회장 대리 등을 거쳐 2009년 외무 부(副)대신, 2017년에 민진당을 탈당하여 입헌 민주당의 초대 당 간사장에 취임했다 — 원주.

수준의 이야기잖아요. 아버지 출신 성분의 연장선상에서 이야기 되고 있을 뿐이지요.

가타야마 고이즈미는, 공부는 과연 했을지 모르겠고 뭔가를 물으면 거침없이 말은 하지만 자신이 정말 말하고 싶은 것이 있는지가 의문입니다. 누군가의 지시로 말한다는 점에서는 유능할지도 모르겠습니다. 하지만 그래서는 정치가가 아니라 배우로서의 재능이라는 이야기가 되겠지요.

사토 그렇게 생각하면 헤이세이 시대 이후의 정치인은 타입에서 보면 관방 부(副)장관인 스기타 가즈히로(杉田和博)나 내각 정보관인 기타무라 시게루(北村滋) 등이 아닐까요.[68] 요컨대 권력과의 거리가 가깝습니다. 아베 총리의 친구들이지요. 공직에 있지 않은 사람을 들자면 아베 아키에 총리 부인도 헤이세이 시대 이후〈적〉이라고 할 수 있습니다.

가타야마 친구에 총리 부인이라, 정말 언제적 시대인가 하는 느낌이 드네요. (쓴웃음)

몽골은 〈귀엽지 않은 나라〉인가

사토 2017년 10월, 요코즈나 하루마후지가 몽골인 스모 선수끼

---

68 스기타는 도쿄 대학을 졸업한 후 경찰청에 들어가 경시청 제1방면 본부장, 내각 관방 내각 정보 조사실장, 내각 위기 관리감 등을 역임했고, 지하철 사린 사건 때는 경비국장이었다. 2012년 발족한 제2차 아베 내각에서부터 내각 관방 부장관을 맡았다. 기타무라 역시 도쿄 대학을 졸업한 후 경찰청에 들어갔다. 제1차 아베 내각에서 내각 총리대신 비서관이 되고, 민주당의 노다 정권하에서는 내각 정보관으로서 특정 비밀 보호법 제정에 관여했다. 스기타와 마찬가지로 아베 총리의 브레인으로 손꼽힌다 — 원주.

리의 술자리에서 폭력을 휘두른 일로 은퇴했습니다.[69] 그 후 심판인 시키모리 이노스케(式守伊之助)에 의한 성희롱 의혹이나 이전부터의 승부 조작 의혹 등이 분출했고, 2018년에 들어서도 스모계 소동은 수습되지 않았습니다. 스모 도장의 로컬 룰도 통용되지 않게 된 것이겠지만, 약간 관점을 바꿔 몽골인 비난 구조에 대해 이야기해 보도록 하지요.

가타야마 애초에 몽골인 선수를 비난하게 된 계기였던 피해자 다카노이와(2018년 12월 자신의 시중을 드는 후배 스모 선수를 폭행한 사건으로 은퇴)도 몽골인입니다. 다카노이와의 스승인 다카노하나 감독(당시)은 〈스모는 신을 모시는 행사이니 특별하다〉고 말했습니다. 그의 말을 보면 일본의 민족주의가 분출하는 방아쇠가 되지 않을까 하는 느낌도 듭니다. 하지만 그런 다카노하나도 신흥 종교에 빠졌습니다. 잘 알 수 없는 이런 구도가 스모계의 한계가 가깝다는 것을 보여 주는 것 같아요.

사토 저는 스모계의 몽골인 공격은 외무성에서 자주 사용하는 〈귀여운 나라〉, 〈귀엽지 않은 나라〉라는 이분법으로 말할 수 있을 것 같습니다.

가타야마 귀여운 나라와 귀엽지 않은 나라인가요?

---

69 요코즈나(최고 등급) 하루마후지가 순회 경기 중 술자리에서 같은 몽골 출신의 다카노이와를 구타하여 머리에 상처를 입힌 일이 드러났다. 다카노이와와 스승인 다카노하나는 돗토리 현경에 피해 신고서를 제출했고 하루마후지는 그다음 달에 은퇴를 표명했다. 이를 계기로 〈사건을 원만하게 처리하지 않았던〉 다카노하나와 협회 측이 대립, 다카노하나는 2018년 2월의 이사 선거에서 낙선했다. 같은 해 3월 다카노하나는 총회에서 협회에 반발하는 언동을 계속한 것에 대해 사죄하고 같은 해 10월에 일본 스모 협회를 퇴직했으며 다카노하나 도장은 없어졌다 ─ 원주.

사토 그렇습니다. 정부 개발 원조ODA 등을 둘러싼 대화에서 자주 사용하는 표현인데, 일본의 의향을 따르는 나라는 귀여운 나라이고 거스르는 나라는 귀엽지 않은 나라입니다. 몽골인 선수 중에도 귀여운 몽골인이라든가 귀엽지 않은 몽골인이 있습니다.

예를 들어 잘 따르지 않는 몽골인이었던 아사쇼류(朝青龍)는 귀엽지 않았습니다. 하쿠호(白鵬)의 경우 처음에는 귀여웠지만 도중부터 귀엽지 않아졌지요.

가타야마 그렇군요. 소련 시대의 백계 러시아인이나 중국의 왕자오밍은 귀여운 외국인이라는 것과 비슷한 논리군요. 다만 좀 더 부감해 보면 결국 위계 구조의 상위에는 일본인이 있는 것이네요.

사토 말씀한 대로 종래대로의 위계 구조나 룰을 몽골인 선수가 넘어서려고 하니까 스모계가 강한 저항감을 드러내는 것입니다.

가타야마 그렇지만 몽골인 선수도 어떤 의미에서는 스모의 규칙과 전통을 따르고 있을 뿐이라고도 할 수 있어요. 폭행 사건이나 몽골인 선수의 짬짜미 승부 문제가 되었지만 2007년에는 도키쓰카제 도장에서 새로운 제자가 폭행을 당해 사망했습니다. 또한 2011년에는 일본인 선수의 승부 조작 문제가 발각되어 봄 대회가 중지되었고, 관여했던 선수들이 처분을 받았어요. 스모계가 안고 있는 문제를 몽골인에게만 떠넘기면 스모 자체가 성립하지 않습니다.

사토 15일간이나 연속으로 진검 승부를 했다면 사망자가 나와도 이상하지 않으니까요. 1백 킬로그램을 가볍게 넘는 남자들이 본격적으로 부딪치면 몸이 버텨나지 못합니다.

가타야마 그야 그렇지요. 어딘가에서 적절한 조치를 취하지 않으면 성립하지 않는 세계인 것은 틀림없습니다. 다들 알고 있었지만 그런 로컬 룰을 인정하지 않게 되면 어떻게 될까요? 표면상의 원칙을 없애면 모두 붕괴하고 말겠지요. 몽골인 선수 소동과 같은 시기에 미디어에서는 아베 총리가 평창 동계 올림픽 개회식에 참석할지 말지가 화제가 되었습니다. 결국 참석하기로 결정했지요.

사토 본심은 가고 싶지 않았을 거라고 생각합니다. 하지만 이웃 나라의 올림픽에 참석하지 않으면 국제 사회에서 이상한 사람으로 여겨지고 맙니다. 양쪽을 저울에 올리고 참석했을 뿐이죠.

가타야마 국내의 자칭 보수파로, 아베 총리의 방한에 화를 냈던 사람이 아주 많습니다. 다만 2년 후에는 도쿄 올림픽이 기다리고 있으니 안 갈 수도 없었지요.

사토 확실히 핵심적인 아베 지지자에게는 충격적인 결단이었겠지요. 다만 위안부 문제가 다시 문제 되지 않을까 싶었지만, 김정은의 누이 김여정이 개회식에 참석하고 〈미녀 응원단〉까지 왔기 때문에 일본 미디어 보도도 북한 일색이었습니다. 아베 지지층의 의문이나 불신도 유야무야된 느낌이 있어요. 아무래도 아베 총리의 정치 인생은 북한과 인연이 깊은 것 같습니다.

헤이세이 시대의 책 한 권은?

가타야마 지금까지 30년간의 정치나 사건을 중심으로 돌아봤습니다만 문화와 예술 분야에서는 어떤 경향이 보입니까?

사토 문학상 수상 작가의 목록을 보고 전체의 경향이라고 말할 수 있는 것은 여성 작가의 우위가 아닐까 싶습니다. 미야베 미유키(宮部みゆき), 유이카와 게이(唯川恵), 가쿠타 미쓰요(角田光代), 기리노 나쓰오(桐野夏生), 무라야마 유카(村山由佳), 니시 가나코(西加奈子), 무라타 사야카……. 이렇게 보면 여성 작가는 계속해서 좋은 작품을 쓰고 있습니다.

가타야마 씨는 헤이세이 시대를 대표하는 한 권을 든다면 어떤 것입니까?

가타야마 글쎄요. 한 작품만 고르는 것은 어렵습니다. 다만 여성 작가 쪽이 두드러진다는 의견에는 동의합니다. 그래서 여성 작가를 한 사람 들자면 가와카미 히로미입니다. 이 시대의 모호한 인간관계나 여성이 아니면 쓸 수 없는 생활감을 그리고 있습니다. 지진 피해 문학을 다룰 때도 말했습니다만 『신』과 『신 2011』이지요. 이 작품들은 시대 분위기를 잘 표현했다고 생각합니다.

사토 저는 굳이 한 권을 들자면 온다 리쿠(恩田陸)의 『밤의 피크닉』입니다.[70] 24시간에 걸쳐 80킬로미터를 걷는 고등학교의 전통 행사라는 낡은 용기 안에서 싱글 맘 등의 현대적 문제를 다루고 있습니다. 문학사에 남을 만한 명작이라고 느꼈어요.

가타야마 저도 온다 리쿠는 굉장한 재능이라고 생각합니다.

---

70 온다 리쿠가 2004년 발표한 청춘 소설. 전교 학생이 24시간에 걸쳐 80킬로미터를 걷는 고등학교의 전통 행사를 통해 같은 학년인 이복 자매 등의 교류를 그린다. 2006년 영화화되었다 — 원주.

쇠퇴하는 출판 산업

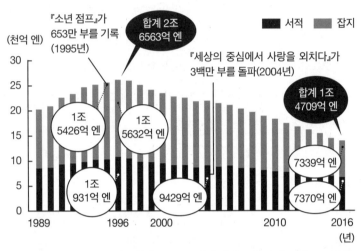

『소년 점프』가
653만 부를 기록
(1995년)

합계 2조
6563억 엔

『세상의 중심에서 사랑을 외치다』가
3백만 부를 돌파(2004년)

(천억 엔)

합계 1조
4709억 엔

■ 서적 ■ 잡지

30
25
20
15
10
5
0

1989   1996   2000   2010   2016
(년)

1조
5426억 엔

1조
5632억 엔

1조
931억 엔

9429억 엔

7339억 엔

7370억 엔

* 2017년은 합계 1조 3701억 엔(잡지 6548억 엔, 서적 7152억 엔)
출처: 「2017년판 출판 지표 연보」

2016년에 나오키상을 수상한 『꿀벌과 천둥』에서 클래식 음악을 다루고 있는데 그녀의 지식은 일류 음악 평론가로서도 손색이 없을 정도였습니다. 예를 들면 바르토크에 대한 부분은 벼락 지식으로 쓸 수 있는 수준이 아니었습니다.

사토 저는 헤이세이 문학을 대표하는 것은 나오키상이나 아쿠타가와상을 받은 작품이 아니라 서점 대상[71]일지도 모른다고 생각합니다. 나오키상은 유식자가 선택하지만 서점 대상은 일반 서

---

71 신간 서적을 취급하는 전국의 서점 직원이 과거 1년 동안 재미있었던 책, 손님에게 가장 권하고 싶은 책을 투표하여 정하는 상. 아르바이트를 포함한 현역 서점 직원만이 투표할 자격을 갖는다.

서점 대상 역대 수상작

제1회(2004)	오가와 요코, 『박사가 사랑한 수식』
제2회(2005)	온다 리쿠, 『밤의 피크닉』
제3회(2006)	릴리 프랭키, 『도쿄 타워』
제4회(2007)	사토 다카코, 『한순간 바람이 되어라』
제5회(2008)	이사카 고타로, 『골든 슬럼버』
제6회(2009)	미나토 가나에, 『고백』
제7회(2010)	우부카타 도우, 『천지명찰』
제8회(2011)	히가시가와 도쿠야, 『수수께끼 풀는 저녁 식사 후에』
제9회(2012)	미우라 시온, 『배를 엮다』
제10회(2013)	하쿠타 나오키, 『해적이라 불린 사나이(海賊とよばれた男)』
제11회(2014)	와다 료, 『무라카미 해적의 딸(村上海賊の娘)』
제12회(2015)	우에하시 나호코, 『사슴의 왕』
제13회(2016)	미야시타 나쓰, 『양과 강철의 숲』
제14회(2017)	온다 리쿠, 『꿀벌과 천둥』
제15회(2018)	쓰지무라 미즈키, 『거울 속 외딴 성』
제16회(2019)	세오 마이코, 『그리고 바통은 넘겨졌다』

점 직원의 투표로 결정됩니다. 이를테면 논단의 권위를 무시하고 일반 독자의 시선을 의식하고 만든 상인 셈이지요. 온다 리쿠의 나오키상 수상은 2017년이지만, 12년이나 전인 2005년에 『밤의

피크닉』으로 서점 대상을 수상했습니다.

또 서점 대상에서는 종래의 문학상과는 인연이 없는 작품도 선택되고 있습니다. 예를 들면 제3회 수상은 릴리 프랭키의 『도쿄 타워』이고 제10회는 햐쿠타 나오키의 『해적이라 불린 사나이』입니다.

가타야마　여전히 아쿠타가와상과 나오키상은 뉴스 가치가 더 크지만 점차 그 형식만 남고 있으니까요. 특히 아쿠타가와상은 뉴스 가치를 높이기 위해 반향이 클 것 같은 사람에게 주게 되었습니다. 서점 직원의 다수결로 결정되는 서점 대상은 문단의 기능 부전에 대한 불만에서 생겨난 것이라고도 할 수 있지요.

사토　아쿠타가와상의 변질이 현저해진 것은 2003년의 와타야 리사(綿矢りさ)와 가네하라 히토미(金原ひとみ)부터일 겁니다. 그다음 해에 서점 대상이 만들어진 것은 종래의 문학상에 대한 불만과 무관심은 아닌 것 같습니다.

문학 세계의 변화로 또 한 가지 걱정되는 것은, 하나의 현상이 된 서적이 문단이나 업계에서 공유되지 않는 점입니다. 예컨대 2001년에 간행된 『세상의 중심에서 사랑을 외치다』가 3백만 부를 넘는 대형 베스트셀러가 되었습니다.[72] 원래라면 그렇게까지 팔린 책은 문단 사람도 편집자도 일로서 읽지 않으면 안 될 것입니다. 하지만 읽은 사람이 무척 적었어요. 이것도 헤이세이 시대

72　백혈병으로 연인을 잃은 주인공이 그녀의 추억과 마주하며 새로운 일보를 내딛기까지를 그린 청춘 연애 소설. 저자는 가타야마 교이치. 2001년 발행되자 3백만 부를 넘는 대형 베스트셀러가 되어 『세상의 중심에서 사랑을 외치다』 붐을 일으켰다. 2004년에는 영화와 드라마로도 만들어졌다 ─ 원주.

특유의 현상일지도 모릅니다.

가타야마 옛날이라면 3백만 부나 팔리면 칭찬하는 사람과 안티 양쪽이 있었을 것입니다. 하지만 어떤 의미에서는 숫자로만 평가하는 시대이면서도 다양화되어 논의조차 되지 않았어요.

사토 지금 문단 사람이나 편집자들에게 자극을 주고 논의의 장을 낳는 힘을 가진 작가는 무라카미 하루키 정도일지도 모릅니다.

가타야마 예전에는 작가를 지망하는 예비군도 많아서 논의할 수 있는 장으로서 동인지도 많았어요. 그리고 재능 있는 사람이 차례로 등장했지요. 그런데 쇼와 말인 1980년대부터 점점 소설을 읽는 사람이 적어졌고, 헤이세인 원년인 1989년부터 이 30년 사이에 결정적으로 지반이 침하했습니다. 헤이세이는 소설의 쇠퇴가 아주 현저한 시대가 되고 말았습니다.

그렇다면 소설을 쓰던 재능 있는 사람들은 어디로 가버린 걸까요. 예전에는 영화나 영상, 만화였겠지만 지금은 재능 있는 사람들 대부분이 게임 업계로 진출했잖아요. 나오키상 작가가 되는 것보다 게임 스토리 쪽이 더 많은 돈을 벌 수 있기 때문입니다.

사토 저는 게임을 하지 않지만, 한번 빠지면 큰일인 모양이더군요. 나카무라 우사기(中村うさぎ)[73] 씨가 아주 지친 모습으로 대담 장소에 나타나서, 어떻게 된 거냐고 물었더니 〈이틀 밤을 새며

---

73 소설가이자 에세이스트. 쇼핑 의존증, 호스트 클럽 출입, 자신의 성형 수술에 대해 적나라하게 쓴 에세이가 인기를 얻었다. 2013년에 난치병을 앓아 심폐 정지까지 되었다가 살아났다. 그 체험을 사토와의 공저『죽음을 비웃다(死を笑う)』에 적었다 — 원주.

게임을 했다)고 하더군요. (쓴웃음)

가타야마 게임은 정말 놀라운 지배력을 갖고 있는 것 같습니다. 게다가 다들 하고 있으니까 신문에 게임 시평이 있어도 좋을 것 같은데, 아무도 보러 가지 않는 연극 비평 같은 건 여전히 게재되고 있지요.

헤이세이 시대의 명작 영화는?

가타야마 앞에서 「신 고질라」나 호러 이야기를 했지만 헤이세이 시대의 일본 영화를 다시 살펴보지 않겠습니까?

사토 저는 1995년까지 러시아에 있었기 때문에 실시간으로 본 영화는 적지만 꼭 들어 보고 싶습니다.

가타야마 우선 1989년의 『키네마 순보(キネマ旬報)』 베스트 10을[74] 보면 1위가 이마무라 쇼헤이(今村昌平)의 「검은 비」, 3위가 구마이 게이(熊井啓)의 「센노 리큐: 혼가쿠보의 유서」, 7위에 데시가하라 히로시(勅使河原宏)의 「리큐」 등……. 헤이세이 원년은 아직 전후 영화 거장의 시대였던 것이지요. 동시에 기타노 다케시(北野武)가 처음으로 감독한 작품인 「그 남자 흉폭하다」가 8위였습니다.

사토 5위에는 지브리의 「마녀 배달부 키키」가 들어 있네요. 지

---

74 영화 잡지 『키네마 순보』 편집 동인의 투표로 선정된 것이 시작이다(첫 회는 1924년도). 현재는 영화 평론가, 일본 영화 기자 클럽 회원 등 영화 관계자 1백 명 이상의 선정 위원이 고른 〈일본 영화〉와 〈외국 영화〉로 나누어 해마다 베스트 10을 토대로 1위를 10점, 2위를 9점…… 10위를 1점으로 하여 집계하고 있다.

브리 애니메이션은 그 후에도 일정하게 랭킹에 들어 있는데 지브리 이외의 애니메이션이 무척 적습니다.

가타야마 예전에는 영화 베스트 10에 애니메이션이 들어간다는 건 믿을 수 없었습니다. 1980년대부터 서서히 애니메이션이 시민권을 얻게 되지요.

물론 헤이세이에 들어와 영화계가 갑자기 변한 것은 아닙니다만, 헤이세이 시대에 만들어진 영화를 다시 보면 조금 전에 화제가 되었던 인과 관계가 없는 일본의 호러가 눈길을 끕니다. 그 계기가 1997년에 공개된 구로사와 기요시(黒沢清)의 「큐어」와 1998년의 나카타 히데오의 「링」입니다. 그중에서도 인상에 남은 작품이 2002년의 구로키 히토미(黒木瞳) 주연의 『검은 물 밑에서』입니다.[75] 그다지 화제가 되지는 않았지만 일본 호러의 정수를 솜씨 있게 집대성한 영화였습니다.

사토 기타노 다케시 감독의 영화에도 인과 관계가 보이지 않는 폭력 묘사가 많습니다. 아키하바라 사건처럼 갑작스러운 폭력에 휩쓸려 목숨을 빼앗기는 불합리함을 느끼게 되죠. 호러도 기타노 다케시 영화도 사느냐 죽느냐는 결국 운에 달리게 됩니다.

가타야마 1980년대까지는 고마쓰 사쿄의 대작으로 대표되는 SF 영화를 간신히 볼 수 있었습니다. SF는 사이언스이므로 계획성이나 미래 예측이 있어요. 예를 들어 일본이 침몰해도 이만큼의

75　나카타 히데오 감독의 2002년 호러 영화. 원작은 스즈키 고지의 단편 소설이다. 이혼 문제를 안고 있는 모녀가 이사한 아파트에서 기괴한 현상이 연속해서 발생한다. 얼마 후 딸과 같은 유치원에 다니고 있던 소녀가 행방불명이 되었다는 사실이 밝혀진다 — 원주.

사람들을 구할 수 있었다거나 멸망의 위기에서 인류가 이겨 냈다
거나 하는 합리적 결말이 있었지요. 한편 호러는 뭔가가 갑작스
럽게 덮쳐 아무리 피하려고 해도 도망칠 수 있을지 알 수가 없습
니다. 헤이세이처럼 예측할 수 없는 사회에서는 호러나 갑작스러
운 폭력 이외에는 리얼리티를 표현할 수 없을지도 모르겠어요.

사토 『키네마 순보』의 베스트 10에는 들어가지 않았지만 제가
헤이세이를 드러내고 있다고 느끼는 영화는 「사채꾼 우시지마」
시리즈입니다. 원작 만화에서도 신자유주의 사회의 상류 계급에
서부터 노무자 합숙소나 유흥가, 호스트 클럽, 카바레식 클럽, 원
전 노동자, 도박이나 빚 의존증 등의 하류까지 충분히 그리고 있
습니다. 그건 헤이세이 일본 사회의 구도를 표현하는 것이지요.

　1999년의 「주바쿠」도 동시대에 일어난 총회꾼 이익 공여 사건
을 제재로 하고 있지만 「금환식」에 비하면 안전한 데서만 그리고
있는 것처럼 보였습니다.[76] 그런 관점에서 랭킹을 보면 현재 진
행형의 사건이나 문제를 다루는 사회파 영화가 굉장히 적습니다.
사회파로 불리는 영화도 과거의 사건을 안전한 데서 총괄하고 있
지요. 예를 들어 2002년 「KT」의 소재도 1973년의 김대중 납치
사건이고, 2008년 와카마쓰 고지(若松孝二)의 「실록 연합 적군」
도 한마디로 말하면 조직 안에서 비참한 사건이 일어났는데 그것
은 동세대인 우리의 용기가 부족했다고 말하고 있을 뿐인 이야기

76　다이이치칸교 은행의 총회꾼 이익 공여 사건을 모델로 한 「주바쿠」는 다카스기 료
의 경제 소설이 원작이다. 제목은 사건을 시인한 기자 회견에서 다이이치칸교 은행의 곤도
가쓰히코 은행장이 〈주바쿠(주문의 힘으로 꼼짝 못 하게 되는 것)가 풀리지 않았다〉고 말
한 데서 온 것이다─원주.

입니다.

가타야마 그것은 마르크스주의가 소용없어진 영향일지도 모릅니다. 야마모토 사쓰오(山本薩夫)[77]처럼 마르크스주의의 세례를 받은 감독은 사건이나 사회의 구도 전체를 거시적으로 그렸습니다. 「전쟁과 인간」도 「화려한 일족」도 「금환식」도 그런 영화였습니다. 이마이 다다시(今井正)의 작품도 그렇지요.[78] 하지만 「실록 연합 적군」에서는 감독이 등장인물에게 감정 이입을 하고 있습니다. 그래서 전체의 구도가 보이지 않고, 세상 물정이나 인정을 소재로 한 이야기처럼 되어 버립니다.

사토 그렇군요. 특히 「전쟁과 인간」에는 리버럴한 자본가나 대륙 낭인[79] 또는 이시하라 유지로(石原裕次郎)가 연기한, 국제 감각이 뛰어나고 정의감이 강한 외교관 등 다양한 등장인물이 필연성을 갖고 등장합니다. 그러나 아무도 시대의 흐름에는 저항하지 않지요. 그러한 현실을 다양한 인물의 삶과 죽음을 통해 표현했습니다.

가타야마 그것은 역사의 톱니바퀴를 앞에 둔 개인의 감정이나 윤리 그리고 도덕으로는 어떻게 해볼 수가 없는 큰 물음입니다. 확실히 1990년 이후에는 누구나 직면하는 큰 물음을 전제로 하여

---

77 좌익 학생 운동에 가담하여 와세다 대학에서 퇴학. 제2차 세계 대전 후 영화감독인 가메이 후미오와 공동으로 전쟁의 비극을 강렬하게 그린 「전쟁과 평화」를 발표하여 주목을 받았다. 다른 대표작으로 「불모지대」, 「하얀 거탑」, 「아아 노무기 고개」 등이 있다 — 원주.

78 전후의 날품팔이꾼을 모델로 한 「힘겹게 살고 있다」, 인종 차별 비판을 테마로 한 「기쿠와 이사무」 등에서 사회적인 주제를 약자의 입장에서 그렸다. 다른 대표작으로 오키나와 전쟁의 비극을 그려 크게 히트한 「히메유리의 탑」이 있다 — 원주.

79 메이지 초기부터 중일 전쟁의 패전까지 중국을 중심으로 한 대륙 각지에 거주하며 방랑하고 각종 일을 획책한 일본인 일군을 가리킨다.

사회나 사건의 구도를 표현하는 영화가 줄어든 느낌이 듭니다.

사토 게다가 최근의 전쟁 영화는 역사 수정주의와 결부되어 있어요. 2008년의 「내일에의 유언」도 그렇습니다. 거슬러 올라가면 역사 수정주의적인 전쟁 영화가 만들어지기 시작한 것은 단바 데쓰로가 도조 히데키(東條英機)를 연기한 「대일본 제국」쯤부터가 아닐까 싶습니다.[80]

가타야마 「대일본 제국」에는 갑자기 사망한 나쓰메 마사코(夏目 雅子) 배우도 나왔지요. 공개된 것은 몇 년이었죠?

사토 1982년입니다.

가타야마 와, 그렇게 오래되었나요? 「전쟁과 인간」 3부작이 1970년에서 1973년에 만들어졌으니까 1980년에 들어오고 나서는 점차 야마모토 사쓰오적인 영화가 만들어지지 않게 되었다고 말할 수 있을지 모르겠네요. 그리고 1990년이 되면 수정주의적인 영화나 드라마가 완성됩니다. 왜냐하면 1990년 이후의 대하드라마에서는 전국 시대[81]인데도 〈사랑이 중요하다〉고 말하는 사람이 등장하게 되었으니까요. 전쟁 영화의 경우에도 성품이 좋은 천황이나 성격이 좋은 미군이 그려지게 되었고요. 성품으로만 대상을 좁히니까 전쟁 영화도 세상 물정이나 인정을 소재로 한 이야기가 되어 버립니다. 세상 물정이나 인정을 소재로 한

80　전쟁 영화인 「대일본 제국」은 1941년부터 1945년에 걸친 남방 전선을 주축으로 하며 일본인에게 전쟁이란 무엇이었는가를 묻는다. 사토는 〈역사 수정주의를 선취하고 있어 흥미롭다〉고 평한다 — 원주.

81　일본의 역사에서 1467년 오닌의 난 때부터 1753년 오다 노부나가가 무로마치 막부를 멸망시킨 때까지의 시대를 말한다.

전쟁 영화의 어디가 재미있는지 저로서는 전혀 모르겠지만 말이지요.

사토 그 이야기를 신학에 적용하면 전쟁 영화는 인효론이 아니라 사효론이라는 것이겠네요. 성품이 아니라 사물의 구조를 보고 싶은 거니까요. 그렇다면 반대로 폭넓게 문화와 예술이라는 분야에서 헤이세이를 상징하는 인물을 한 사람으로 좁히면 누구일까요?

가타야마 어려운 질문이네요. 「신 고질라」와 연상되어 말하자면 고질라의 모션 액터를 했던 노무라 만사이(野村萬斎)겠네요.[82]

사토 노무라 만사이는 저도 찬성합니다. 그는 가명을 계승하면 노(能) 배우가 될 수 있었는데도 굳이 들어가기 어려운 도쿄 예술 대학에 진학하여 노가쿠(能樂)를 배웠지요. 제가 노무라 만사이를 존경하는 또 하나의 이유가 「음양사」에서 이마이 에리코(今井絵理子)와 두 번 공연했다는 점입니다. 이마이는 중국에서 찾아온 나비 요괴를 연기하는데 긴 대사를 외울 수가 없었습니다. 그래서 노무라 만사이가 이야기하는 말의 어미를 되풀이하기만 하면 되는 역이 되고 말았지요.

가타야마 앵무새처럼 흉내만 낸 건가요?

사토 그렇습니다. 아마 스폰서의 요청으로 어떻게든 (아이돌인)

---

82 일본 전통극 교겐(狂言) 배우이자 영화배우인 노무라는 교겐 이즈미류(和泉流) 노무라 만조의 장남으로 할아버지와 아버지를 사사했다. 도쿄 예술 대학 음악학부 방악과 노가쿠를 전공했고, 도쿄 예술 대학의 노가쿠과를 유지하기 위해서 입학한 배경도 있었다고 말했다. 극장 교겐 등의 혁신적 교겐으로 젊은 관객층을 발굴함과 동시에 TV와 영화 등에도 적극적으로 출연하여 화제를 모은다. 도쿄 올림픽의 총괄 예술 감독을 맡았으나 올림픽 간소화 정책으로 사임했다 — 원주.

이마이를 기용하지 않으면 안 되었겠지요. 하지만 노무라 만사이는 그런 이마이를 이야기에 잘 집어넣었어요. 그것을 할 수 있었던 노무라 만사이는 천재라고 느꼈습니다. 대사를 외우는 것조차 하지 못하는 이마이가 지금은 국회 의원이 되었다는 또 다른 문제가 있지만 말이지요. (쓴웃음)

가타야마　말씀한 대로 노무라 만사이는 〈흉내 내는〉 가운데 모든 것을 포괄해 가는 교겐이라는 전통 예능과 시대의 필요를 훌륭하게 연결하여 하나의 개성으로 구현해 냈습니다. 그는 틀림없이 헤이세이 시대를 대표하는 문화인이라고 할 수 있지요.

차세대에 숙제가 남았다

가타야마　사토 씨는 헤이세이를 대표하는 경제인이나 정치가는 누구라고 생각하십니까?

사토　경제인이라면 손정의입니다.[83] 호리에몬이 아니지요. 둘 다 머리도 좋은 경영자이지만 큰 차이가 있습니다. 그것은 진실한가 어떤가 하는 것입니다. 과거에 인터넷이나 휴대전화 등 여러 가지 사업에 손을 댔는데 지금도 살아남은 것은 손정의의 실력에 의한 바가 큽니다. 성급하지 않는 것도 예전 파나소닉의 마

83　소프트뱅크 창업자이자 회장인 손정의는 재일 한국인 일가에서 태어났다. 고등학교를 중퇴하고 미국으로 유학. 대학 시절에 〈음성 장치가 달린 다국어 번역기〉 시제품을 만들었고 그것을 샤프에 1억 엔을 받고 팔았다. 그 돈을 밑천으로 창업하고, 그 후 브로드밴드 사업이나 휴대전화 사업으로 성공. 2013년에 미국 3위의 통신 대기업인 스프린트 넥스텔을 매수하여 국내는 물론 세계에서도 그 이름을 떨치고 있다 — 원주.

쓰시타 고노스케(松下幸之助)나 소니의 모리타 아키오(盛田昭夫)와 달리 헤이세이적인 것 같습니다.

　정치가라면 고이즈미 준이치로지요. 아베 신조는 여러 가지 의미에서 아류에 지나지 않습니다.

가타야마　확실히 고이즈미는 정치 스타일을 크게 바꾸었으니까요. 무엇보다도 자민당과 함께 사회를 지탱해 온 가치 체계를 파괴해 버렸습니다. 그리고 그 스타일이 아베 신조에게도 계승되고 있지요.

사토　헤이세이의 30년 동안 다양한 것이 상실되었습니다. 그런 상황에서 다시 생각했을 때 차세대에 남겨 둔 테마는 뭘까요?

가타야마　남겨 둔 것이라는 표현이 옳은지 어떤지는 모르겠지만 헤이세이는 쇼와의 유산을 탕진한 시대였다고 생각합니다.

　우리는 착각하고 있었지요. 이 안정된 생활이 계속 이어질 거라고 말이지요. 헤이세이 초기에 극구 칭찬했던 〈한없는 일상〉이 계속될 거라고 막연히 느끼고 있었던 것입니다.

　하지만 21세기는 위기의 시대였습니다. 지금까지의 지혜나 틀로는 대응할 수 없습니다. 빠른 변화를 쫓아갈 수가 없는 거지요. 판단이나 사고가 정지해 버렸습니다. 동시에 신자유주의가 진행되어 공동체나 중간 단체가 파괴되어 소속한 장소가 없어지고 원자화된 개인이 절대자를 찾기 시작했습니다. 그런 상황에서 그동안 탕진한 유산을 앞으로 되찾을 수 있을까요. 무척 힘들 거라고 생각합니다.

사토　지금 그 이야기를 듣고 유대교에 전해지는 카발라의 지혜

국민 영예상(최고 훈장)

1989년	미소라 히바리(가수) 지요노후지(스모 선수)
1992년	후지야마 이치로(가수) 하세가와 마치코(만화가)
1993년	핫토리 료이치(작곡가)
1996년	아쓰미 기요시(배우)
1998년	요시다 다다시(작곡가) 구로사와 아키라(영화감독)
2000년	다카하시 나오코(마라톤 선수)
2009년	엔도 미노루(작곡가) 모리 미쓰코(배우) 모리시게 히사야(배우)
2011년	FIFA 여자 월드컵 일본 대표(축구팀)
2012년	요시다 사오리(레슬링 선수)
2013년	다이호(스모 선수) 마쓰이 히데키(프로야구 선수) 나가시마 시게오(프로야구 선수)
2016년	이초 가오리(레슬링 선수)
2018년	이야마 유타(바둑 기사) 하부 요시하루(장기 기사) 하뉴 유즈루(피겨 스케이터)

논리를 떠올렸어요. 빛이 담긴 항아리가 있습니다. 하지만 시간이 지나면 항아리에 금이 가고 깨집니다. 그래서 새로운 항아리를 준비해야 하지요. 세월의 흐름과 함께 항상 새로운 항아리가

필요해집니다. 하지만 교체에 실패하면 빛은 두 번 다시 원래대로 돌아오지 않습니다.

여기서 말하는 빛이란 일본 고유의 문화이고 국체이고 언어이고 또 천황일지도 모릅니다. 그것을 되도록 빨리 새로운 항아리로 교체하지 않으면 안 됩니다. 그런 타이밍이 다가온 게 아닐까 싶습니다.

가타야마 사토 씨는 항아리란 구체적으로 뭐라고 생각하십니까?

사토 저는 교육이라고 생각합니다. 일본 전체가 늙어 가고 있는 가운데 젊은 사람들의 힘이 더욱 요구되는 것은 확실하지요.

하지만 일본에서는 장기간 영어 의무 교육을 받고 있는데도 토플 점수가 60점에 이르지 못한 학생이 대부분이라는 이상한 사태가 계속되고 있습니다. 또한 경제학부의 석사 학위를 갖고 있지만 중학생 수준의 수학 실력인 사람도 있습니다. 고등학교 수업을 문과와 이과로 완전히 분리한 영향이고, 국제적으로는 있을 수 없는 교육 상태가 되었지요.

또한 마크 시트(OMR 카드) 방식 시험의 폐해도 잊어서는 안 됩니다. 1979년에 마크 시트 방식의 대학 공통 1차 학력 시험이 시작되었고 1990년부터 대학 입시 센터 시험으로 이행하여 현재에 이르렀습니다(2020년 1월을 마지막으로 현행 센터 시험 폐지, 2021년 1월부터 사고력 등을 중시한 대학 입시 공통 테스트가 도입된다). 헤이세이라는 시대에 들어오고 나서는 완전히 아이들을 마크 시트 시험 결과로 나오는 편차치로 선별해 왔습니다. 지금까지 이야기해 온 헤이세이가 안고 있는 문제의 뿌리가 거기에 있는 거 아닐까요. 그래서 헤이세이 30년 동안의 최대 문제는 교육이 아닐까 싶습니다.

가타야마 저도 마크 시트의 마크를 검게 칠한 결과로 인생이 정해지는 것이 견딜 수 없었습니다. 마크 시트를 거부하여 추천 입시로 들어갈 수 있는 대학을 골라 경쟁과 관계없는 인생을 설계해 왔지요.

사토 그 마음은 알겠습니다. 그것이 보통의 감각이라고 생각합니다. 최근 도시샤 대학의 교수로부터 아주 흥미로운 이야기를 들었습니다.

입시 문제를 만드는 능력을 가리키는 〈작문력(作問力)〉이라는 업계 용어가 있다고 합니다. 그 교수는 작문력을 유지하고 있는 사립 대학은 게이오, 와세다, 조지, 간사이가쿠엔, 도시샤, 이 다섯밖에 없다고 하더군요. 게이오, 와세다, 조지 대학의 입시에서는 도쿄 대학에 합격한 학생도 떨어질 만한 수준의 문제를 냅니다. 도시샤 대학은 교토 대학에, 간사이가쿠엔 대학은 오사카 대학이나 고베 대학에 합격한 수험생도 떨어질 만한 문제를 만들지요. 그것으로 바라지 않은 입학자의 수가 줄고 제1지망 학생이 과반수가 되기에 학교의 기초 체력을 유지할 수 있다고 합니다.

센터 시험만으로 합격 여부를 결정하는 사립 대학의 경우 상위권 학생은 거의 바라지 않는 입학이 됩니다. 그렇게 되면 대학 전체의 사기가 떨어지고 패기가 없어진다고 합니다.

가타야마 제자들 중에도 〈계속해서 도쿄 대학을 목표로 공부해 왔는데 떨어져서……〉 라고 입학 첫날 자기 소개를 하는 신입생

헤이세이 교육 정책의 변천

1989년	학습 지도 요령 개정. 초등학교에 생활과가 신설됨.
1990년	대학 입시 센터 시험이 시작됨.
1992년	주2 휴일제가 단계적으로 도입됨.
1998년	학습 지도 요령 개정. 교육 내용은 30퍼센트 삭감(유토리 교육).
2001년	성청 재편에 따라 문부성이 문부 과학성으로.
2004년	경제 협력 개발 기구OECD에 의한 국제 학습 도달도 조사PISA에서 일본의 학력 저하가 분명해짐.
2006년	교육 기본법 개정(제1차 아베 정권). 교육 목표에 애국심이 들어감.
2007년	43년 만에 전국 학력 조사가 실시됨.
2008년	학습 지도 요령 개정. 탈유토리 노선이 명확해짐.
2010년	PISA의 순위가 올라감.
2017년	학습 지도 요령 개정. 초등학교 고학년 때 영어를 교과에 포함.
2020년	1월에 마지막 대학 입시 센터 시험(2021년 1월부터 사고력 등을 중시한 〈대학 입학 공통 테스트〉가 도입됨).

이 꼭 있습니다. 확실히 그런 학생이 일정한 비율을 넘으면 대학의 사기는 떨어지겠지요. 그렇기에 대학은 특색 있는 차별화를 하지 않으면 살아남을 수 없는 시대가 되었습니다. 그런 이유로 선발 형식을 다양화해서 AO 입시 같은 것을 하고 있는 것이지요. 하지만 결국 공부해서 좋은 대학에 들어가 좋은 회사에 들어가도

정년까지 같은 회사에서 일할 수 있을지 알 수 없습니다. 보상도 없어요. 몇 번인가 지적했지만, 일하는 방식의 모델이 붕괴된 것도 영향이 큽니다.

대학을 졸업하고 같은 회사에서 정년까지 일하고 그사이에 집을 짓고 아이도 키우는 그런 생활 방식을 옛날에는 회사 인간이라고 야유했습니다. 하지만 이제 그 말은 완전한 사어가 되었습니다. 좋아하는 기업으로 자유롭게 옮겨 갈 수 있는 것이 현대적 삶의 방식이다, 결국에는 처음부터 정규직이 되지 않는 것이 자유로운 삶의 방식이라는 편의적 수단에 속은 것이 헤이세이의 청춘이었습니다.

일본형 사회주의에서 탈피할 수 있을까

사토 회사 인간, 즉 상실된 사회주의는 사실 일본형 사회주의라고 할 수 있을지도 모릅니다. 그 대신 대두한 것이 신자유주의지요. 입시 경쟁과 평가주의 그리고 신자유주의의 나쁜 여파는 여기저기에 나타나고 있습니다. 요즘에는 이른 아침에 경비원을 배치하는 도서관이 있습니다. 그 이유를 아십니까?

가타야마 뭐죠?

사토 은퇴한 60대 남성끼리 승강이를 벌이는 경우가 있기 때문입니다. 누가 제일 먼저 『닛케이 신문(日本経済新聞)』을 읽느냐를 두고 싸움이 벌어집니다. 이것도 경쟁 사회, 입시 경쟁이 초래한 심각한 영향이 아닐까 싶어요. 그리고 또 한 가지, 대학 병원입니다. 유명한 사립 대학 병원에서는 아침 5시, 6시부터 사람들이 줄을 섭니다. 대기 번호 한 자릿수를 받고 싶어서 말이지요. 도쿄도 내에 있는 어떤 대학에서는 〈우리 병원은 8시 몇 분에 문을 엽니다. 그때까지는 여기서 기다려 주십시오〉라고 게시해 두고 있습니다.

가타야마 그렇게 되었군요. 그건 세태를 보여 주는 광경이네요.

사토 그렇습니다. 그런 경쟁에 에너지가 쓰이고 있는 것이지요. 그런 경쟁 의식의 근저에는 교육 문제가 깊이 관련되어 있다고 저는 생각합니다. 뒤늦게나마 그 문제를 깨달은 문부 과학성이 대학 입시 개혁에 착수했습니다. 그러나 실시는 2020년부터입니다. 헤이세이의 다음 시대에 맡길 수밖에 없는 거지요.

가타야마 대학 입시 개혁에서는 배우는 측만이 아니라 가르치는 측의 문제도 생각하지 않으면 안 됩니다. 헤이세이 30년 동안 대학 교육에서 마르크스주의의 망각 같은 것으로 대표되는 다양한 것들이 빠졌습니다. 지금의 40대는 대학에서 마르크스주의를 배우지 않았어요. 다시 말해 가르치는 측도 모르고 있다는 것이 현실입니다. 가르치는 측의 문제도 구조화되어 있지요. 헤이세이는 지식의 계통이 파괴된 30년이었다고도 할 수 있습니다. 이런 상황에서도 어떻게든 복원해 나갈 수밖에 없겠지만 말이지요.

사토 저는 1970년대 이전으로 돌아가는 것이 중요하다고 생각합니다. 빠졌다고 해도 공부를 하지 않은 것은 아니기 때문에 되돌릴 수 있을지도 모릅니다.

일본의 교육은 일정한 방향으로 독자적 진화를 이루고 있습니다. 우선은 진행 방향을 정상적인 방향으로 바꾸는 작업에 착수할 필요가 있어요. 그것은 교육에 한정된 이야기가 아닙니다. 갈라파고스화한 피처 폰이나 하이브리드 자동차도 그렇습니다. 일본인의 인구가 계속 늘어나 2억 명을 넘어선다면 국내 시장만으로 살아갈 수 있어요. 하지만 저출산과 고령화 사회여서 시장이 위축된 시대에는 어떻게 하겠습니까.

가타야마 『역사와 데카당스*Histoire et décadence*』라는 책이 있는데 거기에는 〈아동 인구 감소와 데카당스〉에 대한 이야기가 쓰여 있습니다.[84]

아이가 없으면 후세에 대한 의식이 희박해집니다. 다음 세대가 아무래도 좋다고 생각하게 되는 거지요. 게다가 아동 인구 감소의 원인은 우연히 태어나지 않는 게 아니라 낳으려고 하지 않는 의식에 있습니다. 왜 낳지 않으려고 하느냐 하면 현재에 대한 의식 때문입니다. 지금 돈을 잔뜩 쓰며 어떻게든 풍요롭게 살고 싶다, 그래서 돈만 잡아먹는 아이는 갖고 싶지 않다, 하는 마음을 갖게 하는 성격의 소비 사회가 있다는 것이지요.

앞으로의 일을 생각하기 때문에 역사 의식도 미래에 대한 책임도 퇴화하여 데카당스(퇴폐주의)에 빠집니다. 찰나주의에 빠지기도 하지요. 찰나적으로 빠듯한 생활에 익숙해지면 가정을 꾸린다거나 아이를 낳는다거나 하는 일은 점점 더 귀찮아집니다.

84　프랑스의 역사학자 피에르 샤뉘가 1981년 발표한 책. 인구 통계학의 입장에서 로마 제국 붕괴, 중세 흑사병 창화, 혼란기를 맞이한 오늘날 사회라는 세계사의 움직임을 데카당스의 관점에서 포착하고 산아 제한 등의 인구 정책이 문명의 파멸을 부른다고 주장했다─원주.

그리하여 실제로 아이가 줄어듭니다. 미래에는 더욱 실감되지 않게 되지요. 수십 년 후에 이렇게 된다는 말을 들어도 그때는 내가 없다, 하는 말로 끝나 버립니다. 집이 있고 아이가 있고 손자가 있다면 그렇게 말하기 힘들 테지만, 없다면 말할 수 있게 되는 거지요. 그것이 인간입니다. 아동 인구가 감소한 시대인 헤이세이의 마이너스 사이클도 그런 것이었는지도 모릅니다. 데카당스와 포스트모던의 조합이지요.

사토 반대로 말하자면 헤이세이는 가장 혜택받은 시대였다고 할 수 있는 게 아닐까요.

쇼와의 유산이 남아 있고 전쟁도 모릅니다. 과거의 유산을 탕진하고 무의식적으로 미래에 청구서를 남겨 두었습니다. 우리에게는 도덕적, 윤리적으로 탄핵되지 않으면 안 되는 문제가 아주 많다는 것이지요.

가타야마 확실히 이만큼 미래에 화근을 남긴 시대는 과거에 없었을지도 모릅니다. 하지만 헤이세이를 살아온 일본인에게 행복감이 있었나 하면 그것도 의문이지만 말입니다.

사토 혜택을 받기는 했지만 행복감은 없었지요. 행복감은 부족하지만 혜택을 받기는 했습니다. 헤이세이는 신기한 30년이었다고 할 수 있겠네요. 그리고 헤이세이를 살았던 우리가 다음 세대에 엄청난 청구서를 떠안게 했습니다. 우리는 그것을 자각하지 않으면 안 됩니다.

변장한 모습의 카를로스 곤, 일본에서도 국가 대 자본의 싸움이 시작되었다.

제8장
헤이세이가 끝난 날

헤이세이 30년 → 31년(2018~2019)

헤이세이 31년(2019)

1월	· 후생 노동성의 통계 부정 발각.
2월	· 미군 후텐마 비행장을 나고시 헤노코로 이전하는 것을 묻는 오키나와 현민 투표 실시.
3월	· 미국 메이저리그 시애틀 매리너스의 스즈키 이치로가 현역 은퇴.
4월	· 1일, 새로운 원호 〈레이와〉 발표. · 통일 지방 선거. 오사카에서는 지사와 오사카 시장의 〈후보 교차 선거〉가 이루어져 둘 다 유신회 후보가 승리. · 30일, 천황 퇴위.
5월	· 1일, 새로운 천황 즉위. 개원.

근대 국가를 운영할 때의 기본이 되는 것이 통계다. 그것조차 제대로 하지 못하고 있다. 근대 국가의 형태를 제대로 갖추지 못한 것이 밝혀지고 말았다.
가타야마

아키히토 천황은, 천황과 전근대적 신비성의 관련을 거부하고 근대 민주주의의 합리적 세계와 인간적 세계에 적합하도록 천황상을 변경했다. 새로운 천황은 어떻게 할 것인가.
가타야마

* 문고판의 새로운 장인 제8장에서는, 단행본판에서 다루지 못했던 2018년 4월 이후의 사건에 대해 다시 사토와 가타야마 두 사람의 대담을 수록했다. 2018년의 연표는 355면에 게재되어 있다.

성희롱 소동에서 통계 부정까지

가타야마 헤이세이의 끝이 1년 앞으로 다가온 2018년은 관료의 불상사가 잇따랐습니다. 가장 인상적인 것이 4월에 일어난 재무성 사무 차관이었던 후쿠다 준이치(福田淳一)의 여성 기자에 대한 성희롱 사건입니다. 지금까지의 불상사와는 차원이 다른, 어처구니없는 사건이었지요.

사토 후쿠다는 TV 방송국의 여성 기자에게 〈가슴 만져도 돼?〉, 〈손 묶어도 돼?〉, 〈바람피우자〉라며 다가간 사실을 추궁받자 〈여성이 접객하는 가게에 가서 그 가게 여성과 말장난을 한 적은 있다〉고 해명하며 성희롱을 인정하지 않았습니다.

가타야마 이 무슨 말장난인가 싶었지만, 재무성이 스스로 조사위원회를 설치하여 진상을 밝히기로 한 것에도 깜짝 놀랐습니다. 부하한테 상사의 불상사를 조사하게 했으니까요.

사토 게다가 아소 다로 재무 대신은 〈일을 잘하는데 인격 전체를 부정하는 것은 이상하다〉, 〈함정에 빠졌을 가능성도 있다〉, 〈후쿠다한테도 인권은 있다〉고 감쌌습니다. 게다가 재무성이 돈을 지불하여 변호를 의뢰하고, 피해 여성에게는 이름을 대고 나오라고 했습니다. 이건 〈너희들, 불만 있으면 한발 앞으로 나와!〉라는 이야기입니다.

가타야마 재무성에 제국 육군의 전통이 확실히 남았던 걸까요?

사토 하지만 결국은 경질되었습니다. 제가 후쿠다의 성희롱 문제로 떠올린 것은 야마사키 다쿠(山崎拓)의 스캔들입니다.[1] 옛날에 야마사키 다쿠가 알몸 사진을 들이밀자 〈어쩌면 나일지도 모른다〉고 이야기한 적이 있었지요.

가타야마 그런 일이 있었지요. 누가 봐도 야마사키 다쿠였는데 말이지요. (쓴웃음)

사토 하지만 야마사키는 거짓말을 하지 않았습니다. 〈어쩌면 나일지도 모른다〉는 말은 거짓말이라고까지는 할 수 없으니까요.

그런데 여성 기자와의 대화를 녹음한 음성 테이프를 들려주었을 때 후쿠다는 어땠을까요. 〈자기 목소리는 몸을 통해 들으니까 알 수 없다〉, 〈그런 심한 말을 한 기억은 없다〉라는 해명까지는 거짓말이 아니었습니다. 그 며칠 후 그를 에워싼 기자들에게 〈전체적으로 들으면 성희롱은 아니다〉라고 말했습니다. 이는 자신이 이야기한 내용이라는 것을 인정한 것이지요.

가타야마 모두 들은 후 자신은 성희롱 발언을 하지 않았다는 변명이니까 그렇게 되지요.

사토 며칠 사이에 이야기하는 내용이 180도 달라졌으니까 이는 인간으로서 성실함의 문제입니다.

가타야마 그 시기에 관료들의 스캔들이 연달아 터졌지요. 인상에 남아 있는 것은 문부 과학성의 사무 차관이었던 마에카와 기헤이 (前川喜平)가 즉석 만남 바에 다니는 사실을 『요미우리 신문(読売新聞)』이 특종 보도한 사건입니다. 그런데 그는 아베 총리의 심복

1 야마사키 다쿠는 가토 고이치, 고이즈미 준이치로와 함께 〈YKK〉라 불리며 자민당의 실력자로서 〈미래의 총리〉라는 목소리도 있었다. 하지만 2002년에 연고지인 후쿠오카의 전 호스티스가 정부라는 사실을 『주간 분슌』이 보도했다. 야마사키는 이상한 성벽을 폭로당해 이듬해 중의원 선거에서 낙선하는 쓰라린 일을 당한다 — 원주.

인 친구가 이사장을 맡고 있는 가케 학원의 수의학부 신설 문제로 총리에 대한 촌탁을 인정하고 있었습니다. 『요미우리 신문』이 마에카와 기헤이의 스캔들을 보도함으로써 정권을 옹호한 것이 아니냐는 비판을 받았지요.

사토 마에카와는 즉석 만남 바에서 젊은 여성의 빈곤에 대해 조사하고 있었다고 말했지요.

마에카와는 색다른 데가 있는 사람인데, 색다른 사람이 옳은 말을 했을 뿐이지요. 하지만 『아사히 신문』과 『도쿄 신문(東京新聞)』에서는 옳은 말을 하는 고결한 인물이라고 평가합니다. 반면에 『요미우리 신문』과 『산케이 신문』에서는 색다른 사람이라 이상한 말을 하는 게 뻔하다고 비판합니다. 원래 그 사람의 성벽과 그 말이 옳은지 어떤지는 각각 독립된 문제인데 말이지요.

가타야마 니가타현 지사였던 요네야마 류이치(米山隆一)가 매춘 의혹으로 사임한 것도 이 시기입니다. 요네야마는 인터넷 만남 사이트에서 알게 된 여대생과 매춘을 한 의혹이 보도되었고 그후 미련 없이 사임했습니다. 이 나라의 엘리트는 어떻게 된 것인가, 하고 국민도 기가 막혔지요.

사토 특히 요네야마는 들어가기 매우 힘든 명문고 나다 고등학교에서 도쿄 대학 의학부로 진학하여 의사가 된 후 사법 시험에도 합격했으며 박사 학위도 받았습니다. 해외 유학을 한 적도 있어요. 그런 슈퍼 엘리트가 인터넷 만남 사이트에서 알게 된 여대생에게 돈을 주었으며 〈자신은 연애 감정이었다〉고 변명했습니다.

그 기록을 50년 후의 역사가가 읽으면 어떻게 생각할까요. 도저히 제대로 된 나라라고는 생각할 수 없을 겁니다. 아니, 지금 외국의 정보 분석가도 놀라고 있겠지요. 일본에서는 동시다발적으로 기괴한 사건이 일어나고 있다, 어떤 맥락에서 일어나고 있는지 전혀 분석할 수가 없다고 말이지요.

가타야마 말기 증상이지요. 저는 세대론적 맥락에서 학력 엘리트의 불상사를 생각했습니다.

후쿠다도 요네야마도 우리와 같은 세대입니다. 청춘 시절에 유흥 접객업이나 성인 비디오가 다양화되고 원조 교제가 유행한 가운데 하위 문화의 나쁜 영향을 받은 채 어른이 된 세대라고 말할 수 있을지도 모릅니다.

사토 인터넷 만남 사이트에서 알게 된 여대생에게 3만 엔을 건네고 섹스를 한 경우도, 여성 기자에게 〈묶어도 돼?〉라고 말장난을 한 경우도 일종의 생활 습관병입니다. 그래서 즐겁고 흥분된다는 습관이 몸에 박힌 것이지요.

가타야마 그들은 빙산의 일각이겠지요.

사토 그렇겠지요. 나름대로의 교육을 받았을 테니까 문화나 품성이 몸에 배었겠지만 나날의 생활 속에서 일종의 의존증이나 생활 습관병 같은 것에 걸린 사람이 많을 겁니다.

가타야마 술도 성적인 것도 필요하다는 것은 압니다. 하지만 다른 방법도 있을 텐데 어째서 저널리스트와의 술자리에서 〈손 묶어도 돼?〉라고 말하는 걸까요. 왜 인터넷 만남 사이트의 여대생인 걸까요.

특별히 문학 작품을 읽으라거나 클래식을 들으라고는 말하지 않겠습니다. 하지만 헤이세이에 들어오고 나서 사회 전체에서 유흥 접객업이나 AV 같은 하위 문화의 비중이 커진 것 같아요. 원래는 흥미가 있어도 보지 못하게 봉한 주간지 같은 것이 일상적으로 노출되어 있습니다. 일반적으로 문화라 불리는 것과 하위 문화의 비중이 변한 결과 일본인의 아비투스(습관, 태도)가 변하고 말았습니다.

사토 관료의 질에 관한 문제의 연장선상에 있는 것이 2019년 1월에 발각된, 임금과 노동 시간을 나타내는 매월 근로 통계 조사가 부정하게 이루어진 문제입니다.[2]

가타야마 야당이나 미디어는 후생 노동성이 정권에 촌탁하여 유리한 숫자로 조작했다고 비판했습니다. 그리고 인력 부족으로 틀린 곳이 많은 조사가 되고 말았다는 주장이나 정권이 숫자를 컨트롤했다는 이야기도 나왔어요. 하지만 근대 국가를 운영할 때 기본이 되는 것은 통계입니다. 그 통계조차 제대로 내지 못하죠. 근대 국가의 형태를 갖추고 있지 않다는 것이 드러나고 만 것입니다.

사토 저는 부정 통계 문제의 본질을 교육, 즉 헤이세이 시대에 이상하게 발달한 입시 산업의 폐해라고 보고 있습니다.

가타야마 앞에서 지적한 마크 시트 방식의 시험과 연결되네요.

사토 그렇습니다. 추측이지만 요즈음 통계에서 현장 담당자는

---

2 후생 노동성의 〈매월 근로 통계 조사〉는 임금이나 노동 시간에 관한 통계로 GDP의 산출에도 이용되는 국가의 기간 통계 중 하나다. 2004년 이후의 이 통계에 작업 실수가 발각. 수정이 필요했지만 담당자는 2018년 이후의 데이터만 정정했다. 그 때문에 2018년부터 급격하게 임금이 상승한 것처럼 보였다. 아베노믹스의 근간은 고용과 임금의 상승이다. 결과적으로 통계 부정은 경제의 호조를 어필하고 싶은 정권 측을 옹호하게 되었다. 여기에 관료의 〈촌탁〉이 있었는지 어땠는지가 쟁점이 되었다 — 원주.

도쿄 대학이나 교토 대학 출신의 국가 공무원 1종 시험 합격자인 간부 후보생이 아니라 지방 국립대 또는 사립대 출신인 그 외의 공무원인 것 같은 생각이 듭니다. 나아가 문과계 출신일 가능성도 있습니다.

지금은 대부분의 경우 고등학교 2학년 때 문과와 이과가 나뉩니다. 영어, 국어, 사회, 이 세 과목만 시험을 봐서 문과로 진학한 학생이 통계에 필요한 확률 분포나 무작위 추출을 알 수 있을까요. 어쩌면 전수 조사와 추출 조사의 차이나 중앙치와 평균치의 구별조차 제대로 이해하지 못할지도 모르겠습니다. 그런 부분이 이번 부정 통계 문제의 원인이 아닐까 싶어요. 그렇지 않으면 설명이 되지 않습니다.

가타야마 충분히 있을 수 있는 이야기네요. 다만 저는 관료의 촌탁, 정권에 의한 숫자의 컨트롤, 관료의 인력 부족이나 자질, 그중 어느 것 하나로 문제를 모두 설명할 수 있을지는 의문입니다.

사토 다양한 원인이 혼합되어 문제가 표면화했다는 말이군요.

가타야마 그렇습니다. 하지만 그렇다고 하면 문제의 뿌리가 더욱 깊다고 말하지 않을 수 없습니다.

쓰시마 해협에 군사 경계선이 그어지는 날

가타야마 재무성 사무 차관의 성희롱 의혹이 세상을 떠들썩하게 하고 있던 2018년 4월 한반도의 군사 경계선인 판문점에서 남북 정상 회담이 이루어졌고, 6월 12일에는 싱가포르에서 사상 첫 북미 정상 회담이 열렸습니다. 이런 일련의 움직임을 사토 씨는 어떻게 보셨습니까?

사토 남북 정상 회담과 북미 정상 회담은 하나의 패키지로 볼 필요가 있습니다. 북미 정상 회담의 과정을 떠올려 보세요.

먼저 2018년 3월에 한국 국가 안보실의 정의용 실장이 김정은의 친서를 트럼프에게 전했습니다. 그 후 정의용 실장이 북미 정상 회담을 한다고 발표하고, 트럼프가 트위터로 인정했어요.

여기에 트럼프의 계산이 있었습니다. 외교 상식으로는 정상 회담이 열릴 경우 워싱턴과 평양에서 동시에 발표합니다. 하지만 통상의 절차를 밟으면 북한에 대한 강경 자세를 무너뜨리지 않고 있는 백악관의 관료나 국무성 그리고 펜타곤이 반대를 합니다. 그래서 트럼프는 트위터로 정상 회담 개최를 밝혔습니다. 여기서 포인트가 되는 것은 북한과 미국 사이를 중재한 것이 한국이라는 점입니다.

가타야마 아베 정권은 한국이 트럼프 정권에 그렇게까지 파고들었다고는 생각지도 못했겠지요.

사토 그렇습니다. 아베 정권은 한국의 외교력을 확실히 얕보고 있었습니다. 일본 외무성의 입장에서는, 동북아시아에서 한국이 북한과 미국의 가교 역할을 하는 일은 있을 수 없는 시나리오였어요. 아베 총리의 경우도 취임 전의 트럼프와 트럼프 타워에서 면회를 했었고, 신뢰 관계가 단단하다는 걸 의심하지 않았습니다. 게다가 한국은 반미 정권이니 트럼프에게 접근할 수 없을 거라고 우습게 보고 있었지요.

한국의 영향력이 강해진 배경에는 경제 성장이 있습니다. 1980년의 시점에서 GDP가 약 1조 1천 억 달러인 일본에 비해 한국은 약 650억 달러였습니다. 17배 가까이나 차이가 났지요. 그런데 지금은 일본이 약 5조 7천 억 달러이고 한국이 약 1조 6천 5백 억 달러로 약 3배의 차이밖에 나지 않아요. 게다가 한국의 인구는 일본의 절반 이하인 5천1백만 명입니다. 1인당 GDP는 일본이 약 4만 달러, 한국이 3만 달러입니다. 거기다 구매력 평가를 더해서 생각하면 생활 수준은 별로 차이가 나지 않습니다.

일본으로 여행을 온 유복한 한국인은 일본의 생활 수준이 낮다는 것을 피부로 느낍니다. 그 결과 한국이 경제적으로 약했던 시기에 맺어진 한일 기본 조약이나 한일 청구권 협정이 부당한 조약으로 보이게 되었지요. 그러므로 반일 감정이 높아져 있습니다.

가타야마 경제력을 배경으로 설명하니까 설득력이 있네요. 양국의 힘 관계의 변화를 알게 되면 2018년 말 한국 해군 구축함이 자위대의 초계기에 레이더를 조사(照射)한 사건도,[3] 2019년 2월 한국 국회의장이 천황에게 사죄를 요구한 발언도[4] 이해할 수 있

---

3 노토 반도 앞바다에서 2018년 12월 20일, 한국 해군의 구축함이 일본의 해상 자위대의 초계기에 사격용 화기 관제 레이더를 조사했다고 한 소동. 일본 정부는 항의하며 방위성이 〈증거 영상〉을 공개했지만 한국 정부는 조사 사실을 인정하지 않았다. 한편 한국 정부는 일본의 해상 자위대의 초계기가 〈저공 및 위협 비행을 했다〉는 것을 문제시했지만 이에 관해서는 일본 정부가 부정했다. 양국 정부가 각각의 주장으로 격렬하게 부딪쳤지만 아무런 해결도 보지 못했다 — 원주.

4 문희상 국회의장은 2019년 2월 7일 미국 블룸버그 통신과의 인터뷰에서, 〈일본을 대표하는 왕, 난 왕이 했으면 좋겠어요. 그분은 얼마 (안 있어) 이제 곧 퇴임하신다고 하니까 그분은 전쟁 범죄 주범의 아드님 아니세요? 그러니까 그런 양반이 할머니 한번 손잡고 《정말 잘못했어요》 그 말 한마디로 다 풀어지는 거예요〉라고 말했다 — 원주.

습니다.

사토 최종적으로 외교는 국력과 국력의 균형점이 결론을 내는 데 최적의 장면이 됩니다. 한국에 대해 우위에 있고 싶으면 국력을 키워 나갈 수밖에 없습니다.

가타야마 그렇군요. 종래의 힘 관계로 한일 문제를 생각하는 일본인에게서는 〈왜 다 해결된 문제를 다시 꺼내는 거야〉, 〈한국은 터무니없다〉라는 반응이 나옵니다. 하지만 거기에는 사토 씨가 말한 한국이 경제 발전을 했다는 인식이 빠져 있습니다. 그런 시점을 갖지 않으면 점점 엇갈리기만 하겠지요. 한국인의 입장에서도, 국력이 그다지 차이가 나지 않은데 일본이 언제까지고 거만하고 뻐기는 느낌이라면 반일 감정이 더욱 높아지겠지요.

한일이 대립하고 남북이 접근하는 이런 흐름이 계속되면 헤이세이 시대 이후에는 한일 대 북미라는 구도에서 일본 대 남북한으로 변하게 되겠네요.

사토 남북한의 배후에는 중국도 있으니까요. 종전으로부터 헤이세이까지는 삼팔선이 긴장 라인이었지만 헤이세이 시대 이후에는 군사 경계선이 쓰시마 해협으로 내려옵니다. 헤이세이 이후에는 한국을 가상 적국으로 생각하지 않으면 안 되는 시대가 될지도 모르는 거지요.

가타야마 그렇게 되면 국내적으로도 내셔널리즘이 강해지겠네요. 일본에서도 파시즘적인 정치 체제로 단숨에 나아갈 우려가 있습니다.

오키나와의 발트 3국화

사토 2018년 하반기에 일어난 사건을 보고 마음에 걸린 것이 의학부의 입시 부정 문제입니다. 8월에 도쿄 의과대가 여성 수험생의 점수를 일률적으로 감점한 사실이 발각되었습니다. 그리고 문부 과학성의 조사로 10개 대학에서 부정한 선발이 이루어졌다는 사실이 밝혀졌어요.

가타야마 이것도 앞에서 이야기한 로컬 룰과 이어진 문제 아닐까요. 대학 측은, 여성은 결혼이나 출산으로 의료 현장에서 떠나고 말기 때문에 성별로 합격자를 컨트롤해 온 것입니다. 이는 의료 업계에서 오랫동안 이어져 온 관습이겠지요. 하지만 모든 것의 투명화가 요구되는 현대 사회에서는 로컬 룰이 통하지 않습니다. 본심과 표면상의 원칙을 잔재주로 적절하게 가려 써봤자 업계의 질서를 지키는 일이 어려워졌다는 것이겠지요.

사토 저는 〈적성〉을 분별하는 방식이 잘못되었다고 생각합니다. 의학부 입시는 취직 시험에 가까운 측면이 있습니다. 예컨대 방위 대학교의 입시도 취직 시험에 가까워요. 하지만 처음부터 방위 대학교에서 월급을 받으면서 4년간 공부하여 자격을 받지만 임관은 거부하려고 생각하는 수험생이 있다면 불합격됩니다. 그것은 그 수험생에게 자위대 대원으로서의 〈적성〉이 없기 때문입니다. 그러므로 도쿄 의과 대학도 〈남녀〉가 아니라 〈적성〉을 득점화했어야 합니다. 그렇게 하면 합격자의 남녀 차가 나와도 합리적 설명을 할 수 있습니다.

가타야마 말씀한 대로 면접 때의 발언이나 작문 내용으로 적성을 확인하는 시험이 조직 방위의 관점에서도 더 적절했겠네요.

사토 입시 부정 문제에서는 의학부 선배의 자제를 입시에서 우대했다는 비판도 있었습니다. 이것도 작문이나 소논문을 중시하여 〈환자를 위해 열심히 일하는 부모의 모습을 보고 의사가 되고 싶다고 생각했다〉는 동기를 평가해 주면 문제가 되지 않았겠지요. 또는 성격 진단이나 앙케트 조사도 가점 대상으로 삼아도 좋습니다. 그런데도 1차 시험을 마크 시트로 하고 있는 의학부도 많아 그런 적성을 측정할 수가 없어요. 이는 교육의 화제가 되었던 〈작문력〉 이전의 문제입니다.

가타야마 입시 부정으로 도쿄 의과 대학은 사학 조성금이 전액 깎였고 다른 대학들도 감액되었습니다. 지금 사학은 운영을 사학 조성금에 의존하고 있어요. 물론 제가 일하고 있는 대학에서도 사학 조성금을 교부하는 문부 과학성을 크게 신경 쓰고 있는 것 같습니다.

사토 그 문제도 크겠지요. 나라에서 돈을 받으면 자신들의 방식대로 하겠다며 대담하게 나아갈 수가 없습니다. 반대로 문부 과학성과의 인맥 쌓기로 많은 관료를 낙하산으로 받아들이는 대학도 많습니다. 조성금에 의존하는 체질에서 벗어나 사학의 원점으로 돌아갈 필요가 있는 거지요.

가타야마 입시 부정이 사회 문제가 된 배경에는 때마침 미투 운동이 있었어요. 또한 2018년 12월의 『SPA!』에 게재되어 떠들썩해진 〈쉽게 성관계를 맺을 수 있는 여학생들이 다니는 대학 랭킹〉이라는 기사도 그렇습니다. 지금까지 감춰져 있던 여성의 목소리를 듣고 사회를 변화시키지 않으면 안 되는 것은 시대의 추세입니다. SNS를 통해 사회에 직접 발신하는 유명인도 늘어났습니다.

사토 다만 한편으로는 받아들일 수 없는 목소리도 있습니다. 탤런트인 로라가 헤노코 매립 공사 중지를 요구하는 서명을 호소했더니[5] 예능인은 정치적 발언을 하지 말라는 반발이 있었지요. 이것이 만약 한국의 레이더 조사에 대한 항의였다면 또 다른 반응이 나오지 않았을까 싶어요.

가타야마 만약 한국에 대한 항의였다면 인터넷상에서 칭찬받았을지도 모릅니다. 오키나와니까 문제가 크게 확산된 것이지요.

그 반년쯤 후인 2019년 2월 말에 오키나와에서 헤노코 매립에 대한 현민 투표가 실시되었습니다.

사토 오나가 지사 시절의 현민 투표 이야기를 들었을 때 저는 반대했습니다. 이미 선거로 오나가 지사가 헤노코 저지를 내세웠고 그것으로 당선되었는데 왜 현민 투표를 해야 하는가, 하고 말이지요. 그렇게 되면 민의를 의심하는 것이 되니까요.

2018년 초여름에 오나가 씨의 측근에게 그런 의문을 제기했는데, 오나가 지사의 건강 상태가 불안한 것을 알았습니다.

---

5 자신의 생각을 청원할 수 있는 백악관의 서명 사이트에, 2019년 2월의 〈헤노코 이전 문제〉를 둘러싼 현민 투표 때까지 이전 공사를 중단해 달라는 청원을 냈다. 로라는 2018년 12월 18일, 자신의 인스타그램에 〈다 같이 오키나와를 지켜요! 많은 사람의 사인이 필요해요〉라는 글을 올렸다. 이 발언에는 탤런트 류체루나 예능인 무라모토 다이스케도 찬동하는 등 SNS를 통해 확산되었다. 서명은 미국 정부가 내용을 검토하게 되는 10만 명을 순식간에 넘어섰다 — 원주.

2018년 9월의 오키나와현 지사 선거에서는 오나가 씨의 후계자이며 헤노코 이전을 반대하는 다마키 데니(玉城デニー)가 당선되었어요.[6] 하지만 헤노코 이전을 용인하는 사람이 지사가 될 가능성도 있었지요.

그래서 오나가 지사가 있을 때 현민 투표의 조례만이라도 만들어 놓고, 만일의 경우를 대비하여 헤노코 이전을 반대하는 민의를 확실히 해두고 싶었다는 것입니다.

가타야마 그런 배경이 있었군요. 현민 투표에서는 결과적으로 70퍼센트 이상의 현민이 반대했습니다. 그 결과를 어떻게 보십니까?

사토 지금 아베 정권은, 나라가 외교 안전 보장을 전적으로 책임지는 사항이라고 말하고 있지요. 그렇게 되면 찬성에 투표하든 반대에 투표하든 헤노코 이전이라는 결론은 이미 정해진 것입니다. 그러므로 투표 결과에 그다지 의미가 없습니다. 봐야 할 것은 투표율입니다. 52퍼센트가 투표소에 갔다는 사실을 어떻게 봐야 할까요? 50퍼센트 이상의 현민이 의사 표시를 했다는 사실에 비춰 보면 〈올 오키나와〉라는 단위에서의 정치 주체가 만들어져 있다고도 할 수 있습니다.

어쨌든 현민 투표라는 대형 이벤트를 마친 다마키 지사는 구심력을 잃어 가겠지요. 오자와 이치로의 배후도 있고, 다마키를

---

6 아버지는 오키나와 기지에 근무하는 미군이었던 다마키는 오키나와 현지 FM의 인기 사회자에서 오키나와 시장을 거쳐 2009년 오키나와 3구의 중의원 의원을 지냈다. 2018년 9월 오나가 전 지사의 사망으로 오키나와 지사 선거에 출마하여 당선했다 — 원주.

지지하는 공산당과 연계를 유지하는 것이 어렵다는 보수계 사람들도 많습니다.

그런 상황에서 힘을 가지는 것이 오키나와 현의회입니다. 지금 오키나와에서는 국정에 대한 관심이 점점 옅어지고 있습니다. 오키나와에서 국회의원을 내도 아무것도 변하지 않거든요. 그렇다면 우수한 정치가는 국정에 보내지 말고 오키나와에 남아 활동하게 하는 편이 낫다는 움직임이 나옵니다.

가타야마 중앙 정부와 오키나와는 그렇게까지 분단되어 있는 건가요?

사토 사실 이 움직임에는 기시감이 있습니다. 그것은 1980년대 말부터 1991년의 소련 붕괴에 이르는 과정에서의 발트 3국입니다. 발트 3국에서는 뛰어난 정치가는 소련의 선거를 보이콧하고 각 공화국 의회의 의원으로 활동하고 있었습니다. 발트 3국의 국민도 어차피 점령하에 있는 거니까 나라의 선거에는 흥미가 없다며 투표하러 가지 않게 됩니다.

가타야마 소련의 점령하에 있다는 의식이군요. 오키나와 사람들도 마찬가지로, 중앙에 자신들의 대표를 보낼 가치가 없다고 생각하기 시작한, 아주 심각한 상황이네요.

노래나 문학으로는 국민 통합을 할 수 없다

사토 다른 각도에서 오키나와 이야기를 계속해 보지요. 2018년 9월에 아무로 나미에(安室奈美惠)가 은퇴했습니다. 미디어는 아무로를, 헤이세이를 대표하는 가수라고 다뤘습니다. 하지만 헤이세이 팝 뮤직의 특징은 아무리 CD가 팔리고 다운로드가 되어도 국민에게 거의 인지되지 않았습니다. 이것이 쇼와의 아이돌, 즉 야마구치 모모에(山口百惠)나 핑크 레이디와의 차이가 아니겠습니까?

가타야마　야마구치 모모에나 핑크 레이디는 호오를 불문하고 남녀노소가 다 알고 있었으니까요. 아무로 나미에도, 우타다 히카루(宇多田ヒカル)도 팔리기는 했지만 국민적인 아이돌이냐고 묻는다면 의문이 남습니다. 가치관이 다양화된 포스트모던 시대에는 이제 국민 전원이 열광하는 아이돌은 존재할 수 없겠지요.

사토　확실히 국민적이라고는 할 수 없지요.

가타야마　이제 「홍백가합전」을 봐도 조부모와 손자가 세대를 넘어 알고 있는 노래가 없어졌으니까요. 쇼와까지는 노래와 문학이 국민을 묶는 장치로서 유효하게 기능했습니다. 문부성 창가도 좋고, 유행가도 좋고, 국어 수업도 좋습니다. 헤이세이에 들어와 그 기능이 상실되었지요.

사토　전전까지 거슬러 올라가면 국민 통합 역할을 담당하고 있었던 것이 누구나 노래할 수 있는 군가였습니다.

가타야마　메이지 이후 국민 통합을 위해 천황과 근대 국가의 군대를 결합한 군가가 활발하게 만들어지고 불렸습니다. 국민개병 시대였기에 「바다에 가면」도 「동기의 벚꽃」도 국민 전체가 공감할 수 있었죠. 그것이 전후의 기업 전사로 계승되어 국민 사이에서 공유되어 왔어요.

사토 역시 국민개병이 컸겠지요. 좋든 나쁘든 군인이 가까운 존재였기에 국민은 군가에 공명했습니다. 관료나 경찰관을 칭찬하는 노래는 별로 없으니까요. 하시 유키오(橋幸夫)가 노래한 기동대 응원가 「이 세상을 꽃으로 만들기 위해」가 있지만 일반적으로는 그다지 유명하지 않습니다. 경찰관은 모두 알고 있지만요.

　굳이 말하자면 「강아지 순경 아저씨」 정도일까요.

가타야마 〈강아지〉와 〈순경〉이라는 사토 요시미(佐藤義美)의 가사는 대단합니다. 확실히 누구나 아는 노래지만 「강아지 순경 아저씨」라면 국민 통합의 상징은 될 수 없지요.

사토 노래로 조직을 통괄한다는 점에서도 저는 창가학회를 주목하고 있습니다.

가타야마 창가학회에 입회한 가수나 예능인이 많으니까요.

사토 그것도 그렇습니다만 이케다 다이사쿠 SGI 회장이 춤을 추는 「위풍당당의 노래」가 아주 흥미롭습니다. 부채를 든 이케다가 군가풍의 노래에 맞춰 춤을 추는데 회원들이 마음속 깊이 공감하거든요.

가타야마 태곳적부터 권력자는 노래와 춤으로 사람들을 통합해왔습니다. 노래나 춤을 저속한 것으로 생각하는 지식인이나 인텔리도 있습니다만, 노래와 춤을 지배하는 자는 인간을 지배한다고 볼 수 있는 측면이 있어요. 그런 의미에서 이케다 다이사쿠는 사람의 마음을 파악하는 기술을 알고 있는 거겠지요.

사토 가령 이 「위풍당당의 노래」와 함께 수백만 명의 학회원이 춤출 수 있다고 합시다. 이는 일본 국내에서 결코 무시할 수 없는 세력이지요.

가타야마 헤이세이사를 통해 가끔 화제에 오른 창가학회라는 일본 최대 중간 단체의 저력을 느끼게 하지요.

사토 창가학회 같은 예를 제외하고 노래로 통합하는 것이 어려운 시대지만, 그것은 문학의 세계에서도 그렇다고 말할 수 있습니다. 쇼와의 시바 료타로(司馬遼太郎)는 국민 누구나 아는 국민 작가였습니다. 하지만 헤이세이의 무라카미 하루키는 유명하고 많이 팔리지만 국민 작가라고는 할 수 없지요.

가타야마 문학에도 분리가 일어나고 있군요.

사토 헤이세이는 노래와 문학으로 국민 통합이 불가능한 시대였습니다. 이는 일본의 내셔널리즘을 생각할 때 아주 중요한 관점입니다.

가타야마 내셔널리즘이라는 관점에서는 2018년 11월에 간행된 대형 베스트셀러가 하쿠타 나오키(百田尚樹)의 『일본 국기(日本国紀)』입니다. 다만 이것도 일정한 계층의 지지밖에 얻지 못했습니다.

사토 어떤 의미에서 이는 역사에 남을 만한 책이라고 느꼈어요. 햐쿠타의 재능이 유감없이 발휘되었지요. 2006년의 『영원의 제로』는 애국 소설로도 반전 소설로도 읽을 수 있는 양면성을 갖고 있습니다. 하지만 『개구리의 낙원(カエルの楽園)』 무렵부터 표면의 껍질이 벗겨지고 한 가지 뜻으로만 해석되는 이야기를 쓰기 시작했어요.

가타야마 그리고 『일본 국기』는 위키피디아에서의 인용 소동도

468

있었지만, 그래도 계속 팔리고 있어요.

사토 그렇습니다. 그는 독자에게 잘못을 지적당하면서 항상 진화하는 역사서라는 새로운 분야의 개척에 성공했어요. 그렇다고 해도 한 가지 뜻으로밖에 읽을 수 없는 역사서가 국민 통합을 담당하는 것은 역시 어렵지요.

자기 책임론, 고조되지 않나?

사토 2018년 10월에 시리아의 무장 세력에게 억류되어 있던 저널리스트인 야스다 준페이(安田純平)가 3년 만에 석방되어 귀국했습니다.[7]

가타야마 다만 앞(158면 참조)에서 말한 2004년의 이라크 인질 사건만큼 〈자기 책임론〉이 높아지지 않았지요.

사토 2015년 IS에게 살해된 고토 겐지 이후 저널리스트는 SNS로 〈무슨 일이 있어도 자기 책임이다〉라고 강조하고 나서 분쟁 지역으로 취재를 떠나게 되었으니까요. 하지만 저는 야스다의 귀국 기자 회견에 위화감을 느꼈습니다. 첫머리에서 그는 〈이번에 저의 석방을 위해 힘써 주신 여러분, 심려를 끼쳐 드려 여러분께 사죄를 드림과 동시에 깊은 감사의 말씀을 드립니다〉라고 말했

---

7 터키 남부에서 2015년 6월 육로로 시리아에 밀입국하여 무장 세력에게 억류되어 있다가 2018년 10월에 석방되었다. 그 배경에는 종국으로 향하는 시리아 내전의 정세 변화가 관련되어 있었다고 한다. 일본 및 여러 나라가 무장 세력에게 준 몸값의 유무에 대해 본인은 부정했다. 본문에서 언급한 기자 회견 때는 〈저의 행동으로 일본 정부가 당사자가 되어 버린 일도 죄송스럽게 생각하고 있습니다〉라는 발언을 했다 — 원주.

지요. 사례나 감사를 말한다면 알겠지만 왜 사죄했는지, 저는 그
것을 이해할 수 없었습니다.

가타야마 확실히 세상 사람들에게 사죄를 하는 것이 일본인답다
고 할까요. 일본인에게 세상 사람들이란 촌락 공동체 같은 커뮤
니티입니다. 하지만 이제 그런 커뮤니티는 진작에 무너져 기능하
지 않지요.

애초에 자기 책임론이란 이치로 볼 때 이상합니다. 당사자가
자신의 책임으로 행동하고 있는데 왜 말썽이 일어났을 때 있지도
않은 세상 사람들에게 사죄를 하지 않으면 안 되는 걸까요. 자기
책임일 텐데 왜 무관한 제삼자가 규탄하는 걸까요.

사토 미국인이나 러시아인이라면 절대 사죄하지 않았을 겁니다.
그리스도교도인 그들이 반응하는 상대는 신이지 세상 사람들이
아니기 때문입니다. 그리스도교도가 자신의 행동이 경솔하다고
반성한다면 신과의 관계에서 사죄합니다. 그러므로 그리스도교
세계에서는 자기 책임론이 성립하지 않습니다.

가타야마 예전의 일본인이라면 천황 폐하에게 사죄한다는 것이
되겠네요.

사토 맞습니다. 전전이나 전시라면 구 육군 병사가 38식 보병총
을 잃어버려 폐하께 죄송하다는 사죄가 되는 거지요.

학창 시절에 학생 운동으로 체포된 한 학생의 재판을 방청했
어요. 교토의 낡은 법원의 법정 중앙 벽에 구멍 두 개가 뚫려 있
었습니다. 뭘까, 하고 생각하고 있었는데 새로운 헌법이 시행될
때까지 거기에 국화 문장이 장식되어 있었다고 합니다. 요컨대

패전 때까지 일본 국민은 천황의 이름 아래에서 재판을 받았던 것입니다. 일본인이 반응하는 대상이 천황이었던 것이지요. 하지만 형사 피고인이었던 제 경험에서 말하자면 지금은 누구에게 재판을 받고 있는지 알 수가 없습니다.

가타야마 일본의 사법이라는 흐름에서 이야기를 계속하자면 2018년 11월에 닛산의 카를로스 곤이 체포되어 그 행방이 일본만이 아니라 전 세계의 주목을 받고 있습니다. 이 사건에 대해 현 상황에서 어떻게 파악해야 할까요?

사토 아주 거시적 관점에서 보자면 국가 대 자본의 싸움이지요. 다시 말해 곤은 국경을 넘어서는 글로벌 자본의 체현자이고, 그것에 대해 국가가 개입했다는 구도입니다. 일본이나 프랑스라는 틀로 말하는 것에 별 의미는 없습니다. 비대화하는 자본주의에 국가는 어떻게 대처할까요. 이는 토마 피케티가 『21세기 자본』에서 적은 것이기도 합니다.[8] 지금 세계는 그가 말해 온 방법으로 확실히 나아가고 있어요. 피케티의 승리라고 말할 수 있을지도 모르지요. 그러므로 손정의도 라쿠텐의 미키타니 히로시(三木谷浩史)도 ZOZO의 마에자와 유사쿠(前澤友作)도 국가를 자극하면 어떻게 될지 모릅니다.

가타야마 자본주의 그 자체는 터무니없는 괴물이지만 군이나 경찰을 갖고 있는 것은 아닙니다. 그런 점에서 국가 권력의 무서움

---

8 경제학자 토마 피케티의 『21세기 자본』은 2013년 발매되자 전 세계에서 베스트셀러가 되었다. 일본판도 6백 쪽이 넘는 대작으로, 세계의 세무 데이터를 모으고 〈격차론〉을 완성시켰다. 본문에서 지적하는 〈그가 말해 온 방법〉이란 피케티가 격차 시정을 위해서는 부유층에 대한 누진세를 제창할 수밖에 없다고 호소하는 것을 가리킨다 — 원주.

을 보란 듯이 보여 주었지요.

사토 예전에 닛산은 경영진이 압도적으로 우위인 도요타에 비해 기술자가 강한 조직이었습니다. 조합도 힘을 가지고 있어서 구조 조정도 할 수 없었습니다. 그런 조직을 해체하기 위해 강력한 자본의 힘이 필요했습니다. 그래서 1999년 경영 위기에 빠졌을 때 르노와 자본 제휴를 하고 곤을 최고 집행 책임자로 맞이했지요.

가타야마 곤은 경영 재건에 성공했지만 지나쳤던 걸까요. 최근에 정치가의 오직을 적발할 수 없었던 도쿄 지검 특수부에 오랜만에 존재감을 보여 줄 기회였던 것도 중대한 영향을 미쳤지요.

사토 곤의 체포는 2002년의 스즈키 무네오 사건과 비슷합니다. 외무성을 〈외정성(外政省)〉이라는 이름으로 바꾼다는 이야기가 나왔을 때 스즈키 씨가 이름을 지켜 주었습니다. 모든 성청이 〈국(局)을 둘씩 줄여라〉는 말을 들었을 때도, 〈그 전에 국을 둘씩 증설하는 요구를 내놔〉라고 스즈키 씨가 꾀를 일러 주었죠. 그 후 다나카 마키코가 외무 대신이 되어 외무성 안이 엉망이 되었을 때 외무성은 스즈키 씨의 힘으로 다나카를 내보냈습니다. 하지만 반대로 이번에는 스즈키 씨의 힘이 너무 강해져서 검찰에 갖다 바쳤지요. 일본적인 조직이 할 법한 수법입니다.

가타야마 그렇게 설명해 주니까 구도가 아주 흡사하네요.

곤은 몇 번인가 보석 청구를 했다고 하지만, 당초에는 좀처럼 청구가 인정되지 않았습니다. 거기에는 어떤 의도가 있었던 건가요?

사토　수십 억 엔의 보석금을 몰수당해도 곤은 아무렇지도 않습니다. 문제는 보석을 했을 경우 곤이 어떻게 움직일까 하는 것입니다. 예를 들어 도쿄 구치소에서 나온 곤이 낚싯배를 타고 먼 바다로 나가 크루저로 갈아타죠. 그리고 공해로 나가 버리면 국제법상 추적할 수 없습니다. 그대로 범죄자를 인도하지 않는 관행이 국제법에서도 인정되고 있어요. 브라질까지 가버리면 이미 손을 쓸 수가 없는 것이지요.

또 한 가지 보석을 할 수 없는 이유가 있었습니다. 경찰과 달리 특수부에는 곤을 보석한 후 24시간 내내 행동을 감시할 만한 인력이 없어요.

가타야마　그렇게 되면 검찰에는 도쿄 구치소에서 나오지 못하도록 하는 수밖에 없는 것인데 결국 2019년 3월 6일 보석으로 석방되었습니다(4월 4일에 다시 체포). 자백하지 않는 한 보석을 허락하지 않는다는 〈인질 사법〉[9]에 국제적 비난이 쏟아진 결과라고 합니다. 하지만 보석 때 작업복 차림으로의 〈변장〉은 어떻게 봐야 할까요?

사토　도쿄 구치소는 곤이 변장하지 않아도 되는 태세를 갖출 수 있었을 겁니다. 도쿄 구치소의 지하에 주차장이 있으니 거기서 곤을 왜건의 뒷좌석에 태우고 주위를 두꺼운 차광 커튼으로 차단하면 강한 플래시를 터뜨려도 사진에 찍히는 일은 없습니다. 법무성, 즉 도쿄 지검 특수부의 의향을 반영하여 도쿄 구치소가 쉽

9　경찰에 한번 체포되면 가벼운 죄라도 범행을 부인하는 한 석방도 되지 않고 보석도 되지 않는다는 사법의 현실을 가리키는 말이다.

게 곤의 모습을 촬영할 수 있는 장소를 출구로 지정했기 때문에 변호인단 측에서는 변장이라는 수단을 취하지 않을 수 없었을 거예요.

아울러 제가 2003년 10월 8일에 보석으로 석방되었을 때는 구치소 직원이 〈카메라맨이 대기하고 있으니까 뒷문으로 나가지요〉라며 통용문을 통해 밖으로 나가게 해주었습니다. 따라서 차에 탈 때의 모습이 찍히지 않았어요. 이번에 구치소는 저한테 한 것과 같은 배려를 곤에게는 하지 않았던 거지요.

구류 직후에는 정신적으로도 체력적으로도 피곤해서 맥이 풀립니다. 그리고 사진이나 영상으로 찍히면 손을 움직인다, 시선을 맞춘다, 시선을 피한다 등의 사소한 동작도 악의를 가진 해석과 함께 보도됩니다. 사진이나 영상으로 찍히지 않는 것이 피고인의 이익에 맞습니다. 그러므로 변호인단은 변장을 생각해 낸 것이겠지요. 변호사의 일은 의뢰인의 이익을 극대화하는 일입니다. 그런 점에서 곤 변호인단은 변장이라는 양동 작전으로 곤의 명예와 존엄을 지켜 낸다는 실로 뛰어난 첩보 작전을 펼쳤다고 생각합니다.

가타야마 하지만 그렇게 해서 브라질로 도망간다면 사법의 역사에 남을 만한 큰 실수겠네요.

사토 검찰은 금융 상품 거래법 위반만이 아니라 회사법 위반, 즉 특별 배임죄로도 추가 기소를 했습니다. 실형 판결이 나오면 형무소에서 나올 때까지 십 수 년이 걸립니다. 지금 곤은 65세이니까 출소할 때는 80세인 거죠. 옥중의 혹독한 환경에 견딜 수 있을까요.

가타야마 도망치느냐 죽느냐의 문제겠군요. 궁극의 선택이네요. 다시 생각해 보면 무서운 일입니다. 해외에서는 곤의 체포로 〈인질 사법〉을 공격 대상으로 삼았는데, 좀 더 자세히 말씀해 주겠습니까?

사토 브라질이나 레바논에서는 〈일본은 패씸하다〉는 논조입니다. 프랑스는 당초 일본을 비판했지만 조용해졌어요. 그것은 프랑스인이 부자를 싫어하기 때문입니다. 다만 곤에 대한 호오와 별도로 유럽 사람들이 관심을 가졌던 것은 도쿄의 구치소 생활입니다. 프랑스의 『르 피가로』 도쿄 지국장으로부터의 인터뷰에서 제가 가장 먼저 받은 질문은 도쿄 구치소의 입소식이었습니다.

가타야마 입소식 말인가요?

사토 네, 이름이나 생년월일, 성별 등의 질문을 받은 후 앙케트에 답합니다. 지금의 심경에 대해 〈체포되어 직장을 잃는 것이 걱정됩니까?〉, 〈가족이 불안합니까?〉라는 항목에 〈예〉나 〈아니오〉로 체크를 합니다. 그러면 다들 점점 불안해지지요.

가타야마 그렇겠지요.

사토 그런데 마지막에 신체적 특징이라는 항목이 있습니다. 〈문신〉, 〈단지(斷指)〉, 〈성기에 구슬 박기〉 등 형무관에게 체크를 받으며 표시를 해나갑니다. 『르 피가로』의 지국장에게 〈곤 씨도 그런 앙케트에 답을 했을 겁니다〉라고 말했더니, 말 그대로 얼굴이 창백해져서 〈설마요. 전과도 없는데, 그런 거라면 마피아에 대한 취조와 다를 게 없잖아요〉라며 충격을 받더군요.

또 한 가지 그가 놀란 것이 목욕탕 이야기였습니다. 방에서 목욕탕까지 15미터 정도의 복도를 팬티 하나만 입은 채 비누통과 수건 한 장을 들고 걸어간다고 설명했더니 〈그건 굴욕적이네요〉 하며 전율했습니다.

가타야마 유럽이나 미국 사람들에게는 아마 현대 이야기로 들리지 않았을 겁니다. 서구 영화에 때때로 이상하게 변형된 야쿠자가 등장합니다. 그들은 자신이 상상하고 있던 야쿠자의 세계가 현대 일본에 아직 남아 있구나, 하고 생각했겠네요.

사토 우리가 봐도 에도 시대 고덴마초의 감옥 같은 느낌 아닌가요.

가타야마 미국이나 유럽에서 보면 중국이나 북한의 형무소와 다르지 않은, 아니 더욱 심하다는 인상을 갖겠네요.

사토 실제로 중국보다 무서울지도 모릅니다. 중국이라면 뇌물이 효과가 있고 북한은 위대한 장군님의 자비로 출소할 가능성도 있습니다.

가타야마 세계의 부자는 다들 곤과 똑같은 일을 하고 있겠지요. 그렇게 되면 각국의 부자는 일본에 거주하지 않게 되는 거 아닌가요?

사토 그렇게 될지도 모르지요. 들켜서 체포되면 옥중에서의 죽음이 기다리고 있으니까요. 아무도 이 나라에 살려고 하지 않겠지요.

후미히토 발언의 충격

사토 2018년에는 아베 정권과 황실의 관계가 노골적으로 드러난 사건이 있었습니다. 11월 30일에 공개된 후미히토의 생일 회견입니다.[10] 다이조사이(大嘗祭)[11]의 비용에 대해 〈종교색이 강한 황실 행사를 국비로 조달하는 것이 합당한지 어떤지〉라고 발언하여 물의를 일으켰습니다.

후미히토는 지금까지 황실이 언급하지 않았던 천황의 종교성에 굳이 파고들었는데, 그 발언을 가타야마 씨는 어떻게 보십니까?

가타야마 후미히토는 다이조사이에 대해 황실의 사적인 비용인 〈내정 회계로 해야 한다〉고까지 말했습니다. 국가와 종교를 분리한다는 전후 민주주의의 원칙을 철저히 한다는 점에서는 지당한 논리입니다.

다만 그 배경에는 헤이세이 이후의 천황상을 둘러싼 교섭이 있었던 것 같습니다.

사토 그 발언으로 천황의 종교성을 지키고 싶은 관저와 그렇지 않은 황실의 대립 구조가 분명해졌습니다. 후미히토의 그 발언에는 아키히토 천황의 의견이 반영되어 있다고 보는 것이 자연스러워요.

2016년 아키히토 천황이 「말씀」에서 생전에 퇴위할 의향을 내

---

10 현 천황인 나루히토의 동생인 후미히토가 생일 회견에서 한 발언의 골자는 다음과 같다. 〈다이조사이는 종교색이 강한 황실 행사다. 헌법과의 관계상 (공적 비용이 아니라) 내정 회계로 해야 한다. 다이조사이에는 비용이 들지만 분수에 맞는 의식으로 하는 것이 본래의 모습이 아니겠는가, 하고 궁내청 장관 등에게 이런 의향을 전달했으나 들으려고 하지 않았다〉—원주.

11 천황이 즉위한 후의 첫 11월 23일에 햇곡식을 천지의 신에게 바치고 친히 이것을 먹기도 하는 궁중 제사.

비쳤습니다. 하지만 관저는 황실 전범을 개정하지 않고 한 번뿐인 특례로 했어요. 이는 〈멋대로 하는 것을 한 번만 허락합니다〉라는 관저의 자세가 드러난 것입니다. 그런 관저를 후미히토는 천황의 대변자로서 통렬하게 비판한 것이지요.

가타야마 전후 점령군은 종교와 일체화한 천황이 이상한 내셔널리즘을 환기시킨다고 생각했습니다. 연합군 최고 사령부는 천황제 아래에서 태어난 일본형 파시즘이 특공이나 옥쇄의 정신과 결부되는 것을 염려하고 두려워했어요.

그렇기에 종교와 분리하기 위해 전후를 쇼와 천황의 「인간 선언」으로부터 시작했습니다. 그런 상황에서 지금도 남아 있는 종교적 장치가 바로 후미히토가 지적한 다이조사이입니다. 천황의 장례도 마찬가지입니다. 그리고 붕어와 결부된 형태로 개원을 죽음과 재생의 의례에 연결시킨 일세일원제입니다.

사토 그런 맥락에서 말하자면 메이지 헌법에서 정한 일세일원체를 유지하고 싶어 하는 정권과 그것에 반발하는 황실의 대립으로 보면 이해하기 쉽습니다.

가타야마 메이지 유신으로부터 이어지는 흐름이라는 것이네요. 듣고 보니 관저의 발상은 조슈적이라고 할 수 있겠네요.

사토 그렇습니다. 아베 총리도 정권을 지지하는 일본회의의 원류에 있는 오다무라 형제도 조슈(현 야마구치현)에 뿌리를 두고 있으니까요.

가타야마 조슈는 메이지 유신으로 천황을 왕으로 추대했습니다. 하지만 야마가타 아리토모(山県有朋)도 이토 히로부미(伊藤博文)

도 왕은 아무 말도 하지 않고 그저 받드는 것을 받아들이고 있으면 된다는 태도로 일관했어요. 국민을 두렵게 하는, 말을 하지 않는 신으로서 그저 거기에 있기만 하면 그 나머지는 자신들이 다 알아서 할 거라고 말이지요.

그리고 현 정권은 말하지 않는 천황을 모시고 헌법 개정을 실현한다면 메이지 국가로 돌아갈 수 있다고 생각하고 있습니다.

사토 일반적인 국민으로부터는 벗어난 가치관이지요. 여기서 문제가 되는 것은 전전부터의 연속성을 지키려는 정권이 여러 외국으로부터 어떻게 보일까 하는 점입니다. 예를 들어 나치의 제3제국과 현재의 독일 연방의 연속성은 전혀 없다고 여겨지고 있잖아요.

그렇다면 대일본 제국과 일본은 어떨까요. 적어도 트럼프가 등장하기 이전의 미국은 아베 총리를 전전과의 관련성을 강조하는 내셔널리스트라고 경계하고 있었습니다.

가타야마 한편으로 쇼와 천황도 아키히토 천황도 군림은 하지만 통치하지 않는다는 영국식 황실로 이동하고, 전후 민주주의와 양립할 수 있는 천황상을 자각적으로 목표로 해왔어요.

사토 그래서 정권과의 대립은 더욱 깊어집니다.

가타야마 그 이야기가 되면 헤이세이 시대 이후의 천황이 되는 황태자(현 천황 나루히토)는 어떤가 하는 이야기로 이어집니다. 국민은 황태자에 대해, 마사코 비(현 황후)에 관한 많은 사람의 〈인격 부정 발언〉을 통해 필사적으로 가족을 지키려고 한다는 이미지밖에 갖고 있지 않습니다.

사토 국화 커튼으로 지켜져 온 황태자에 대해 국민과 가까움을 느끼게 하는 역할을 동생인 후미히토가 떠맡아 왔지요. 다만 마코(眞子) 공주의 약혼 내정자인 고무로 게이(小室圭)의 등장으로 궁내청의 위기관리 능력의 부족함이 명확해졌습니다.

가타야마 그 일에는 깜짝 놀랐습니다. 위기관리는커녕 신체 검사도 하지 않았다니 말입니다.

사토 저는 그의 등장으로 여제인 고켄(孝謙) 천황(쇼토쿠 천황)에게 빌붙었던 유게노 도쿄(弓削道鏡)를 떠올렸습니다.[12]

가타야마 쇼와 천황과 아키히토 천황은 국민에게 바싹 다가선 가까운 존재였습니다. 하지만 마코 공주 문제로 황실이 국민에게 너무 가까워진 것이 아닌가 하는 생각도 듭니다.

사토 그렇지요. 하지만 후미히토의 발언으로 관저의 황실에 대한 뒤틀림은 다음 천황으로 넘겨지는 것이 분명해졌습니다. 새로운 시대가 찾아왔을 때 우리는 생전 퇴위에 대한 생각을 말한 2016년의 「말씀」과 후미히토의 그 발언이 일본의 터닝 포인트였다고 생각하는 날이 올지도 모릅니다.

아카시 시장의 마을 만들기

가타야마 제가 헤이세이 시대 이후에서 하나의 터닝 포인트가 될 것 같다고 느끼는 것이, 2018년 12월 8일 참의원 본회의에서 가

---

12 유게노 도쿄는 가와치국(현재의 오사카부) 출신의 승려로 조선에서 온 귀화인의 자손이라고 한다. 병을 앓았던 고켄 천황을 옆에서 모시며 간병하여 총애를 받았다고 한다.

결되어 성립하고 2019년 4월부터 시행된 개정 출입국 관리법입니다. 자본주의 논리에서 말하자면 저출산 고령화 사회인 일본에서 외국으로부터 노동력을 받아들여 가는 것은 옳은 선택입니다. 하지만 저 개인으로서는 이민에 의존하지 않는 이단 국가의 모습을 모색했으면 합니다.

사토　그 마음은 알 것 같습니다. 하지만 일본의 풍요로움을 유지하는 것은 인구입니다. 여기서 주목해야 하는 것은 마르크스의 노동 가치설로, 인간 한 사람은 자신이 먹는 것 이상의 생산물을 산출할 수 있어요. 그러므로 인구가 늘어나는 것에 큰 의미가 있습니다.

가타야마　다만 큰 문제는 정권이 직접적으로 이민 정책이라고 말하지 않고 모호한 형태로 진행하려고 하는 게 아닐까요. 앞으로 다양한 혼란이 생기겠지요.

사토　지적한 대로 정권은 이민 정책이 아니라고 말하고 있기 때문에 규제하는 규칙도 만들지 않았습니다. 하지만 그래도 지금은 아직 괜찮습니다.

제가 걱정하는 것은 이민 2세가 공립 학교를 졸업하고 사회로 나오는 약 20년 후입니다. 그 무렵 이민 2세가 일본인과 동등한 기회를 얻을 수 있는 사회가 되어 있을까요. 그중에는 고등 교육을 받아 의욕도 있고 능력도 많은 사람이 확실히 나올 겁니다. 만약 이민 차별에 대해 아무런 대책도 준비도 하지 않으면 수만 명 단위의 젊은이가 불만을 품는 사회가 될 거예요.

가타야마　지금은 이민을 지방의 공장 등에서 고용한다는 이야기가 나오지만, 언젠가 이민들은 도시에 집중되겠지요. 이민 정책은 도시와 지방이 안고 있는 격차나 분단 문제를 드러낼지도 모릅니다.

사토 그렇습니다. 헤이세이 시대 이후의 도시와 지방이라는 관점에서 굉장히 흥미로운 것이 효고현 아카시시 이즈미 후사호(泉房穂) 시장의 정책입니다.

가타야마 2019년 2월에 폭언 문제로 사임하고, 4월에 다시 시장 선거에 나가 당선한 시장이지요.[13]

사토 맞습니다. 이즈미는 아카시시에서 〈기본 서비스〉를 도입했습니다.

〈기본 서비스〉란 〈기본 소득〉에 대항하여 나온 개념으로, 필요한 사람에게 필요한 것을 주는 서비스입니다. 구석구석 스며들면 온갖 동네에 어린이 식당이 있고 의료도 개호도 무료로 받을 수 있게 됩니다. 언뜻 보면 온통 좋은 것만 있다고 생각되지만, 극단적인 선택과 집중을 해온 결과입니다. 저는 여기에 위험성이 잉태되어 있다고 봤습니다.

가타야마 뭔가를 희생한 위에서 복지가 충실하다는 것인가요?

사토 그렇습니다. 아주 흥미로운 것은 아카시시의 인구가 늘었다는 점입니다. 그것도 사회적 증가와 자연적 증가가 동시에 일어났습니다.

---

13 이즈미 시장은 2017년 6월 도로 확장 공사에 수반되는 건물의 퇴거 교섭을 둘러싸고 시장실에서 직원에게 〈건물을 태우고 오라〉고 발언했다. 이 녹음 음성이 보도되자 2019년 2월에 사임을 표명했다. 하지만 4월의 시장 선거에 다시 출마하여 당선했다 —원주.

가타야마 구체적으로 어떤 정책을 시행했습니까?

사토 아이 양육에 힘을 쏟기 위해 도로나 상하수도 등의 인프라 정비에 드는 경비를 대폭 삭감하고 아이 양육에 할당했다고 합니다. 예컨대 보육료는 둘째 아이부터 무료이고 둘 이상의 아이가 있는 세대를 극진하게 지원한 겁니다. 모든 초등학교 통학 구역에 어린이 식당을 만들고 대학생 자원봉사자가 학습 지원 같은 것을 합니다. 보육사의 급여도 대폭 인상해서 근처의 우수한 보육사도 몰려들게 되었습니다. 나아가 행정으로서 이혼 후의 아이 양육 지원에도 힘을 쏟고 있어서 한 부모 가정도 머물 수 있어요.

그 결과 다른 자치체로부터 아카시시로 주민이 유입하게 되어 인구가 증가하는 것이지요. 다만 고등 교육까지는 손길이 미치지 않기 때문에 고등학교부터는 오사카나 고베로 가게 합니다. 시장은 철저하게 선택과 집중으로 공장 유치나 인프라 정비 등의 공공 사정을 단념하고 아카시시를 생활의 거점으로 하자고 생각했던 것입니다.

가타야마 아이를 키우려면 아카시시로, 하는 것이군요. 이즈미는 어떤 사람입니까?

사토 전 민주당 중의원 의원입니다. 도쿄 대학을 졸업하고 사법 연수원 동기가 하시모토 도루입니다. 그는 아이를 자치체에서 키운다는 생각을 갖고 있는 것 같습니다. 그래서 고령자의 커뮤니티와 어린이 식당을 연결하여 모두가 모두의 얼굴을 알고 있는 동네를 만들려고 했어요. 의료비는 중학교 3학년까지 무료입니다. 어떤 의미에서 아이를 가진 부모에게는 낙원과도 같은 동네가 되었지요.

가타야마 저출산 고령화가 더욱 심각해지는 헤이세이 시대 이후에는 아카시시 같은 방식밖에 없을지도 모르겠네요. 중간 단체인 커뮤니티의 재생이라는 점에서도 아주 흥미롭습니다. 또한 그것은 행정권이 압도적으로 우위인 지방 자치체이기에 가능했겠지요.

사토 행정권의 우위에 더해 약 30만 명이라는 규모와 고베의 베드타운이라는 지역 이점이 있기 때문이라고 생각합니다. 게다가 시장이 국정을 한번 경험했기에 나라의 구조를 잘 알고 있었습니다. 경제가 저조하다고는 해도 도시 지역은 법인세도 들어오고 부유층도 있으니까 지방 쪽이 절실한 것은 확실합니다. 그렇기에 이런 극단적 선택과 집중을 하지 않을 수 없다는 발상으로 이어진 것이지요.

가타야마 하지만 그렇게까지 하면 공산당이 예전에 선전했던 이상 사회를 방불케 하네요. 행정이 출산이나 아이 양육을 관리한다는 것은 파시즘 국가를 연상시킵니다. 강압적 측면이 없는 소프트 파시즘이라고 해야 할까요. 게다가 일터나 교육의 장은 다른 도시에 맡긴다는 것은 그만큼 모순이나 불리한 조건을 다른 자치체에 드러나게 하는 건 아닐까요?

사토 지적한 대로입니다. 가까운 자치체는 아카시시가 시작한 제로섬 게임에 휩쓸린 셈이니 아주 당황스러워했습니다.

이즈미의 시정은 아이 양육으로 주목을 받았지만, 이주 희망자를 선별하는 배타주의적 면이 보인다거나 주민이 안쪽으로만 눈을 돌리고 바깥쪽, 즉 아카시시 이외에 대해 무관심해지면 위험성은 늘어나겠지요.

가타야마 이즈미의 강력한 견인이 있었기에 가능한 개혁이었을지도 모릅니다. 하지만 그 강함이 반대쪽 면으로 나왔겠지요. 일단 사임에 몰려 아카시시의 개혁도 미완으로 끝났을 수도 있었습니다.

사토 제가 또 한 가지 주목하고 있는 지역이 도야마현입니다.[14] 재정학자인 이데 에이사쿠(井手英策)는 『도야마는 일본의 스웨덴(富山は日本のスウェーデン)』이라는 책을 썼습니다. 도야마의 경우는 세 세대가 동거하는 가정이 많아 조부모가 손자를 돌보기 때문에 어머니도 일할 수 있습니다. 그 결과 한 사람당 소득은 6위, 노동자 세대의 실제 수입은 4위라고 합니다. 생활 보호 대상자 비율도 일본에서 가장 낮습니다. 다만 실정은 커뮤니티의 상호 부조가 작동하는 반면에 허세나 서로의 감시도 강해집니다. 단적으로 말해서 이웃 앞에서는 창피하니까 돈이 없어도 생활 보호를 받지 않을 뿐이라는 거지요.

가타야마 아카시와는 달리 촌락 공동체로 돌아가는 모델이군요. 하지만 아카시와 마찬가지로 위험성도 안고 있습니다. 사토 씨가 지적한 대로 커뮤니티 바깥에 대해 무관심해지면 심각한 분단이 생기게 됩니다.

---

14 출생률이나 여성 노동력 비율이 높은 도야마는 북유럽과 비교되는 일이 종종 있다. 하지만 내부 사정을 보면 여성의 지방 의회 진출이 늦고, 여성 관리직 비율도 높지 않다. 실질적으로 여성이 참고 있을 뿐이라는 비판도 많다 — 원주.

이제 일본에서는 국민 전원이 일률적으로 일하면 똑같이 벌 수 있다고 아무도 생각하지 않습니다. 그렇게 되면 생활 보수주의가 침투합니다. 자신의 생활권에서 비어져 나가 있는 사람이 굶든 죽든 상관하지 않는 그런 의식이 싹트겠지요.

곧 지역 격차가 노골적으로 드러나고 풍요로운 도야마나 아카시 또는 도시 지역으로 이주한 사람이 늘어날 겁니다. 그렇게 되면 이번에는 받아들이는 측의 능력을 초과해 버립니다. 이동을 규제하기 위해, 에도 시대처럼 관문을 지날 때 통행증을 요구하는 시대가 올지도 모르지요.

사토 그렇게 되면 이주하고 싶어도 할 수 없는 빈곤층이 반란을 일으킬 위험성도 있습니다.

가타야마 이민 문제에서 발단한 대폭동이 프랑스에서 일어났고, 최근에 미국에서도 대규모 데모가 일어났지요.

사토 그것은 이제 남의 일로 치부하고 넘어갈 수가 없습니다. 이민 정책을 변경한 헤이세이 시대 이후의 일본이 직면하게 될 문제입니다.

가타야마 이 이민 문제든, 곤의 체포로 드러난 국가 대 자본주의의 대립이든, 황실의 바람직한 모습이든, 오키나와 문제든…… 전후의 일본이 모른 척한 문제가 헤이세이의 마지막에 한꺼번에 분출한 거라는 인상을 받습니다.

사토 하지만 개원으로 일본을 둘러싼 분위기는 틀림없이 변하겠지요. 앞으로의 문제가 헤이세이 시대 이후에 어떻게 진정되어 갈지 무척 흥미롭습니다.

단행본판 후기

평평해진다, 헤이세이(平成)라는 원호를 들었을 때 메이지나 쇼와보다는 다이쇼(大正)와 비슷하다고 생각했습니다. 메이지는 분명히(明) 다스리다(治), 쇼와는 환하게(昭) 화합하다(和). 세상은 날마다 다스려 나가지 않으면 안 되고 조화시켜 나아가지 않으면 안 됩니다. 저는 메이지와 쇼와라는 말에서 나날이 진행되어 가는 이미지를 받았습니다. 다스려 나가면 화합되어 갑니다. 동사적이고 현재 진행적이라는 것입니다.

하지만 다이쇼는 다른 게 아닐까요. 대단히(大いに) 올바르다(正しい). 형용사적입니다. 올바른 상태가 만들어져 있지요. 만들어져 있다는 것은 움직임이 없습니다. 멈춰 있습니다. 그런 비전이 떠오르지 않습니까. 대단히 올바르게 해나간다거나 대단히 올바르게 해나가지 않으면 안 된다거나 나날이 대단히 올바르게 해나갈 수 있을지도 모른다거나 희망이나 명령이나 추량의 의미로 풀 수 없는 것도 아닙니다. 하지만 그것은 약간의 비약이 필요한 것 같기도 합니다. 대단히 올바르다. 순순히 읽으면 역시 아직은 그렇게 읽을 수 있겠지요.

헤이세이라는 말도 그런 다이쇼와 아무래도 겹치는 것으로 생각되지 않을 수 없었습니다. 〈된다(成)〉는 〈올바르다(正)〉와 달리 〈다스리다〉나 〈화합하다〉와 마찬가지로 훌륭한 동사입니다. 하지만 〈된다〉는 정치학자 마루야마 마사오의 대표적 논문 중 하나인 「역사 의식의 고층(古層)」에 따라 말하자면, 즉 한자적으로 해석하면 〈근본적으로 성취, 완성, 성과를 의미한다〉입니다. 다시 말해 동사이지만 움직이지 않습니다. 움직임이 끝나 있습니다. 〈성취, 완성, 성과〉를 의미한다면 〈된다〉라는 말을 현재형으로 사용해도 결국 완료형적, 과거적인 의미가 들어옵니다. 〈평평해진다〉는 〈평평하게 되어 있다〉, 〈평평하게 되었다〉에 한없이 가까워지는 말이라는 것이지요.

요컨대 헤이세이라는 원호를 처음 듣고 앞으로의 일본을 상상하려고 했을 때 저는 어쩐지 의욕이 생기지 않았습니다. 〈평평해지도록 열심히 합시다〉가 아니라 〈평평해졌으니까 이제 됐어요〉라는 뉘앙스를 강하게 느꼈던 것입니다. 뭔가가 시작되었다기보다는 뭔가가 끝났다, 이미 완료되었다, 그런 기괴한 감각이었습니다.

신기하게도 이름은 실체를 나타냅니다. 원호 한자의 의미가 왠지 실질과 연결되는 거지요. 메이지는 시바 료타로풍으로 말하자면 〈언덕 위의 구름〉을 목표로 걸어가는 현재 진행형의 시대였습니다. 언덕 위의 구름이 보입니다. 그 구름을 목표로, 그곳을 향해 가면 된다고 상상할 수 있는 것이었습니다. 하지만 다이쇼는 〈대단히 올바르다〉이니까 언덕 위의 구름을 응시하며 열심히 노력한 보람이 있어 〈대단히 올바르게 되었으니 이제 됐습니다〉입니다. 메이지가 끝나고 다이쇼라는 원호를 처음 들었을 때 분명히 그렇게 느꼈던 사람도 있지 않았을까요.

다이쇼의 다음인 쇼와는 역시 메이지와 아주 닮았습니다. 메이지는 유신의 동란과 급진적 국가 건설의 시대를 거쳐 러일 전쟁에서 승리함에 따라 아시아 대국으로서의 지위를 세계에 인식시켜 가는 가열한 상승의 시대였습니다. 쇼와라고 하면 메이지보다는 한층 과격하고 활기차게 언덕을 뛰어오른 시대였지요. 전반은 정치력과 군사력에 의존해서. 후반은 패전으로 궤도 수정을 강요받아 경제력에 의존해서. 하지만 전전도 전후도 맹렬한 상승을 목표한 점에서는 쇼와와 일관되었습니다. 동사적 메이지 뒤에 형용사적 다이쇼가 오고, 현재 진행형인 쇼와 뒤에 완료형이고 과거형 같은 헤이세이가 옵니다. 원호를 고안하는 사람들이 거기까지 의식하고 있는지는 알지 못하지만 잘 만들어진 이야기입니다.

메이지와 쇼와에는 또 한 가지 공통점이 있습니다. 길었다는 점입니다. 메이지는 45년, 쇼와는 64년입니다. 일세일원이라는 원칙에 따라 천황이 그만큼 오래 재위했습니다. 그렇다고 해도 현대의 감각에서 보면 결코 장수한 것은 아니었지만, 아무튼 메이지 천황과 쇼와 천황의 시대는 길었습니다. 다이쇼 천황은 즉위했을 때 이미 30대였고 헤이세이 천황은 50대 후반이었습니다.

다이쇼 천황은 40대에 붕어했기에 다이쇼는 정말 짧았습니다.

하지만 일반론으로서도 길게 이어진 메이지와 쇼와 다음 연호는 둘 다 짧아질 거라는 사실은 미래의 실제를 알지 못해도 충분히 예상할 수 있습니다. 그런 점에서도 다이쇼와 헤이세이는 겹칩니다.

그렇다면 실제 다이쇼와 헤이세이의 내용은 어떨까요. 과격하게 성장하면 해결할 수 없었던 모순이 남겨져 뒤로 돌려질 확률은 높아집니다. 메이지 후의 다이쇼, 쇼와 후의 헤이세이는 어느쪽이나 너무 극적으로 길었던 시대의 조정기나 전환기가 되는 것으로 운명 지어진 시대였겠지요. 조정이나 전환이 잘되지 않으면 정체기가 되기도 할 것입니다. 게다가 거기에 왠지 아주 비슷한 세계적 요인과 자연적 요인이 겹쳐지는 것도 다이쇼와 헤이세이에서는 같습니다.

러일 전쟁까지 일본인은 국가나 사회로의 통합도가 높았지만 메이지 말기에서 다이쇼 초기에 걸쳐서는 정신적으로 단숨에 무너져 갑니다. 다시 말해 부유층을 중심으로 개인주의화와 자유주의화가 일어납니다. 언덕 위까지 갔으니 슬슬 멋대로 하게 해달라는 것이지요. 일반적으로 그런 사태를 고등유민(高等遊民)의 탄생이라 부릅니다.

정치와 사회 전반도 다이쇼 시대에는 심하게 다원화하고 유동화합니다. 메이지 말기까지는 러일 전쟁의 전쟁 지도(指導)의 중심에도 이토 히로부미나 야마가타 아리토모가 있었습니다. 메이지 유신의 공로자인 그들이 장수하여 총리대신이나 군대도 마음대로 조종한다고 하면 지나친 말이겠지만, 나라를 통합했던 것은 틀림없는 사실입니다. 그런데 메이지 말부터 다이쇼에 걸쳐서는 이 세대의 대정치가가 세상을 떠나거나 고령화하여 힘을 잃고 행정 관료, 정당, 추밀원, 육군, 해군, 노동 운동 등 모두 멋대로 일을 해서 일본은 통합을 결여하게 됩니다.

거기에 국제 정세가 더해집니다. 제1차 세계 대전이 일본 경제에 엄청난 영향을 끼칩니다. 물론 국제 질서가 대변동을 일으키고 중국도 신해혁명의 혼란이 심해지기 때문에 일본은 그 안에서 제대로 처신하려고 하여 이익을 얻거나 후세에 화근을 남깁니다. 그리고 대전에서 엄청난 전쟁 특수로 얻은 호경기에 과도한 설비 투자를 합니다. 그런데 전쟁이 끝나고 유럽으로의 수출도 격감하자 지나치게 팽창한 생산력을 주체하지 못하고 불황에 빠졌습니다. 그래서 우격다짐으로라도 대륙에서 시장을 찾지 않을 수 없게 되어 쇼와의 전쟁으로 이어집니다.

그리고 다이쇼의 숨통을 끊은 것은 말할 것도 없이 관동 대지진일 겁니다. 지진과 대규모 화제로 수도가 궤멸했습니다.

이런 메이지 말부터 다이쇼 시대는, 쇼와 말부터 헤이세이 시대와 사건이나 성격이 겹치는 점이 무척 많은 것 같습니다. 시계열적으로 정확히 대응하지는 않지만 구성 요소는 무척 비슷합니다. 러일 전쟁 후의 목표 상실은 일단 전후 경제의 목표 달성과 포스트모던이라 불리는 사상 문화의 분위기와 평행합니다. 제1차 세계 대전과 신해혁명이나 러시아 혁명 등에 의한 대변동에 상당하는 것은 냉전 구조의 붕괴일 것입니다. 전쟁 특수로 인한 급격한 경제의 과열과 그 후의 처리에 곤란을 겪어 결국 전쟁으로까지 돌진하는 모습은 버블 붕괴와 그 후 일본의 진로와 겹칠 것입니다. 그리고 다이쇼에 어울릴 정도의 정치 사회의 다원화도 헤이세이에는 오자와 이치로나 고이즈미 준이치로의 정치로 촉진되었지요. 관동 대지진은 한신·아와지 대지진과도 그렇지만 특히 동일본 대지진과 겹칩니다. 모두 국가의 운명에 영향을 미치는 대지진이었습니다.

좀 더 덧붙이자면 다이쇼는 국민적 가치의 혼란에 편승한 새로운 종교의 시대이기도 했는데 헤이세이도 유사한 점이 있습니다. 또 한 가지, 헤이세이는 다이쇼의 두 배 길이로, 단순 계산하여 비교하면 쇼와 10년대까지 침범하는 모습입니다. 그런데 거기까지 가면 다이쇼 시대에 다원화하여 중심을 잃은 정치 사회의 구조로는 비상시에 국가의 전력을 다할 수 없다고 해서 새로운 통합 방법이 모색됩니다. 그것은 파시즘화의 시도라고 부를 수 있는 것이지만 헤이세이, 특히 대지진 이후의 정치에는 그런 경향이 강하게 나타난 것 같습니다.

그런 의미에서 〈대단히 올바른 시대〉와 〈평평해지는 시대〉는 역시 무척 비슷한 것이 아닐까요. 다이쇼 다음은 쇼와의 동란 시대였습니다. 그렇다면 이미 쇼와를 상당히 포함하여 지나고 있는 헤이세이의 다음은 어떻게 될까요. 안온했다고는 생각되지 않습니다. 미래를 두려워하기 위해서는 과거를 돌아봐 두지 않으면 안 됩니다. 역사는 결코 같은 일을 되풀이하지 않지만 종종 비슷한 길을 가게 되는 법입니다. 이 대담이 어딘가 미래를 위한 이정표가 되는 부분이 있었으면 좋겠습니다.

하지만 대담 상대가 사토 마사루 씨라는 것은 저에게 아주 근사한 경험이었습니다. 사토 씨의 뛰어난 정보 수집과 정리 능력은 말할 것도 없으며 정보를 처리하여 멀리 내다보기 위한 이론 무장 또한 엄청납니다. 그것을 위한 공부가 보통 사람의 수준을 한참 능가했습니다. 그리고 대담 중에서도 언급한 것이지만, 사토 씨가 러시아에서 외교관으로서 한 경험과 그 후의 극적인 경험 또한 저에게는 앞으로 일본의 미래를 선취하고 있는 것으로 느껴졌습니다. 사토 씨의 압도적 경험치는 그대로 미래로 전화되어 미래를 예고하는 것 같습니다.

사토 씨를 비롯하여 신세를 진 모든 분께 깊이 감사드립니다.

2018년(헤이세이 30년), 가타야마 모리히데

문고판 후기

헤이세이사의 작은 플레이어로서 저도 역사의 기록에 남아 있습니다. 2002년(헤이세이 14년) 5월 14일 저는 당시 근무하고 있던 외무성 외교 사료관(도쿄도 미나토구 아자부다이)에서 북방영토 문제와 관련된 스즈키 무네오 사건에 연루되어 도쿄 지방 검찰청 특별 수사부의 검찰관에게 체포되었습니다. 부인으로 일관했기 때문에 도쿄 구치소의 독방에 512일간 구금되었습니다. 마지막 7개월간 양쪽 독방에는 확정 사형수가 수용되어 있었습니다. 이 체험은 지금도 제게 강력한 영향을 주고 있습니다. 개인사에서는 확정 사형수와 함께 생활한 일이 헤이세이 시대 최대의 사건이라 할 수 있지요.

〈나는 언젠가 보석으로 이 구치소에서 나갈 수 있다. 하지만 옆 사람들은 사형이 집행되거나 병사하거나 그 둘 중 하나로, 살아서 구치소를 나갈 수는 없다〉고 생각하면 제 언어 능력으로는 표현할 수 없는 복잡하고 견딜 수 없는 마음이 듭니다.

구치소에는 〈접금(接禁)〉이라는 약어가 있습니다. 정확히는 〈접견 등 금지 조치〉라고 불립니다. 구금되어 있는 피의자/피고인 중 특별히 악질적이고 외부와 연락을 취해 증거 은멸을 꾀하거나 신문이나 잡지의 기사를 읽고 거짓 진술을 할 가능성이 있는 사람에게 내리는 조치입니다.

접금이 되면 변호인을 제외한 사람과의 면회나 편지 왕래를 할 수 없습니다. 친구는 물론이고 가족과의 면회나 편지 왕래도 할 수 없습니다. 또한 신문, 잡지, 서적의 구독도 인정되지 않습니다. 하지만 변호인이 넣어 주는 서적만은 검열을 거쳐 일주일 후에 독방에 전해집니다.

체포당한 후 저는 신북사(新北舍)라는 조립식 건물인 옥사에 들어갔습니다. 거기에는 냉온방 시설이 없었습니다. 독방의 여름은 40도 가까이 올라갑니다. 죄수가 탈수 증상을 일으키지 않도록 오후 1시에 구치소에서 차가운 음료를 추가적으로 배급했습니다. 겨울에는 5, 6도가 되는 일도 있습니다. 독방 안에서 내뱉는 숨이 하애집니다.

죄수는 방 안에서 돌아다니는 것이 금지되어 있습니다. 차입용의 작은 창 옆에 앉아 있어야 합니다. 아울러 독방은 모두 다다미입니다. 독방 중에서도 모든 다다미에 검은 가선을 두른 곳이 있습니다. 이는 보통의 죄수용입니다. 이에 비해 검은 가선이 둘러지지 않은 독방이 있습니다. 이른바 자살 방지 방입니다. 천장에 감시 카메라와 녹음 마이크가 설치되어 있어 24시간 태세로 감시당합니다.

수도에도 금속제 꼭지가 없고 비닐 관이며 바닥의 버튼을 발로 밟으면 물이 나오게 되어 있습니다. 예전에 수도꼭지에 수건을 찢어 연결하여 목을 매 자살한 죄수가 있었기 때문입니다.

구치소와 형무소는 형태는 비슷하지만 전혀 다른 성격의 시설입니다. 구치소에는 미결수가 수용되어 있습니다. 미결이기 때문에 일단 무죄 추정의 원칙이 작동합니다. 따라서 옷도 사복이고 장발(1센티미터 정도로 짧게 깎지 않는다는 것)이 허용됩니다.

TV 드라마에서는 〈피고인은 무죄!〉라는 장면이 자주 나오는데 실제 재판에서는 기소되면 99.9퍼센트 유죄가 됩니다. 일본의 형사 재판에서 유죄 비율은 구소련보다 높습니다. 판결이 확정되어 징역형이나 금고형이 되면 그날 안에 머리가 빡빡 깎이고 죄수복(여름에는 회색, 그 이외에는 황록색)으로 갈아입습니다.

징역형의 경우는 그날부터 종이봉투 만들기나 나무젓가락 포장하기 같은 강제 노동을 해야 합니다. 징역형이나 금고형이라도 범죄자 용어로 〈도시락〉이라는 집행 유예가 붙거나 재판 도중에 보석이 받아들여지면 보석금을 지불하고 곧 석방됩니다. 저의 보석금은 6백만 엔이었습니다.

2003년(헤이세이 15년) 10월 8일 오전에 변호인이 이 돈을 넣고 저는 저녁에 보석되었습니다. 이날은 어머니의 73세 생일이었습니다. 보석을 기뻐하며 제게 덮친 운명을 냉정하게 받아들이고 직업 작가로의 전신을 지켜 준 어머니도 2010년(헤이세이 22년) 7월 27일에 세상을 떠났습니다.

그런데 구치소에는 판결이 확정되어도 머리를 빡빡 밀거나 죄수복을 입지 않은 사람들이 극히 일부 있습니다. 형무소로 호송되는 일도 없습니다. 확정 사형수입니다. 이 사람들은 구치소 내에 설치된 교수대에서 죽는 것이 형의 집행에 해당합니다. 어쩌면 사형 집행 전에 병사하기도 합니다. 그러므로 형무소에는 가지 않습니다. 관에 들어가지 않고는 구치소 밖으로 나갈 수 없는 것입니다.

사카구치 히로시(坂口弘) 씨는 확정 사형수입니다. 1993년(헤이세이 5년) 3월 9일 사카구치 씨의 사형이 확정되었는데 법원의 결정에 따르면 16명의 살인과 1명의 상해 치사입니다. 사카구치 씨가 〈아사마 산장 사건〉으로 체포된 것은 1972년(쇼와 47년) 2월 28일입니다.[1] 47년간이나 옥중에서 생활하고 있는 것입니다.

그런데 도쿄 구치소에서는 2003년(헤이세이 15년) 3월 22일 반세기에 한 번 열리는 대행사가 있었습니다. 신옥사로의 이사입니다. 신옥사에는 냉온방이 완비되어 있습니다. 신북사 3층에 있던 죄수는 새 옥사 B동 8층으로 이동했습니다. 처음에 저는 다다미에 검은 가선이 붙어 있지 않은 자살 방지 방에 수용되었습니다. 4월 7일, B동 8층의 책임자가 〈부탁이 좀 있는데, 방을 바꿔줄 수 없겠소? 좀 까다로운 사람들이 있는데 그 사람들 사이에 끼어 있으면 다들 맥을 못 추지만 당신이라면 괜찮을 거 같으니 부탁하오〉라고 말했습니다.

---

1 나가노현 가루이자와에 있는 아사마 산장에서 1972년 2월 19일 일본 적군의 일부 세력인 연합 적군이 일으킨 사건을 말한다. 일본 연합 적군의 간부급 다섯 조직원인 사카구치 히로시, 반도 구니오, 요시노 마사쿠니, 가토 미치노리, 가토 모토히사와 나머지 10명의 조직원이 아사마 산장 관리인의 배우자를 인질로 잡고 10일간 산장에서 경찰과 대치하였다. 인질은 약 219시간 정도 감금되었다가 모두 무사히 풀려났다.

간수들에게는 늘 신세를 지고 있어서 저는 곧바로 받아들였습니다. 새로운 독방은 32방이었습니다. 다다미에는 검은 가선이 붙어 있었습니다. 자살 방지 방이 아닌 모양이었습니다. 하지만 그때의 저는 양옆이 확정 사형수일 거라고는 꿈에도 생각하지 못했지요.

죄수는 주 2회 관품인 충전형의 전기면도기를 사용할 수 있습니다. 매일 수염을 깎고 싶은 죄수는 사비로 건전지식 전기면도기를 구입하여 간수에게 맡겨 놓습니다. 매일 아침 15분쯤 사용할 수 있습니다. 전기면도기는 같은 모양의 상품이 많아서 각자의 이름이 쓰여 있습니다.

어느 날 아침 실수로 다른 사람의 전기면도기를 건네받았습니다. 거기에는 〈31방 사카구치 히로시〉라고 적혀 있었습니다. 그래서 저는 옆방 사람이 사카구치 히로시라는 사실을 알았습니다.

저와 사카구치 씨는 대화는 물론이고 인사를 나눈 적도 없습니다. 구치소의 규칙으로 금지되어 있기 때문입니다. 다만 목욕이나 변호사 면회로 복도를 지날 때 저는 사카구치 씨의 독방을 곁눈으로 엿보았습니다. 벽 한 면에 공판 서류가 1미터 이상 쌓여 있고 그 위에 연필인가 볼펜으로 그린 산 그림이 기대어 세워져 있었습니다. 사건의 무대가 된 묘기산을 그린 것이라고 생각했지요. 그 산의 아지트에서 사카구치 씨 등은 연합 적군의 동지들을 살해했습니다. 복도를 이동할 때 옆의 독방을 엿보면 사카구치 씨는 늘 책을 읽고 있었습니다. 그 모습이 인상에 남아 있습니다.

사카구치 씨도 제가 인상에 남은 듯합니다. 사카구치 씨는 2015년에 『가집 암흑세기(歌集 暗黒世紀)』를 간행했습니다. 이 책은 다른 가집 『사카구치 히로시 가고(坂口弘, 歌稿)』, 『가집 영원의 길(歌集 常しへの道)』과 함께 옥중 문학의 걸작이라고 생각합니다. 사카구치 씨는 『가집 암흑세기』의 후기에 이렇게 적었습니다.

〈이 가집이 다루고 있는 2000년부터 2007년까지의 기간 동안 나는 도쿄 구치소의 가설(假設) 감방(신북사)에서 3년 3개월, 이어서 신옥사에서 4년 9개월을 살았습니다(신옥사에서의 생활은 지금도 계속 중). 이 두 옥사의 생활에서는 밀폐감이 강해졌습니다. 바깥에서의 운동을 전혀 할 수 없게 되어 생활 공간은 기본적으로 건물 안으로 제한되었어요. 그 밀폐감은 신옥사가 더 강합니다. 가설 감방 때는 면회가 있으면 그래도 바깥으로 나갈 수 있었는데 이제 그것조차 할 수 없게 되었습니다. 이런 생활 환경이 가작(歌作)에 부정적 영향을 미친 사실은 부정할 수 없습니다. 넋두리는 하고 싶지 않기에 노래를 만드는 것이 현격하게 어려워졌다는 것만은 적어 두겠습니다.

생활 조건이 변했습니다만 한편으로 새로운 만남도 있었습니다. 그중에서도 특필할 만한 만남이 있었어요. 엄격한 감시하라는 조건을 생각하면 그것은 기적이라고 말할 수밖에 없는 만남이었는데, 그것도 포함하여 모든 만남을 작품화했습니다.〉(『가집 암흑시대』, 157면)

여기서 사카구치 씨가 적은 〈엄격한 감시라는 조건을 생각하면 그것은 기적이라고 말할 수밖에 없는 만남〉이라고 표현한 것이 저와의 만남이라고 생각합니다. 적어도 저는 그렇게 믿고 있습니다. 사카구치 씨는 2005년(헤이세이 17년)에 만든 노래의 주에서 저에 대해 언급했습니다.

라디오에서 〈감옥의 조명을 어둡게 하는 것은 9시다〉라고 사토 씨가 말하자마자 감옥의 불 어두워지네.

(* 사토 씨는 전 외무성 주임 분석관 사토 마사루. 2년 전 도쿄 구치소에서 나의 옆방에 있었다. 당시의 작품은 앞의 책.)

제가 구금되어 있던 시기에 사카구치 씨가 읊었던 노래의 일부를 『가집 암흑시대』에서 인용해 둡니다.

〈옆으로 오라 옆으로 오라 마음속으로 외었더니 그 사람 정말 옆으로 왔네.〉

〈방을 나가 곁눈으로 보니 옆 사람은 팔베개를 하고 뭔가 생각하고 있는 모양이네.〉

〈7월을 《나나가쓰》[2]라고 읽는 젊은 여성의 방송이 마음에 걸리는가.〉

〈살아남기 위해 쥐도 먹는다는 북한의 수용소 생활!〉

2   일본어로 7은 〈나나〉와 〈시치〉 두 가지로 읽을 수 있다. 하지만 7월은 〈시치가쓰〉로 읽어야 한다.

〈틀어박히지 말고 운동하자고 권했네, 늘 글을 쓰는 옆방 사람에게.〉

〈돌아다니는 간수 중에서도 허리 굽은 젊은 사람이 많다는 게 마음에 걸리는가.〉

〈깜짝 놀라 비디오 소리인가 귀 기울이니 가까운 독실에서 오열하고 있네.〉

(* 독방을 신옥사에서는 독실로 불렀다.)

〈남자가 우는 소리에 귀를 기울이네, 아마도 어머니의 부고를 들었으리라.〉

〈오늘도 남자가 우는 소리인 듯, 어머니의 부고를 다시 보고 있으려나.〉

〈옆방 사람의 보석을 전하는 기사가 실렸구나, 그가 나간 것을 알지 못했네.〉

『가집 암흑시대』, 74~77면)

〈옆으로 오라 옆으로 오라 마음속으로 외었더니 그 사람 정말 옆으로 왔네〉라는 것은 저를 말합니다. 사카구치 씨는 처음부터 제 존재를 강하게 의식하고 있었던 것입니다. 〈방을 나가 곁눈으로 보니 팔베개를 하고 옆 사람은 뭔가 생각하고 있는 모양이네〉라는 것은 독방 다다미에 드러누워 생각에 잠겨 있는 제 모습을 노래한 것입니다. 〈틀어박히지 말고 운동하자고 권했네, 늘 글을 쓰는 옆방 사람에게〉라는 것도 주 3회(여름에는 주 2회)의 운동을 거절하고 책을 읽으며 노트를 작성하고 있던 것을 떠올리게 합니다.

〈옆방 사람의 보석을 전하는 기사가 실렸구나, 그가 나간 것을 알지 못했네〉라는 것을 보면 사카구치 씨는 2003년 10월 8일 석간에 실린 저의 보석 기사를 보지 못했던 것 같습니다. 저는 사카구치 씨의 모습을 복도에서 바라봤습니다. 사카구치 씨는 작은 책상 앞에 앉아 거무스름한 적갈색 표지인 주오코론 출판사에서 나온 『세계의 명저(世界の名著)』를 읽고 있었습니다.

이따금 꿈속에 사카구치 씨가 나옵니다. 꿈속의 사카구치 씨는 잠자코 책을 읽고 있거나 원고를 쓰고 있었습니다. 헤이세이 시대의 절반을 저는 북방 영토를 일본에 반환되도록 자신의 목숨을 말 그대도 내던질 각오로 일하고 있었습니다. 그러므로 주위와의 알력을 두려워하지 않고 하시모토 류타로, 오부치 게이조, 모리 요시로, 이 세 총리의 의지를 실현하기 위해 전력을 다했습니다.

사카구치 씨는 말 그대로 목숨을 내던질 각오로 혁명을 위해 실천했습니다. 그 과정에서 무리를 했습니다. 제가 10년 빨리 태어나 도시샤 대학 신학부(그곳은 신기한 소우주였다) 이외의 대학에 진학했다면 아무래도 사카구치 씨와 비슷한 선택을 했을 가능성이 있었던 것 같습니다. 인생의 사소한 인연, 은사나 친구와의 만남으로 그 운명은 크게 변하는 법입니다. 제가 직업 작가로서 살아갈 수 있게 된 것은 자신의 힘이나 능력에 의한 것이 아닙니다. 제가 태어나기 훨씬 전에 신이 그것을 예정하고 있었던 것입니다. 사카구치 씨와 옥중에서 만난 것도 신이 예정한 일의 일부였다고 생각합니다.

보석 후 저는 사카구치 씨의 작품, 연합 적군 관계자의 수기, 아사마 산장 사건을 다룬 소설이나 논픽션을 정독했습니다. 거기에 쓰인 사카구치 히로시 씨의 모습에서, 절대로 옳은 것이 있다고 믿고 그것에 목숨을 바치는 일의 위험성을 배웠습니다. 자신의 목숨을 바칠 각오를 한 사람은 타자의 목숨을 빼앗을 수도 있게 됩니다. 마음씨 고운 사람도 대의를 위해 타자의 목숨을 빼앗는 것입니다. 헤이세이 시대의 특징은 일본이 전쟁의 직접적인 당사자가 되지 않았다는 것입니다. 이 전통을 다음 세대에도 이어 주고 싶습니다. 저는 이 책에 그런 마음을 담았습니다.

장기간에 걸친 대담에 응해 준 가타야마 모리히데 선생에게 감사합니다. 이 문고판의 편집을 담당해 준 쇼가쿠칸의 가시와바라 고스케 씨에게도 감사하다는 말을 전합니다.

2019년(헤이세이 31년) 4월 30일, 사토 마사루

〈헤이세이사〉 도서 목록 50

헤이세이를 읽다

1   오시로 다쓰히로, 「헤노코 원망」, 『주간 신초』, 2017년 2월 호
    〈저항하는 것은 견디는 것이다〉라고 쓰여 있다. 그런 생각이
    오키나와인에게 내재하는 독립 기운으로 이어져 있다. **사토**

2   온다 리쿠, 『밤의 피크닉』, 권남희 옮김(서울: 북폴리오, 2005)
    헤이세이를 대표하는 한 권을 굳이 든다면 이 작품이다. 고
    등학교의 전통적 행사라는 낡은 장치 안에서 싱글 맘 등 현
    대적인 문제를 정리하고 있다. **사토**

3   온다 리쿠, 『꿀벌과 천둥』, 김선영 옮김(서울: 현대문학, 2017)
    온다 리쿠는 굉장한 재능을 가진 작가다. 이 작품에서는 클
    래식 음악을 다루고 있는데 그녀의 지식은 일류 음악 평론
    가로서도 손색이 없다. **가타야마**

4   오자와 이치로, 『일본 개조 계획』, 방인철 옮김(파주: 지식산업사,
    1994)
    이 책은 일본이 군사를 포함한 국제 공헌이라는 면에서 〈보

통의 나라가 되어라〉라고 주장한다. 당시 관료들은 오자와 이치로에게 기대를 하고 있었다. **사토**

5 가타야마 교이치, 『세상의 중심에서 사랑을 외치다』, 안중식 옮김 (서울: 지식여행, 2015)

지금까지 팔린 책이라면 문단 사람도 편집자도 일로서 읽지 않으면 안 될 것이다. 하지만 읽은 사람이 무척 적었다. **사토** 옛날이라면 3백만 부가 팔리면 칭찬하는 사람과 안티 양쪽이 있기 마련인데 눈에 띄는 논의가 하나도 없었던 신기한 책이다. **가타야마**

6 가와카미 히로미, 『신 2011』(도쿄: 고단샤, 2011)

문학은 3.11에 솔직하게 반응했다. 재해 문학 중에서 가장 인상에 남은 한 권이다. 시대 분위기를 잘 표현하고 있다. **사토**

7 강상중, 『마음』, 노수경 옮김(파주: 사계절, 2014)

시체 인양 자원 봉사자를 테마로 3.11의 죽음과 진지하게 마주한 소설이다. 강상중 자신의 아들이 자살한 것과도 관련되어 있다. **사토**

8 고바야시 요시노리, 『고마니즘 선언 SPECIAL 쇼와 천황론ゴーマニズム宣言SPECIAL昭和天皇論』(도쿄: 겐토샤, 2013)

전후 민주주의를 체현한, 평면적인 천황 이미지를 넓혀 갈 때 큰 역할을 한 책 중의 하나다. **사토**

9 다치바나 아키라, 『말해서는 안 되는 너무 잔혹한 진실』, 박선영 옮김(고양: 레드스톤, 2017)

유전학이나 진화론의 견지에서 연봉이나 외모, 범죄 경향이

정해진다고 쓴 현대판 우생 사상에 관한 책이다. **사토**

10 나카노 히토리,『전차남』, 정유리 옮김(서울: 서울문화사, 2005)
    신초샤 편집자의 지시로 여겨지지만 가상 세계가 현실 세계
    에 영향을 미쳤다. **사토**

11 반도 마사코,『사국』, 권남희 옮김(파주: 문학동네, 2010)
    제도화된 경력을 걸어오지 않았던 사람들이 일본의 중추에
    접근하기 시작한 현대 사회는 이 작품에서 그린 사자(死者)
    가 되살아난 세계와 똑같다. **사토**

12 히가시무라 아키코,『도쿄 후회 망상 아가씨』, 최윤정 옮김(서울:
    학산문화사, 2016)
    『도쿄 후회 망상 아가씨』에 그려져 있는 것은 생활 보수주
    의다. 서른 무렵의 등장인물들은 높은 이상을 내세우면서도
    일은 고사하고 결혼도 하지 못한다. 그렇다고 해서 불륜도
    못 한다. 밸런타인데이에 등장인물 린코가 생각하는 〈다들
    한 번쯤 불행해지면 좋을 텐데〉라는 말은 아키하바라 사건
    을 일으킨 가토 도모히로의 사고와도 통한다. **사토**

13 후쿠자와 데쓰조,『도쿄 난민』(도쿄: 고분샤, 2013)
    난민이라기보다는 국가에 버림받은 기민(棄民)이다. 자유
    롭게 해방되어 있기는 하지만 만일의 경우에는 아무런 안전
    망도 없다. 소름이 끼친다. 영화도 좋았다. **가타야마**

14 후지와라 마사히코,『국가의 품격』, 오상현 옮김(파주: 북스타,
    2006)
    고이즈미 시대에 표면화된 우경화 흐름을 아베가 이어받

아 앞으로 더욱 나아가려고 한 풍조를 단적으로 드러내고
있다. **사토**

15 후루이치 노리토시, 『절망의 나라의 행복한 젊은이들』, 이언숙 옮
김(서울: 민음사, 2014)

논픽션이라는 장르가 붕괴되고, 교대하듯이 젊은 사회학자
나 사상가와 평론가들이 대두하는데, 그 징조를 느끼게 하
는 한 권이다. **사토**

16 후루이치 노리토시, 『아이는 국가가 키워라』, 한연 옮김(서울: 민음
사, 2015)

시세를 읽고 타는 것이 무척 뛰어난 저자가 〈아이들은 더러
워서 싫다〉라는 말로 인해 비난을 당하자 곧바로 간행한 책
이다. 노벨 경제학자 헤크먼으로 이론 무장을 하는 등 평가
할 만하다. **사토**

17 무라타 사야카, 『편의점 인간』, 김석희 옮김(파주: 살림, 2016)
매뉴얼화한 생활이 삶의 보람이 되는 역설을 그려 싫증 나
는 구석이 없다. **가타야마** 실은 사회의 감옥화를 표현한 소설
이기도 하다고 느꼈다. **사토**

18 무라타 사야카, 『소멸세계』, 최고은 옮김(파주: 살림, 2017)
섹스뿐만 아니라 욕망이 국가에 의해 통제되는 미래를 그린
다. 『편의점 인간』과 비슷한 주제를 다루고 있는데 이쪽이
훨씬 역작이다. **가타야마**

19 전 소년 A, 『절가』(도쿄: 오타출판, 2015)
아직 치료가 끝나지 않았다는 것을 잘 알 수 있다. **사토** 남보

다 늦게 손을 내미는 가위바위보 같은 〈마음의 어둠〉을 담은 책이다. **가타야마**

20 야마다 마사히로, 『저변으로의 경쟁』(아사히신문출판, 2017)
1999년 야마다가 제창한 패러사이트 싱글이 20년 후에 저변으로의 경쟁을 펼치고 있는 것을 논한 책이다. 지금 40대에 접어든 그들은 집과 부모의 연금이 없어지면 생활 보호를 받거나 노숙자로 전락할 수밖에 없다. 일본에서 새로운 하층 계급이 생겨났다. **사토**

21 요로 다케시, 『바보의 벽』, 양억관 옮김(서울: 재인, 2003)
최근 만연하는 우생학 붐을 일으킨 책이다. **사토**

위험에 대비하라

1 기쿠자와 겐슈, 『조직의 부조리: 일본군의 실패에서 배우다』(도쿄: 주오코론, 2017)
이 책에서는 도쿄 올림픽을 임팔 작전과 나란한 유비로서 역도태 — 좋은 대리인이 도태되고 나쁜 대리인만이 살아남는다 — 의 사례로 들고 있다. **사토**

2 고마쓰 사쿄, 『일본 침몰』, 고평국 옮김(파주: 범우사, 2006)
소설의 모습을 한 일본 문명론으로서 고전적 지위를 차지하는 작품이지만 발표 직후에 오일 쇼크가 덮쳐 참과 거짓이 구별되지 않게 되었다. 헤이세이라는 위기의 시대에 대해서도 무척 시사적이다. **가타야마**

3   고마쓰 사쿄, 『부활의 날』, 박미경 옮김(서울: 삼성출판사, 1998)
    『일본 침몰』에 선행하는 파멸 이야기다. 바이러스 무기로
    개발된 신형 인플루엔자가 문명을 붕괴시킨다. 현실적으로
    도 상징적으로도 현실성을 높여 가는 소설이다. **가타야마**

4   사이토 다카오, 『고르고 13』, 엄현종 옮김(서울: 아선미디어, 2003)
    아소 다로가 외무 대신이 되자마자 외무 관료가 일제히 이
    책을 읽기 시작했다. 『고르고 13』은 사실 한국과 북한을 다
    루고 있지 않다. 금기가 없어 보이지만 작자는 신중하다. **사토**

5   사토 가즈오, 『원자력 안전의 논리』, 심기보 옮김(서울: 한솔미디어,
    2006)
    1984년이라는 시점에 원자력 산업의 문제점을 모두 갈파하
    고 예견하고 있다. 원전 사고는 상정 외의 일이 반드시 일어
    난다는 사실을 말해 준다. **사토**

6   시미즈 이쿠타로, 『일본이여, 국가가 되어라』(도쿄: 분게이슌주,
    1980)
    핵무장을 하지 않으면 국가가 아니다. 1980년대에 시미즈
    이쿠타로는 이렇게 말하여 강력한 공격을 받았지만, 일본의
    안전 보장에 대해 지금도 이 말로 문제 제기를 할 수 있다.
    가타야마

7   데시마 류이치, 『울트라 달러』(도쿄: 신초문고, 2007)
    외교상의 중대한 실수도 있는 고이즈미 방북 교섭 기록이
    남아 있지 않은 것에 반발한 외무 관료가 데시마 류이치에
    게 상세한 정보를 제공하여 출판되었을 책이다. **사토**

8   우메모토 가쓰미, 사토 노보루, 마루야마 마사오, 『현대 일본의 혁신 사상: 마루야마 마사오 대화편 2, 3』(도쿄: 이와나미쇼텐, 2002)
    3.11로 생각난 책. 러시아 혁명이 성공한 것은 러시아의 주요 도시에 아직 공공 인프라가 없었기 때문이라는 마루야마의 지적은 대단하다. 현대인은 혁명이나 원전 사고보다는 정전을 걱정한다. **가타야마**

9   허버트 조지 웰스, 『타임머신』, 김석희 옮김(파주: 열린책들, 2011)
    종말론의 영향을 받아 세기말의 분위기를 짙게 반영한 소설이었지만 일본에서는 단순한 시간 여행으로만 읽혔다. **사토**

현대에 살아 있는 고전

1   사토 고지로, 『메이지 신궁 참회 이야기』(도쿄: 잡지『남(男)』출판부, 1923)
    러시아 혁명 후 사회주의와 자본주의의 최종 전쟁이 일어날까 하는 시대상 아래 서양인들이 도쿄에 모여 기탄없이 논의한다. 하지만 마지막에 일본인은 이기주의나 개인주의, 욕망 추구형의 서양 자본주의는 세상을 파괴해 갈 뿐이라고 서양인을 논파하고 메이지 신궁에서 참회시킨다. 외국 정상으로 하여금 이세 신궁을 방문하게 한 이세시마 주요국 정상 회의를 생각할 때 무척 흥미롭다. **가타야마**

2   다나베 하지메, 『참회도의 철학』, 김승철 옮김(서울: 동연출판사, 2016)

전시에 대의를 위해 죽어야 한다고 주장하고 침략 전쟁을 합리화한 철학자 다나베가 전후가 되어 일본을 비극으로 이끈 책임을 느껴 저술한 책이다. **사토** 〈종의 논리(민족 독자의 철학)〉를 말하며 전쟁의 합리화에 노력한 철학자가 패전의 압도적 절망을 양식으로 할 수 있는 일본에서야말로 세계를 이끄는 새로운 철학이 생겨날 수 있다고 선언한 책이다. 자기 비하와 유아독존의 변증법이 전개된다. 패전국 지식인의 독특한 자의식을 알기 위한 명저다. **가타야마**

3   나카야마 다다나오, 『일본인의 우수함 연구』(도쿄: 센신샤, 1931)
     올림픽을 1년 앞두고 생각나는 책이다. 1940년에 개최 예정이었던 도쿄 올림픽에 들떠 있는 일본인을 비판한다. 전쟁이라는 이름의 〈피의 올림픽〉이 시작된다고 예언했다. **사토**

4   미우라 아야코, 『시오카리 언덕』(도쿄: 신초문고, 1973)
     주인공은 철도원이다. 폭주하는 기차가 브레이크를 걸어도 멈추지 않는다. 최종적으로 자신이 도와줄 결단을 내린다. 그는 신앙이 아니라 기술 관료로서의 책무를 다한다. 직업적인 양심을 묻는 소설. 원전 사고를 생각나게 한다. **사토**

5   문부성, 『국체의 본의』(도쿄: 문부성, 1937)
     중일 전쟁 이후 국가 총동원의 정신적인 기축이 막말의 존왕양이 사상과 연결되면서 만들어졌다는 것을 잘 알 수 있다. 요컨대 〈전전 회귀〉란 무엇인가. 갖가지 역사 해설책을 읽는 것보다 이것이 더 낫다. **가타야마**

6   샤를 드 몽테스키외, 『법의 정신』, 이재형 옮김(서울: 문예출판사,

2015)

법의 지배를 철저히 한 결과 몽테스키외를 주창한 애매한 존재나 중간 단체가 배제되고, 법에 묶이지 않는 규칙의 영역이나 관습의 세계를 인정할 수 없는 답답한 사회가 되고 말았다. **사토**

7   오토 쾰로이터, 『나치 독일의 헌법론(ナチス·ドイツ憲法論)』, 야베 데이지 옮김(도쿄: 이와나미쇼텐, 1939)

비상시 체제 국가에 헌법이란 무엇인가. 갖가지 개헌 문제 해설책을 읽는 것보다 이것이 더 낫다. **가타야마**

8   피에르 쇼뉘, 『역사와 데카당스(歴史とデカダンス)』, 오타니 나오후미 옮김(도쿄:호세이대학출판국, 1991)

아이가 없으면 후세에 대한 의식이 희박해진다. 어떻게든 차세대가 좋아진다. 앞의 일을 생각하지 않으니 역사 의식도 미래에 대한 책임도 퇴화하여 데카당스(퇴폐적)에 빠진다. 이 책을 통해 헤이세이의 심리 상황을 해독할 수 있다. **가타야마**

9   미하일 불가코프, 『거장과 마르가리따』, 홍대화 옮김(파주: 열린책들, 2009)

모스크바에 악마가 나타나 대혼란이 일어나는 장편소설이다. 3.11에 직장에서 이 책을 읽고 있었다. 엄청난 일이 일어났다며 밖을 보니 오다이바 쪽에서 검은 연기가 올라오고 있었다. **사토**

10 칼 구스타프 융, 『심리학과 연금술(心理学と錬金術)』, 이케다 고이

치, 가마타 미치오 옮김(교토: 진분쇼인, 2017)

이 책에서 융은, 연금술 연구실에서 연금술사에 의해 멤버가 심리적으로 지배되었을 때만 연금술이 성공했다고 말한다. STAP 세포 소동을 해독할 때 참고가 된다. **사토**

11   시봄 라운트리, 『가난 연구(貧乏研究)』, 나가누마 고키 옮김(도쿄: 다이아몬드샤, 1959)

빈곤 조사 연구자의 대표작. 경제가 내리막길에 들어서면 최저선에 관심이 모이게 된다. 사람은 아무리 막다른 곳에 몰려도 여전히 살아갈 수 있을까. 국가 사회는 사람들을 아무리 막다른 곳에 몰아도 여전히 평온하게 있을 수 있을까. 사회 보장의 최저선은 어디일까. **가타야마**

12   니클라스 루만, 『신뢰: 사회적 복잡성의 감축 메커니즘(信賴 社会的な複雜性の縮減メカニズム)』, 오바 다케시, 마사무라 도시유키 옮김(도쿄: 게이소쇼보, 1990)

복잡한 사회를 성립시키기 위해서는 뭐가 필요할까. 이 책에서 루만은 사회의 복잡성을 감축하지 않으면 안 된다고 지적하며 거기서 가장 유효한 것은 신뢰라고 결론짓고 있다. **사토**

기타

1   소에지마 다카히코, 『결함 영일 사전 연구』(도쿄: JICC출판국, 1989)

일본에서 가장 많이 팔린 겐큐샤의 『영일 사전』을 비판한다.

수록된 영어 단어를 하나하나 검증했는데, 원어민이 쓰지 않는 예문이 산더미처럼 많다는 사실을 밝혔다. **사토**

2 이토 준지, 『인간실격』, 오경화 옮김(서울: 미우, 2018)
오래전에 죽은 〈실존주의〉라는 말을 만화로 잘 되살렸다. **사토**

3 가라타니 고진, 『사카구치 안고론』(도쿄: 인스크립트, 2017)
가라타니는 무뢰파였던 사카구치 안고가 안심할 수 있었던 풍경이 니가타의 모래사장뿐이었다고 지적한다. 아무것도 없는 무기질의 풍경에 안도감을 느끼는 사카구치 안고의 저류에 유물론이 뿌리내리고 있다고 가라타니는 말한다. **사토**

4 와쓰지 데쓰로, 『인간과 풍토』, 서동은 옮김(서울: 필로소픽, 2018)
와쓰지 데쓰로는 문화나 예술 그리고 관습 등을 낳는 환경을 몬순형, 사막형, 목장형으로 분류했다. 여기에 따르면 사카구치 안고는 사막형 인간이다. **가타야마**

5 니시베 스스무, 『보수의 진수』(도쿄: 고단샤, 2017)
이 실질적인 유서 속에서 니시베는 대중이 군주제를 인정한다면 공화제와 군주제는 양립할 수 있다는 논의를 하고 있다. 그것은 그의 본질이 공화제론자였다는 것을 보여 주어 흥미로웠다. **사토**

6 마쓰모토 레이지, 『은하철도 999』, 최윤선 옮김(서울: 대원씨아이, 1999)
iPS 세포가 실용화하면 궁극의 격차 사회가 완성된다. 부자는 기계 인간이 되어 계속 살아갈 수 있다. 가난한 사람은 기계 인간의 오락으로 살해되고 만다. 그런 의미에서 『은하철

도 999』는 헤이세이 이후의 사회를 예견한 작품이라고 할 수 있다. **가타야마**

7 　무라카미 하루키, 『기사단장 죽이기』, 홍은주 옮김(파주: 문학동네, 2017)

헤이세이라기보다는 쇼와의 끝인 1980년대 분위기를 띤 소설이다. **가타야마** 구성이 단테의 『신곡』과 닮았다. 이번 작품이 어렵다는 소리도 많았지만 『신곡』을 읽었다면 재미있을 것이다. **사토**

8 　무라카미 하루키, 『색채가 없는 다자키 쓰쿠루와 그가 순례를 떠난 해』, 양억관 옮김(파주: 문학동네, 2013)

다자키 쓰쿠루의 인생 목적이 신주쿠역으로 집약되어 있다. 그런 의미에서 그리스도교적인 문학이다. **사토**

〈헤이세이사〉 영화와 드라마 목록 30

1 안노 히데아키, 「신 고질라」(2016)

시계열의 축적으로 성립되어 있지 않은 죽 같은 시대, 패치
워크의 시대인 헤이세이를 상징하는 콜라주적 작품이다. 역
대 고질라 작품의 소재가 흐트러져 있다. 옛날 영화를 모르
는 사람이라도 동일본 대지진에 대한 기억만 있다면 파국을
자기 일에 겹쳐 추체험하고 최후에는 카타르시스를 느낄 수
있게 만들어져 있다. **가타야마**

2 이치카와 곤, 「만원 전철」(1957)

주연인 가와구치 히로시가 대학을 졸업하자마자 맥주 회사
에 취직하여 갑자기 평생 수입을 계산하기 시작한다. 거기서
몇 살에 결혼하고 몇 살에 집을 장만하는 것까지 모두 계산할
수 있다. 고도 성장 시기부터 버블 시기까지는 〈좋은 취직〉을
할 수 있으면 평생 평안하다는 사상을 믿고 있었다. **가타야마**

3 오카모토 기하치, 「격동의 쇼와사, 오키나와 결전」(1971)

조 이사무 참모장 역의 단바가 좋았다. 조 이사무의 두목 기
질의 느낌과 사상 경향으로서는 일본 육군의 최악 인자를

응축하고 있는 부분이 멋지게 섞여 연기되었다. **가타야마**

4   다키타 요지로, 「음양사」(2001)

이마이 에리코는 중국에서 찾아온 나비 요괴를 연기했는데 노무라 만사이가 하는 말의 어미를 되풀이할 뿐이다. 아마 대사를 전혀 외우지 못했을 것이다. 노무라 만사이는 그런 이마이를 이야기에 잘 짜 넣었다. 천재라고 생각했다. **사토**

5   야마모토 요시히사, 하마미즈 노부 외, 「일본 통일」(2013)

요코하마의 불량배가 고베로 가서 산노미야에서 몹시 난폭하게 군다. 그곳 광역 폭력단에 거두어져 고베를 거점으로 일본을 제패해 나간다. 바로 작은 조직이 큰 조직을 먹어 가는 이야기다. 지금의 자민당과 공명당의 관계와 겹친다. **사토**

6   바바 야스오, 「나를 스키장에 데려가줘」(1987), 「그녀가 수영복으로 갈아입는다면」(1989)

당시 모스크바에서 본, 일본의 호이초이 프로덕션 작품의 비디오가 나에게는 버블 시대였다. **사토**

7   바바 야스오, 「버블로 GO!!」(2007)

10년쯤 전에 이 작품을 본 후 지인이 〈약간의 과장은 있지만 버블이란 그런 거야〉라고 가르쳐 주었다. **사토**

8   마스다 도시오, 「노스트라다무스의 대예언」(1974)

창가학회적인 가치관에 뒷받침된 영화다. 자본주의나 사회주의와는 다른 제3의 길을 걷지 않으면 인류는 멸망한다고 결론짓고 있다. 단바 데쓰로의 〈원전에 절대 안전은 없다〉는 국회 연설이 인상적이다. **가타야마**

9   마스다 도시오, 「인간 혁명」(1973)

단바 덴쓰로는 영어를 잘하고 오라도 있는 배우다. 이 작품에서 창가학회 제2대 회장인 도다 조세이를 연기했지만 학회원은 아니다. **사토**

10   마스다 도시오, 「대일본 제국」(1982)

역사 수정주의적인 전쟁 영화가 만들어진 것은 단바 데쓰로가 도조 히데키를 연기한 이 작품이 실마리가 된 게 아닐까. **사토** 1980년대쯤부터 전쟁 영화 전반을 통해 성품이 좋은 천황이나 성격이 좋은 미군이 그려져 있었다. 그리고 1990년대가 되자 수정주의적 영화나 드라마가 완성된다. **가타야마**

11   무라카미 쇼스케, 「전차남」(2005)

배우 나카타니 미키를 닮은 여성을 연기한 사람이 실제 나카타니 미키다. 가상 공간의 이야기가 현실을 낳은 새로운 현상이다. **사토**

12   모리 다쓰야, 「페이크」(2016)

모리 다쓰야가 클래식 음악의 작곡이란 무엇인가를 사무라고치 본인보다 현저하게 이해하지 못했기 때문에 생겨난 일종의 〈착각 영화〉가 아닐까. **가타야마**

13   모리타니 시로, 「일본 침몰」(1973)

3.11 때 등 위기의 시대에는 「일본 침몰」에서 단바 데쓰로가 연기한 야마모토 총리 같은 지도자가 가장 좋겠다고 기대하게 된다. **가타야마**

14   야마구치 마사토시, 「사채꾼 우시지마 파이널」(2016)

시리즈 전체를 통해 헤이세이 일본 사회의 구도를 표현하고 있다. 이번 작품에서는 원전이라는 이름이 나오지 않지만 5천만 엔의 빚을 안은 인간을 2년 만에 몸이 너덜너덜해지는 특수한 청소 현장으로 보내는 장면이 그려져 있다. 하청, 재하청, 재재하청 노동자를 쓰는 원자력 산업의 구조는 큰 문제다. **사토**

15 야마모토 사쓰오, 「금환식」(1975)

이케다 하야토 내각 시대의 구즈류 댐 공사의 낙찰을 둘러싼 부정 의혹 사건을 모델로, 보수 정당의 총재 선거에 뒤얽힌 담합과 사건 은폐 과정을 그린 소설이 원작이다. 일련의 모리토모 학원 문제로 이를 떠올렸다. **사토** 절정은 국회에서의 추궁이다. 유야무야로 끝나고 만다. 이것도 모리토모·가케 문제와 비슷하다. **가타야마**

16 야마모토 사쓰오, 「전쟁과 인간」 3부작(1970, 1971, 1973)

자본가나 대륙 낭인, 또는 이시하라 유지로가 연기한 국제 감각이 예리한 외교관 등 다양한 입장의 인물이 필연성을 갖고 등장한다. 하지만 누구나 시대의 흐름에 저항할 수 없다. 그 현실을 다양한 인물의 삶과 죽음을 통해 표현했다. **사토** 전후 일본에서 전쟁 전체를 구조적으로, 등장인물 개개의 감정을 빼고 그린 것은 야마모토 사쓰오뿐일 것이다. **가타야마**

17 와카마쓰 고지, 「실록 연합 적군」(2008)

한마디로 말하자면 조직 안에서 비참한 사건이 일어났지만 그것은 같은 세대인 우리의 용기가 부족했었을 뿐이라는 이야기다. **사토** 감독이 등장인물에 감정 이입하고 있다. 그러므로 전체의 구도가 보이지 않고 세태나 인정을 주제로 한 이야기 같은 것이 되어 버린다. **가타야마**

18 나카타 히데오, 「링」(1998)

19 나카타 히데오, 「검은 물 밑에서」(2002)

20 시미즈 다카시, 「주온」(2003)

21 구로사와 기요시, 「큐어」(1997)

헤이세이 전체의 키워드 가운데 하나로 〈호러〉를 들고 싶다. 줄거리를 세워 설명하기 힘든 헤이세이라는 시대의 분위기에 문화적으로 대응한다. 쇼와의 「고질라」 시리즈가 예전에는 단지 오락으로 보였지만 현재는 전후 일본의 대표적인 문화 계승으로 인지되고 있는 것처럼 후세에 재평가될지도 모른다. **가타야마** 호러 영화에서는 아키하바라 사건처럼 갑작스러운 폭력에 휩쓸려 목숨을 빼앗기는 불합리함을 느낀다. **사토**

22 와타나베 구니오, 「메이지 천황과 러일 전쟁」(1957)

23 와베 유타카, 「일본은 패하지 않았다」(1954)

24 오카모토 기하치, 「일본의 가장 긴 하루」(1967)

25 니시카와 가쓰미, 「고독한 사람」(1957)

26 후카사쿠 긴지, 「군기는 똥구덩이 아래에」(1972)

니혼 대학 예술학부 영화학과 학생들이 기획한 〈영화와 천황〉이라는 영화제에서 이 작품들이 상영되었다. 〈천황〉을 배울 수 있는 균형이 잘 잡힌 작품들이다. 이만큼 위치가 다

양한 영화를 모은 것은 학생들 자신이 거기에서 특정한 입
장을 느끼지 않기 때문이라고 생각한다. 오히려 학생들은
천황에 대해 공감을 갖고 있다. 금기시되고 있는 것은 아니
지만 관심이 없다는 것은 그만큼 천황이 일본인의 마음속에
들어 있다는 것이다. **사토**

27 프랑수아 트뤼포, 렌조 로셀리니, 이시하라 신타로 외, 「스무 살의
사랑」(1963)

미야자키 쓰토무 사건 무렵 명화 상영관에서 감상했다. 5개
국의 감독이 각 나라 스무 살의 사랑을 테마로 촬영한 옴니
버스 영화지만 일본(이시하라 신타로)만이 스토커 영화였
다. 시대를 선취하고 있었다. **가타야마**

28 안드레이 타르코프스키, 「스토커」(1979)

이 영화가 상영된 무렵인 1981년의 일본에는 스토커라는
개념이 없었고 번역되지 않아서 러시아어인 〈스타르케르〉
그대로 상영되었다. **사토**

29 TBS, 「도망치는 건 부끄럽지만 도움이 된다」(2016)

1992년의 드라마 「쭉 당신을 좋아했다」와 겹쳐서 봤다. 「도
망치는 건 부끄럽지만 도움이 된다」에서 호시노 겐이 연기
한 〈프로 독신〉이라 자칭하는 까다로운 쓰자키 히라마사와
「쭉 당신을 좋아했다」에서 사노 시로가 연기한 후유히코 씨
는 사실 닮았다. 둘 다 고학력이고 오타쿠적이다. 25년 전에
후유히코 씨는 기분 나쁘다며 미움을 받았지만 현대에 쓰자
키는 수입도 일자리도 있고 가족을 소중히 여기니 괜찮지

않을까 하고 긍정적으로 평가된다. **사토**

30 니혼 TV, 「여왕의 교실」(2005)

드라마에서 교사 역할을 한 주연 아마미 유키를 아베 정권
이 교육 재생 회의의 위원에 취임할 것을 타진했다. 유토리
교육을 재검토하자는 회의에 교사 역할로 인기 있던 여배우
를 넣는다는 발상은 인기를 얻으려는 행동일 수밖에 없다.
정부가 일부러 현실과 허구를 혼란스럽게 하고 있다. 이는
정치의 열등화라기보다 지배 기술의 고도화다. **가타야마**

지은이

사토 마사루(佐藤優)

거침없는 입담과 방대한 지식으로 일본을 대표하는 논객이다. 전 외무성 주임 분석관이었던 사토 마사루는 1960년 도쿄에서 태어났다. 도시샤 대학 대학원 신학 연구과를 수료 후 외무성에 들어갔고, 재영 일본 대사관과 재러시아 연방 일본 대사관 등을 거쳐 외무성 국제 정보국 분석 제1과에서 근무하며 대러시아 외교의 최전선에서 활약했다. 북방 영토 반환 문제에 온 힘을 써왔던 그는 〈외무성의 라스푸틴〉으로 불렸다. 2002년 5월 배임과 위계에 의한 업무 방해 혐의로 도쿄 지검 특수부에 체포되어 512일간 수감 생활을 했으며, 이 경험을 바탕으로 쓴『국가의 함정: 외무성의 라스푸틴이라 불리며(国家の罠: 外務省のラスプーチンと呼ばれて)』가 2005년 폭발적 반응을 얻으면서 일본 사회를 과감하게 비판하는 대표 논객으로 자리 잡았다. 이 책은 마이니치 출판문화상 특별상을 수상했다. 그 외 신초 다큐멘터리상과 오야 소이치 논픽션상을 받은『자멸하는 제국(自壊する帝国)』,『옥중기(獄中記)』,『신사 협정: 나의 영국 이야기(紳士協定: 私のイギリス物語)』,『세계관(世界観)』등이 있다. 2020년 문학상인 기쿠치 간상을 받았다. 정치와 경제뿐 아니라 문화와 신학 분야에도 해박하여 지금까지 1백여 권이 넘는 책을 냈다.

가타야마 모리히데(片山杜秀)

사상사 연구자이자 음악 평론가 그리고 게이오 대학 법학부 교수다. 1963년 미야기현에서 태어났다. 게이오 대학 대학원 법학 연구과 박사 과정 수료. 전공은 근대 정치사상사와 정치 문화론이며 음악 평론가로서도 정평이 나 있다. 대표적 저서인『음반 고현학(音盤考現學)』과『음반 박물지(音盤博物誌)』, 이 두 권의 책으로 요시다 히데카즈상과 산토리 학예상을 각각 수상했다. 2012년 일본 극우파의 사상적 원류를 예리하게 파헤친『미완의 파시즘』은 출간되자마자 화제를 불러일으켰으며, 그 여세로 2012년 시바 료타로상을 수상했다.『고질라와 히노마루(ゴジラと日の丸)』,『국가가 죽는 방법(国の死に方)』,『5개조의 서문으로 푸는 일본사(五箇条の誓文で解く日本史)』등 근대 일본부터 지금까지 일본사를 냉철하게 해부한다. 사토 마사루와 함께 일본의 현대 정치와 역사를 거침없이 비판하는 동시대 대표 논객으로 손꼽힌다.

옮긴이 **송태욱** 연세대학교 국어국문학과를 졸업하고 동 대학원
에서 문학 박사 학위를 받았다. 도쿄 외국어 대학 연구원을 지냈
으며, 현재 대학에서 강의하며 번역가로 활동하고 있다. 지은 책
으로 『르네상스인 김승옥』(공저)이 있고, 옮긴 책으로 『세설』,
『나는 고양이로소이다』, 『마음』, 『환상의 빛』, 『십자군 이야기』,
『잘라라, 기도하는 그 손을』, 『형태의 탄생』, 『오에 겐자부로의
말』, 『우리는 모두 집으로 돌아간다』 등이 있다. 나쓰메 소세키 전
집으로 한국출판문화상(번역 부문)을 수상했다.

일본은 어디로 향하는가

헤이세이 30년의 기록

발행일   2021년 5월 10일 초판 1쇄

지은이   사토 마사루 · 가타야마 모리히데
옮긴이   송태욱
발행인   홍예빈 · 홍유진
발행처   주식회사 열린책들

경기도 파주시 문발로 253 파주출판도시
전화 031-955-4000   팩스 031-955-4004
www.openbooks.co.kr